国际安全研究译丛

"十三五"国家重点图书出版规划项目

〔美〕亚历山大·B.唐斯 / 著
Alexander B. Downes

战争中的平民

TARGETING

李明杰 / 译

CIVILIANS

IN WAR

社会科学文献出版社
SOCIAL SCIENCES ACADEMIC PRESS (CHINA)

目 录

致　谢

在本书的研究和写作过程中，许多朋友向我提供了帮助，给我提出了意见和建议。我特别感谢约翰·米尔斯海默（John Mearsheimer）。20 世纪 90 年代中期，我前往芝加哥大学求学，希望成为一名政治学者。而在此之前，我是一名古典音乐家，大部分时间我在练习莫扎特、贝多芬和勃拉姆斯的作品，而约翰·米尔斯海默却希望把我培养成国际关系学者。他收下了我，我无限感激。本书每一次修改后约翰·米尔斯海默都要通读，而且会给出非常有帮助的意见和建议，这使本书得到极大的完善。

如果没有罗伯特·佩普（Robert Pape）的帮助，我也根本不可能写完这本书。在 2001 年 1 月的一次头脑风暴上，他向我提出一个问题。"如果你能证明民主国家在战争手段方面更有道德，那将非常了不起。"他对我说。关于民主国家在战争中对平民造成的影响这个问题，我得出了不同的结论，但是这丝毫没有影响罗伯特·佩普的热情。我非常感谢他的支持。查尔斯·格拉瑟（Charles Glaser）和斯塔希斯·卡里瓦斯（Stathis Kalyvas）不仅给予我鼓励，而且帮助我完善论证过程，这使本书的论点更有说服力。

在本书写作过程中，有些人帮助我启发灵感，有些人给予我切实的帮助。例如，本杰明·瓦伦蒂诺（Benjamin Valentino）在许多方面是开路先锋，他写了很多有关大屠杀的书，是他把迫害平民研究发展成安全研究的主流。在这本书写作之初，我就与本杰明开始接触。一路走来，他对本书提出了非常有帮助的意见和建议，而且给予了我莫大鼓励。有他在前面引路，实在是人生一大幸事。伊万·阿诺金-托夫特（Ivan Arreguín-Toft）对非对称冲突中发生的野蛮行径很有研究，他毫不吝啬地与我分享这些数据，而且从来没有间断过对我的鼓励。贾森·卡斯蒂略（Jasen Castillo）、凯利·格林希尔（Kelly Greenhill）和塞巴斯蒂安·罗萨托（Sebastian Rosato）不仅对我的写作思路提出大量反馈意见，而且给予我关心、支持和安慰，对此我万分感激。康奈尔大学出版社的罗杰·海顿（Roger Haydon）对本书非常感兴趣，而且对部分章节提出了许多具体修改意见和建议，非常感谢。

我还要向这几年来阅读过本书的草稿并提出意见和建议的朋友们表示感谢。他们是：拉亚·巴尔塞尔斯（Laia Balcells）、巴顿·伯恩斯坦（Barton Bernstein）、凯瑟琳·科克伦（Kathryn Cochran）、迈克尔·德施（Michael Desch）、马修·费尔斯（Matthew Fehrs）、玛莎·芬尼莫尔（Martha Finnemore）、克里斯托弗·格尔皮（Christopher Gelpi）、海恩·乔曼斯（Hein Goemans）、彼得·古雷维奇（Peter Gourevitch）、科林·卡尔（Colin Kahl）、罗伯特·基奥恩（Robert Keohane）、海伦·金塞拉（Helen Kinsella）、格雷戈里·科布伦茨（Gregory Koblentz）、马修·科赫尔（Matthew Koblentz）、埃里克·穆基耶赫（Eric Mvukiyehe）、理查德·普赖斯（Richard Price）、丹·瑞特（Dan Reiter）、托马斯·斯普拉根斯（Thomas Spragens）和伊丽莎白·伍德（Elisabeth Wood）。我还要感谢康奈尔大学出版社的两位匿名审稿人，他们的意见和建议对我帮助特别大。对于那些没感谢到的朋友，我表示歉意。

好几家机构对我鼎力支持，使我可以安心从事研究和写作。我在哈佛大学奥林战略研究所（Olin Institute for Strategic Studies）待了一年，收获颇丰。感谢史蒂芬·罗森（Stephen Rosen）和莫尼卡·达菲·托夫特（Monica Duffy Toft），他俩给我提供参与奥林战略研究所研究项目的机会，使我可以查阅哈佛大学的许多资料。之后，斯坦福大学国际安全与合作中心（CISAC）为我提供了 年支持，在这里，斯科特·萨根（Scott Sagan）和林恩·伊登（Lynn Eden）给予我指导，使我受益匪浅。其间，艾森豪威尔研究所"德怀特·艾森豪威尔/克利福德·罗伯茨研究生奖学金"（Dwight D. Eisenhower/ Clifford Roberts Graduate Fellowship）为我提供了资助，哈里·弗兰克·古根海姆基金会（Harry Frank Guggenheim Foundation）则为我提供了论文奖学金。我还要感谢杜克大学三角区安全研究所（Triangle Institute for Security Studies）和艺术与科学研究理事会（Arts and Sciences Council for Faculty Research），这两家机构都在本书最后阶段提供了资金支持。

本书引言和第一至第三章部分内容来自我之前发表的文章《绝望的时期，绝望的措施：战争中迫害平民之原因》[1]。第二章部分内容来自《制约还是助推？国家间战争中的民主与平民死亡》[2]。第五章中关于第二次布尔战争的部分内容来自《把坟墓填平，把海水抽干：无差别暴力作为反叛乱战略之效果分析》[3]。感谢上述期刊及出版机构允许我对文章内容进行适当修改并在本书中出版。

我在杜克大学进行研究期间得到了很多帮助，对此，我要感谢崔洙军（Soo - Jung Choi）、马克斯·安特曼（Max Entman）和查德·特鲁普（Chad Troop），特别要感谢凯瑟琳·乔丹（Katherine Jordan）。凯瑟琳·乔丹积极帮助我修改和完善本书终稿，帮助我改正了大量错误。对于书中仍存在的一些错误，完全由我个人负责。

[1] "Desperate Times, Desperate Measures: The Causes of Civilian Victimization in War," *International Security* 30, no. 4 (spring 2006): 152 – 195.

[2] "Restraint or Propellant? Democracy and Civilian Fatalities in Interstate Wars," *Journal of Conflict Resolution* 51, no. 6 (December 2007): 872 – 904.

[3] "Draining the Sea by Filling the Graves: Investigating the Effectiveness of Indiscriminate Violence as a Counterinsurgency Strategy," *Civil Wars* 9, no. 4 (December 2007): 420 – 444.

我要感谢我的父母布赖恩·唐斯和谢里·唐斯（Bryan and Sheri Downes），感谢他们一直以来对我的爱和支持。当我取得成绩时，他们非常乐意分享快乐；当我遇到挫折时，他们会给予我鼓励，帮我重拾信心。身为一名教师和导师，我只希望我能做到我父亲那样，2001年退休时，他的学生们对他依依不舍，无限感激。

最后，我要感谢我的妻子塔尼娅·施赖伯（Tanya Schreiber）。这些年来，她不知疲倦，承受了太多压力。塔尼娅不仅是我写作中的参谋和顾问——我认为她能把我的观点阐述得更清楚——而且每当我觉得快要撑不下去时，都是她好言相劝，帮助我度过那些艰难岁月。不仅如此，她还身体力行地告诉我要咬牙坚持；身处逆境时，她能够沉着勇敢地面对。这给予我莫大的鼓舞，或许连她自己都不知道。谨以此书向她致敬。

引　言

人们常说，战争就是地狱。"战争很残酷，你无法粉饰战争。" 1
在阐述美国南北战争期间为何要下令驱逐亚特兰大居民并纵火烧毁这座
城市时，威廉·特库赛·谢尔曼（William T. sherman）将军如是说。人
们把战争视为地狱，其中一个重要原因就是战争会对无辜平民产生严重
影响，除了吞噬战斗人员的生命之外，战争也会导致那些没有参与战斗
的平民失去生命。例如，三个世纪以来，所有因战争而死亡的人当中，
平民（我在本书中交替使用"平民"和"非战斗人员"这两个术语）死
亡人数占了一半。据估计，仅在 20 世纪，就有 4300 万 ~4500 万非战斗人
员因战争而丧生，约占同期战争死亡人数的 50% ~62%。[①]

100 年来，世界上发生了很多骇人听闻的事件，仅仅列举其中几
件就足以触目惊心。[②]

---

① 引文来自 William T. Sherman, *Memoirs*, Vol. 2 (New York: Charles L. Webster, 1892), p. 126。
数字来自 William Eckhardt, "Civilian Deaths in Wartime," *Bulletin of Peace Proposals* 20, no. 1
(March 1989): 90; Zbigniew Brzezinski, *Out of Control: Global Turmoil on the Eve of the
Twenty – First Century* (New York: Scribner's, 1993), pp. 9 – 10。埃克哈特指出，"就非武装
人员死亡而言"，现代战争中大规模平民死亡"表明过去 3 个世纪以来战争都不是'正义
的'"。（同上，91）国家间战争中伤亡尤其严重，非战斗人员死亡人数大约是内战、殖民
战争和帝国主义战争的死亡人数总和的两倍。然而，在内战中，平民死亡比例是最高的，
而且自第二次世界大战以来一直在上升。见 Ruth Leger Sivard, *World Military and Social
Expenditures* (Washington: World Priorities, 1987 and 1996), 28 and 17。

② 当然，迫害平民并非现代才有。从历史上看，迫害平民无疑包括伯罗奔尼撒战争中雅典征
服米洛斯岛后岛上男性遭到屠杀、岛上妇女和儿童沦为奴隶；第三次布匿战争（公元前 146 年）
中罗马摧毁了迦太基；据马尔切利努斯伯爵说，5 世纪中期，阿提拉和匈人的剥削"几乎把
整个欧洲变成了尘土"；1099 年耶路撒冷被十字军占领后遭到洗劫；13 ~14 世纪成吉思汗和
帖木儿进行屠杀；在三十年战争中，800 多万平民遭到杀害或被迫离开家园；17 世纪 80 年代
和 90 年代，法国入侵东部边境上的德国州郡，造成严重破坏。法国保皇党起义 （转下页注）

例如，20 世纪初，数以万计的古巴、南非和菲律宾平民死于集中营，德国侵略西南非洲导致当地赫雷罗人几近灭绝。第一次世界大战期间，以英国为首的协约国军队对同盟国实施封锁，造成大面积范围内民众营养不良，疾病蔓延，将近 100 万德国和奥匈帝国平民死亡，协约国实施封锁是罪魁祸首。第二次世界大战期间，纳粹德国屠杀了 600 万欧洲犹太人和数百万东欧和苏联平民，而盟军战略轰炸也造成 30 万德国人和 90 万日本人丧生。朝鲜战争期间，联合国军战略轰炸造成数以万计非战斗人员丧生，美国和苏联分别在越南和阿富汗的反叛乱行动也造成数以万计非战斗人员死亡。在许多国家，国内冲突也造成大量平民死亡，比如中国（1927～1949 年）、西班牙（1936～1939 年）、危地马拉（1966～1985 年）、尼日利亚（1967～1970 年）、埃塞俄比亚（1974～1991 年）和安哥拉（1975～2002 年）。《华盛顿邮报》2007 年 4 月 17 日报道称，苏丹达尔富尔地区冲突已

2

（接上页注②）（1793～1796 年）造成 15 万平民死亡；19 世纪上半叶荷兰人在爪哇岛、俄国人在高加索和法国人在阿尔及利亚发动的殖民战争造成数十万人死亡。关于这些事件，见 Thucydides, *History of the Peloponnesian War*, trans. Rex Warner（London：Penguin，1972），p. 408；S. A. Cook, F. E. Adcock, and M. P. Charlesworth, *The Cambridge Ancient History*, Vol. 8, *Rome and the Mediterranean*, 218 *B. C.* – 133 *B. C.*（Cambridge：Cambridge University Press，1930），pp. 479 – 484；E. A. Thompson, *The Huns*（Oxford：Blackwell，1996），p. 103；Paul K. Davis, *Besieged*：100 *Great Sieges from Jericho to Sarajevo*（Oxford：Oxford University Press，2003），pp. 57 – 58；关于成吉思汗和帖木儿，见 René Grousset, *The Empire of the Steppes*：*A History of Central Asia*, trans. Naomi Walford（New Brunswick：Rutgers University Press，1970）；关于三十年战争和 17 世纪晚期法国的破坏行动，见 John Childs, *Armies and Warfare in Europe*, 1648 – 1789（New York：Holmes and Meier，1982），pp. 9, 152；关于旺代叛乱，见 Anthony James Joes，"Insurgency and Genocide：La Vendée," *Small Wars and Insurgencies* 9, no. 3（winter 1998）：37；关于荷兰人在爪哇岛，见 Micheal Clodfelter, *Warfare and Armed Conflicts*：*A Statistical Reference to Casualty and Other Figures*, 1500 – 2000, 2d ed.（Jefferson, NC：McFarland，2002），p. 266；关于俄国人在高加索，见 *Ivan Arreguín – Toft*, How the Weak Win Wars：A Theory of Asymmetric Conflict（*Cambridge*：Cambridge University Press，2005），pp. 48 – 71；关于法国人在阿尔及利亚，见 *Sivard*, World Military and Social Expenditures 1987 – 1988, p. 31。

经造成至少 20 万人丧生，超过 200 万人流离失所。①

　　在现代战争中，平民伤亡数量之大触目惊心，这实在令人费解，原因主要有两个。第一，世人普遍认为屠杀无辜平民是不道德的。例如，国际红十字会最近在一些饱受战争摧残的地区进行了抽样调查。调查结果显示，"高达 64% 的受访者认为，在发动攻击以削弱敌方实力时，战斗人员只能攻击敌方战斗人员，绝不能伤害平民"。相比之下，仅有 3% 的受访者接受下面这种观点，即不仅应当允许交战方攻击敌方战斗人员，而且应当允许攻击敌方非战斗人员。② 不论是以前还是现在，美国人民的态度都非常相似：第二次世界大战之前，美国人民坚决反对轰炸城区，因为这样做 "违背了美国的人道主义理想"；针对 2003 年美军入侵伊拉克的民调显示，如果战争会造成 "数千名" 伊拉克平民伤亡，大部分美国人依然坚持反对发动战争的

---

①　平民死亡数字来自以下出处：四次殖民冲突，Clodfelter, *Warfare and Armed Conflicts*, pp. 345, 238, 272, 396；第一次世界大战中的封锁，Avner Offer, *The First World War: An Agrarian Interpretation* (Oxford: Clarendon Press, 1989), p. 34, Leo Grebler and Wilhelm Winkler, *The Cost of the World War to Germany and to Austria - Hungary* (New Haven: Yale University Press, 1940), p. 147；第二次世界大战中的轰炸，Robert A. Pape, *Bombing to Win: Air Power and Coercion in War* (Ithaca: Cornell University Press, 1996), pp. 104, 272；纳粹屠杀，Benjamin A. Valentino, *Final Solutions: Mass Killing and Genocide in the Twentieth Century* (Ithaca: Cornell University Press, 2004), pp. 77, 81；轰炸朝鲜，Andrew C. Nahm, *Historical Dictionary of the Republic of Korea* (Metuchen, NJ: Scarecrow, 1993), p. 129；越南和阿富汗，Guenter Lewy, *America in Vietnam* (New York: Oxford University Press, 1978), pp. 442 - 453, Marek Sliwinski, "Afghanistan: The Decimation of a People," *Orbis* 33, no. 1 (winter 1989): pp. 39 - 56；内战，Valentino, *Final Solutions*, pp. 83, 88；达尔富尔，Colum Lynch, "Sudan to Allow U. N. Force in Darfur," *Washington Post*, April 17, 2007, A16。

②　Greenberg Research, *The People on War Report: ICRC Worldwide Consultation on the Rules of War* (Geneva: ICRC, 1999), 13, http://www.icrc.org/web/eng/siteeng0.nsf/html/p0758。这种思想早就出现了：早在 10 世纪末期，在教会制度和骑士制度中，战斗人员和非战斗人员之间的差别就已经开始形成，到了 17 世纪和 18 世纪，这种思想在格劳秀斯、洛克和瓦特尔的自然法思想中已经根深蒂固了。见 Richard Shelly Hartigan, *The Forgotten Victim: A History of the Civilian* (Chicago: Precedent, 1982), pp. 65 - 115。

立场。① 人们普遍认为战争是错误的，是违反国际法的，但是非战斗人员还是频繁遭到攻击，原因何在？

　　第二，人们普遍认为，在战争中杀害平民是下下策：这样做不仅对行凶者实现其意图毫无裨益，反而会更加坚定敌人抵抗的决心，结果只会适得其反。例如，一项最新研究认为，在战争中恐吓平民无异于自取灭亡："不论是一个国家，还是一个集团，对平民发动战争越是迅速、频繁、残暴无情，其利益就越容易受挫。大多数情况下，这些国家或集团都没能逃脱覆灭的命运。"② 一位研究国家间胁迫问题的权威分析员也认同这个观点，他认为针对敌方平民的惩罚性战略很少能够取得重大让步。③

　　既然迫害平民在道义上会受到谴责，其效果也存疑，为什么有些国家仍要实施攻击敌方非战斗人员的军事战略呢？④ 有一派观点认为政权形式是关键因素，但是对其实际效果莫衷一是。也有分析员认为，民主国家攻击平民的可能性比非民主国家小，因为民主国家遵守国内法规，不论攻击对象是本国平民还是外国平民，一律禁止屠杀无

---

① George E. Hopkins, "Bombing and the American Conscience during World War Ⅱ," *The Historian* 28, no. 3 (May 1966): 453; "Bush Performance Rating Climbs Back to Low 60s; Americans More Hawkish Over Iraq But Still Considerably Reluctant, Newest Zogby America Poll Reveals," http: //www. zogby. com/news/ReadNews. dbm? ID_ 675, February 9, 2003.

② Caleb Carr, *The Lessons of Terror: A History of Warfare against Civilians* (New York: Random House, 2002), p. 12。

③ Pape, *Bombing to Win*; Robert A. Pape, "Why Economic Sanctions Do Not Work," *International Security* 22, no. 2 (fall 1997): 90 – 136。见 Michael Horowitz and Dan Reiter, "When Does Aerial Bombing Work? Quantitative Empirical Tests, 1917 – 1999," *Journal of Conflict Resolution* 45, no. 2 (April 2001): 147 – 173; 和 Ivan Arreguín – Toft, "The [F] utility of Barbarism: Assessing the Impact of the Systematic Harm of Non – Combatants in War," paper presented at the annual meeting of the American Political Science Association, Philadelphia, PA, August 2003。关于制裁的潜在破坏力，见 John Mueller and Karl Mueller, "Sanctions of Mass Destruction," *Foreign Affairs* 78, no. 3 (May/June 1999): 43 – 53。

④ 在本书中，我关注的是交战国在战争中迫害外国平民，而不是战争期间或和平时期交战国如何对待本国境内的非战斗人员。这类人员包括在国家间战争期间居住在敌国的平民，或者在帝国主义战争或殖民战争中被占领的非国家领土上居住的平民。

辜平民，而非民主国家根本不受国内法规的约束。[①] 然而，针对民主制度和战争两者关系的研究却得出了截然相反的结论：民主国家攻击非战斗人员的可能性更大，因为民主国家的领导人容易受民意左右。由于害怕失去国内支持，他们不得不时刻警惕战争可能带来的惨重代价。[②] 为了降低战争成本或迅速打赢战争，民主精英们不得不考虑攻击非战斗人员。

第二种解释强调了敌人的"野蛮"身份：之所以迫害平民是因为他们认为敌人尚未开化。[③] 例如，斯巴斯蒂安·鲍尔弗（Sebastian Balfour）在研究西班牙征服摩洛哥北部这场战争的书中写道，欧洲列强"区别对待……欧洲人民和抵抗欧洲侵略的殖民地人民。适用于殖民地敌人的战争标准有所不同，因为殖民地敌人没有'完全开化'"。[④] 换句话说，选择何种战略取决于自己如何看待敌人。在战争

3

---

① Michael J. Engelhardt, "Democracies, Dictatorships and Counterinsurgency: Does Regime Type Really Matter?" *Conflict Quarterly* 12, no. 3 (summer 1992): 52 – 63; R. J. Rummel, "Democracy, Power, Genocide, and Mass Murder," *Journal of Conflict Resolution* 39, no. 1 (March 1995): 3 – 26; Arreguín – Toft, "The [F] utility of Barbarism"; Robert A. Pape, "The Strategic Logic of Suicide Terrorism," *American Political Science Review* 97, no. 3 (August 2003): 343 – 361; Gil Merom, *How Democracies Lose Small Wars: State, Society, and the Failures of France in Algeria, Israel in Lebanon, and the United States in Vietnam* (Cambridge: Cambridge University Press, 2003); and Benjamin Valentino, Paul Huth, and Dylan Balch – Lindsay, "'Draining the Sea': Mass Killing and Guerrilla Warfare," *International Organization* 58, no. 2 (April 2004): 375 – 407. 乔治·布什总统支持这种观点。2002 年，他宣布"谋杀无辜平民无论什么时候都是错误的"，他还声称公平战斗是民主国家区别于流氓国家、恐怖分子和野蛮人之所在。见 George W. Bush, "President Bush Delivers Graduation Speech at West Point." http://www.whitehouse.gov/news/releases/2002/06; President George W. Bush, *The National Security Strategy of the United States of America* (Washington: White House, 2002)。

② Bruce Bueno de Mesquita et al., "An Institutional Explanation of the Democratic Peace," *American Political Science Review* 93, no. 4 (December 1999): 791 – 807; Dan Reiter and Allan C. Stam, *Democracies at War* (Princeton: Princeton University Press, 2002)。

③ Mark B. Salter, *Barbarians and Civilization in International Relations* (London: Pluto, 2002), pp. 36 – 39.

④ Sebastian Balfour, *Deadly Embrace: Morocco and the Road to the Spanish Civil War* (Oxford: Oxford University Press, 2002), p. 123.

中，交战规则只适用于"文明的"敌人，而不适用于"野蛮人"。

第三类观点专注于研究军事组织。其中一种观点认为，组织文化——定义为"某种观念、理念和信仰，这些观念、理念和信仰决定了一个群体应当如何适应外部环境，以及如何管理内部事务"——才是决定一支军队是否会迫害平民的关键因素。[1] 确切地说，如果一支军队的组织文化已经决定他们要采取攻击平民的战略，那么在战争过程中交战国就会故意杀害非战斗人员，有时候甚至会实施种族灭绝战略。[2] 另外一种观点认为，如果某个军种认为攻击平民有利于本军种的狭隘利益，那么他们也会攻击平民。如果多个军种相互竞争，都希望为战争胜利做出最大贡献，从而在战后军费分配时获得最大份额，或者如果某个军种企图从其他军种中独立出来，组建一个独立军种，那么他们也可能会攻击平民。[3]

虽然这些观点看似很有道理，但是证据并不支持：本书会向大家证明，虽然民主国家攻击平民的可能性比非民主国家更大，但是并非只有民主制度才是主要驱动因素。而且，不同国家之间原本就存在文化差异（如种族或宗教差异），这种文化差异可能会造成交战国认为敌人属于"野蛮人"，但是这种差异并不能解释迫害平民的原因。组织文化或部门狭隘利益也不能令人信服地解释攻击非战斗人员的原因。

本书对过去两个世纪以来发生的国家间战争和殖民战争进行了调

---

[1] Jeffrey W. Legro, "Which Norms Matter? Revisiting the 'Failure' of Internationalism," *International Organization* 51, no. 1 (winter 1997): 35.

[2] Jeffrey W. Legro, *Cooperation under Fire: Anglo - German Restraint during World War II* (Ithaca: Cornell University Press, 1995); Isabel V. Hull, *Absolute Destruction: Military Culture and the Practices of War in Imperial Germany* (Ithaca: Cornell University Press, 2005).

[3] 有时候人们用这个论点来解释第二次世界大战期间美国陆军航空队升级轰炸手段的原因。见 Michael S. Sherry, *The Rise of American Air Power: The Creation of Armageddon* (New Haven: Yale University Press, 1987), p. 309; Conrad C. Crane, *Bombs, Cities, and Civilians: American Airpower Strategy in World War II* (Lawrence: University Press of Kansas, 1993), p. 129。

查，在此基础上，本书认定以下两点是造成迫害平民的主要原因。第一，在成本高昂、旷日持久的消耗战中，打赢战争和挽救本国人民生命的迫切渴望会导致交战国攻击敌方平民。按照这个逻辑，那些卷入成本高昂、旷日持久的战争中的国家会越来越渴望打赢战争，同时减少自身的损失。如果发现自己陷入这种困境，这些国家就会攻击非战斗人员，因为这样做使他们可以继续战斗，可以减少人员伤亡，还有可能迫使对方放弃战斗从而打赢战争。简而言之，在战争中，交战国——包括民主国家——往往会把打赢战争和挽救本国人民生命看得比人道主义更重：禁止屠杀非战斗人员的道德禁忌在迫切渴望胜利面前简直不堪一击。

在消耗战中，因迫切渴望打赢战争而迫害平民基本上不是为了消灭受害者群体。[①] 恰恰相反，在消耗战中，攻击非战斗人员主要是一项胁迫战略：这是一种手段，旨在说服敌方政府（在常规战争中）或叛乱团体（在游击战中）接受胁迫者的政治或军事要求。作为一种胁迫手段，迫害平民有惩罚逻辑或拒止逻辑两种形式。[②] 一方面，按照惩罚逻辑，对非战斗人员实施暴力是希望他们起来反抗，要求本国政府结束战争。换句话说，为了惩罚而迫害平民是为了削弱敌方平民的抵抗意志。在包围战、海上封锁和战略轰炸城区时，对非战斗人员实施暴力基本上是惩罚逻辑在背后支撑。

另一方面，按照拒止逻辑，迫害平民是为了削弱敌方的军事实力。例如，在反游击战中，杀害支持敌方的平民（或者直接将平民从目标区域撤离出去），对其他平民实施恐吓，要求他们不要向叛乱

---

① 大量学术文献认为大多数杀害平民的事件都构成了大屠杀或政治屠杀，都企图"全部或部分消灭某个公社化、政治或政治化族群"。例如，Barbara Harff, "No Lessons Learned from the Holocaust? Assessing Risks of Genocide and Political Mass Murder since 1955," *American Political Science Review* 97, no. 1（February 2003）：58。

② 关于这些类别，见 Pape, *Bombing to Win*, pp. 55 – 79。

组织提供支援（或者干脆阻止他们提供支援），从而削弱叛乱组织的后勤保障能力，使其无法继续战斗。有时候就连轰炸行动也是为了屠杀平民工人，从而削减敌方的军工生产。作为一种胁迫手段，迫害平民通常是后发制人的手段，因为胁迫——不论是惩罚胁迫还是用拒止胁迫——都不能很快奏效。[1] 因此，交战国通常在战争后期才会采用胁迫手段，而且只有在设想迅速打赢战争的初期战略失败之后才会采用。

第二，交战各方对征服领土的欲望：交战国企图征服并吞并敌方非战斗人员居住的土地。这种情形通常发生在领土扩张战争中，如果同一块土地上生活着不同族群，这些族群都声称该领土为其所有，并且族群之间发生敌对行为时，这种情形通常也会发生。在这种情况下，攻击敌方平民通常具有战略意义，因为这样做既能消灭可能在军队后方发起叛乱的"第五纵队"（即内奸），又能够阻止日后发生暴动。而且，清除敌方平民人口能够降低未来敌方试图收复争议领土的可能性，排除了可能引发战争的重大隐患，即营救被困在敌国境内的民族同胞。另外，战场上的实际情况会增强某一方对领土主权的诉求，其中最重要的就是人群的民族属性。例如，科索沃地区90%以上的人口是阿尔巴尼亚族，这使得科索沃阿尔巴尼亚人宣布在科索沃实行自治的呼声增强，也让人觉得这种诉求合情合理。如果交战国企图征服对方领土，他们就会攻击对方平民，从而改变当地人口结构，上述每个因素都有可能促使这种情况发生。

为吞并邻国领土而迫害平民（而不是因陷入旷日持久的消耗战而迫害平民）往往会先发制人，而不是后发制人。原因在于侵略者可以轻而易举地攻击敌方平民，驱逐或者杀害平民既能消除后方发生叛乱的威胁，又能排除敌方平民日后营救其同胞的可能性，而且还能

---

[1]　Pape, *Bombing to Win*, pp. 32 – 35.

巩固侵略者对土地的所有权，能够带来实实在在的好处。此外，即使是在胜利在望或者战事进展顺利的情况下，交战国也可能迫害平民，这么做不是因为交战国迫切渴望打赢战争，而是因为他们企图吞并敌国领土。

在战争中，交战国可能会迫害敌方非战斗人员，民主政权形式本身就会增加这种可能性。乍一看，民主国家攻击平民的概率似乎略高于非民主国家。但是，这种差异是在旷日持久的消耗战中民主国家比独裁国家更喜欢对平民使用武力造成的。除了旷日持久的消耗战以外，民主国家和独裁国家在攻击非战斗人员的偏好方面没有任何区别。证据表明，如果民主国家领导人发现陷入了成本高昂的战争或即将输掉战争，民主制度的某些因素，如选举问责制度产生的额外压力，可能会迫使领导人采取措施（包括迫害平民）来减少损失或取得胜利，即便这些措施违背了自由规则。这暴露出了"民主的阴暗面"：为什么那些旨在维护和平与安宁的制度反而会造成民主国家在国外作恶呢？① 这也向我们展示了为什么民主国家特有的规则和制度在战争中不是相互补充，而是相互矛盾。

只有确信攻击平民战略会取得成功，迫害平民才算是理性的选择吗？领导人大可不必这样认为；领导人只需要相信这样做有助于打赢战争、避免失败或者降低战争成本就行了。领导人也可能会认为，只有攻击非战斗人员才能实现战争目的，除此之外别无选择。如果迫害平民有助于扭转严峻局势，或者能够以可以承受的代价实现国家目标，那么即使希望渺茫，领导人也可能会理性地抓住这个机会。因此，一旦交战国致力于赢得胜利，如果战争成本不断增加，或者战争

---

① 这个短语来自 Michael Mann, *The Dark Side of Democracy*：*Explaining Ethnic Cleansing*（Cambridge：Cambridge University Press, 2005）。迈克尔·曼发现了民主的另外一个阴暗面，当一个国家的政治实体认同某个特定族群时就会出现。政治实体与特定族群的重叠会把其他族群视为外来者，这最终可能导致暴力清洗。

变得无法轻易取胜，他们往往会迫害平民，实在不行才会考虑放弃目标。交战国通常是在最困难的情况下才会选择迫害平民，这也有助于解释为什么迫害平民的成功率较低，至少在国家间的常规战争中成功率较低。

6　　弄清楚战争中迫害平民的原因应该会引起各个学科的分析员和政策制定者的兴趣。在战争中平民为什么会成为受害者？在什么情况下会成为受害者？近年来，学者们对这个问题的兴趣有所增加。但是，与其他安全研究课题相比，学者们对这个问题的研究仍然不够深入。[1] 仅在20世纪就有数百万无辜平民死于武装冲突，这种研究现状不能不令人失望。以前，研究这个问题的基本上是研究种族灭绝问题的学者，直到最近几年情况才有所改观。学者们发现战争与种族灭绝之间存在惊人的关联性，但是他们还没有充分地研究为什么有时候武装冲突会发展成大规模屠杀非战斗人员。在研究游击战争的过程中，他们发现了违背这种趋势的例外情况[2]，但是就连他们自己也承认，对于常规战争中发生的许多大规模屠杀案例，这些研究也无法解释。[3] 因此，我写这本书有两个目的，一是增进我们对这个重大现象的理解，二是提出几个因果机制。这几个因果机制同时适用于游击战

---

① 20世纪90年代，比较政治、历史和国际关系领域开始关注迫害平民这个问题。分别见 Stathis N. Kalyvas, "Wanton and Senseless? The Logic of Massacres in Algeria," *Rationality and Society* 11, no. 3 (August 1999): 243 – 285; Mark Grimsley and Clifford J. Rogers, eds., *Civilians in the Path of War* (Lincoln: University of Nebraska Press, 2002); Benjamin Valentino, "Final Solutions: The Causes of Mass Killing and Genocide," *Security Studies* 9, no. 3 (spring 2000): 1 – 59。

② Kalyvas, "Wanton and Senseless?"; Kalyvas, "The Paradox of Terrorism in Civil War," *Journal of Ethics* 8, no. 1 (March 2004): 97 – 138; Valentino, Huth, and Balch – Lindsay, " 'Draining the Sea' "; Kalyvas, *The Logic of Violence in Civil War* (Cambridge: Cambridge University Press, 2006); Jeremy M. Weinstein, *Inside Rebellion: The Politics of Insurgent Violence* (Cambridge: Cambridge University Press, 2007), pp. 198 – 259; Macartan Humphreys and Jeremy M. Weinstein, "Handling and Manhandling Civilians in Civil War," *American Political Science Review* 100, no. 3 (August 2006): 429 – 447。

③ Valentino, Huth, and Balch – Lindsay, " 'Draining the Sea,' " p. 403.

和常规战，能够同时对这两类战争中迫害平民的原因进行解释。这几个因果机制是：保护友军、打赢战争的需要和敌方平民对于安全控制争议领土所构成的威胁。

本书与安全研究最为关注的多起辩论有关。[1] 首先，理解迫害平民的根源或许有助于解释为什么历史上惩罚战略看似无效却依然盛行，这点在前面提到过。关于胁迫问题，现有研究文献将用惩罚来增加平民痛苦和用拒止来摧毁军事目标相提并论。然而，对迫害平民进行深入研究后发现，对非战斗人员实施暴力可以削弱敌人的抵抗意志或者抵抗能力。为什么有些通常被描述为惩罚型的胁迫战略比其他战略更加有效？区分惩罚型迫害平民与拒止型迫害平民同样有助于解释这个难题。我将在本书结论部分对这个问题进行深入探讨。

其次，制定自由规则与民主制度的初衷是解释民主国家之间的和平，这些规则与制度效果如何，战争期间民主国家迫害非战斗人员为我们检验这些观点提供了新的场地。我效仿一些民主和平理论家及其批评者，推导出这些观点的进一步影响，然后用新证据进行检验。[2] 由于能够搜集到的数据的时间跨度有限（从 1816 年至今）、民主国

---

[1] 迫害平民已经成为安全研究领域的一个关键自变量。见 Thomas C. Schelling, *Arms and Influence* (New Haven: Yale University Press, 1966); Pape, *Bombing to Win*; Ivan Arreguín - Toft, "How the Weak Win Wars: A Theory of Asymmetric Conflict," *International Security* 26, no. 1 (summer 2001): 93 - 128。攻击平民（贴上恐怖主义的标签）也迅速成为一个重要的因变量。见 Mia Bloom, *Dying to Kill: The Allure of Suicide Terrorism* (New York: Columbia University Press, 2005); and Robert A. Pape, *Dying to Win: The Strategic Logic of Suicide Terrorism* (New York: Random House, 2005)。

[2] William J. Dixon, "Democracy and the Peaceful Settlement of International Conflict," *American Political Science Review* 88, no. 1 (March 1994): 14 - 32; Sebastian Rosato, "The Flawed Logic of Democratic Peace Theory," *American Political Science Review* 97, no. 4 (November 2003): 585 - 602。见 Douglas A. Van Belle, "Dinosaurs and the Democratic Peace: Paleontological Lessons for Avoiding the Extinction of Theory in Political Science," *International Studies Perspectives* 7, no. 3 (August 2006): 287 - 306。

家为数不多以及国家间战争稀缺，民主和平论的拥护者和反对者之间的争论已经停滞不前，这项研究或许能够找出支持或反对不同的规则性或制度性因果机制的新证据，从而有助于把辩论继续推向前进。

7　　　再次，本书也是对研究国际关系中规则与武力关系的文献的有益补充。到目前为止，这类文献只专注于解释那些禁止对非战斗人员使用武力的限制性规则的形成与遵守问题。学者们还研究了禁止使用某些武器，如核武器、生化武器、反步兵地雷的规则的形成过程。[1] 相比之下，我是从相反的角度来研究这个问题的：是哪些因素导致交战国违反规则；在什么情况下，那些旨在保护无辜平民的规则遭到破坏；什么时候那些看似"文明的"民族也退化到采用"不文明的"战争手段。[2] 更笼统地说，大家对战争手段升级这个问题理解得还不够透彻，研究迫害平民的原因或许有助于更好地理解这个问题。[3]

　　　最后，本书中关于民主国家和迫害平民的发现对下面这种观点提出了质疑：民主国家要对选民负责，在战争中对平民保持相对克制，这使民主国家更容易受制于惩罚型胁迫，如自杀式恐怖袭击。例如，有人说，恐怖分子之所以有恃无恐地袭击民主国家，是因为

---

① 例子包括 Richard M. Price, *The Chemical Weapons Taboo* (Ithaca: Cornell University Press, 1997); Nina Tannenwald, "Stigmatizing the Bomb: Origins of the Nuclear Taboo," *International Security* 29, no. 4 (spring 2005): 5 – 49; Richard Price, "Reversing the Gun Sights: Transnational Civil Society Targets Land Mines," *International Organization* 52, no. 3 (summer 1998): 613 – 644; Ward Thomas, *The Ethics of Destruction: Norms and Force in International Relations* (Ithaca: Cornell University Press, 2001)。关于战争期间遵守规则和违反规则这个问题，见 Legro, *Cooperation under Fire*。

② 发展能使人类变得更文明、更少使用暴力，但是这种发展也可能走向反方向，导致"去文明化"进程，关于这个问题的分析，见 Jonathan Fletcher, *Violence and Civilization: An Introduction to the Work of Norbert Elias* (Cambridge: Polity Press, 1997)。

③ 例子包括 Richard Smoke, *War: Controlling Escalation* (Cambridge: Harvard University Press, 1977); Eric J. Labs, "Beyond Victory: Offensive Realism and the Expansion of War Aims," *Security Studies* 6, no. 4 (summer 1997): 1 – 49。

"民众对成本的容忍度很低，而影响国家政策的能力很强"。而且，人们认为在应对恐怖袭击时民主国家使用武力相对克制。① 有人认为，在国家间战争中，民主国家会善待平民，民主国家的平民更有可能成为独裁国家的攻击目标。但是，我发现支撑这种观点的证据少之又少。

从务实角度来看，对战争中迫害平民的原因有更多了解同样有助于回答一些政策性问题。举例来说，了解其中原因能够帮助政策制定者评估风险：冲突会不会发展到虐待平民的地步；了解其中原因也能引导政策制定者做出决定：为了防止非战斗人员受到虐待，是否需要实施以及如何实施海外干预。例如，当不同民族密切融合的战场（如波黑）发生平民劫掠时，政策制定者就不会惊慌失措。而且，要想制止迫害平民的行为，光有空中力量往往还不够，因为空中轰炸对于阻止种族清洗或阻止分散在各地的反叛武装投入战斗作用不大。

而且，理解迫害平民的原因有助于我们判定在国际体系中传播民主是否会减少非战斗人员伤亡。民主化常常被吹捧为双赢局面：民主国家在国内尊重人权，在国外阻止国家间相互开战。因此，传播民主已经成为冷战后美国外交政策的基石。如果民主国家在战争中也能遵守非战斗人员豁免的原则，那么迫害平民或将永远不会再发生，而成为一段悲惨记忆。

研究迫害平民的原因与美国关系最为重大。由于美国军事实力最 8
强，军事技术领先优势明显，以及乔治·布什政府率先发动的无限制的反恐战争势头正劲，美国是世界上军事行动最活跃的国家。美国的军事实力和技术优势降低了反对使用武力的门槛，使使用武力变得相对容易，成本低廉，而打击恐怖主义让美国拥有了实施海外干涉的充分理由：推翻支持或包庇恐怖分子的政权，阻止有可能把大规模杀伤

---

① Pape, *Dying to Win*, 44.

性武器卖给恐怖分子的政权研制此类武器。

有人可能会提出质疑，在 21 世纪，像美国这样的自由民主国家不会为了实现目的而对平民使用暴力。然而，如果简单炫耀武力并不能迅速地威慑或打败敌人，那么美国的政策制定者们就会面临压力，压力使他们不得不采取军事升级行动，这就可能对平民造成伤害，以前的冲突就是这样产生的。我认为，关键因素是战争成本和持续时间，而不是交战国的政权形式。当今世界，有些独裁国家或许会更迅速地把枪口对准平民，但是从历史上来看，在面对战争成本过于高昂或无法取胜的形势时，民主国家更倾向于攻击非战斗人员，更倾向于使用可能导致大量平民死亡的无差别战术，这实在令人惊讶。而且，像美国这样的现代民主国家对战争成本非常敏感，这无疑又给政策制定者增添了更多压力，迫使他们尽量控制战争成本。即使领导人不情愿公然地蓄意屠杀平民，这种压力仍然能够导致非战斗人员受到间接伤害，如攻击基础设施或者实施经济制裁，从而对平民健康造成不利影响。我将在本书第七章中探讨这个问题。

美军最擅长打高强度的常规战争，面对反游击战却显得束手无策。敌人可能会利用这个弱点来避开美军火力、拖延战争进而挫败美军，从而导致美军攻击非战斗人员。例如，越南南方民族解放阵线就让美国政治和军事领导人深受挫折，而美国陆军为防苏联入侵西欧而专门制定的高强度常规战战略则完全派不上用场。在越南战争中，美军指挥官们实施了消耗战略，这一战略要求美军实施无差别火力攻击，结果造成大量越南非战斗人员死亡。[1] 后来，美国官员们意识到布什政府率先发动的无限制的反恐怖主义和反伊斯兰激进主义战争可能需要一代人甚至几代人才能完成。布什总统把这场战争称为"我

---

[1]　Andrew F. Krepinevich Jr. , *The Army in Vietnam* （Baltimore：Johns Hopkins University Press，1986）.

们这个时代具有决定性意义的战争"。① 这场冲突已经使布什总统及 　9
其顾问们转变了立场。他们开始支持无限期关押未经审判的可疑武装
人员；支持对酷刑进行重新定义，使美国审讯人员可以最大限度地利
用法律漏洞进行审讯，以便从嫌犯口中获取情报；支持对"非常规
引渡"重新定义，从而使美国可以将恐怖分子嫌疑人移交给那些以
滥用酷刑著称的第三国。② 最后，事实可能证明大规模常规冲突——
如美国可能因台湾问题与中国开战——不仅成本高昂，而且难以取
胜，甚至会引发猛烈轰炸，造成大量平民死亡。

　　交战国和叛乱组织为什么要攻击非战斗人员？研究这个问题的文
献数量虽然不多，但是在不断增加，正是依靠这些文献，我才得以写
完这本书。其中两本书对我帮助最大：一是本杰明·瓦伦蒂诺的
《最终解决方案：20 世纪发生的大规模屠杀和种族清洗》，二是斯塔
希斯·卡里瓦斯的《内战中使用暴力的逻辑》。熟悉这两本书的读者
可能会问我这本书与上述两本书有什么关系。

　　本书与卡里瓦斯的书有重叠之处，但是重叠内容相对较少。卡
里瓦斯提出了内战（更准确地说应该是游击战）中的暴力理论。在
内战中，交战双方都是为了取得对人口的控制权，进而取得他们的
配合与支持。这些冲突具有一些明显特征，那就是主权分裂，执政
当局与叛乱团体各自控制一定区域。实施暴力是为了取得各个区域
内人口的配合。如果在某个地区一方拥有绝对控制权，那么这个地
区基本上不会发生暴力，因为这样做完全没有必要。各方都努力争

---

① George W. Bush, "State of the Union 2007," January 23, 2007, http://www. whitehouse. gov/
stateoftheunion/2007.

② Mark Danner, *Torture and Truth*: *America, Abu Ghraib, and the War on Terror* (New York: New
York Review Books, 2004); Karen J. Greenberg and Joshua L. Dratel, *The Torture Papers*: *The
Road to Abu Ghraib* (Cambridge: Cambridge University Press, 2005). 有人认为这些政策造成
了一种宽容环境，导致了美军虐待伊拉克囚犯，例如阿布格莱布监狱虐囚事件。从 2004
年开始，丹纳在《纽约书评》中把这两者联系在一起。见 "The Logic of Torture" 和 "The
Secret Road to Abu Ghraib" in *Torture and Truth*, pp. 10 – 25, 26 – 49。

夺控制权的地区，通常也不会发生暴力行为，因为任何一方掌握的信息都不全面，也就无法有选择性地攻击平民。在这种情况下，实施无差别暴力反而会起到反作用，因为这样做不仅会惹怒当地居民，甚至会引发当地居民支持其对手。在有些地区，一方在当地占主导地位（虽然不是绝对支配地位），但是控制权日渐衰落，而对手势力却开始渗透进来，在这种情况下发生暴力行为的可能性最大。日渐衰落的交战方就会攻击背叛者，阻止他们叛变，从而继续维持对该地区人口的控制。①

相比之下，本书研究对象基本上是国家间战争，几乎没有一起叛乱案例。在常规冲突中，为了对敌方政府形成威慑力，交战方会对敌方平民实施无差别暴力——前提是他们有能力做到，并且局势迫使他们这样做。在常规冲突中，交战方也会采用无差别暴力手段来消灭被征服领土上的多余人口。不论哪种情况，取得对敌方人口的控制权，或者说争取敌方人口的配合都是无关因素。本书观点与卡里瓦斯的观点有重叠之处，主要在第五章。但是，即便是在这一章，我也找出了一组案例来反驳卡里瓦斯提出的选择性暴力逻辑。驻南非英军使用暴力不仅没有随着时间的推移而越来越注重差别化，而且英军朝着相反方向前进；当他们越来越迫切渴望镇压布尔人叛乱时，英军把所有人都关押起来了。诚然，在这起冲突中，选择性暴力没能成功争取到平民的有效配合。类似趋势在其他殖民战争中也很明显，如西班牙古巴战争（1895～1898年）、美西战争（1899～1902年）和第二次意大利萨努西战争（1923～1932年）。

本书与瓦伦蒂诺有很多共同点。瓦伦蒂诺试图解释20世纪发生的交战国政府大规模迫害非战斗人员的案例（死亡人数50000以上），不论迫害行为是否发生在战争期间。他认为，理解这些暴力

---

① Kalyvas, *Logic of Violence in Civil War*, chap. 7, especially 195 - 207.

事件的关键不是政权形式，不是民族处于危难时刻，也不是社会分裂结构——以前关于种族清洗的研究一直强调这三个因素——而是国家领导人的目标。有三类目标特别容易引发大规模屠杀。第一，领导人"试图对社会进行激进的公社化改造"。例如约瑟夫·斯大林（Joseph Stalin）和波尔布特（Pol Pot），他们都采取大规模屠杀的方式来消灭反对分子。第二，如果领导人想要清除某个族群以便"贯彻种族主义或民族主义意识形态，号召国家实施种族、民族和宗教净化"，或者领导人希望"解决不同族群之间因领土争端而产生的政治或军事冲突"，这种情况下就会发生大规模屠杀。第三，为了平定叛乱，领导人也会采用大规模屠杀的方式来清除那些支持叛乱活动的平民。①

　　瓦伦蒂诺的书和我这本书有几个重要的共同点，但是，在有些问题上我们也存在分歧。最重要的相似点是，我们都认为交战国迫害非战斗人员大都是理性分析和战略考量的结果，而不是感情用事、灭绝人性和非理性仇恨的结果。例如，我的研究显示，交战国都希望通过武力手段迅速地赢得决定性胜利，他们只有在军事战略受挫时才会攻击平民。迫害平民可能招致敌国对本国人民实施报复，也有可能导致比较有影响力的第三方参战，交战国对这种可能性也非常敏感。有时候，上述每个因素都会（至少是暂时地）阻止交战国选择迫害平民这种方式。同样，瓦伦蒂诺记录下了领导人是如何不使用暴力而采取其他手段来实现目的的，他们只有在其他途径都受阻之后才会诉诸武力。我们之间还有另外一个共同点，那就是我们基本上会淡化文化因素对造成暴力的作用。例如，我认为交战国如何看待敌人身份与迫害平民毫无关系，瓦伦蒂诺也反对社会分裂和灭绝人性的观点。

11

---

　　① 引文来自 Valentino, *Final Solutions*, pp. 41 – 55。

然而，我们之间也存在一些不同点。第一个不同点是应变量不同，即研究对象不同。本书只关注战争以及在武装冲突中交战国攻击非战斗人员的原因，而瓦伦蒂诺采用平民死亡人数作为标准来选择研究案例。瓦伦蒂诺提出了三个因果机制，其中之一是共产主义政权领导下的农业集体化。对于这个因果机制，本书不做讨论，因为战争期间通常不会发生这种情况。

第二个不同点是实质性的不同。虽然我研究的许多案例属于瓦伦蒂诺提出的"恐怖主义大规模屠杀"类别，但是他在书中基本上没有关注过这些案例。[①] 因此，可以将本书视为对他的作品的补充，因为本书开辟并探讨了这一类案例。我提出的另外一个迫害平民的因果机制（对征服领土的欲望）从一定程度上说融合了瓦伦蒂诺提出的因为种族和领土而大规模屠杀平民的类别，因为对于那些交战国企图占领他国领土的案例，特别是某些种族群体被视为控制该领土的障碍的案例，我都会进行研究。虽然在许多方面瓦伦蒂诺与之前研究种族清洗的作品划清界限，但是他仍然把研究重点放在大规模屠杀这一国内政治现象上，至少在书中的大量个案分析中是这样。

第三个不同点是理论性的不同。关于个体及其意识形态和信仰的作用，瓦伦蒂诺比我着墨更多。他提倡从"战略角度"来研究大规模屠杀，强调领导者个人及其目标的重要性，而且他把大规模屠杀形容为一项"残酷的战略，旨在实现领导人最重要的意识形态或政治目标，同时消除他们认为最严重的威胁"。[②] 领导决定论非常符合种族清洗情形，但是不太符合第三种情形——反叛乱。瓦伦蒂诺把重点放在领导人的目标上，他的逻辑很简单：攻击平民对于镇压叛乱具有重大战略意义。在这种情况下，根本不需要什么意识形态或目标来解

---

① Valentino, *Final Solutions*, pp. 84 – 88.

② Valentino, *Final Solutions*, p. 3.

释大规模屠杀，我们只需要假设交战国渴望胜利就足够了。本书绝大多数案例属于这一类冲突：交战一方或双方都想打赢战争，都采用越来越暴力的手段迫使敌人让步。在其他案例中，交战国的目的不仅是打赢战争，而且是吞并对方领土。如果交战国认为某些群体对于他们同化该领土构成威胁，那么迫害平民就会发生。

在第一章中，我将对迫害平民进行详细界定，对各类迫害平民的行为进行分析，然后提出一系列理论来进行解释，包括我本人提出的迫切渴望和领土吞并观点。本书剩余部分对这几个不同理论进行了实证检验，第二章对国家间战争中的迫害平民进行统计分析，第三至第七章进行个案分析，案例不仅包括封锁、战略轰炸、反叛乱和种族清洗，也包括没有发生迫害平民的案例。在本书结论部分，我将对我的发现可能产生的理论性和政策性影响进行探讨。

第一章
迫害平民的定义及解释

在本书中，我试图对迫害平民这种现象进行解释。什么是迫害平
民？在战争中，交战国政府为什么要迫害平民？首先，我要给"迫
害平民"这个概念下个定义。迫害平民是一种军事战略，如果政治
或军事精英采用这种战略来故意攻击和杀害非战斗人员，如果这种战
略未能区别对待战斗人员和非战斗人员，导致大量非战斗人员死亡，
那么这种战略就是迫害平民。接下来，我将对迫害平民的几种常见形
式进行简要介绍，然后举例加以阐述。

在第二部分，我归纳阐述了关于迫害平民的三个不同观点：政权
形式决定论、文明/野蛮身份决定论和组织决定论。政权形式决定论
认为，国内规则和制度是造成迫害平民最重要的原因。文明/野蛮身
份决定论则主张，如果交战国认为敌人不属于文明国家，交战国就会
杀害敌方非战斗人员。组织决定论指出，军事组织的文化或狭隘利益
是造成迫害平民的根本原因。

在第三部分，我提出了自己的迫害平民理论，明确了两个关键因
素：一是在旷日持久的消耗战中，交战国打赢战争以及减少人员伤亡
的迫切感越来越强烈；二是有必要处置生活在交战国企图吞并的土地

上的人口，这些人可能带来麻烦。我探讨了这两个因素背后的逻辑以及它们对迫害平民的时机可能产生的不同影响。我还解释了为什么攻击平民（虽然攻击平民并非始终行之有效）不是非理性赌博，而是经过计算的冒险。在收尾时我简要探讨了研究方法和案例问题。

对迫害平民下定义

14   按照我下的定义，迫害平民包括两个要素：①迫害平民是得到政府批准的军事战略。②故意攻击和杀害非战斗人员，或者可以预见军事行动会造成大量非战斗人员死亡。迫害平民违反了《日内瓦公约》和正义战争理论明确规定的非战斗人员豁免和区别对待原则，这些原则要求交战国必须区别对待战斗人员和非战斗人员，并且严厉禁止攻击非战斗人员。[①] 迫害平民的常见形式包括空中轰炸、海上轰炸、炮击平民或平民区；围攻、海上封锁或经济制裁，使非战斗人员无法获得食物；屠杀；强制转移或集中关押，致使大量人员死亡。按照瓦伦蒂诺对大屠杀的定义，迫害平民"不只局限于'直接'屠杀手段，例如处决、释放毒气和轰炸，还包括饥饿、暴露或故意没收、破坏或剥夺生活必需品导致患病从而造成的死亡。迫害平民还包括在强制转移或强制劳动过程中因饥饿、疲劳、暴露或疾病而造成的死亡"。[②]

---

① 见 *Geneva Convention（IV）relative to the Protection of Civilian Persons in Time of War*（1949），*Protocol Additional to the Geneva Conventions of August* 12，1949，*and relating to the Protection of Victims of International Armed Conflicts*（Protocol I，1977），http：//www.icrc.org/web/eng/siteeng0.nsf/htmlall/genevaconventions。关于战时法，见 Michael Walzer，*Just and Unjust Wars：A Moral Argument with Historical Illustrations*，2d ed.（New York：Basic Books，1992）；和 James Turner Johnson，"Maintaining the Protection of Non‐Combatants，" *Journal of Peace Research* 37，no.4（July 2000）：421–448。

② Benjamin Valentino，*Final Solutions：Mass Killing and Genocide in the Twentieth Century*（Ithaca：Cornell University Press，2004），p.10。然而，与瓦伦蒂诺的定义不同，不一定非要造成一定数量人员死亡才能构成迫害平民。

关于迫害平民，有几点需要澄清。第一，根据《日内瓦公约》，我把战斗人员定义为"一切有组织的武装力量、团体和单位，有指挥机构，该指挥机构对其下属的行为负责"，以及从事武器生产的个人。[1] 相比之下，非战斗人员不参加战斗，不携带武器，不在军队或安全保卫部门服役，不生产武器，所以也就不参与武装冲突。我们可以根据两条基本原则来区别战斗人员和非战斗人员。迈克尔·沃尔泽（Michael Walzer）提出了一种观点，他认为每个人都享有不受暴力威胁的权利，除非他们参加军事活动，例如拿起武器或在兵工厂里工作，从而放弃这种权利。按照沃尔泽的说法，"任何人都不应受到战争威胁或成为战争对象，除非他通过某种行为放弃或丧失了这种权利"。[2]

第二种观点依据个人对敌人构成威胁的大小来区别战斗人员和非战斗人员。只有积极参加敌对行为——例如，在武装部队中服役——的个人才会对敌人构成直接损害威胁，才符合战斗人员的条件。[3] 我认为，制造炸弹和其他武器的个人也会构成严重损害威胁，所以，他们也应归为战斗人员。如果他们都不算战斗人员，那么袭击兵工厂（或者对制造炸弹的恐怖分子进行定点清除）就应该定性为故意攻击平民。这违反了常理，即这些人不应享有与在其他经济行业中工作的人同样的保护，杀害他们从道德上讲并没有错。[4] 因此，不论套用哪

15

---

[1] *Protocol Additional（Ⅰ）to the Geneva Conventions*，Article 43。见 Valentino，*Final Solutions*，pp. 13 – 14；Walzer，*Just and Unjust Wars*，pp. 42 – 43。我没有把战俘纳入这个类别，主要是因为缺少数据，也为了重点关注那些明显属于平民身份的人员，而不是前战斗人员。

[2] Walzer，*Just and Unjust Wars*，pp. 135，145 – 146.

[3] Theodore J. Koontz，"Noncombatant Immunity in Michael Walzer's *Just and Unjust Wars*，" *Ethics and International Affairs* 11，no. 1（March 1997）：66 – 67，71.

[4] 那些为军队服务的人员——例如在武装商船上服役的海员或现代的"平民"承包商——属于战斗人员类别。我认为严格区分战斗人员和非战斗人员相当困难。一种办法就是把这些人员（例如兵工厂工人或承包商）归为第三类"准战斗人员"，这类人员生产武器，但是不直接参加战斗。给予这类人员的保护应比战士多，比在非国防工业工作的平民少。

条基本原则，我们都认为非战斗人员既不是战士，也不是武器生产者，他们不参加任何军事活动。

有怀疑论者认为，民族主义和工业化彻底消除了非战斗人员这个类别，因为在现代国家中，每个公民只要参加工作、纳税或者同意使用武力，那么他们就是对战争行为有贡献。[1] 这个观点违背了一个明显事实：即使在现代国家，仍然有很多人没有对战争行为做出任何贡献，这与判定是否可以杀死他们有重大关系。[2] 很多人从事的行业与战争无关；有些人，尤其是老人和儿童，根本就不工作。一项研究估计，在工业化国家，75%的人口没有在与战争相关的行业工作，即便是在一些工业城市，也有66%的居民是平民。[3]

第二，迫害平民是得到政府批准的政策或战略，而不是少数军事单位任意的攻击。正如克里斯托弗·布朗宁（Christopher Browning）指出，一方面，故意攻击平民可能是由"战场狂热"所引发的任意暴力或报复行为；另一方面，故意攻击平民也可能代表"政府官方政策"或"标准操作程序"。[4] 按照本书定义，只有后者才属于迫害平民：它包含针对非战斗人群实施持续暴力的政府政策，而不是部队作战失利后偶然的残暴行为。但是，这并不意味着迫害平民必须由政治领导人发起；事实上，有时候迫害平民是由作战部队发起的。但是，一旦政治领导人知悉这项政策并且予以批准——或者没有加以制

---

① Caleb Carr, *The Lessons of Terror: A History of Warfare against Civilians* (New York: Random House, 2002), p. 47; Barry Buzan, "Who May We Bomb?" in *Worlds in Collision: Terror and the Future of Global Order*, ed. Ken Booth and Tim Dunne (New York: Palgrave Macmillan, 2002), pp. 85 – 94.

② Johnson, "Maintaining the Protection of Noncombatants," p. 423.

③ John C. Ford, "The Morality of Obliteration Bombing," in *War and Morality*, ed. Richard A. Wasserstrom (Belmont, C. A.: Wadsworth, 1970), pp. 22 – 26.

④ Christopher R. Browning, *Ordinary Men: Reserve Police Battalion* 101 *and the Final Solution in Poland* (New York: Harper Collins, 1992), pp. 160, 161.

什——那么这就变成了事实上的政府政策。①

第三，迫害平民不仅包括故意攻击平民的战略，而且包括未能区别对待战斗人员和非战斗人员的战略——虽然不是故意攻击非战斗人员。换句话说，迫害平民的战略，要么是故意攻击平民，要么是无差别地使用武力以致对非战斗人员造成重大财产损失和死亡。例如，在一些案例中，交战国公开宣布或发表政策声明，把非战斗人员列为攻击目标。在第二次世界大战中，根据英军的轰炸政策，轰炸机司令部受命前去摧毁德国城区，希望借此削弱"德国平民尤其是德国产业工人的士气"，就属于这一类。② 很显然，英军的政策就是通过杀害德国平民来摧毁德国的战斗意志。这项战略造成 30 万平民死亡，绝不是攻击军事目标产生的副作用，而恰恰是这项战略的预期目标。

然而，在其他案例中，交战国在较长时期内反复发动攻击，未能区别对待战斗人员和非战斗人员，导致数万平民丧生。虽然杀害非战斗人员不是这类战略所宣称的目标，但是这种结果是可预见的，很多情况甚至是交战国所期望的，所以这种行为构成了迫害平民。例如，第二次世界大战期间，美国陆军航空队对德国"城区"发动了 70 次攻击，这些攻击都属于故意迫害平民。美军轰炸机把大约一半精力投入雷达轰炸中，虽然不是故意针对平民，但是美军军官们心里都清楚，其结果与英国轰炸德国"城区"相当。托马斯·塞尔（Thomas Searle）说："虽然燃烧弹对于官方目标——铁路车场毫无效果，但是他们仍然使用较大比例的燃烧弹（这是轰炸城市的首选武器），美国陆军航空队指挥官们无异于承认了这

---

① 关于相似定义，见 Ivan Arreguín‐Toft, "How the Weak Win Wars: A Theory of Asymmetric Conflict," *International Security* 26, no. 1（summer 2001）: 101–102。

② 1942 个 2 月 14 日的轰炸指令，引自 Max Hastings, *Bomber Command*（New York: Dial Press, 1979）, p. 133。

个事实。"① 因此，批准并采用这种无差别攻击方式构成了迫害平民。

我们拿 1991 年海湾战争期间美军战略轰炸行动与上述每项战略进行对比。例如，在那场冲突中，美军 F - 117 战斗机轰炸了巴格达天堂地堡（Al-Firdos bunker），因为美军空袭计划制订者认为这里是伊拉克的指挥与控制中心。然而，美军空袭计划制订者不知道，伊拉克政府使用这个地堡作为伊拉克政府官员未成年子女的防空洞。这次空袭造成两三百名平民死亡。虽然很不幸，但是这并非由美国政府实施攻击非战斗人员的政策引起的。伤亡也不是美军拒绝区别对待战士和平民而引发的，因为美军根本不知道攻击目标里躲藏着非战斗人员。而且，天堂地堡灾难之后，美国官员立即宣布停止对巴格达进行空袭；直至战争结束，伊拉克首都再也没有目标遭到空袭。② 表1 - 1不仅强调了上述几类暴力之间的差别，而且对每类暴力都分别举例加以说明。③

很显然，在有些案例中，判定迫害平民是不是出于故意，要比英国轰炸德国"城区"困难得多。在杀害平民问题上，政策制定者们并非总公开表态或说真话。例如，英国领导人在回忆录中就绝口不提第一次世界大战期间实施封锁政策是为了饿死德国人。而且，杜鲁门总统声称广岛和长崎是纯粹的军事目标。这些案例凸显了审视政府内

---

① Richard G. Davis, "German Rail Yards and Cities: U. S. Bombing Policy 1944 - 1945," *Air Power History* 42, no. 2 (summer 1995): 51; Thomas R. Searle, "'It Made a Lot of Sense to Kill Skilled Workers': The Firebombing of Tokyo in March 1945," *Journal of Military History* 66, no. 1 (January 2002): 109.

② 关于天堂地堡轰炸事件，见 Ward Thomas, *The Ethics of Destruction: Norms and Force in International Relations* (Ithaca: Cornell University Press, 2001), pp. 160 - 161。

③ 战争爆发造成的、而不是敌方军事行动造成的平民死亡排除在外。由于军队传导导致疾病不可避免地暴发（直到现在仍然很常见）而造成的死亡就属于这种情况。类似的，那些自愿逃离交战地带而最终死亡的平民也排除在外，因为没有人攻击他们或对他们使用武力。当然，交战方故意传播疾病肯定构成迫害平民，由此造成的平民死亡需要计算在内。

部文件和私人通信以补充领导人的官方声明的重要性。① 同时，这些　17
案例也强调了观察行为指标的重要性，这些行为指标包括无差别攻击
程度加深、对平民生命关注度减少以及使用武器种类发生变化（如
使用燃烧弹替代高爆弹），从这些行为指标中或许可以看出交战国开
始转向迫害平民。

表 1-1　平民伤亡分类

	故意	无差别	附带伤害
政府批准的战略	1915~1919 年,英国对德国实施封锁	1871 年,普鲁士军队炮轰巴黎	1991 年美军轰炸伊拉克、1999 年美军轰炸塞尔维亚造成平民死亡
	1942~1945 年,英国轰炸德国	1943~1945 年,美国对德国进行雷达轰炸	
	1945 年,美国使用燃烧弹轰炸日本	1940~1941 年,德国对英国进行"伦敦大轰炸"	
	1912~1913 年,保加利亚、希腊、塞尔维亚和土耳其在巴尔干战争中实施大屠杀	1965~1968 年,美军轰炸北越("滚雷行动")	
	1941~1942 年,德国特别行动队在苏联实施大屠杀	1900~1902 年,布尔人和非洲平民死于集中营	
未经政府批准的战略	1948 年,犹太民兵武装在德尔亚辛村实施大屠杀	1863 年,美国南北战争期间维克斯堡遭到炮击	平民在交火过程中遭到射杀或轰炸
	1968 年 3 月,越南战争中美军实施"美莱村大屠杀"		
	2005 年,美军在伊拉克制造哈迪塞屠杀事件		

---

① Avner Offer, *The First World War: An* (Oxford: Clarendon Press, 1989), pp. 227 – 229; Barton J. Bernstein, "Understanding the Atomic Bomb and the Japanese Surrender: Missed Opportunities, Little – Known Near Disasters, and Modern Memory," *Diplomatic History* 19, no. 2 (spring 1995): 257 – 258, 265.

　　有些分析员在研究时只选择故意造成平民死亡的案例。例如，卡里瓦斯只研究故意杀害非战斗人员的案例，而把非故意（附带伤害）或非暴力手段（饥荒和疾病）造成的平民死亡案例排除在外。瓦伦蒂诺也专注于研究迫害平民是否出于主观故意，他按照受攻击目标是属于民用目标还是军事目标，把故意与非故意死亡区别对待：如果攻击目标是军事目标，那么平民死亡永远是非故意造成的；如果攻击目标是民用目标，那么死亡永远是故意造成的。[①] 这个定义把"故意"的概念夸大了。例如，瓦伦蒂诺认为，如果非战斗人员是一项政策的直接目标，并且可以预见这项政策必然会造成非战斗人员死亡，那么这些非战斗人员死亡就应该视为故意造成的。瓦伦蒂诺因此认为，在第二次布尔战争（1899～1902 年）中，布尔妇女和儿童死于英国集中营是故意造成的，因为平民本身就是这项政策的攻击目标。然而，这种判断没有证据支持，证据显示英国军官并非故意要杀死这些布尔人，他们也不希望造成人员死亡。历史学家托马斯·帕克南（Thomas Pakenham）说："妇女和儿童死于集中营，乌姆杜尔曼战役后僧人受伤死亡，饱受伤寒折磨的士兵在布隆方丹医院死去，这些都不是霍雷肖·赫伯特·基奇纳的本意。他只是不关心罢了。"[②] 平民是集中关押政策的直接目标，但是这并不意味着平民死亡都是故意造成的。

　　瓦伦蒂诺把所有攻击军事目标造成的平民死亡案例也排除在外，他认为这些平民伤亡是非故意造成的附带伤害。这也涉及夸大概念，这次是夸大了"附带伤害"的概念。如果一项战略表面上看是针对军事目标，但是结果造成数以万计的非战斗人员死亡，那么这些死亡还能看作附带伤害吗？把这些案例排除在外实际上忽视了一项实质性证据，即有些攻击者根本就没采取任何措施来区别战斗人员和非战斗

① Stathis N. Kalyvas, *The Logic of Violence in Civil War* (Cambridge: Cambridge University Press, 2006), pp. 19 – 20; Valentino, *Final Solutions*, p. 11.

② Thomas Pakenham, *The Boer War* (New York: Post Road Press, 1979), p. 524.

人员，他们根本不关心大量平民遭到杀害，他们只是想看到大量平民死亡给敌方人民造成恐惧。

因此，我认为，只要能够判定交战国有意杀死敌方的非战斗人员，那么这些案例就应该全都属于迫害平民行为，但是迫害平民不应只局限于这些案例。"迫害平民"这个概念还应该包括造成大量（数以万计）平民死亡的战略，如果因为交战国没有能力或者拒绝区别战斗人员和非战斗人员，或者没有给予平民适当照顾而造成大量平民死亡，那么这些战略也应属于迫害平民。

另外，本书研究对象只限于国家间战争期间杀害敌方非战斗人员的行为。对于那些发生在加害者公认国界范围内的迫害行为，只有当迫害行为发生在国家间战争期间并且受攻击人群与敌国民族相同（例如，1919～1922年希土战争期间土耳其境内的希腊人）时，这些迫害行为才纳入本书研究范畴。① 非国家行为体（如叛乱团体或恐怖分子）屠杀平民案例排除在外，内战期间、国际战争结束之后以及非战争期间发生的反平民暴力案例也排除在外。②

迫害平民的政策

19

我认为，如果交战国广泛、反复和系统地使用以下手段：屠杀、饿死、无差别轰炸以及在交战国可以预见会造成许多人死亡的情况下强制转移或集中关押平民，那么迫害平民就已经发生了。屠杀包括"针对平民团体的大规模、面对面暴力行为"，这在许多情况下都会发生。③ 前面提到过，有时候激烈战斗引起愤怒情绪，愤怒会导致屠

---

① 针对其他族群的国内暴力——例如第一次世界大战期间土耳其对国内的亚美尼亚人进行大屠杀或纳粹屠杀德国犹太人——排除在外。

② 这并不是说迫切渴望或征服欲望不适用于这类案例，只不过是在本书中，我要检验的是这些关于国际战争的观点。

③ Stathis N. Kalyvas, "Wanton and Senseless? The Logic of Massacres in Algeria," *Rationality and Society* 11, no. 3 (August 1999): 246.

杀发生，但是有时候屠杀本来就是为了消灭或恐吓平民。例如，按照包围战的惯例，如果城中守军和平民拒绝投降，城池攻陷后他们就会遭到无差别屠杀，或者被卖身为奴。[①] 1941~1944 年，德国占领希腊期间，为了镇压希腊叛乱，德国国防军实施了系统性的屠杀。1941~1942 年，德国使用特殊杀人机构——特别行动队杀害了 150 万苏联犹太人。[②] 1992 年春，塞尔维亚非正规军入侵波斯尼亚东部后也屡次屠杀波斯尼亚穆斯林平民。[③]

故意轰炸平民或无差别轰炸非战斗人员区域是迫害平民的第二种模式。为了恐吓城镇居民，使用爆炸性弹药进行无差别轰炸时通常会伴随着包围战；为了吓唬岸上居民也会从海上轰炸港口城市。[④] 1903年螺旋桨固定翼飞机成功升空，标志着战略轰炸时代的来临。从第一次世界大战开始，战略轰炸已经成为 20 世纪最主要的轰炸方式。如果战略轰炸宣称的目的是造成平民伤亡，从而削弱敌方平民士气或者削弱敌方战斗力量，那么战略轰炸就会迫害平民。[⑤]

剥夺敌人食物也可能造成迫害平民的后果。例如，攻城部队经常使用饥饿作为武器来劝诱受害者投降，公元 72 年罗马人在耶路撒冷

---

① Jim Bradbury, *The Medieval Siege* (Woodbridge：Boydell Press, 1992), p. 317–318.

② Mark Mazower, *Inside Hitler's Greece：The Experience of Occupation*, 1941–1944 (New Haven：Yale University Press, 1993), pp. 155–189；Raul Hilberg, *The Destruction of the European Jews*, Student ed. (New York：Holmes and Meier, 1985), pp. 111, 153.

③ Steven L. Burg and Paul S. Shoup, *The War in Bosnia–Herzegovina：Ethnic Conflict and International Intervention* (Armonk, NY：M. E. Sharpe, 1999), pp. 171–181.

④ 海上轰炸的例子包括 1866 年西班牙轰炸秘鲁卡亚俄港 (1879~1883 年南美太平洋战争期间智利也对卡亚俄港进行了轰炸)、1911~1912 年意土战争期间意大利攻击利比亚港口城镇、第一次世界大战期间德国轰炸英国城镇、1946 年法国轰炸越南海防和美国海军新泽西号战列舰轰炸越南和黎巴嫩沿海。

⑤ 战争期间杀害军事或政治领导人 (有时候称为斩首) 不被视为迫害平民，也不违反战争法。关于这个法律问题，见 Ward Thomas, "Norms and Security：The Case of International Assassination," *International Security* 25, no. 1 (summer 2000)：105–133。关于斩首这种轰炸战略，见 Robert A. Pape, *Bombing to Win：Air Power and Coercion in War* (Ithaca：Cornell University Press, 1996), pp. 79–86。

就是这么做的。① 1941～1942 年那个冬天，到处都弥漫着死亡气息，列宁格勒被德军包围，"城里到处都是尸体。大街上、雪地里、雪堆里、院子里、大型公寓的地下室里躺满了数以千计的尸体"。在这个寒冷的冬天，有位妇女在日记里这样写道："今天死亡是如此容易……你开始失去生趣，然后躺在床上，结果就再也没有醒过来。"② 同样，海上封锁也能达到这种效果。例如，一名英国海军军官在第一次世界大战之前这样写道："（在持久战中）英国海军磨粉机（虽然他们有可能会慢慢地碾压德国工业人口）会把他们'碾得粉碎'——汉堡大街上迟早会长出草来，剩下的只有大面积饥荒和破坏。"③ 第一次世界大战期间发生了一场不为人所熟知的冲突，在这场冲突中，意大利成功说服协约国盟友帮助它对利比亚北部实施封锁，封锁目标是萨努西叛乱武装。据雷切尔·西蒙（Rachel Simon）说，"施加经济压力——饿死平民——是为了实现特定政治目标：叛乱武装投降和新领导机构上台执政"。④ 类似的，尼日利亚内战期间（1967～1970 年），一名政府军指挥官对记者们说："在他们投降之前，我绝不能让任何一个伊博人获得食物，一份也不行。"⑤

系统性破坏环境也会造成平民忍饥挨饿的后果。据韦格提乌斯（Vegetius）说，在中世纪的欧洲，破坏敌人土地是最常见的战争手段。"战争最主要的目的，"他在书中这样写道，"就是保障补给充足，同时制造饥荒来摧毁敌人。""攻击敌人的经济基础，孤立敌人的城堡，饿死敌国的人民"，历史学家约翰·弗朗斯（John France）

20

---

① Walzer, *Just and Unjust Wars*, pp. 161 - 165.

② Harrison E. Salisbury, *The 900 Days：The Siege of Leningrad*（London：Pan Books, 2000）, pp. 506, 377.

③ 海军中将查尔斯·奥特里，引自 Offer, *First World War*, p. 232。

④ Rachel Simon, *Libya between Ottomanism and Nationalism：The Ottoman Involvement in Libya during the War with Italy*（1911 - 1919）（Berlin：Klaus Schwarz Verlag, 1987）, p. 324.

⑤ 本杰明·阿德昆勒旅长，引自 John J. Stremlau, *The International Politics of the Nigerian Civil War 1967 - 1970*（Princeton：Princeton University Press, 1977）, 331, n. 53。

这样写道，在中世纪，"这些方法最可靠，最适用于有限的战争目标"。① 例如，17 世纪晚期法国为了摧毁巴拉丁，不仅造成该地区大量平民遭殃，而且给巴登和符腾堡的平民带来了灾难。② 法国的目的是"人为制造一片沙漠，阻止敌人展开进攻行动"。在殖民地侵略战争中也发生过摧毁农作物和切断食物供应的事件，结果都是农民遭殃。例如，19 世纪 40 年代法国在阿尔及利亚实行焦土政策，对此，法国将军圣·阿诺德（St. Arnold）这样描述："我们烧毁一切，破坏一切。冻死累死的妇女和儿童多得数不清"③，"法军经过的地方，寸草不生"。另外一名法国人也表示赞同，他模仿伏尔泰的说话方式，说道："我们在村庄劫掠，烧杀抢掠，为达到目的不择手段。"④

最后，如果强迫转移必定会造成许多平民甚至大多数平民死亡，在这种情况下，如果交战国仍然坚持强制人群转移，那么迫害平民也会发生。例如，1899～1901 年镇压菲律宾叛乱过程中，美军强迫大量农村人口——包括有些岛上的所有居民——转移到集中营里，许多人因为生病在集中营中死去。⑤ 一名美国国会议员视察菲律宾后说道："在北吕宋，根本没听说过骚乱事件……因为那里一个活人也没

① 韦格提乌斯引自 John France, *Victory in the East: A Military History of the First Crusade* (Cambridge: Cambridge University Press, 1994), pp. 42, 65 – 66。

② John A. Lynn, "A Brutal Necessity? The Devastation of the Palatinate, 1688 – 1689," in *Civilians in the Path of War*, ed. Mark Grimsley and Clifford J. Rogers (Lincoln: University of Nebraska Press, 2002), pp. 79 – 110. 见 John Childs, *Armies and Warfare in Europe*, 1648 – 1789 (New York: Holmes and Meier, 1982), p. 152。

③ 引自 Robert B. Asprey, *War in the Shadows: The Guerrilla in History* (New York: William Morrow, 1994), p. 99。

④ 卢西恩 - 弗朗西斯·蒙塔尼亚克，引自 Anthony Thrall Sullivan, *Thomas - Robert Bugeaud, France and Algeria, 1784 – 1849: Politics, Power, and the Good Society* (Hamden, CT: Archon Books, 1983), p. 125。

⑤ 10 万多名菲律宾人可能死于集中营里，或者死于为了迫使他们离开家园的破坏行动中。Valentino, *Final Solutions*, pp. 203 – 204。

有了……仁慈的上帝只知道地底下埋葬了多少菲律宾人。"① 1899 ~ 1902 年，英国在南非设立集中营关押布尔及非洲的妇女和儿童，1895 ~ 1898 年，西班牙把古巴农村人口关进集中营，也都造成大量人员死亡。

　　把所有居民都赶出家门并且迫使他们长途跋涉也会造成大量人员死亡，有时候为了迫使他们放弃家园经常需要使用暴力，情况就会变得更加糟糕。19 世纪 30 年代末期，美国政府强迫生活在佐治亚州的切诺基族 21 印第安人离开家园，结果 8000 多人死在这条"血泪之路"上。② 一位老兵这样说道："我参加了美国内战，参加过大大小小无数次战斗，亲眼看到很多人被打成肉泥，数千人惨遭屠杀，但是驱逐切诺基族人是我所知道的最残忍的工作。"③ 第一次世界大战期间，土耳其把亚美尼亚人从安纳托利亚东部地区赶走，虽然既没有发生屠杀，也没有出现残暴行径，但还是造成大量人员死亡。④ 1913 年第二次巴尔干战争期间，在一次"毁灭性战争"中，为了确保希腊控制的土地上"一个保加利亚人也没有"，希腊军队纵火烧毁了至少 161 个村庄，数千人惨遭屠杀。⑤

　　简而言之，迫害平民是战时得到政府批准的政策，这种政策要么是故意攻击敌方平民，要么是未能区别战斗人员和非战斗人员。有时候，即使交战国没有把枪口对准受害者，有些战时战略也会构成迫害平民。系统性破坏环境、切断食物供应和强迫转移

---

① 引自 Luzviminda Francisco, "The Philippine - American War," in *The Philippines Reader*: *A History of Colonialism*, *Neocolonialism*, *Dictatorship*, *and Resistance*, ed. Daniel B. Schirmer and Stephen Rosskamm Shalom（Boston：South End Press，1987），p. 16。

② David E. Stannard, *American Holocaust*: *Columbus and the Conquest of the New World*（Oxford：Oxford University Press，1992），pp. 121 – 125.

③ 引自 Russell Thornton, *American Indian Holocaust and Survival*: *A Population History since* 1492（Norman：University of Oklahoma Press，1987），pp. 116 – 117。

④ Valentino, *Final Solutions*, pp. 75 – 77，157 – 178.

⑤ International Commission to Inquire into the Causes and Conduct of the Balkan Wars, *The Other Balkan Wars*（Washington：Carnegie Endowment for International Peace，1993），pp. 315，97，99.

也会造成大量非战斗人员遭殃和死亡。接下来，我将要详细阐述几个用于解释迫害平民行为的理论，然后接着探讨我本人提出来的迫切渴望和吞并领土观点，以及用于检验这几个不同理论的方法和案例。

政权形式和迫害平民

关于迫害平民起因的两种解释都把关注点放在了政权形式上。第一种解释认为大部分攻击非战斗人员事件是独裁政权所为，因为民主国家会受到国内规则的制约；第二种解释则认为民主国家更倾向于攻击平民，因为问责制度使得民主国家对成本更加敏感，更加需要赢得胜利。

民主制度：制约还是推手？

有学者援引民主制度来解释迫害平民行为，他们对民主制度的影响持不同看法，这个分歧反映了在民主和平文献中存在规则与制度的对立。迄今为止，绝大多数实证研究发现，民主国家迫害平民的可能性比非民主国家小，而且这些研究都是把解释建立在规则基础之上的。例如，鲁道夫·拉梅尔（Rudolph Rummel）就指出，在对外战争中，民主国家实施大屠杀的可能性更小。本杰明·瓦伦蒂诺、保罗·胡特（Paul Huth）和迪伦·鲍尔奇·林赛（Dylan Balch-lindsay）三人对1945年以来的所有战争进行了分析，他们发现民主国家进行大规模屠杀的可能性比独裁国家小。迈克尔·恩格尔哈特（Michael Engelhardt）对1945～1990年民主国家和独裁政权发动的25场反叛乱战争进行了分析，得出结论："非民主政权可以比民主国家更加自由地使用残酷手段来镇压叛乱，文献也证明这个假设是正确的。"另外，吉尔·米伦（Gil Merom）认为："民主国家没能打赢小规模战争，这是因为他们既无法在战争成本（本国军人伤亡）与政治成本之间找到平衡点，也无法在可接受的伤亡水平与可接受的残暴程度之间找到平衡点。"①

为什么民主国家强烈反对迫害平民？解释这个问题最常见的观点就是民主社会内在的规则禁止屠杀无辜平民。② 例如，瓦伦蒂诺、胡特和林赛认为，民主规则是制止屠杀平民的关键因素："如果民主价值观宣扬宽容、非暴力和尊重法律限制，那么民主国家在发动战争时就应该比其他政权形式更人道。"③ 然而，其他学者认为非暴力和尊重无辜生命的规则起源于自由理论，而不是起源于民主理论。自由规则禁止侵犯他人权利，禁止把人当作达到目的的手段。在战时，

---

① R. J. Rummel, "Democracy, Power, Genocide, and Mass Murder," *Journal of Conflict Resolution* 39, no. 1 (March 1995): 5 – 6; Benjamin Valentino, Paul Huth, and Dylan Balch – Lindsay, " 'Draining the Sea': Mass Killing and Guerrilla Warfare," *International Organization* 58, no. 2 (April 2004): 375 – 407; Michael J. Engelhardt, "Democracies, Dictatorships and Counterinsurgency: Does Regime Type Really Matter?" *Conflict Quarterly* 12, no. 3 (summer 1992): 56; Gil Merom, *How Democracies Lose Small Wars: State, Society, and the Failures of France in Algeria, Israel in Lebanon, and the United States in Vietnam* (Cambridge: Cambridge University Press, 2003), p. 24. 见 Ivan Arreguín – Toft, "The [F] utility of Barbarism: Assessing the Impact of the Systematic Harm of Non – Combatants in War," paper presented at the annual meeting of the American Political Science Association, Philadelphia, PA, August 2003。关于民主制度对国内侵犯人权行为和大屠杀的制约作用，见 Christian Davenport and David A. Armstrong Ⅱ, "Democracy and the Violation of Human Rights: A Statistical Analysis from 1976 to 1996," *American Journal of Political Science* 48, no. 3 (July 2004): 538 – 554; Barbara Harff, "No Lessons Learned from the Holocaust? Assessing Risks of Genocide and Political Mass Murder since 1955," *American Political Science Review* 97, no. 1 (February 2003): 57 – 73。

② 拉梅尔是唯一一位强调民主制度对政策制定者的制约作用的学者，他认为"政府权力受到的制约越大，权力就越分散、越平衡，政府进行侵略和实施屠杀的可能性就越小"。见 R. J. Rummel, *Death by Government* (New Brunswick, NJ: Transaction, 1994), pp. 1 – 2。

③ Valentino, Huth, and Balch – Lindsay, "Draining the Sea," 382。关于类似假设（但是结果不同），见 Benjamin Valentino, Paul Huth, and Sarah Croco, "Covenants without the Sword: International Law and the Protection of Civilians in Times of War," *World Politics* 58, no. 3 (April 2006): 345 – 347 and 368 – 369。

这些规则甚至适用于敌国公民。[1] 例如，迈克尔·多伊尔（Michael
Doyle）不仅认为限制对平民使用暴力起源于自由思想，而且非常
赞同康德的观点，即自由民主国家必须"小心翼翼地尊重战争
法"。[2]

然而，关于民主问题，另外一个不同观点根植于制度，这个观点
认为民主国家迫害敌方平民的可能性更大。逻辑很简单：当战争迟迟
无法结束，战争成本不断增加时，民众支持率往往会逐渐下滑。[3] 意
识到这点之后，为了减少人员伤亡和争取民众继续支持战争，民主精
英们就会千方百计想办法；为了控制成本，民主精英们就可能迫害平
民。而且，战败——甚至是战争进入僵持状态——会威胁到领导人的
任期，所以民主精英们有动力努力战斗并确保打赢战争。"努力战
斗"可以解释为包括迫害平民手段。[4] 战败可能会丢掉官位，这也

[1] Markus Fischer, "The Liberal Peace: Ethical, Historical, and Philosophical Aspects," discussion paper 2000–2007 (Cambridge: Belfer Center for Science and International Affairs, John F. Kennedy School of Government, Harvard University, April 2000), p. 15。见 Michael W. Doyle, *Ways of War and Peace: Realism, Liberalism, and Socialism* (New York: Norton, 1997), 287 n. 81; John Rawls, *The Law of Peoples* (Cambridge: Harvard University Press, 1999), pp. 94–97; John Locke, *Two Treatises of Government* (Cambridge: Cambridge University Press, 1988), pp. 387–388。

[2] Michael W. Doyle, "Kant, Liberal Legacies, and Foreign Affairs, Part 2," Philosophy and Public Affairs 12, no. 4 (autumn 1983): 344。他还承认，对于防止反平民暴力而言，自由规则并非总是有效："对平民进行恐怖轰炸——例如轰炸德累斯顿、东京、广岛和长崎——侵犯了个人权利，违反了自由原则，表明自由模式存在弱点。" Doyle, *Ways of War and Peace*, 287 n. 81。按照规则观点，民主制度的作用是要对攻击平民行为进行规则性限制，使那些违反规则的领导人面临在正常选举中被选下台的风险。正如梅罗姆所说，民主国家"受到其国内结构的限制，尤其是受到一些能言善辩的公民所坚守的信条的限制，以及受到国内制度给这些公民提供的机会的限制"。见 Merom, *How Democracies Lose Small Wars*, p. 15。

[3] John E. Mueller, *War, Presidents, and Public Opinion* (New York: Wiley, 1973).

[4] Bruce Bueno de Mesquita et al., "An Institutional Explanation of the Democratic Peace," American Political Science Review 93, no. 4 (December 1999): 798。作者们并没有这么说，但是这个观点符合其观点的逻辑。明确建立联系的是 Valentino, Huth, and Croco, "Covenants without the Sword," pp. 347–349。

让民主领导人有动力从一开始就选择一些能够轻易打赢的战争。这也就意味着民主国家领导人迫害非战斗人员的可能性较小，因为这些冲突发展成为消耗战的可能性不大。[①] 相比之下，独裁政权较少受制于上述因素，因为独裁政权的领导人根本不用担心被民众罢免。

政权形式决定论存在的问题

政权形式决定论的两个版本都存在几个问题。第一，民主国家在国外会不会遵守本国国内规则，我们不得而知。例如，按理说自由民主国家只能为"自由"——也就是说自卫或防止侵犯人权而发动战争。然而，在 19 世纪，自由国家经常以与国家安全毫不相干的理由攻击和征服非洲和亚洲部落，但是自由国家几乎从来没有实施海外干预来阻止种族清洗。[②] 自由民主国家通常会支持设立战争罪行审判法庭，但是几乎不允许本国军人或政治家因违反战争法而受到审判。[③] 如果符合本国自身利益，民主国家还会打压或推翻其他民主国家，甚至支持残暴的独裁者，如冷战时期的反共产主义和今天的反恐怖主义。[④]

第二，在自由民主国家，民众并非一边倒地反对迫害平民，就像他们并非始终反对战争一样。少数人原则性强，始终可以指望他们公

23

[①] Dan Reiter and Allan C. Stam, *Democracies at War* (Princeton: Princeton University Press, 2002), pp. 19 - 20。赖特和斯塔姆还认为民主制度没有对"帝国战争或大屠杀"构成障碍，但是他们并不认为民主制度造成平民遭到残暴对待。同上书，p. 163。

[②] Sebastian Rosato, "The Flawed Logic of Democratic Peace Theory," *American Political Science Review* 97, no. 4 (November 2003): 585 - 602; Samantha Power, "*A Problem From Hell*": *America and the Age of Genocide* (New York: Basic Books, 2002).

[③] 关于自由规则和战争罪行法庭，见 Gary Jonathan Bass, *Stay the Hand of Vengeance*: *The Politics of War Crimes Tribunals* (Princeton: Princeton University Press, 2000)。

[④] Rosato, "Flawed Logic of Democratic Peace Theory," pp. 588 - 592; Reiter and Stam, *Democracies at War*, pp. 159 - 162.

开谴责攻击非战斗人员的行径；但是，如果国家进入战争状态，绝大多数人——虽然从理论上讲他们坚定地信仰平民豁免原则——随时会接受平民死亡。[①] 有些研究者认为民主制度为迫害平民提供了便利，要么迫使精英们顺从报复性民意，要么给领导人施加压力，要求他们迅速打赢战争并且控制战争成本，原因正在于此。[②]

第三，有观点认为，只有在民主国家，其国内制度才会系统性地影响领导人的行为，有几位分析员对此提出了质疑。民主和平理论家认为，被解除职务的风险给了民主领导人避免惹怒选民的动力。然而，虽然在民主国家中因政策失败而失去权力的风险无疑比相对封闭的政治体系更高，但是被解除职务的成本则要低得多：民主国家的统治者绝对不会受到放逐或死亡的惩罚，而独裁政权的领导人有时候确实会面临放逐或死亡的命运。失去权力的风险所产生的动力是否比潜在成本所产生的动力更大，我们不得而知。确实，近期发表的关于结束战争的学术著作发现——与民主观点相反——被解除职务的成本是最重要的因素。对于寡头政治政权的领导人而言，他们有可能因战争蒙受轻微损失而被解除职务并受到惩罚，所以他们往往孤注一掷，不惜以灾难性失败（结果是受到惩罚）来换取一线胜利希望（结果是继续任职）。[③] 相比之下，民主国家的领导人更愿意接受战败局面，虽然他们会因此失去职位，但是不会失去生命。独裁者也会接受战败局面，因为他们可以镇压战败所引发的国内抗议。因此，只关注被解

---

① John Mueller, "Public Opinion as a Constraint on U. S. Foreign Policy: Assessing the Perceived Value of American and Foreign Lives," paper presented at the annual meeting of the International Studies Association, Los Angeles, CA, March 2000。民意调查发现，在假设情形下，美国人通常会认为保护外国平民生命至少与保护美国战斗人员生命一样重要。然而，当被问及战争中的利弊交换时，这种克制消失不见了。少数人会说美国在保护平民方面做得太多了，或者说美国应该对非战斗人员使用更多武力。

② Reiter and Stam, *Democracies at War*, pp. 151 – 158, 163.

③ H. E. Goemans, *War and Punishment: The Causes of War Termination and the First World War* (Princeton: Princeton University Press, 2000).

除职务的风险而忽视被解除职务的潜在成本，这是在误导读者。[1]

第四，民主观点假设民意能够制约领导人贯彻外交政策的能力，而领导人却没有能力来影响民众态度，这是错误的。事实上，在民主国家，领导人并非完全听命于民意；相反，他们拥有很大的自由空间，可以独立行动，尤其是在涉及国家安全的问题上。[2] 而且，民主国家在海外使用武力经常会产生"团结在国旗周围"效应，在这种情况下，大部分民众会紧密团结在领导人周围。[3] 例如，当初三分之二的美国民众支持美国对朝鲜和越南进行干预，而现在民众普遍认为这两场战争是美国历史上最不受欢迎的战争。[4] 而且，对于政府实施威胁或使用武力的决策，反对党几乎不会表示异议。这种情况使反对党的支持——有些人认为这是同意攻击潜在目标的信号——相当没有信息含量。[5] 因此，对于民主国家的领导人发动战争——或者战争期间迫害非战斗人员——的决策，民意的约束力就显得很微弱。

24

关于文明身份和野蛮身份的看法

有些学者认为，如果交战双方都把对方视为"野蛮人"或"劣等人"，那么发生虐待平民现象的可能性就比较大。例如，约翰·道

---

[1]　Rosato, "Flawed Logic of Democratic Peace Theory," pp. 593 – 594; Kenneth A. Schultz, *Democracy and Coercive Diplomacy* (Cambridge: Cambridge University Press, 2001), pp. 14 – 15。见 Giacomo Chiozza and H. E. Goemans, "International Conflict and the Tenure of Leaders: Is War Still *Ex Post* Ineffi cient?" *American Journal of Political Science* 48, no. 3 (July 2004): 604 – 619。

[2]　有人认为，这种自治依赖于民主国家不同的制度结构，关于这个观点，见 Norrin M. Ripsman, *Peacemaking by Democracies: The Effect of State Autonomy on the Post – World War Settlements* (University Park, PA: Pennsylvania State Press, 2002).

[3]　Matthew A. Baum, "The Constituent Foundations of the Rally – Round – the – Flag Phenomenon," *International Studies Quarterly* 46, no. 2 (June 2002): pp. 263 – 298.

[4]　Mueller, *War, Presidents, and Public Opinion*, pp. 45, 54.

[5]　一项研究发现，如果民主政府发出威慑性威胁，反对党赞成的可能性是 84%。见 Schultz, *Democracy and Coercive Diplomacy*, pp. 167 – 168。

尔（John Dower）记录下了第二次世界大战期间日本和美国对彼此的种族仇恨如何造成了战场暴行，如何为美军使用燃烧弹轰炸日本城市铺平了道路。① 有历史学家利用这个观点来解释信奉基督教的欧洲和信奉伊斯兰教的中东地区在战争过程中发生的暴行、大规模灭绝新大陆本土文明和帝国战争中的暴力，他们认为"一旦文明被抛弃，战争的规则、目标和方式就会彻底不同"。关于野蛮民族，另外一位分析员说："在欧洲，从道义上和法律上都禁止使用的战争手段对于那些不认同相同文化规则的敌人则视为合法的。"1912～1913年，巴尔干战争结束后，希腊一位官员这样说道："当你必须对付野蛮人时，你必须表现得像野蛮人一样。只有这样他们才能理解。"②

身份决定论存在的几个问题

身份决定论存在三个缺陷。第一，身份差别客观存在，是否与迫害平民相关，我们不得而知。例如，有些历史学家认为信奉基督教的欧洲和伊斯兰世界之间的战争尤其残暴，有些人则认为欧洲人与欧洲人之间的战争同样很残忍。③ 类似的，在第二次世界大战期间，日本帝国不仅极其残暴地对待英国和美国战俘，而且对朝鲜、中国和其他地区的亚洲同胞同样很残忍。④

① John W. Dower, *War without Mercy: Race and Power in the Pacific War* (New York: Pantheon, 1986).

② 引文来自 Childs, *Armies and Warfare in Europe*, p. 102; Jürgen Osterhammel, quoted in Mark B. Salter, *Barbarians and Civilization in International Relations* (London: Pluto, 2002), p. 38; International Commission, *Other Balkan Wars*, p. 95。

③ Bradbury, *Medieval Siege*, pp. 189, 297。三十年战争、第一次世界大战和第二次世界大战都是欧洲内部事务。

④ 关于日军给予西方战俘和亚洲战俘以及劳工的类似待遇，包括巴丹死亡行军和修筑泰缅铁路这类事件，见 Dower, *War without Mercy*, pp. 43-52。日军侵略亚洲战争期间犯下的最臭名昭著的罪行是1937年12月的南京大屠杀，日军占领南京后杀了大约30万人。见 Iris Chang, *The Rape of Nanking: The Forgotten Holocaust of World War II* (New York: Basic Books, 1997)。日军还在华北杀害了大量反抗的共产党平民，并且进行了细菌战实验。（转下页注）

　　而且，如果身份决定论是正确的，那么国家间战争迫害平民就应该比殖民战争或帝国战争更加频繁，因为殖民战争几乎都发生在信奉基督教的欧洲白人和不信奉基督教的非洲、亚洲非白人之间。我对 25 "战争相关因素项目"搜集的"额外系统性"战争进行了分类，分类结果削弱了这个假设的说服力。① 数据库中共有 112 个案例，对于其中 84 个案例，通过分析各类资料，我能够判断国家行为体是否采取了迫害平民的战略。在这 84 个案例中，交战国攻击非战斗人员的比例为 29%。在国家间战争中，对于那些既有实力也有机会杀害敌方非战斗人员的交战国而言，迫害平民的比例为 30%（在第二章进行阐述）。

　　类似的，伊万·阿诺金－托夫特搜集了 1809 年以来非对称冲突（在这些冲突中，强国至少拥有 10∶1 的装备优势）中使用"野蛮手段"（系统性违反战争法的战略）的相关数据，这些数据与这个假设相矛盾。阿诺金－托夫特发现，使用野蛮手段的交战国只占 20%。② 在阿诺金－托夫特的数据库中，虽然大部分案例包括帝国扩张战争、维护帝国统治战争和反殖民战争，但是数据库中也有不少国家间战争和内战。这个数据库与我的数据库有重复之处，为了排除重复案例，同时确保我的重点仍然放在国际冲突上，我去除了这两类冲突，然后对数据进行了重新分析。去除国家间战争和内战后，使用野蛮手段的频率略微上升，从原来的 20% 增加到 23.6%（N = 106），但是这个数字还是低于国家间战争中发生迫害平民的频率。阿诺金－

（接上页注④）见 Lincoln Li, *The Japanese Army in North China 1937 – 1941*: *Problems of Political and Economic Control*（Tokyo: Oxford University Press, 1975）, pp. 13 – 14, 209; Sheldon H. Harris, *Factories of Death*: *Japanese Biological Warfare*, *1932 – 1945*, *and the American Cover – up*, Rev. ed.（New York: Routledge, 2002）。

① "额外系统性战争"指的是国家和非国家行为体在该国领土之外进行的战争。帝国主义战争和殖民战争都属于额外系统性战争。

② 感谢伊万·阿诺金－托夫特慷慨地提供这些数据。关于详细情况，见 Arreguín – Toft, "How the Weak Win Wars," 以及同名著作（Cambridge University Press, 2005）。

托夫特不仅收录了许多其他冲突数据库中都没有出现过的冲突（包括 19 世纪美国和美洲土著部落之间的 11 起冲突），而且收录了一些难以判断到底是内战还是殖民战争的冲突，例如叛乱团体反对奥斯曼土耳其帝国和俄罗斯帝国这些陆地强国的叛乱。去除这些冲突后，结果几乎完全一致：使用野蛮手段的频率是 23.6%（N = 72）。因此，帝国战争和殖民战争中发生迫害平民的频率未必比国家间冲突更高。

第二，妖魔化敌人在战争中普遍存在，然而迫害平民却比较少见。冲突国家总是互相污蔑对方，而政治精英们也有巨大动力来使用这类辞令，既是为了说服本国民众相信战争是正义的，也是为了动员民众参加战斗。[1] 然而，战争中是否会发生迫害平民，这不好说。而且，即使发生妖魔化敌人的情况，这也很可能是利益冲突诱发的，而不是交战国真的认为敌人是野蛮人。在美国的宣传中，德国原先是一个先进的宪政国家，然而到了第一次世界大战之前，德国变成了一个独裁国家；20 世纪 80 年代，萨达姆·侯赛因（Saddam Hussein）是抵御伊斯兰主义的坚强堡垒，然而 1990 年入侵科威特之后却变成了第二个希特勒，这两者都反映了美国与德国和伊拉克的关系发生了变化，而并非德国和伊拉克的国内制度和身份发生了改变。[2] 类似的，当第一次巴尔干战争中希腊和保加利亚联手对抗土耳其时，两国关系非常友好，而且都给予对方积极的评价。然而，当 1913 年希腊和保加利亚这两个昔日盟友发生利益冲突和"政策决定两国决裂"时，希腊媒体（在政府授意下）开始大肆污

---

[1] 从这个角度来看，妖魔化能发挥作用，而且往往与领导人对敌人实际身份的看法关系不大，甚至完全没有关系。

[2] Ido Oren，"The Subjectivity of the 'Democratic' Peace: Changing U. S. Perceptions of Imperial Germany," *International Security* 20, no. 1 (fall 1995): 147 - 184. 再举一个例子，20 世纪 30 年代，美国领导人把约瑟夫·斯大林称为马克思主义独裁者，而到了第二次世界大战期间美国和苏联结盟反对纳粹德国后，斯大林则变成了"乔大叔"。

蔑保加利亚，两国之前友好的态度发生彻底转变。① 简而言之，妖魔化敌人一直都存在，但是迫害平民并非如此，而且妖魔化敌人往往是为了达到某种目的，这与领导人对敌人真实身份的看法关系不大，甚至是毫无关系。

第三，虽然身份决定论的坚定支持者可能会说，对敌人身份的看法是战争所固有的——也就是说，战争过程使战争参与者变得残酷，随着时间推移他们最终会相信敌人是"野蛮人"——但是这也无法解释许多迫害平民案例。首先，如果我们都试图杀死对方，我们肯定会对敌人产生仇恨，这是很自然的事情。从这个意义上讲，残暴现象是普遍存在的，但是会不会发生迫害平民，这个不好说。其次，残暴行径最有可能在旷日持久的消耗战中发生，因此在一定程度上它是战争成本不断增加和迫切渴望打赢战争所造成的。最后，军人在战场上厮杀，领导人把握战略方向，残暴行径对军人的影响比对领导人的影响大，因此，这或许能更清楚地解释战场上发生的暴行，而不能解释清楚迫害平民的政策。②

军事组织与迫害平民

与政权形式决定论一样，对于迫害平民的根源，组织决定论提出了两个不同的观点：组织文化和狭隘的组织利益。

---

① 战争调查委员会称，保加利亚人日复一日地被描述为野兽民族，民众也被灌输沙文主义，一旦战争爆发，战争必然残酷无情。International Commission, *Other Balkan Wars*, p. 95。想要了解反保加利亚人的宣传案例，同上书，pp. 95 – 98。

② 因而可能是这种情况，从心理上看，灭绝人性对于个人杀害平民非常有必要，但是对于国家政策则似乎没有必要。关于灭绝人性对于消除实施暴力的道德禁忌的重要性，见 Herbert C. Kelman, "Violence without Moral Restraint: Reflections on the Dehumanization of Victims and Victimizers," *Journal of Social Issues* 29, no. 4 (winter 1973): 48 – 52。

组织文化

组织文化决定论的支持者认为，军事组织内部的主流文化决定着这支部队会不会提倡攻击平民的战略。组织文化指的是组织内部长期以来形成的各种信念、处事方式和标准操作规程，是在每个组织成员对于该组织的使命和目标的认知基础上形成的。在一个军事组织里，"每个军种都会形成战斗文化。这些'规范'要么提倡某些战争手段，要么忽视某些战争手段。如果符合主流战争文化，战争手段会得到采纳和提倡；如果不符合主流战争文化，则会被善意地忽视"。① 重要的是，如果战争符合其组织文化，军队往往会选择冲突升级："一种组织文化决定论认为，交战国倾向于保持克制是因为某种战争手段与军队集体信仰相适应……如果战争手段与军队战争文化相冲突，那么交战国往往会相互克制，不使用这种手段。如果战争手段符合军队组织文化，那么交战国就会选择冲突升级。"②

这个假设，虽然是关于部队升级冲突意愿的一般命题，但是就非战斗人员豁免而言，可以更严谨地改写。如果军队文化接受通过惩罚平民来战胜敌人的战略，那么这些国家就会攻击敌国平民。如果军队文化倾向于攻击敌国军事力量，那么交战国就会遵守非战斗人员豁免原则，平民死亡就相对较少。例如，勒格罗（Legro）认为，第二次世界大战初期纳粹德国空军基本上没有轰炸平民，是因为纳粹德国国防军奉行的是陆军强国文化。另外，因为英国皇家空军在一战结束至二战爆发这段时期（interwar）形成了区域轰炸文化，所以英国最终

---

① Jeffrey W. Legro, *Cooperation under Fire: Anglo - German Restraint during World War II* (Ithaca: Cornell University Press, 1995), p. 28.

② Ibid., pp. 27 - 28.

才对德国非战斗人员实施了惩罚性轰炸。[①] 有人认为，威廉时期德国陆军文化奉行绝对胜利，为了实现绝对胜利，德国陆军文化——尤其是迷恋歼灭战和全面胜利——可能会引发针对非战斗人员的暴力。当德军没能迅速赢得全面胜利时——1904 年在南非也是如此——为了实现全面征服，德军开始不遗余力地消灭敌人，结果导致赫雷罗族人几近灭绝。[②]

狭隘的组织利益

相比之下，建立在狭隘的组织利益基础之上的观点认为，所有组织都有一个共同追求——享有自主权而不受外部监督、享有对内部事务的决定权以及享有更高的声望和更多的资源——因此，不同国家或不同问题领域的类似组织都会采取类似行动。例如，军事思想家认为，各国军队都偏爱进攻，因为进攻往往比防御需要更多资源和技能。[③] 这种观点指出，如果一个军事组织——或者该军事组织的关键人物——认为攻击平民能够促进该组织的狭隘利益——或者能够提升其职位安全度——那么这个组织就很有可能游说政府实施迫害平民的战略，而且政府也很有可能批准。

[①] 具有强烈荣誉感的强大军队——他们的文化渗透着尊重非战斗人员豁免原则——也会避免采取迫害平民的战略，因为这种战略违背了他们的组织文化。例如，见 Colin H. Kahl, "How We Fight," *Foreign Affairs* 85, no. 6 (November/December 2006): 83 – 101. 卡尔进一步详细阐述了这个观点，Colin H. Kahl, "In the Crossfire or the Crosshairs? Norms, Civilian Casualties, and U. S. Conduct in Iraq," *International Security* 32, no. 1 (summer 2007): 7 – 46。

[②] Isabel V. Hull, *Absolute Destruction: Military Culture and the Practices of War in Imperial Germany* (Ithaca: Cornell University Press, 2005); Isabel V. Hull, "Military Culture and the Production of 'Final Solutions' in the Colonies: The Example of Wilhelminian Germany," in *The Specter of Genocide: Mass Murder in Historical Perspective*, ed. Robert Gellately and Ben Kiernan (Cambridge: Cambridge University Press, 2003), pp. 141 – 162.

[③] Jack Snyder, "Civil – Military Relations and the Cult of the Offensive, 1914 and 1984," *International Security* 9, no. 1 (summer 1984): 108 – 146.

第二次世界大战期间美军使用燃烧弹对日本实施轰炸，人们经常援引这个案例来说明织组力量的强大。美国陆军航空队中支持战略轰炸的人，例如亨利·哈里·阿诺德（Henry Harry Arnold）上将，他们知道如果战略轰炸无须其他军种配合就能够打败日本，那么美军也就无须为进攻日本本土付出沉重代价，对于空军从陆军中独立出来，这个理由很有说服力。于是阿诺德向下属施压，要求他们使用新型 B-29 轰炸机对日军进行轰炸。1945 年 1 月，他甚至解除了海伍德·汉塞尔（Haywood Hansell）将军的职务，让柯蒂斯·李梅（Curtis Lemay）将军取而代之，指挥 B-29 轰炸机联队。他还说，如果李梅将军不能证明空军的价值，那么李梅将军也会被解职。按照这种说法，1945 年 3 月李梅将军开始实施轰炸战略，主要原因就是他希望保住位置。李梅将军随时都可能被解职，因为阿诺德将军急于证明空军可以独立打赢战争，所以空军应该独立出来，成为一个独立军种，与陆军和海军平起平坐。

组织决定论存在的几个问题

组织决定论的两个观点存在一个共同问题，那就是他们都只适用于军队职业化时代，而军队职业化直到 19 世纪中后期才在欧洲兴起。然而，人类有历史记录以来，迫害平民就一直存在。因此，组织决定论的贡献只局限于近现代。类似的，那些认为军事组织是关键因素的观点也无法解释这个问题：如果军队由文官领导，那么军队如何把自身目标上升为国家政策呢？最终决策权掌握在非军人身份的政策制定者手中，而他们根本不会受到军事文化和军种相互竞争的影响。

什么才是正确的作战方式？关于这个问题，军事组织已经形成先入为主的假设和观念，这些假设和观念不仅会影响到战争学说，甚至会影响到武装冲突初期对作战方式的选择。这个问题已经得到充分证明。而且，组织文化决定论存在两个严重缺陷。首先，很少有国家在战争爆发前就制定迫害平民的政策，和平时期就制定迫害平民战略的军事组织更是少之又少，这是一个经验事实。当然，凡事都有例外。例如，英国皇家空军在战间期就制定了区域轰炸条令。类似的，艾森豪威尔政府在 20 世纪 50 年代制定了"新面貌战略"；这项战略强调，如果苏联胆敢侵犯，美国将实施大规模报复，势必会轰炸苏联上百个城市，造成数百万平民死亡。[1] 但是，这种特例非常少见。而且，即使军队确实制定了迫害平民的战略，他们也不会在战争爆发初期就立即自动执行。第二次世界大战期间，为了避免给希特勒留下轰炸英国城市的借口，战争初期英国领导人一直极力避免攻击德国平民，直到战争爆发两年后英国才对德国实施区域轰炸。[2]

其次，战争中会发生系统性攻击非战斗人员的情况，而且绝大多数是在军队的初期战略未能迅速赢得决定性胜利情况下发生的。有时候，如果敌人有能力对本国平民实施报复，这也决定了该国在冲突初期要尽力避免攻击敌方非战斗人员（如上述案例所示）。然而，不论符不符合军事文化，交战国最终还是会升级到迫害平民，因为面对战争成本的不断增加和赢得胜利或避免失败的需要，这么做是合乎逻辑的。因此，对于交战国攻击平民而言，"惩罚文化"既不是必要条

29

---

[1]　关于英国皇家空军进行区域轰炸，见 Tami Davis Biddle, *Rhetoric and Reality in Air Warfare：The Evolution of British and American Ideas about Strategic Bombing, 1914 – 1945*（Princeton：Princeton University Press, 2002），pp. 69 – 128。关于"新面貌"政策和大规模报复，见 Peter J. Roman, *Eisenhower and the Missile Gap*（Ithaca：Cornell University Press, 1995），pp. 63 – 111。感谢匿名审稿人让我注意到了这个案例。其他例外情况，例如 1941 年德军入侵苏联之前发布的政治委员行动和巴巴萨行动命令，是平民思维的产物，而不是军事文化的产物。

[2]　另外一个重要问题是军事文化的起源问题。例如，可以这么说，20 世纪 30 年代英军偏爱战略轰炸而德军偏爱近距离空中支援是英德两国各自的战略形势造成的。英国是一个海洋强国，从传统上看维持一支小规模陆军，依赖强大的海军来保卫国家和在海外施加影响力。而德国是欧洲中心的一个陆地强国，依赖海军和空军这类胁迫手段太奢侈，德国无力承担：如果没有一支大规模陆军，胁迫还未生效，德国可能就被打败了。因此，对于大陆强国而言，安全通常意味着陆军。鉴于这类战略因素能够解释军事文化的差异，所以军事文化的独立影响被削弱了。

件，也不是充分条件。

狭隘的组织利益决定论同样面临诸多困难。其一，这个观点似乎高估了迫害平民现象，因为不论什么时候军种之间都会争夺资源和影响力，而攻击平民现象很少见。其二，如果这个观点只局限于谋求组织独立的军种，例如第二次世界大战期间的美国空军，那么问题又来了，为什么那些已经独立的军种——如英国皇家空军和纳粹德国空军——仍要轰炸平民？其三，如果说谋求组织独立是迫害平民的重要动机，为什么美国空军——实现组织独立后——还要像第二次世界大战中那样轰炸朝鲜城市？

迫切渴望、征服和迫害平民

我认为，交战国攻击平民，主要有两个原因。一是在旷日持久的消耗战中迫切渴望打赢战争同时降低成本。在这种情况下，迫害平民是一种胁迫战略，旨在打压敌国民众的士气或者削弱敌国的战斗实力。二是征服敌国领土的欲望。这种征服欲望促使交战国使用武力来征服或消灭敌国民众，从而获得被征服地区的控制权。有些国家——如民主国家——对成本容忍度较低，而且更迫切地需要胜利，这些国家就更容易变得绝望。

迫切渴望和迫害平民

我们假设两个国家因为某个问题发生战争，每个国家都想迅速地赢得决定性胜利，都想以较低成本实现目标。我们再假设战事进展没有预期那么顺利，交战双方期望迅速而成本低廉地打赢战争的战略均遭失败。战争陷入停滞状态，变成了包围战、堑壕战和成本高昂的消耗战。或者换种说法，我们假设一国遭到敌人攻击，因为地理或军事环境，该国意识到这场战争将非常艰难，而且成本高昂。像这样的战

争僵局——或者从一开始就意识到要想打赢战争没那么容易——就会 30
产生两个机制,这两个机制就可能导致交战国迫害平民。第一,战争
僵局会诱发交战国迫切渴望胜利:为了把胜利从失败边缘拉回来,交
战国会不择手段。第二,在消耗战中,战争成本高昂会促使交战国迫
切渴望挽救军人生命,为了降低战争成本,确保交战国能够以可承受
的人员伤亡代价继续战斗,他们会攻击非战斗人员。[1]

在旷日持久的消耗战中,迫害平民是一种胁迫手段,也就是试图
通过操纵成本和收益来影响敌方的行为。具体来说,迫害平民就是给
非战斗人员造成痛苦,从而胁迫交战国政府或叛乱组织停止战斗。从
传统来看,学者们把给非战斗人员造成痛苦归为惩罚。惩罚是一种胁
迫战略,旨在削弱敌人的战斗意志,一种办法是让敌国政府相信平民
伤亡成本高于抵抗的收益,另一种办法是让平民起来反对战争,让平
民向本国政府施压,要求政府结束战争。惩罚的逻辑在彻韦尔
(Cherwell) 勋爵制定的 "摧毁房屋" 备忘录中得到明显体现,而
"摧毁房屋" 备忘录为第二次世界大战期间英国实施城区轰炸奠定了
基础。作为英国首相温斯顿·丘吉尔 (Winston Churchill) 的科学顾
问,彻韦尔认为,对德国城市实施轮番轰炸必将造成民众无家可归,
势必摧毁德军士气。[2] 当然,英国人可不是为了摧毁德国民众家园这
么简单,其真正目标是德国民众。这项战略的目的再明显不过了:屠
杀非战斗人员,击垮幸存者的意志,从而迫使敌人投降。

迫害平民还可以遵循拒止逻辑,与其说是为了摧毁敌人的抵抗意
志,不如说是为了削弱敌人执行其军事战略的实力。例如,1943 ~
1944 年的美军内部文件显示,美军计划使用燃烧弹轰炸日本城市,

---

① 这两个机制明显具有相关性:旷日持久的战争通常都是成本高昂;成本不断上升会造成迫
切渴望打赢战争;为了降低成本而实施迫害平民也是为了打赢战争。然而,这两个机制并
不总是同时出现,所以我分别进行阐述。

② Hastings, *Bomber Command*, p. 128.

这并非惩罚战略。恰恰相反,美军轰炸是为了摧毁日本分散的工业生产体系,消灭工人,造成劳动力短缺。[1] 类似的,1950 年 11 月初,为了应对中国出兵朝鲜,联合国军总司令道格拉斯·麦克阿瑟(Douglas MacArthar)将军下令使用美军轰炸机实施轰炸,企图在中国边界与联合国军防线之间设立一个警戒区。一位历史学家这样说:"麦克阿瑟对美国驻韩国大使说,他要把联合国军防线与中国边界之间的狭长地带变成'一片沙漠',使共军无法穿越。"[2]

迫害平民的拒止逻辑在反游击战中体现得更为明显。叛乱武装依靠平民提供援助。反叛乱战略采用迫害平民方式来斩断游击队与民众的联系。一种方法是进行威慑,警告民众不要帮助叛乱武装;另外一种方法是把游击队活动地区的民众转移到其他地方,通过物理方式阻止民众提供支援。威慑战术是采用谋杀或屠杀叛乱活动支持者或嫌疑人的方式来恐吓其他人。相比之下,阻截手段是把民众集中置于政府控制之下,或者干脆直接杀掉,致使他们无法支援游击队。

迫切渴望打赢战争。如果战争变成了持久战,短期内取胜希望渺茫,交战国就很有可能出于迫切渴望打赢战争而迫害平民。在混乱无序的世界中,各国都关心生死存亡。战败虽然并非总是带来灾难性后果,但是至少会危及国家的实力地位和声誉,使该国今后容易遭到周边国家的掠夺或挑战。而且,在消耗战中,战败的后果很严重,可能是割让大片领土,失去民族独立,甚至沦为奴隶或亡国灭种。因此,战败可能面临的极大危险使决策者们迫切渴望打赢战争,从而导致领导人下令攻击平民。

关于迫切渴望打赢战争,一个经典案例发生在第一次世界大战后期。尽管来自德国公海舰队将领们的压力越来越大,但是德意志帝国

---

[1] Searle, "It Made a Lot of Sense to Kill Skilled Workers," pp. 117 – 118.

[2] Conrad C. Crane, *American Airpower Strategy in Korea, 1950 – 1953* (Lawrence: University Press of Kansas, 2000), p. 47.

首相特奥巴登·冯·贝特曼－霍尔维格（Theobald von Bethmann-Hollweg）和德皇威廉二世都坚定地拒绝使用德国 U 型潜艇对英国商船发起无限制潜艇战。他们认为，无限制潜艇战风险太大，可能激怒美国，使美国参战。鉴于德国军事实力略占上风，他们认为这样冒险不值得。然而，到了 1916 年夏季，同盟国连连失利——凡尔登战役失败、英军对索姆河地区发动进攻、布鲁西洛夫对奥匈帝国发动进攻以及罗马尼亚加入协约国阵营——彻底改变了德国领导层对胜利希望的看法。必须采取措施扭转败局的绝望感最终促使贝特曼－霍尔维格首相默许德军使用 U 型潜艇对英国进口食物的船只进行攻击。正如海军历史学家塔兰特（Tarrant）所总结的：“德国军方和海军领导人的请求、德皇威廉二世的默许和德国首相放弃权力都有一个共同基础——实际上，除了最终决定战略性使用 U 型潜艇，现在已经别无选择，因为德国处境岌岌可危。”①

　　反游击队叛乱战争中发生了许多迫害平民事件，迫切渴望打赢战争也是幕后原因。叛乱武装选择游击战战略并不是为了造成大量人员伤亡，从而打败强大的敌人。恰恰相反，游击队希望把战争无限期拖延下去，给敌人造成规模虽小但是持续不断的伤亡，借此希望敌人厌倦冲突，然后接受叛乱者的要求，而不再继续坚持打一场看似打不赢的战争。因此，为了尽快结束战争，政府军有动力攻击游击队的致命弱点——为叛乱组织提供新兵、补给、庇护和情报的平民。② 如果感到越来越绝望，叛乱组织也会攻击非战斗人员，这种情况一般发生在

32

---

① V. E. Tarrant, *The U－Boat Offensive*, *1914－1945*（Annapolis：Naval Institute Press, 1989），p. 45。见德国发给美国政府的照会，照会于行动开始前一天送达美国政府，引自 R. H. Gibson and Maurice Prendergast, *The German Submarine War*, *1914－1918*（New York：Richard R. Smith, 1931），p. 137。

② 一个类似逻辑认为如果游击队很强大，而且得到民众广泛支持，政府就会攻击平民；关于这个逻辑，见 Valentino, Huth, and Balch－Lindsay, "Draining the Sea" 执政当局也有动力降低成本，从而能够打一场长期战争。命令军队攻击平民有助于实现这个目标。

政府军开始渗透到叛乱组织原先控制地区之时。在这种情况下，叛乱组织就会攻击叛逃者以阻止其他人背叛。①

迫切渴望挽救生命。随着战争成本不断增加，交战国一方面要保存军事实力，另一方面要继续对敌人施压。大多数国家的人力资源不是取之不尽的，遭受重大人员伤亡会耗尽国家最重要的军事资产，最终可能造成国家无力继续战争。遭受重大人员伤亡也不利于鼓舞军队士气，比如 1917 年尼维勒进攻造成灾难性后果之后法军发生哗变。而且，战斗损失惨重也会挫败国内士气，造成民众对胜利失去信心，从而向政府施压，要求政府结束战争。用乔治·凯南（George Kennan）的话说，"政府只是代理人，而不是幕后老板。政府的主要责任是维护它所代表的国家的利益"，全人类的利益（如果有的话）早被抛至九霄云外。② 这种责任，或者说"政治家的职责"要求国家领导人珍视和保护的是本国人民的生命，而不是外国人的生命。③ 攻击敌国平民（或者无差别地使用武力）是理性选择，因为这样做既可以继续攻击敌人，又能减少本国人员伤亡。④ 因此，即使领导人之前不相信迫害平民的功效，认为不应该采取不道德的战略，但是，随着时间的推移，战争的成本会让他们改变立场，使他们觉得必须采取行动打赢战争，同时减少本国人员伤亡。无论从哪方面讲，迫害平民都是正确选择。

战争成本分为两种：一是军事行动产生的实际成本，二是未来行动可能产生的成本。就第一种而言，战斗损失不断增加会摧毁交战国的实力。这种情况可能发生在某一次军事行动中，也可能发生在整个战争期间。例如，第二次世界大战期间，美国刚开始是对德国实施白

① Kalyvas, *Logic of Violence in Civil War*, pp. 195 – 207.
② George Kennan, "Morality and Foreign Policy," *Foreign Affairs* 64, no. 2 (winter 1985 – 1986): 206.
③ Thomas, *Ethics of Destruction*, p. 185.
④ Merom, *How Democracies Lose Small Wars*, pp. 42 – 46.

天精确轰炸，到了 1943 年秋季，轰炸因成本过于高昂而难以为继，这时美国空军不仅没有彻底放弃轰炸，反而开始进行雷达轰炸。虽然雷达轰炸大大降低了轰炸的准确性，同时大幅增加了德国非战斗人员的伤亡，但是大幅减少了美军轰炸机的损失。[1] 第一次世界大战期间，从 1914 年底到 1915 年初，随着每个交战国对于战争成本和战争持续时间的预期发生改变，为了迫使敌人结束战争，同时减少本国战争损失，许多国家的领导人决定把迫害平民——采取最原始的战略轰炸和海上封锁方式——列入候选战略。

33

如果预料到未来战争会造成严重损失，交战国也会迫害平民。交战国可能在战争尚未开始之前就预料到了高昂的战争成本，也有可能在战争进行过程中才预料到。战争成本高昂，这种前景或预期促使交战国在制定战略时既要考虑到实现本国目的，也要考虑到避免付出惨重代价。[2] 战争开始前对未来战争成本的预期通常不足以造成交战国攻击平民，因为交战国希望迅速赢得决定性胜利，而迫害平民见效太慢。

然而，如果一场军事行动的成本注定会非常高，但是交战国已经参战，并且没有其他选择，那么交战国就很有可能选择迫害平民。一种情况是，一国遭到攻击，并且当时就知道他们无法迅速打赢战争。日军偷袭驻菲律宾和珍珠港的美军就属于这种情况。当时美军被赶出远东地区，而且太平洋舰队大部分舰只被摧毁，所以眼下美国根本没有办法迅速打败日本。而且，美国领导人心里非常清楚，要想穿透日本防御圈肯定少不了艰苦战斗，只有穿透了日本防御圈，美军才有可能抵近日本本土。简而言之，美国领导人知道这是一场长期的消耗战，为了降低战争成本，尽快结束战争，美军开始策划对日本城市实施空袭。

关于战争成本，一个经典案例是包围战：如果城市有城墙防御，

---

[1]　Gary Shandroff, "The Evolution of Area Bombing in American Doctrine and Practice," Ph. D. diss., New York University, 1972, pp. 97 – 98.

[2]　John J. Mearsheimer, *Conventional Deterrence* (Ithaca: Cornell University Press, 1983).

那么进攻难度很大，因为防御方占据优势，所以进攻方会尝试使用无差别轰炸和切断食物来源来摧毁城市。另外一个例子是太平洋战争的最后阶段。军事计划制订者预料到入侵日本本土会给美国造成严重的人员伤亡。为了避免了入侵日本本土付出惨重代价，美国领导人下令加强海上封锁，对日本城市进行轰炸，并最终使用了原子弹。

后发制人的战术。因为交战国都希望迅速赢得决定性胜利，所以他们通常会在战争一开始就力图打败敌人的军事力量。因此，除非交战国明确希望占领并吞并敌国领土，否则迫害平民往往是"后发制人的战术"①。如果交战国预料到战争可能会发展成旷日持久的消耗战，那么他们通常不会发动战争，要么也是推迟进攻时间，直至他们制订好了作战计划，确保能够以较低代价赢得胜利。采用迫害平民战略面临一个问题，那就是这种战略需要较长时间才能显现出效果。因此，交战国一般不会选择迫害平民作为战争战略，因为这对他们迅速赢得决定性胜利毫无益处。②

胁迫战略为什么不能迅速取得成功？关于这个问题，罗伯特·佩普（Robert Pape）总结了许多原因。这些原因尤其适用于解释迫害平民，记住这点很重要。佩普认为，在大规模战争中迫害平民不太可能取得成功，因为交战国能够做出调整并最大限度地减少弱点。惩罚措施对民族主义国家造成的伤痛不足以迫使他们牺牲某些重大利益，而且伤害平民不仅不会说服他们起来反对本国领导人，反而会使他们团结起来反抗外来侵略者。佩普还认为，除了这些因素之外，胁迫战

---

① 坦尼娅·施赖伯建议我使用这个短语，非常感激。

② 如果一个国家面临巨大压力，要迅速打赢战争，但是又没有多余力量来实施其他常规战略（例如闪电战），那么例外情况——例如 1941 年德军轰炸贝尔格莱德——可能会发生。例如，1941 年春，希特勒命令德国国防军（正在为巴巴罗萨行动紧张备战）协助意大利同时进攻希腊和征服南斯拉夫。为了使南斯拉夫政府尽早投降，德军轰炸机在入侵行动第一天就轰炸了贝尔格莱德。要想了解其中原因，见 Matthew Cooper, *The German Air Force 1933 - 1945: An Anatomy of Failure* (London: Jane's, 1981), pp. 197 - 198。

略见效太慢了，因为领导人承认战败会付出惨重代价。如果战败，民主国家的领导人可能会被选下台，而独裁国家的领导人可能会被推翻、放逐、监禁或处死。因此，领导人往往会坚持战斗，他们幻想奇迹发生、扭转败局，从而挽救其政治前途。有时候，即便政治领导人愿意投降，军事领导人也会反对投降。[①]

迫害平民往往作为后发制人的战术，其他因素也增加了这种倾向性。其中最重要的因素就是威慑力，也就是交战双方是否拥有攻击对方非战斗人员的实力。如果交战双方都具有杀害对方平民的实力，那么双方都不敢实施攻击，因为害怕遭到对方报复，这非常类似于冷战期间"相互确保摧毁战略"阻止了美国和苏联使用核武器。另外，在第二次世界大战初期，这种相互威慑力阻止了英国和德国对对方城市实施轰炸。[②] 如果只有一方拥有攻击平民的能力，或者说冲突已经发展到一方绝对安全、不会遭到对方报复的阶段，那么威慑力就不会持久。

交战双方有时候也不敢迫害非战斗人员，因为害怕惹怒强大的第三国，甚至导致第三国参战。第一次世界大战刚开始的前几个月里，英国领导人担心对德国实行全面封锁可能会引发北欧的中立国家参战，并且站在德国一边，使英国得不到美国支援。类似的，德国人也担心无限制潜艇战会导致美国干预，并站在协约国一边，所以德国政治领导人一直拒绝使用 U 型潜艇，直到 1916 年战争局势对德国非常不利时才改变立场。

而且，为了避免遭到国际社会谴责或者国家声誉受损，领导人也不会先发制人地迫害平民。虽然反对杀害平民的规则从来没有内化于心，交战国也不认为攻击非战斗人员是完全不可接受的，但是违反这

---

① Pape, *Bombing to Win*, pp. 21 – 27, 32 – 35.

② George H. Quester, *Deterrence before Hiroshima: The Airpower Background of Modern Strategy* (New York: John Wiley and Sons, 1966), pp. 82 – 122.

35 些规则会玷污国家声誉，使国家利益受损。① 交战双方通常会宣告在战争过程中遵守国际人道主义规则，或者公开谴责对方违反人道主义规则，借此博取有影响力的中立国或国际社会的好感。②

最后，要想迫害平民，交战国必须有能力抵达敌国本土，然而在冲突初期往往做不到。例如，1941 年 12 月，日军对位于夏威夷和菲律宾的美军基地实施突袭后，美国当时根本没有能力对日本本土进行攻击。经过长期的跳岛战役，美军才占领了足够靠近日本本土的基地，才开始策划迫害平民行动。③

征服欲望和迫害平民

迫切渴望模型完全没有考虑到交战双方战争目的的本质，而只是假设交战国因为某个问题爆发战争。然而，在有些冲突中，交战一方或交战双方的目的是征服和吞并敌国某块领土。当然，土地上无人居住的情况很少见，生活在这块土地上的人们肯定或多或少地反对土地主权变更。普法战争期间，当普鲁士王国首相奥托·冯·俾斯麦（Otto von Bismarck）谋求吞并阿尔萨斯省和洛林省（这两个省历史上属于德国，路易十四时期被法国买走）时，大多数居民并不反对主权移交。普鲁士人不仅把当地居民视为"德国人"，而且认为不用费多大劲就能同化他们。④ 因此，这次战争中没有发生针对平民的大

---

① 关于规则的本构效应和工具性效应之间的差别，见 Nina Tannenwald，"The Nuclear Taboo：The United States and the Normative Basis of Nuclear Non - Use," International Organization 53，no. 3（summer 1999）：440。

② 关于 20 世纪 30 年代美国和英国对意大利、德国和日本的轰炸，见 Dower, War without Mercy，pp. 38 - 39。

③ 美国并没有立即宣布发动无限制潜艇战，因为美国领导人知道战争必将持续很长时间。见 Clay Blair Jr. , Silent Victory：The U. S. Submarine War against Japan（Philadelphia：J. B. Lippincott，1975），p. 106。1942 年美国还发动了杜立特空袭行动，但是这是一次心理战行动，而并不代表持续轰炸日本的开始。

④ Geoffrey Wawro, The Franco - Prussian War：The German Conquest of France in 1870 - 1871（Cambridge：Cambridge University Press, 2003），p. 304.

规模暴力事件。然而，其他案例结果大不相同。是什么原因造成这些案例与 1870 年的结果迥异？

我认为，如果交战一方企图吞并的土地上生活着与敌人民族相同的平民，他们就会迫害平民以迫使他们屈服，或者把平民彻底从这块土地上驱逐出去，第二种情况更常见。[①] 一方面，这些平民有时候会参加颠覆或叛乱活动，对占领者构成真实威胁；对于占领者而言，这些平民是潜在"第五纵队"，眼下或者将来会给占领者制造严重麻烦。例如，杂居的族群之间偶尔也会发生战争，例如生活在巴勒斯坦的阿拉伯人和犹太人 (1947~1949 年)，生活在波黑的塞尔维亚人和穆斯林。在这类冲突中，至少有一方——通常是冲突双方——谋求在另外一个民族居住的全部或部分土地上建立一个民族国家。然而，如果一个民族国家拥有大量"其他民族"人口，那么这个国家不可能保持长治久安，因为其他族群会叛乱，会构成永久威胁。正如 1938 年一名犹太复国主义运动领导人所说的："我们不能建立一个半数人口是阿拉伯人的犹太国家，这样的国家根本撑不过半个钟头。"[②] 而且，让敌对民族集中居住在后方非常危险，因为这些潜在"第五纵队"会拿起武器反抗，造成两线作战局面。例如，1948 年 5 月哈加纳武装（犹太人的主要防御力量）占领贝珊（Beisan）镇后，犹太军官——他们认为大量阿拉伯平民集中居住地距离前线太近，对安全构成威胁——请求驱逐阿拉伯平民，而且请求获得了批准。[③] 如果交战国认为得到反对派成员支持的可能性很低或者根本不存在这种可能性，那么交战双方就会攻击对方族群的平民以避免自身遭到攻击。

36

---

① 虽然"第五纵队"逻辑有别于迫切渴望逻辑，但是如果目标国家的抵抗把冲突变成了消耗战，有时候在同一场战争中这两种情况会同时出现。表 2-13 举了多个例子，附录 2.2 进行了探讨。

② Avraham Ussishkin，引自 Benny Morris, *The Birth of the Palestinian Refugee Problem Revisited*, 2d ed.（Cambridge：Cambridge University Press, 2004），p. 50.

③ Ibid.，p. 227.

驱逐或杀害敌对族群不仅能够降低当前战争的成本——阻止敌人获得兵员补充和物资补给，而且能够降低未来的威胁，因为那些生活在其他国家、与敌对族群民族相同的群体会进行暴动或展开营救行动。这些平民的存在随时会引发周边国家的民族同胞展开营救，同时这片土地原来的所有者也会提出主权主张。例如，第一次巴尔干战争期间（1912～1913年），塞尔维亚、黑山、保加利亚和希腊联手入侵奥斯曼土耳其帝国，他们的侵略目的很明确，就是要占领并吞并奥斯曼土耳其帝国的领土。为了确保征服领土能够长久，同时也为了降低土耳其人收复失地的可能性，巴尔干地区国家迅速开始迫害和驱逐土耳其平民。第二次巴尔干战争期间（1913年），这些昔日盟友反目成仇，他们照样屠杀和驱逐那些与他们的新敌人民族相同的平民，而作为战败者，保加利亚人民灾难最深重。[1]

在国家间战争中，最有可能被视为怀有敌意或构成威胁的群体就是与敌人民族相同的非战斗人员群体。然而，有时候执政当局也会把敌国社会的某个群体列为最严重的威胁，例如纳粹德国把犹太人定位为种族和意识形态的危害。像犹太人这样的群体可能会被挑选出来，会遭到残酷对待、驱逐出境，甚至被彻底消灭。如果交战国认为国内某个群体同情敌人，认为他们是潜在第五纵队，上述情况也会发生。举几个例子，第一次世界大战期间，土耳其屠杀亚美尼亚人；第二次世界大战期间，斯大林不仅将德国人驱逐出俄罗斯，而且将其他几个族群驱逐出高加索地区。[2] 种族民族身份也并非唯一决定因素：有些国家受到某种政治意识形态统治，在侵略其他国家时也会迫害意识形

---

[1]　International Commission, *Other Balkan Wars*; Justin McCarthy, *Death and Exile*: *The Ethnic Cleansing of Ottoman Muslims, 1821 – 1922* (Princeton: Darwin, 1995), p. 135 – 177.

[2]　关于斯大林的驱逐出境政策，见 Robert Conquest, *The Nation Killers*: *The Soviet Deportation of Nationalities* (London: Macmillan, 1970); Terry Martin, "The Origins of Soviet Ethnic Cleansing," *Journal of Modern History* 70, no. 4 (December 1998): 820。

态对立的敌人。① 然而，虽然交战国具有划定"敌对"人群的特殊动机，但是吞并领土的基本逻辑仍然成立，而且，在这类冲突中，即便没有意识形态的对立，迫害平民也可能发生。

先发制人的战术。 如果战争目的是吞并敌人领土，那么在这类战争中，迫害平民往往是先发制人的战术，因为他们可以轻易地攻击平民，而且攻击平民能够消除战线后方发生叛乱和颠覆活动的威胁，从军事上和政治上讲都有利。而且，威慑力可能发挥不了约束作用，因为侵略国入侵敌人领土后可以攻击到敌方平民，而对方却攻击不到侵略国平民。铲除身边的第五纵队对于生存很有必要，这样就无须担心敌人实施报复。而且，有些国家是为了占领和吞并他国领土而发动侵略战争，有些国家是为了救亡图存而铲除第五纵队，这些国家或许会漠视那些禁止伤害非战斗人员的规则。

迫害平民的合理性

我在引言中说过，人们普遍认为迫害平民是非理性的，因为攻击非战斗人员普遍没有成效，有时候反而会增强敌人抵抗的决心。② 这就产生了一个令人困惑的问题：如果交战国政府知道迫害平民对于实现目标没有帮助，那么他们为什么还要这么做？

有些人不加批判地谴责迫害平民的政策，他们错误地认为这类政

---

① 朝鲜战争初期，朝鲜和韩国进行屠杀就是例子。

② Pape, *Bombing to Win*; Michael Horowitz and Dan Reiter, "When Does Aerial Bombing Work? Quantitative Empirical Tests, 1917 – 1999," *Journal of Conflict Resolution* 45, no. 2 (April 2001): 147 – 173; Robert A. Pape, "Why Economic Sanctions Do Not Work," *International Security* 22, no. 2 (fall 1997): 90 – 136; Arreguín – Toft, "[F] utility of Barbarism"; Ivan Arreguín – Toft, "Self – Inflicted Wounds: Evaluating the Costs of Barbarism as a Coercive Strategy in War," paper presented at the annual meeting of the International Studies Association, Honolulu, HI, March 2005. 关于游击战和反叛乱中实施无差别暴力造成适得其反的效果，见 Kalyvas, "Wanton and Senseless?" p. 251; Stathis N. Kalyvas, "The Paradox of Terrorism in Civil War," *Journal of Ethics* 8, no. 1 (2004): 112 – 123。

策全都无效。① 战争时间不同，战争类型不同，迫害平民取得成功的概率也大不相同。以前，只要切断城中平民食物供应，包围战肯定能取得成功。例如，1870 ~ 1871 年巴黎被普鲁士军队围困，城中非战斗人员面临饥饿、断粮、疾病和死亡，这大大加速了法国官员做出投降的决定。据历史记载，到1871 年1 月底，"食品店外很多人排着队就倒下死掉了，营养不良、寒冷和疾病又带走了数千人的生命……面对迫在眉睫的大饥荒，法国政府下定决心就停战协议进行谈判，不能再拖了"。②

由于现代民族国家具有顽强的生命力，包围整个国家并且企图通过迫害平民来迫使对方结束战争难度要大得多，但也并非总是失败。例如，第一次世界大战期间，对于1918 年秋季德国最终战败，有些人〔包括一战末期德国社会民主党领导人菲利普·谢德曼（Philipp Scheidemann）〕认为，英美两国实施海上封锁功不可没。③ 类似的，第二次世界大战期间美国对日本实施封锁，到1945 年日本军工生产被彻底拖垮。如果战争继续进行下去，日本将面临大面积饥荒，因为日本没有能力从国外进口食物。④ 相比之下，欧洲大陆强国连续三次企图切断英国的食物供应——拿破仑的大陆封锁政策、德皇威廉时期和纳粹德国时期的 U 型潜艇战略——结果都令胁迫者失望，因为英国有能力对食物短缺做出调整，用其他食物替代短缺食物，并且扩大了耕种面积。⑤

---

① Michael Ignatieff, "Barbarians at the Gates: Warfare against Civilians, Caleb Carr Argues, Should Always be Viewed as Terrorism," *New York Times Book Review*, February 17, 2002, p. 8.

② Robert Baldick, *The Siege of Paris* (London: The History Book Club, 1965), p. 222。担心巴黎城内公社社员暴动，这也是做出谋求停战协议决定的原因之一。Alistair Horne, *The Fall of Paris: The Siege and the Commune 1870 - 1871* (New York: St. Martin's Press, 1965), p. 239.

③ Offer, *First World War*, p. 72.

④ Kenneth P. Werrell, *Blankets of Fire: U. S. Bombers over Japan during World War Ⅱ* (Washington: Smithsonian Institution Press, 1996), pp. 233 - 234.

⑤ Mancur Olson Jr. , *The Economics of the Wartime Shortage: A History of British Food Supplies in the Napoleonic War and in World Wars I and Ⅱ* (Durham: Duke University Press, 1963).

　　在游击战中，明智而审慎地对平民使用恐吓手段在军事上作用很 38
大：叛乱武装使用恐吓手段来迫使平民支持其叛乱行动，而执政当局
把恐吓平民当作一种反制手段。例如，越共就曾经广泛使用暗杀手段
来恐吓南越地区的农村人口。据斯塔希斯·卡里瓦斯（Stathis Kalyvas）
说，"他们从村子里随便揪出几个村民，指控他们帮助美国，然后枪毙
他们，他们这样做就是为了杀鸡儆猴。很显然，这种办法很管用"。类
似的，美军和南越军队实施的"凤凰计划""似乎非常有效，成功地减
少了南越民众对越共的支持"。① 但是，即便是无差别暴力——例如，
为了削弱游击队的战斗实力，对平民实施强制集中关押或大规模屠杀，
从而切断游击队与平民的联系——也在多场战争中取得了成功。对于
较少人口和陆地区域，无差别暴力能够取得成功，例如第二次布尔战
争、美西战争和第二次意大利萨努西战争，因为政府有能力隔离全部
平民，阻止他们向叛乱武装提供任何物资。② 如果交战国没有能力对领
土或平民实施物理隔离，那么这种战略往往会适得其反，就像第二次
世界大战期间德国人在苏联或巴尔干地区遭遇失败一样。③

　　在侵略战争中，通过攻击敌方平民，许多国家成功地扩张了本国

---

① Kalyvas，"Paradox of Terrorism in Civil War," pp. 100, 137。关于"凤凰计划"的效果，见
Mark Moyar，*Phoenix and the Birds of Prey：The CIA's Secret Campaign to Destroy the Viet Cong*
（Annapolis：Naval Institute Press，1997），pp. 258 - 259，262 - 264。

② 关于布尔战争，见 Byron Farwell，*The Great Boer War*（Hertfordshire：Wordsworth Editions，
1999），p. 371；S. B. Spies，*Methods of Barbarism? Roberts and Kitchener and Civilians in the Boer
Republics，January* 1900 - *May* 1902（Cape Town：Human and Rousseau，1977），p. 284。关
于美西战争，见 Timothy K. Deady，"Lessons from a Successful Counterinsurgency：The
Philippines，1899 - 1902,"*Parameters* 35，no. 1（spring 2005）：53 - 68。关于意大利萨努西
战争，见 E. E. Evans - Pritchard，*The Sanusi of Cyrenaica*（Oxford：Clarendon Press，1949），
p. 188。

③ 关于纳粹德国实施无差别暴力产生的适得其反的效果，见 Matthew Cooper，*The Nazi War
against Soviet Partisans，*1941 - 1944（New York：Stein and Day，1979），pp. 19 - 29；
Kalyvas，"Paradox of Terrorism in Civil War," pp. 113 - 114；Paul N. Hehn，*The German
Struggle Against Yugoslav Guerrillas in World War Ⅱ：German Counter - Insurgency in Yugoslavia，*
1941 - 1943（Boulder：East European Quarterly，1979），p. 143。

（或盟国）领土。我们来看几起国家间战争，在俄土战争期间（1877～1878年），俄罗斯杀害和驱逐土耳其穆斯林，帮助保加利亚实现建国；1912～1913年，塞尔维亚、保加利亚、希腊和黑山都瓜分了奥斯曼土耳其帝国的领土，而且把留在欧洲境内的大部分穆斯林赶走了；在1948年的战争中，以色列不仅巩固而且扩张了领土，大多数巴勒斯坦阿拉伯人要么逃离了战火，要么遭到了武力驱逐；1974年，土耳其采用武力手段驱逐希腊塞浦路斯人，在塞浦路斯北部建立了内飞地。很显然，有些民族清洗活动也会适得其反：第二次世界大战期间，德国企图征服苏联大面积领土就是最生动的例子。希腊企图将土耳其人从安纳托利亚西部驱逐出去，但是穆斯塔法·基马尔（Mustafa Kemal）联合土耳其陆军进行抵抗，希腊人的企图遭遇失败，希腊人在安纳托利亚的历史就此结束了。

关于迫害平民的有效性，可以从大型数据库（large - N data）（见表1-2）中找到更多证据。例如，从阿诺金-托夫特的非对称冲突数据库中可以看出，如果采用野蛮手段，强国获胜概率是78%；如果采用常规战略，强国获胜概率只有69%。而且，对于反叛乱战争，野蛮手段比常规手段更有效。如果采用野蛮手段，获胜概率是77%；如果没有采用野蛮手段，获胜概率只有50%。① 我对"战争相关因素项目"中的"额外系统性"战争数据进行分析后也得到了相似的结果。在这类冲突中，虽然采用迫害平民手段获胜概率比采用常规战争手段低——分别是79%和83%——但是每5起冲突中就有4起采用迫害平民手段。然而，在反游击战争中，采用迫害平民手段获胜概率比常规手段略高，获胜概率分别是71%和60%。② 最后，在国家间战争中，如果攻击平民，交战国获胜概率是62%；如果只攻击

① 这个差异具有统计显著性（p = 0.04）。野蛮行径和常规战略的差异通常没有统计显著性。
② 这些差异都没有统计显著性。

对方军事力量，获胜概率只有42%。在消耗战中，获胜概率分别是61%和44%，虽然差距不是那么明显，但是这种差别确实存在。① 当然，这种相关性并不是因为迫害平民所以才取得胜利。而且，有人批评迫害平民根本没有效果，如果真像他们说的那样，那么我们应该能够找到一些证据来证明攻击平民的国家输掉了大部分战争。然而，证据显示结果恰恰相反：攻击平民至少与常规战略一样有效，有时候甚至比常规战略更有效。②

表 1-2 迫害平民和获胜概率

	获胜概率		游击战/消耗战的获胜概率	
	野蛮手段/迫害平民	常规战略	野蛮手段/迫害平民	常规战略
非对称战争	78	69	77 **	50 **
额外系统性战争	79	83	71	60
国家间战争	62 ***	42 ***	61	44

注：星号表示两种战略之间的差值具有统计显著性。** = <0.05，*** = <0.01。

资料来源：关于非对称战争中野蛮手段有效性的数据来自伊万·阿诺金-托夫特发表的文章《弱国如何打赢战争：非对称冲突理论》，《国际安全》第1期（2001年夏季刊），第93~128页。关于国家间战争和额外系统性战争结局的数据来自"战争相关因素项目——国家间战争和国家与非国家战争数据库"第3版。http://cow2.la.psu.edu。作者对这些冲突中发生的迫害平民事件进行了分类。

最后，需要记住关键一点，那就是迫害平民通常是因为人们认为这样做是战略需要：领导人可能会认为，要想以能够承受的代价打赢战争、避免失败或者吞并梦寐以求的领土，除了攻击非战斗人员之

① 前一种关系显著（p<0.01），而后一种关系不显著（p=0.16）。在多变量回归分析中，迫害平民仍然是取得胜利的一个重要相关因素，即使控制其他因素不变，例如相对实力、盟军的贡献、军事战略、地形、军队的素质、政权形式和主动发起战争。赖特和斯塔姆合著的《战争中的民主国家》第二章中整理了国家间战争数据组，我使用了这个数据组，另外我还增加了一个反映每个交战国是否攻击敌方平民的变量。迫害平民始终是正数和显著（p<0.01），这意味着迫害平民使打赢战争的可能性显著增加。

② 从多个案例研究中我们可以看出采取迫害平民战略是如何降低交战方的战争成本的。

外，别无选择。因此，领导人根本不需要确定迫害平民能够取得成功；他们只需要相信迫害平民能够降低战争成本、有助于胜利（或者避免失败）或者巩固他们对领土的控制权就足够了。如果迫害平民有机会扭转败局，或者能够以他们能够承受的代价实现国家目标，领导人就会抓住这次机会，而不会放弃目标。因此，迫害平民是经过计算的冒险，绝不是非理性的赌博。

40

方法与案例

本章简要阐述了几个理论，这些理论预测出了不同的结果模式。接下来，本书要检验这些观点，判定哪种观点能够更好地解释战争中发生迫害平民的原因。为了找到迫害平民的原因，我同时采用了大型N统计方法和对历史案例进行过程追踪法。结合采用这两种方法，我既可以从大量案例样本中找出有关迫害平民的证据，又可以从某些特定案例中调查迫害平民的原因。

统计方法的相对优势在于，它能够建立大量案例中的自变量和因变量之间的相关性。例如，凡是过去200年间参加过国家间战争的国家，本书第二章都进行了分析，总共有323个国家参与了100场冲突。这些国家按照不同维度进行分类，既包括是否采用过迫害平民战略，也包括造成多少平民死亡。利用这项数据，我不仅可以在单个自变量与迫害平民之间建立相关性，而且可以判定每个变量的相对重要性，还能估算出每个自变量使交战国迫害非战斗人员的可能性增加或减少了多少。与只深入分析几个案例相比，这种大型N统计方法让我对结果更加有信心。特别是，本书的统计分析证明了我的观点对于解释迫切渴望、征服欲望和迫害平民案例的普遍适用性（或者叫外在效度），表明这些观点并不是个案选择的结果，也不是只适用于少数几个案例，而是普遍适用于各类战争。

　　然而，大型 N 统计方法在证明因果关系方面还不够娴熟——自变量变化确实会导致因变量变化，而不是自变量变化与因变量变化相关。每个理论不仅要提出能够预测两个变量之间关系的假设，而且要提出因果逻辑，这个因果逻辑要能够解释为什么两个变量之间存在这种关系。如果这个理论正确，那么在案例中我们就应该能观察到领导人会像这项理论的因果逻辑所预测的那样进行思考和采取行动。调查这些因果逻辑是定性分析法的强项，尤其是过程追踪法的强项：证明当领导人认为战争成本会增加或胜利可能性会降低时，他们会选择无差别战争方式或者故意攻击平民。因此，这两种方法相互补充，相辅相成，使从现有证据推导出来的推论更有说服力。

　　在本书定性分析部分，在挑选案例进行深入分析时，我采用的标准使我可以对因果关系得出比较有说服力的结论。第一，我挑选的案例都含有主要自变量变异：政权形式、身份、组织文化和利益、迫切渴望和吞并领土的战争目标。因为单一案例中不可能获得上述所有变量的变异情况，所以我挑选了多个案例，从而可以对不同案例进行比较。例如，有些案例拿民主国家与非民主国家进行对比，有些案例拿具有相似文化背景的交战双方进行对比，还有些案例拿互相视对方为"野蛮人"的交战双方进行对比。还有些案例，迫切渴望和吞并领土的欲望各不相同。我的观点得到了进一步增强，类似行为在不同政权形式中出现，对敌人身份的观点不同，而且行为的变化与迫切愿望和吞并领土的战争目标保持一致。①

　　第二，虽然我很重视迫害平民的四种主要形式——轰炸、封锁/围城、反叛乱和种族清洗，但是只挑选那些发生迫害平民行为的案例会使结果有失公允，因为挑选因变量存在问题。因此，为了弄清楚我

41

_____

① 我无法获得军事文化方差——我所分析的军队都没有迫害平民的文化，但是许多军队仍然攻击了非战斗人员，这些证据反驳了文化决定论。

声称造成迫害平民的变量是否存在，或者说在这些案例中是否价值不大，我不仅分析了发生迫害平民行为的案例，而且分析了一些有关国家没有迫害非战斗人员的案例——例如 1991 年海湾战争。

第三，我分析的许多迫切渴望的案例都有一个特征，一方面战争成本和胜利预期会变化，另一方面迫害平民，乔治（Alexander George）和贝内特（Andrew Bennelt）称之为"事前事后设计"。在"事前事后设计"中，研究人员可以观察自变量的变化是否会引起因变量发生相应变化。[①]

第四，我挑选了允许进行纵向分析以便检验阶段效应的案例，例如武器技术进步提高了精准度，或者禁止伤害无辜平民的国际道德准则变得更强大了。

---

① Alexander L. George and Andrew Bennett, *Case Studies and Theory Development in the Social Sciences* (Cambridge：MIT Press, 2005), pp. 166 - 167, 221.

第二章
统计检验：国家间战争中的迫害
平民、大屠杀和平民伤亡

本书第一章简单勾勒了造成迫害平民的原因，本章将通过大量案例 对这些观点进行实证评估。分析使用的证据来自一个新的数据集，这个数据集包含 1816～2003 年参加过国家间战争的 323 个交战国和 53 个迫害平民案例。统计结果强有力地证明，迫切渴望打赢战争、减少本国人员伤亡与意图征服和吞并敌国领土是造成迫害平民的主要驱动因素。迫切渴望有几项指标，如战争阵亡人数、战争持续时间和全面战争目标（如政权更迭或无条件投降），这几项指标和消耗战与迫害平民、大屠杀和平民死亡人数之间具有强相关关系。类似的，如果交战国意图吞并他国领土，那么平民也很可能遭到攻击和杀害。

有观点认为，在不同文化的国家之间的战争中，交战国攻击平民的可能性比身份相似的国家之间的战争中大。但是，我发现支持这个观点的证据很少。在因变量预测正方向上，这个变量从来没有达到统计显著水平。事实上，如果控制迫害平民的其他决定因素不变，文化差异往往会产生负面影响，使攻击平民的可能性减小、非战斗人员的伤亡人数降低。

关于政权形式，结果存在细微差别，这点耐人寻味。民主制度对迫害平民、大屠杀和平民死亡人数的影响都是正面的，有时候影响还很显著，特别是前两个因变量。这个结果要符合两个条件。第一，民主制度的正面影响主要取决于民主国家在消耗战中的行为；在消耗战中，民主国家迫害非战斗人员的可能性比独裁国家大。第二，1970 年前后这种趋势发生了逆转，在此之后民主国家攻击平民的可能性变得比独裁国家小。

在大型 N 背景下，对组织决定论进行检验是不现实的：例如，几乎没有哪支军队会培养"惩罚"文化。而且，为了争取更多军费预算，军种之间始终在相互竞争，但是在战争期间谋求组织独立的情况极其少见。这些原因在个案分析中进行研究比较合适。

本章分为两部分。第一部分描述了分析过程和我的主要结论，语言通俗易懂，普通读者也能够理解。第二部分包括两个附录，这两个附录专业性较强，适合对统计分析感兴趣的读者阅读。在第一个附录中，我不仅对数据集进行了描述，确定了变量，讨论了方法，而且对迫害平民、大屠杀和平民死亡人数的决定因素进行了不同类型的回归分析。第二个附录主要探讨了时间先后问题，特别是消耗战中的迫害平民问题，目的是确定迫切渴望发生在迫害平民之前。

数据集

为了检验关于迫害平民原因的种种假设，我整理了一个数据集，这个数据集包括 1816～2003 年所有参加过国家间战争的国家。这份战争和交战国清单主要来自"战争相关因素项目"之"国家间战争参战国数据集"[①]，我对这个数据集进行了两点调整。第一，我增加

---

① Correlates of War Interstate War Data, 1816 – 1997, version 3, http：//cow2. la. psu. edu。见 Meredith Reed Sarkees, "The Correlates of War Data on War：An Update to 1997," *Conflict Management and Peace Science* 18, no. 1 (2000)：123 – 144。

了7起战争，这7起战争要么是"战争相关因素项目"忽略了，要么是数据集最后一次更新时这几起战争正在进行或尚未发生。这7起战争是：乍得利比亚战争（1987年，奥祖地带）、亚美尼亚阿塞拜疆战争（1992～1994年，纳戈尔诺-卡拉巴赫）、埃塞俄比亚厄立特里亚战争（1998～2000年，边境冲突）、美国南联盟战争（1999年，科索沃）、印度巴基斯坦战争（1999年，卡吉尔地区冲突）、美国阿富汗战争（2001年，塔利班支持基地组织）和美国伊拉克战争（2003年，推翻萨达姆·侯赛因政权）。在这些战争中，亚美尼亚、阿塞拜疆和南联盟都曾经迫害平民，但是我把南联盟案例忽略掉了，因为迫害平民发生在南联盟境内，而且迫害对象是本国平民。第二，有些战争持续时间较长，有多个国家参战，而且可分为多个阶段，所以我把这些战争进行了分解。例如，近期我针对战争发起和胜利问题做了些定量分析工作，在此基础上，我把第二次世界大战分解为9起独立战争，把第一次世界大战分解为4起冲突。① 我还把越南战争和海湾战争分别分解为两起冲突（越南战争分解为1965～1973年和1973～1975年两起冲突，海湾战争分解为伊拉克入侵科威特战争和多国部队对伊拉克战争）。调整之后，数据集共包括100起战争、323个交战国和53起迫害平民案例。

　　在分析时，本章采用了三个衡量攻击平民和平民伤亡情况的指 44
标：迫害平民、大屠杀和平民死亡人数。这么做是为了检验我的结论是否稳健：关于攻击非战斗人员的原因，有些变量能够做出解释，那么这些变量能否同时对平民死亡人数做出解释呢？如果采用不同因变量，结果仍然保持一致，那么我们才能相信这些结论不是巧合。

---

① Dan Reiter and Allan C. Stam, *Democracies at War* (Princeton: Princeton University Press, 2002), p. 39.

迫害平民

我们把迫害平民定义为一种军事战略，在战略实施过程中交战国要么故意攻击平民，要么无差别使用武力，致使数万名平民死亡。第一章讲过，迫害平民通常有几种形式：轰炸城区；饥饿封锁、包围或制裁；集中关押或转移平民、大屠杀和在反叛乱战争中破坏环境；在种族清洗或意识形态清洗时劫掠平民。如果交战国采用迫害平民战略，则其因变量标记为 1；如果没有采用迫害平民战略，则标记为 0。按照我的标准，迫害平民的交战国有 53 个（占所有参加过国家间战争的国家的 16%，占有能力攻击平民的国家的 30%）。国家间战争中发生过迫害平民的战争占 1/3。表 2 - 1 收录了这些战争以及战争伤亡情况。①

大屠杀

有人对迫害平民这个指标提出批评，因为通过这个指标无法了解迫害平民的严重程度。这可能会造成偏差：例如，如果民主国家像独裁国家一样攻击平民，但是民主国家杀害的非战斗人员没有独裁国家多，那该怎么解释呢？为了解决这个问题，下面这两个因变量以不同方式来衡量交战国杀害的平民人数。其中一个因变量在相关文献中已经存在：大屠杀。按照瓦伦蒂诺的定义，如果在最长 5 年时间内交战

---

① 这份清单与 2006 年我发表在《国际安全》期刊上的一篇文章中的清单基本相同，只有一个例外，那就是土耳其参加第一次世界大战。"战争相关因素项目"认为 1917 年俄国崩溃后土耳其战事就结束了，但是这样划分是不对的。俄国陆军解体后，土耳其于 1918 年入侵外高加索，并且继续在其战前国界之外屠杀亚美尼亚人（1915 年开始屠杀土耳其境内的亚美尼亚人）。见 Christopher J. Walker, *Armenia: Survival of a Nation*, 2d ed. (New York: St. Martin's Press, 1980), pp. 247 - 263。根据我的分类规则——在国家间战争中杀害敌方平民——屠杀国内的亚美尼亚人不包括在内，但是在高加索地区屠杀 7.5 万名亚美尼亚人应该包括在内，而且这也是一个大屠杀案例。关于我早期的分析，见 Alexander B. Downes, "Desperate Times, Desperate Measures: The Causes of Civilian Victimization in War," *International Security* 30, no. 4 (spring 2006): 152 - 195。

国故意杀害的非战斗人员达到或超过 50000 名，则该事件为大屠杀。①
因为我只对交战国在武装冲突中对境外非战斗人员实施迫害感兴趣，
所以本分析所称的大屠杀只包括在国家间战争中故意或无差别杀害敌
国平民并造成至少 50000 名平民死亡的案例。按照这个定义，1816～
2003 年共发生过 18 起大屠杀。

45

表 2－1　1816～2003 年国家间战争中发生的迫害平民和
大屠杀案例，平民死亡人数为估计值

战争	国家	年份	大屠杀*	杀害平民人数（人）		
				低	中	高
普法战争	普鲁士	1870～1871	1	6987	50000	50000
俄土战争	俄国	1877～1878	1	262000	262000	262000
义和团运动	清朝	1900	0	32284	32284	32284
义和团运动	俄国	1900	0	5000	5000	5000
义和团运动†	英国	1900	0	1000	1000	1000
义和团运动†	美国	1900	0	1000	1000	1000
义和团运动†	法国	1900	0	1000	1000	1000
第一次巴尔干战争	塞尔维亚	1912～1913	0	453	11000	11000
第一次巴尔干战争	保加利亚	1912～1913	0	1345	15000	15000
第一次巴尔干战争	希腊	1912～1913	0	210	1000	1000
第二次巴尔干战争	塞尔维亚	1913	0	9453	15000	15000
第二次巴尔干战争	希腊	1913	0	1180	10000	10000
第二次巴尔干战争	保加利亚	1913	0	671	1000	1000
第二次巴尔干战争	土耳其	1913	0	2648	7500	7500
第一次世界大战西线	德国	1914～1918	0	11369	11446	11446
第一次世界大战西线	法国	1914～1918	1	374	297374	410374
第一次世界大战西线	英国	1914～1918	1	891374	297374	410374
第一次世界大战西线	美国	1917～1918	1	0	297000	410000
第一次世界大战东线	土耳其	1914～1918	1	50000	75000	75000
匈牙利革命	罗马尼亚	1919	0	126	1000	1000
希土战争	土耳其	1919～1922	0	25000	25000	100000

---

① Benjamin A. Valentino, *Final Solutions*: *Mass Killing and Genocide in the Twentieth Century* (Ithaca: Cornell University Press, 2004).

战争	国家	年份	大屠杀*	杀害平民人数（人）		
				低	中	高
希土战争	希腊	1919～1922	0	10000	15000	15000
法国土耳其战争†	法国	1919～1921	0	*1000*	*1000*	*1000*
法国土耳其战争†	土耳其	1919～1921	0	20000	27600	30000
中苏战争†	苏联	1929	0	2000	2000	2000
中日战争	日本	1931～1933	0	6080	10000	16120
意大利埃塞俄比亚战争	意大利	1935～1936	1	250000	250000	250000
中日战争	日本	1937～1945	1	1578000	3949000	6325000
波兰	德国	1939	0	26000	41000	56000
苏芬战争†	苏联	1939～1940	0	640	650	700
第二次世界大战西线	德国	1940～1945	1	53000	53000	53000
第二次世界大战西线	英国	1940～1945	1	305000	305000	305000
第二次世界大战西线	美国	1941～1945	1	100000	100000	100000
德国南斯拉夫战争	德国	1941	0	3000	17000	17000
第二次世界大战东线	德国	1941～1945	1	6074000	10000000	14000000
第二次世界大战东线	苏联	1941～1945	1	500000	500000	500000
第二次世界大战东线	罗马尼亚	1941～1944	1	400000	400000	400000
太平洋战争	美国	1941～1945	1	268157	330000	900000
第一次中东战争	以色列	1948～1949	0	850	1130	2000
朝鲜战争	朝鲜	1950～1953	1	29000	129000	129000
朝鲜战争	美国	1950～1953	1	100000	406000	1000000
越南战争	美国	1965～1973	1	91936	313936	313936
越南战争	北越	1965～1973	0	41294	42194	44140
塞浦路斯	土耳其	1974	0	3250	3250	3250
塞浦路斯	塞浦路斯	1974	0	500	500	500
越柬战争	柬埔寨	1975～1979	0	2000	2000	30000
乌坦战争	乌干达	1978～1979	0	2000	2000	2000
两伊战争	伊朗	1980～1988	0	1000	1000	1000
两伊战争	伊拉克	1980～1988	0	11000	12420	15050
黎巴嫩战争	以色列	1982	0	5000	10000	15485
海湾战争†	伊拉克	1991	0	14	14	14
亚美尼亚阿塞拜疆战争	亚美尼亚	1992～1994	0	*7500*	*7500*	*7500*
亚美尼亚阿塞拜疆战争	阿塞拜疆	1992～1994	0	*7500*	*7500*	*7500*

注：* 号表示根据平民死亡人数中间估计值进行编号；斜体为作者估计值。
† 号代表边缘案例。

平民死亡人数

这个因变量为国家间战争中交战国造成敌国平民死亡的人数。在19世纪，战争数据的可获得性和可靠性有限，所以用这个特殊指标进行分析只局限于 1900~2003 年的战争。对于 1900 年及以后发生的战争，我获得了其中 82% 的战争的数据（总共 239 个交战国，获得了其中 196 个交战国的数据）。对于每起战争，我都会从多个二手文献中整理出交战双方平民伤亡人数的估计值。我会找到好几个估计值，估计值往往相差不大，但是各不相同，这种情况很常见。虽然有些分析员选择使用各个估计值的平均值，但是我选择记录低、中、高三个数值，而且把每个数值作为独立的因变量进行分析。[①] 以下结果就是使用中间值进行分析得到的结果。使用最低值和最高值进行分析，结果相差不大。

潜在原因

接下来，我对每个国家的各项特征和战争本身进行编码。欲知详情，请看附录 2.1。为了检验政权形式决定论，我对战争爆发时每个国家的民主程度进行了编码。为了检验身份决定论，我对交战国是否属于不同的文明区域进行了编码，例如西欧文明、东正教文明、伊斯兰文明、印度文明、中国文明、日本文明、非洲文明或拉丁美洲文明。为了检验迫切渴望决定论，我对成本高昂和旷日持久的战争的相关指标进行了编码，这些相关指标包括阵亡人数、战争持续时间、扩张性战争目标或全面战争目标以及冲突是否属于消耗战。最后，为了

[①]　Benjamin Valentino, Paul Huth, and Sarah Croco, "Covenants without the Sword: International Law and the Protection of Civilians in Times of War," *World Politics* 58, no. 3 (April 2006): 360.

48　检验吞并领土欲望决定论，我对交战国是否意图征服和吞并他国领土进行了编码。

　　我还对其他因素进行了编码，这些因素可能对交战国做出攻击平民的决定产生影响。这些因素包括：冲突各方的相对装备实力；威慑力，即交战双方均拥有攻击非战斗人员的能力；本国平民是否遭到敌国攻击；冲突是否发生在第二次世界大战或越南战争之后，以此判定近几十年来迫害平民有没有减少。为了对大屠杀和平民死亡人数进行分析，我还增加了一个反映敌国人口规模的指标。

　　在数据集中，分析单位是交战国。令人遗憾的是，对于绝大多数冲突而言，我无法获得一些重要变量（如阵亡人数和平民死亡人数）的月度数据甚至是年度数据，也就无法按照时间序列进行更精细的统计分析。然而，迫切渴望模型预测战争成本不断增加和对胜利产生怀疑应该发生在迫害平民之前。因此，为了对统计结果进行检查，为了判断迫害平民发生在迫切渴望之前还是之后，我在附录2.2中对消耗战中的每个迫害平民案例都进行了分析。我发现，在大多数案例中，消耗战发生在迫害平民之前。

迫害平民、平民死亡人数和历史记录

　　关于国家间战争中发生迫害平民的原因，历史记录揭示了什么？

战争中攻击平民

　　表2-2到表2-5是几个交叉表，显示了民主、文化差异、消耗战、吞并领土与迫害平民之间的关系。每个表格前半部分包括数据集中的所有国家，后半部分只包括我认为有能力攻击敌国平民的国家。

　　这些表格很好地预测了回归分析的结果。例如，表2-2显示，在国家间战争中，攻击平民的民主国家约占民主国家总数的1/4，而非民主国家只占 15% 左右。因此，在包括所有交战国的数据集中，民主国家攻击平民的可能性比非民主国家高 83%，这个差异具有统计显著性。[①] 如表 2－3 所示，文化差异也产生了正面效应，但是效应量较小：在包括所有交战国的数据集中，交战国之间存在文化差异 49 使迫害平民的概率增加了 50%。这个差异不具有统计显著性。

表 2－2　1816～2003 年国家间战争中的民主与迫害平民交叉表

		民主(所有交战国)			民主(有能力的交战国)		
		是	否	合计	是	否	合计
迫害平民	是	18 26.9%	35 14.7%	53 17.4%	18 41.9%	35 27.1%	53 30.8%
	否	49 73.1%	203 85.3%	252 82.6%	25 58.1%	94 72.9%	119 69.2%
	合计	67 100.0%	238 100.0%	305 100.0%	43 100.0%	129 100.0%	172 100.0%

PearsonChi^2(1) = 5.3843 Pr = 0.02 Pearson Chi^2(1) = 3.2816 Pr = 0.07

表 2－3　1816～2003 年国家间战争中的文化差异与迫害平民交叉表

		文化差异(所有交战国)			文化差异(有能力的交战国)		
		是	否	合计	是	否	合计
迫害平民	是	35 20.0%	18 13.3%	53 17.1%	35 32.4%	18 27.7%	53 30.6%
	否	140 80.0%	117 86.7%	257 82.9%	73 67.6%	47 72.3%	120 69.4%
	合计	175 100.0%	135 100.0%	310 100.0%	108 100.0%	65 100.0%	173 100.0%

Pearson Chi^2(1) = 2.3897 Pr = 0.12 PearsonChi^2(1) = 0.4245 Pr = 0.52

　　另外，表 2－4 和表 2－5 显示迫切渴望、吞并领土欲望和迫害平民的指标之间存在强相关关系。例如，陷入消耗战的国家攻击敌国平

[①]　需要指出的是，如果使用一种不同的民主国家分类规则，这个差异就消失了，而且这两种政权形式攻击平民的可能性基本相同。我在附录 2.1 中探讨了这个问题。

民的概率是50%~60%，这个数值是迅速赢得决定性胜利的国家的4~7倍。而且，意图征服和吞并敌国领土的交战国攻击敌国非战斗人员的概率是82%，这个数值是没有征服和吞并敌国领土意图的国家的4~9倍。

50

表2-4　1816~2003年国家间战争中的消耗战与迫害平民交叉表

		消耗战（所有交战国）			消耗战（有能力的交战国）		
		是	否	合计	是	否	合计
迫害平民	是	36 50.0%	17 7.2%	53 17.2%	36 61.0%	17 15.0%	53 30.8%
	否	36 50.0%	219 92.8%	255 82.8%	23 39.0%	96 85.0%	119 69.2%
	合计	72 100.0%	236 100.0%	308 100.0%	59 100.0%	113 100.0%	172 100.0%

Pearson Chi^2（1）= 70. 9248 Pr = 0. 00 PearsonChi^2（1）= 38. 4270 Pr = 0. 00

表2-5　1816~2003年国家间战争中的吞并战争与迫害平民交叉表

		吞并战争（所有交战国）			吞并战争（有能力的交战国）		
		是	否	合计	是	否	合计
迫害平民	是	27 81.8%	26 9.4%	53 17.1%	27 81.8%	26 18.6%	53 30.6%
	否	6 18.2%	251 90.6%	257 82.9%	6 18.2%	114 81.4%	120 69.4%
	合计	33 100.0%	277 100.0%	310 100.0%	33 100.0%	140 100.0%	173 100.0%

Pearson Chi^2（1）= 109. 1456 Pr = 0. 00 Pearson Chi^2（1）= 50. 2698 Pr = 0. 00

在多变量回归分析中，消耗战中的迫切渴望和吞并领土欲望对迫害平民可能性的影响仍然是最大和最显著的。如果控制其他可能影响迫害平民的因素不变，那么这两个变量都具有统计显著性，都处于最高水平，而且这两个变量都具有强大的实质性影响。如果把每个变量从最低值换成最高值，同时控制其他变量始终取均值，那么迫害平民的预期概率会发生变化。表 2 - 6 既显示了所有变量的显著水平，也显示了迫害平民的预期概率的变化。"初始概率"这一列代表的是相应变量取最低值时观测到迫害平民的可能性，要么是二分变量取 0，要么是连续变量取第 20 百分位数。下一列显示了每个变量从最低值换成最高值后迫害平民概率的增加或减少情况。第四列显示的是新的总概率，是把前两列相加得到的结果。这就是相应变量取最高值、其余所有变量都取均值时发生迫害平民的可能性。最后一列是百分比变化：新的总概率除以初始概率（ - 1），其结果与概率的变化除以初始概率的结果相同。

例如，陷入消耗战的国家攻击敌国非战斗人员的概率是没有陷入消耗战的国家的 11 倍左右。意图征服和吞并敌国领土的国家攻击平民的概率是没有意图征服和吞并敌国领土的国家的 23 倍多。民主制度也会增加迫害平民的可能性（增加将近 300%），但是民主制度和消耗战的共同作用显示，民主国家攻击平民的可能性较大，这主要是他们在成本高昂、旷日持久的战争中的行为所造成的。如果一个国家既是民主国家又陷入消耗战，那么迫害平民的概率猛增 12 倍多。这个影响比陷入消耗战的独裁国家的影响还要大。相比之下，如果控制其他因素不变，交战国之间的文化差异会对迫害平民的概率产生轻微的负面影响，使概率降低 29%。因此，在考虑迫害平民的其他因素的情况下，文化差异会对交战国攻击敌国非战斗人员的概率产生轻微的负面影响。

表 2 - 6 还显示了某些控制变量对迫害平民的可能性的影响。不出所料，装备实力较强使交战国攻击平民的可能性增加了 3 倍多，本国平民遭到敌国攻击的可能性也增加了 3 倍多。有意思的是，威慑力并没有产生制约作用：如果冲突双方都具备攻击对方平民的能力，那么交战国攻击非战斗人员的可能性会增加 5 倍。最后，在 1945 年以后的战争中，交战国迫害平民的可能性下降了 58%。

简而言之，我认为，在消耗战中迫切渴望打赢战争和减少本国人员伤亡，以及征服和吞并敌国领土的欲望是导致迫害平民的主要原因，我对迫害平民的统计分析强有力地支持了这个猜想。民主制度也增加了迫害平民的可能性。这主要是因为在消耗战中民主国家攻击平民的概率非常高（每 14 起案例当中就有 13 起，或者说 93%），而不是因为民主国家普遍倾向于迫害非战斗人员。[①] 这个结论支持了对制度决定论的定性分析：民主问责制使得民主国家不得不竭尽全力以取得战争胜利并降低战争成本——这反过来又会增加攻击平民的可能性——但是这种情况只有在战争形势恶化时才会发生。因此，民主国家攻击平民的可能性比独裁国家更大，可能性大小取决于迫切渴望的程度。最后，身份决定论没有得到这项分析的支持，因为分析要么经常出现符号错误，要么没有达到统计显著性。

52

表 2 - 6　每个自变量对迫害平民期望概率的影响
（1816 ~ 2003 年国家间战争的交战国）

变量	初始概率	概率绝对值变化	变量变化后的概率	变化百分比
民主（波利特）**	0.0353219	0.0963727	0.1316946	273
民主（多伊尔	0.0396394	0.0347853	0.0744247	88
文化差异	0.0574750	- 0.0164136	0.0410614	- 29
消耗战 ***	0.0259146	0.2503240	0.2762386	966
阵亡人数 *	0.0410597	0.0652245	0.1062842	159
战争持续时间 **	0.0416750	0.0821061	0.1237811	197
扩张性战争目标 **	0.0559286	0.1167311	0.1726597	209
消耗战中的民主 ***	0.0435926	0.4952360	0.5388286	1136
吞并领土目标 ***	0.0298331	0.6697002	0.6995333	2245
相对实力 **	0.0266487	0.0602836	0.0869323	226

[①] 在消耗战中，只有以色列（在 1969 ~ 1970 年的阿以消耗战中）没有攻击平民。

续表

变量	初始概率	概率绝对值变化	变量变化后的概率	变化百分比
威慑力 ***	0.0267747	0.1111811	0.1379558	415
迫害平民的目标 **	0.0394613	0.1013937	0.1408550	257
1945 年后 *	0.0653265 –	0.0380322	0.0272943	– 58

注：* = <0.10；** = <0.05；*** = <0.01。除了民主（多伊尔分类）、阵亡人数、战争持续时间、扩张性战争目标和消耗战中的民主之外，所有变量的估计都产生于表 2–9 中的模型 1。其他五个变量的估计来自表 2–9 中的模型 2 和模型 5~7，表 2–10 中的模型 8。除了相关变量之外，所有变量保持平均值不变。对于虚拟变量，自变量从 0 变为 1；或者对于连续变量，自变量从第 20 百分位数变为第 80 百分位数。所有计算都使用加里·金、迈克尔·汤姆兹和杰森·威滕伯格共同开发的"统计结果解释与展示软件"（2.1 版）进行，软件地址：http：//gking. harvard. edu/stats. shtml。

大屠杀

正如前文所说，把迫害平民作为因变量有一个缺陷，那就是我们无从得知针对非战斗人员的暴力有多么严重。为此，我收集了另外两个指标的数据：一是平民死亡人数是否超过 5 万人，二是每个交战国的平民死亡总人数。关于迫害平民的各项指标，如果统计结果都保持一致，那么我们就有信心相信这些发现不是巧合，而是反映了真实趋势。

有些因素与大屠杀和平民伤亡之间存在相关关系，那么这些因素是否也与迫害平民相关？答案是肯定的。如表 2–7 所示，民主制度、消耗战与征服和吞并敌国领土目标使大屠杀的概率显著增加。这些因素会对大屠杀产生实质性影响，而且影响程度超过对迫害平民的影响：民主制度使大屠杀的可能性增加了 8 倍，消耗战使大屠杀的概率增加了将近 31 倍，而吞并领土目标使大屠杀的可能性增加了大约 37 倍。敌国人口的规模也会产生影响：如果把这个变量从最低值变为最高值，大屠杀的概率会增加 10 倍。身份决定论认为文化差异会增加大屠杀的可能性，但是，相比之下，文化差异不仅没有增加大屠杀的可能性，反而使大屠杀的可能性减半了。

表 2 - 7　每个自变量对大屠杀期望概率的影响

（1816～2003 年国家间战争中的交战国）

变量	初始概率	概率绝对值变化	变量变化后的概率	百分比变化
民主(波利特)***	0.0017243	0.0127621	0.0144864	740
民主(多伊尔)***	0.0018928	0.0082327	0.0101255	435
文化差异	0.0050915	- 0.0028613	0.0022302	- 56
消耗战***	0.0013390	0.0399991	0.0413381	2987
阵亡人数***	0.0001617	0.0030132	0.0031749	1863
战争持续时间***	0.0001696	0.0070492	0.0072188	4156
扩张性战争目标***	0.0024116	0.0297793	0.0321909	1235
吞并领土目标***	0.0019093	0.0680220	0.0699313	3563
相对实力	0.0025630	0.0044278	0.0069908	173
敌国人口***	0.0010370	0.0094451	0.0104821	911
威慑力	0.0026233	0.0011354	0.0037587	43
迫害平民的目标	0.0026182	0.0015141	0.0041323	58
1945 年后	0.0032631	0.0005660	0.0038291	17

　　注：*** = <0.01。除了民主（多伊尔分类）、阵亡人数、战争持续时间、扩张性战争目标以外，所有变量的估计都产生于表 2 - 11 中的模型 1。其他四个变量的估计从模型 1 复制而来，其中每个变量分别替换为波利特民主和消耗战。所有其他程序与表 2 - 6 相同。

　　这些观点与现有文献的部分结论相一致，与部分结论相冲突。例如，成本高昂的消耗战的正面影响符合本杰明·瓦伦蒂诺、保罗·胡特和迪伦·鲍尔奇 - 林赛的观点，他们三人认为游击战——尤其是实力强大并且得到广大平民支持的叛乱组织发动的游击战——会增加大屠杀的可能性。然而，关于民主制度的影响，我们的观点相互矛盾，54 我认为民主制度会增加大屠杀的可能性，而他们认为 1945 年以后民主国家杀害 50000 名以上非战斗人员的可能性较小。[1]

---

[1]　这两个发现都来自 Benjamin Valentino, Paul Huth, and Dylan Balch - Lindsay, "'Draining the Sea': Mass Killing and Guerrilla Warfare," *International Organization* 58, no. 2 (April 2004): 375 - 407。

从某种意义上说，这些相互矛盾的结论或许可以调和。例如，瓦伦蒂诺、胡特和鲍尔奇－林赛研究的对象不仅包括内战，而且包括国家间冲突和反殖民战争。许多分析员认为，在国内冲突中民主国家没有非民主国家那么残暴。[①] 而且，我对民主制度和迫害平民进行分析后发现，民主制度的影响会随着时间的推移而发生变化。有些研究只分析了第二次世界大战之后的战争，因而无法在较长时期内追踪民主制度变量的影响。我整理的数据显示，第二次世界大战之后，民主国家攻击平民的可能性开始变得比独裁政权小，但是这个差别不具有统计显著性。然而，从越南战争后期开始（1970 年前后），把其他因素考虑在内，民主国家迫害平民的可能性明显小于非民主国家。这种周期影响也适用于大屠杀和平民死亡人数，只不过影响较弱。因此，情况可能是这样：1945 年之前，民主国家攻击并杀害大量平民的可能性比独裁国家大，但是近几十年来开始变得比独裁国家小。

然而，只分析第二次世界大战后民主国家参与的国际战争，我发现也存在类似趋势。虽然 1945 年以后民主国家参与的成本高昂的国际战争很少，但是民主国家不仅在大多数战争——荷兰印度尼西亚战争（1945～1949 年）、法国马达加斯加战争（1947～1948 年）、法国印度支那战争（1945～1954 年）、美国朝鲜战争（1950～1953 年）、法国阿尔及利亚战争（1954～1962 年）、美国越南战争（1965～1973 年）和以色列入侵黎巴嫩战争（1982 年）——中迫害平民，而且往往实施大屠杀（荷兰和以色列除外）。[②] 因此，1945 年以后成本高昂

[①]　见 Christian Davenport and David A. Armstrong Ⅱ，"Democracy and the Violation of Human Rights: A Statistical Analysis from 1976 to 1996," *American Journal of Political Science* 48，no. 3（July 2004）：538 - 554；Barbara Harff，"No Lessons Learned from the Holocaust? Assessing Risks of Genocide and Political Mass Murder since 1955," *American Political Science Review* 97，no. 1（February 2003）：57 - 73。

[②]　英军在肯尼亚茅茅运动中的所作所为也属于迫害平民。见 Caroline Elkins，*Imperial Reckoning: The Untold Story of Britain's Gulag in Kenya*（New York：Henry Holt，2005）。

的消耗战仍然会造成民主国家迫害平民，至少在国际战争中是这样的。[①]

平民死亡

最后，在消耗战中迫切渴望打赢战争与征服和吞并敌国领土的欲望也会造成交战国杀害大量非战斗人员。因为分析的因变量是交战各方的平民死亡人数，所以表 2 - 8 显示的是平民死亡人数，而不是迫害平民或大屠杀的概率。然而，尽管如此，这些表格仍然非常相似：初始计数列显示的是所有变量取均值时的平民死亡人数。后一列显示的是变量每增加一个单位平民死亡人数会增加或减少多少。然后，按照之前的方法，把这两个数字相加，计算得出百分比变化情况。

55

表 2 - 8　在 1900～2003 年国家间战争中，自变量对交战
国造成的平民死亡人数的边际效应

变量	初始计数	计数绝对变化	变量变化后的计数	变化百分比
民主（波利特）	4734	1766	6500	37
民主（多伊尔）	4520	2661	7181	59
文化差异 *	4734	- 5322	- 588	- 112
消耗战 ***	4734	30505	35239	644
阵亡人数 ***	4495	5464	9959	122
战争持续时间 ***	7721	11512	19233	149
扩张性战争目标 **	7663	13737	21400	179
消耗战中的民主 ***	4087	42488	46575	1040
吞并领土目标 ***	4734	54340	59074	1148

---

① 这个结论与下面这个发现相符合：如果叛乱分子对政府构成严重威胁并且得到民众广泛支持，民主国家在三分之二的战争中进行了大屠杀。Valentino, Huth, and Balch - Lindsay, "Draining the Sea," 399, n. 49。我不知道同时期民主国家的内战有多少是消耗战，也不知道迫害平民的概率是多少。当然，有些学者把殖民战争视为内战，这就使得上文提到的一些战争变成了民主国家在内战中迫害平民的案例。见 James D. Fearon and David D. Laitin, "Ethnicity, Insurgency, and Civil War," *American Political Science Review* 97, no. 1 (February 2003): 75 - 90。

续表

变量	初始计数	计数绝对变化	变量变化后的计数	变化百分比
相对实力 **	4734	9617	14351	203
敌国人口 ***	4734	8179	13307	176
威慑力	4734	− 342	4392	− 7
本国平民伤亡人数	4734	− 3383	1351	− 71
1945 年后	4734	− 2237	2497	− 47

注：* = <0.10；** = <0.05；*** = <0.01。除了民主（多伊尔分类）、阵亡人数、战争持续时间、扩张性战争目标和消耗战中的民主以外，所有变量的估计都产生于表 2-12 中的模型 1a。消耗战中的民主的估计来自模型 2a。其他四个变量的估计从复制模型 1 得出，其中每个变量分别替换为波利特民主和消耗战。表中的值是使用 Stata's "mfx compute" 指令产生，代表着每个自变量一个单位变化对平民死亡人数的影响，所有其他变量取平均值。需要注意的是这个程序低估了连续变量的影响。"统计结果解释与展示软件"（前两个表中使用过）不支持零膨胀负二项模型。因此，我无法把连续变量从低值变为高值。

如表 2-8 所示，陷入消耗战的国家杀害的平民人数大约是没有陷入消耗战的国家的 7.5 倍。类似的，征服和吞并敌国领土使平民死亡人数增加 12 倍多。如果不考虑其他因素，文化差异使非战斗人员死亡人数大约减少 112%。[①] 民主国家杀害的平民人数比非民主国家多 37%~59%，但是杀害平民大多数发生在消耗战中：这两个变量共同作用使平民死亡人数增加 11 倍多。

就对大屠杀的分析而言，有些结论与现有文献相符，有些结论存在分歧。例如，本杰明·瓦伦蒂诺、保罗·胡特和沙拉·克罗科（Sarah Croco）发现，在 20 世纪的国家间战争中，消耗战略、全面战争目标和战争持续时间会产生强大的正面影响。他们还发现，交战国的身份不会产生独立影响。然而，关于政权形式，我们存在分歧：我

56

———————

① 很显然，平民伤亡数字不可能是负数。然而，当所有变量都取平均值（Stata 系统中 "mfx compute" 指令计算的正是平均值）时，回归线的斜率可以非常陡，变量（本案中指文化差异）改变一个单位就能导致伤亡人数减少，而且幅度远超出预期值，从而产生这种看似奇怪的负数结果。

认为民主制度对平民死亡人数的影响基本上是正面的，在消耗战中正面影响很大，而且显著。而瓦伦蒂诺、胡特和克罗科认为民主制度的影响不会始终是正面的，虽然在消耗战中民主国家的交互项是正值，但是这个交互项没有达到统计显著性。[1] 这个差别可能是多种因素造成的，我将在附录 2.2 中对这些因素进行探讨。

在本章中，统计分析强有力地支持了我提出的关于战争中迫害平民原因的假设。在 1816～2003 年发生的国家间战争中，在旷日持久的消耗战中迫切渴望打赢战争与征服和吞并敌国领土的欲望会使迫害平民和大屠杀的概率显著增加，而且在 1900 年之后发生的国家间战争中，这两个因素使平民死亡人数增加。

相比之下，统计证据没有支持下面这个观点：如果交战国来自不同种族、宗教或文化背景，那么交战国迫害平民的可能性更大。文化差异甚至会使非战斗人员死亡人数减少，这与假设结果正好相反。对于这种结果，一种解释是，虽然丧失人性可能会对伤害敌国平民起到一定作用，但是，如果有必要，甚至是文化相似的民族也会被丑化成"野蛮人"。在消耗战或吞并领土战争中，如果这些因素控制不变，那么文化差异的影响会消失，甚至会变成负数，这种情况最有可能发生。

关于民主制度的影响，我的观点与现有文献中的部分观点截然相反。我的结论与瓦伦蒂诺、胡特和鲍尔奇－林赛的相反，我认为，在战争中民主国家通常不会把善待平民的国内理念推广到敌国平民身上。事实上，在成本高昂的战争中民主国家报复心似乎特别强烈，而且在消耗战中民主国家迫害非战斗人员的可能性比非民主国家更大，杀害的平民人数也更多，这个结果与瓦伦蒂诺、胡特和克罗科的观点相矛盾。这些发现在一定程度上支持了制度决定论；制度决定论认

---

[1] Valentino, Huth, and Croco, "Covenants without the Sword," p. 366.

为，由于民主国家的领导人受制于民意，所以为了获胜和挽救其政治前途，他们会顽强战斗。然而，制度决定论的其他观点——例如民主国家会选择无须迫害平民就能迅速赢得决定性胜利的轻松战争——并不可靠。因此，对于民主制度的影响这个问题，我们在个案分析中必须特别注意。

57

附录2.1 对迫害平民、大屠杀和平民死亡人数进行多变量分析

关于数据集的说明

如上所述，我在分析时所使用的数据集包括 1816~2003 年参加过国家间战争的 323 个国家。然而，是否需要对每个国家都进行分析，这点不明确。对所有国家都进行分析意味着每个交战国都具备攻击敌国非战斗人员的能力，而且每个交战国都有选择攻击的机会。例如，法西战争（1823 年）完全是在西班牙领土上打的。即使想攻击法国平民，西班牙也根本没有能力这么做。西班牙没有能力迫害平民，法国有能力但是决定不攻击平民，这是两回事，两者不能相提并论。而且，在追随大国参加战争时，依附于大国的盟友通常没有独立执行政策的自由。从技术上讲，在朝鲜战争中，站在联合国军一边的国家有一长串，但是只有美国说了算，而且美国是唯一部署空军、陆军和海军的参战国。当 1950~1951 年深秋至初冬期间"联合国"军队把朝鲜城市炸为废墟时，做决定的不是埃塞俄比亚，不是比利时，也不是菲律宾，而是美国。

有人说这种说法与检验因果假设无关。相关案例有两种：一种是相关结果存在；另外一种是虽然相关结果不存在，但是原本可以发生。[①] 然而，剔除这些案例可能会造成选择性偏差：那些考虑使用迫害平民作为战争手段的国家比拒绝考虑大规模杀害非战斗人员的国家更有可能掌握这种能力。有些国家以规则、制度和身份原因拒绝伤害非战斗人

---

① James Mahoney and Gary Goertz, "The Possibility Principle: Choosing Negative Cases in Comparative Research," *American Political Science Review* 98, no. 4 (November 2004): 653 – 669.

员，于是这些国家从样本中消失了，这对分析造成偏差，致使分析无法发现这些因素的影响。[①]

为了解决这个问题，我使用了两个数据集进行分析：第一个数据集包括所有国家，不论这些国家是否拥有杀害敌国平民的能力；第二个数据集只包括拥有能力或机会杀害敌国非战斗人员的国家。在国家间战争中，如果交战国不是依附于某个大国，并且符合下列两项标准之一：①交战国的地面部队已经入侵敌国的领土；②交战国拥有空军、导弹部队或海军部队，能够轰炸或封锁敌国本土，那么我就认定这个国家拥有攻击敌国平民的机会和能力，也就意味着这个国家对其军事战略拥有自主决策权。剔除那些不具备攻击敌国平民的机会和能力的交战国后，原来 323 个交战国还剩下 175 个。例如，许多从属国家从普奥战争（1866年）、普法战争（1870 ~ 1871 年）、第一次世界大战、第二次世界大战、朝鲜战争、越南战争和海湾战争中被剔除掉了。类似的，我把不具备攻击敌国本土能力的国家也剔除掉了，例如法西战争（1823 年）中的西班牙、两次西班牙摩洛哥战争（1859 ~ 1960 年、1909 ~ 1910 年）中的摩洛哥、甲午战争（1894 ~ 1895 年）中的中国、意大利埃塞俄比亚战争（1935 ~ 1941 年）中的埃塞俄比亚。

虽然这样做使交战国数量大幅减少，但我最终还是选择对所有交战国进行分析，因为我认为交战国攻击敌国平民的能力在很大程度上取决于该国的相对实力。在冲突中，如果相对实力所占比例非常小，那么交战国对敌国平民造成巨大损害的可能性不大。相比之下，实力强大的交战国通常更有能力杀害敌国的非战斗人员。这个假设在下文分析中基本上得到了证实。而且，这里似乎也没有发现任何选择效应起作用，因为使用两组不同案例进行分析的结果几乎没有差别。[②]

[①]　很显然有些案例不涉及选择，例如那些地理位置或技术现状使攻击敌方平民无法实现的案例。剔除这些案例不会对分析造成偏差。

[②]　作者个人网站上还有其他表格，包括了所有结果，http：//www.duke.edu/~downes。

自变量

由于我的数据只局限于收录国家间战争，游击战或反叛乱战争寥寥无几，所以关于叛乱对攻击平民或平民伤亡的影响的假设就没法检验。我把反叛乱战争归入消耗战，因为反叛乱与消耗战具有许多相似点。[1] 而且，在大型 N 格式中组织文化决定论难以检验，因为没有哪支军队会在和平时期就形成战时杀害平民的文化。要想研究文化决定论，最好的办法就是进行个案分析，拿现有的少数几个"惩罚"文化案例与缺少这种文化的军队的行为进行对比。[2]

政权形式

在对国家的政权形式进行归类时，我使用的是"政体 4 项目"（Polity 4）数据集，这个数据集严格限定于政府制度，而不是公民权利和自由或经济权利和自由。"政体 4 项目"利用指数来衡量一个国家的民主和独裁程度，衡量标准是政治参与的竞争度、政府人员招募的开放度和竞争度以及对政府权力的制约度。民主和独裁指数取值范围从 0（民主程度最低或独裁）到 10（民主程度最高）。我用 0 减去 59 10，得到一个 21 点的尺度，取值范围从 -10 到 10，这些数值用于衡

---

[1] 数据组中交战国实施反叛乱战略的唯一一起冲突是越战（美国对南越）。剔除这些案例不会改变实质性结果。

[2] 见 Jeffrey W. Legro, *Cooperation under Fire: Anglo - German Restraint during World War II* (Ithaca: Cornell University Press, 1995), pp. 94 - 103; Isabel V. Hull, *Absolute Destruction: Military Culture and the Practices of War in Imperial Germany* (Ithaca: Cornell University Press, 2005); Colin H. Kahl, "How We Fight," *Foreign Affairs* 85, no. 6 (November/December 2006): 83 - 101; Colin H. Kahl, "In the Crossfire or the Crosshairs? Norms, Civilian Casualties, and U. S. Conduct in Iraq," *International Security* 32, no. 1 (summer 2007): 7 - 46; Alexander B. Downes, "Military Culture and Civilian Victimization: The Case of American Strategic Bombing in World War II," paper presented at the annual meeting of the American Political Science Association, Philadelphia, PA, September 2006。

量一个国家的综合民主程度，现在这种做法在大型 N 文献中很常见。按照惯例，我把 7 分或 7 分以上的国家归为民主国家（占数据集中所有国家的 21%）。[1]

许多学者都假设规则是民主国家之间实现和平和禁止攻击平民的原因，然而，制度是规则的一个代理变量，很不确切。我利用迈克尔·多伊尔（Michael Doyle）编制的自由民主国家名录来论述规则决定论。多伊尔采用 4 项标准来判定交战国是不是自由国家：①尊重公民权利和自由与政治权利和自由，②民选代议制政府，③尊重私有财产，④自由市场经济。按照这些标准，数据集中 25% 的国家属于自由国家。[2]

敌人的野蛮形象

为了弄清楚交战国为什么要把敌人视为"野蛮人"，我根据萨缪尔·亨廷顿（Samuel Huntington）的定义对交战国是否属于不同的文明进行分类。有些读者可能会感到惊讶，他们可能认为这么做过时

---

① Monty G. Marshall and Keith Jaggers, *Polity IV Project: Political Regime Characteristics and Transitions, 1800 – 2000* (College Park, MD: Center for International Development and Conflict Management, 2001).

② 见 Michael W. Doyle, *Ways of War and Peace: Realism, Liberalism, and Socialism* (New York: Norton, 1997), pp. 261 – 264。两种不同的划分方法得出的国家清单非常相似（相关系数 = 0.83）。有人认为岛国（与可能入侵的邻国没有共同陆地边界的国家，例如英国、美国、日本和澳大利亚）更安全，因而很可能发展成为对成本更敏感的自由民主政权。岛国发展具备跨海投送兵力的军种，例如海军和空军的可能性更高，对于通过封锁和轰炸方式来攻击平民而言，海军和空军非常有效。因此，这些国家在战争中迫害平民的动力更足，机会更多。在下面的分析中，岛国的虚拟变量大体上与民主国家的变量相似，但是这两个变量高度相关，这使得在同一个模型中包括这两个变量有难度。因此，我把民主国家是否倾向于迫害平民这个问题搁置不谈，因为这些国家也是岛国，等日后再进行研究。我想说的是，有些不是岛国的民主国家（法国和以色列）攻击了平民，有些岛国不是民主国家（日本帝国）也对非战斗人员实施了迫害。巴里·波森让我注意到了这个观点，非常感谢。见 Otto Hintze, *The Historical Essays of Otto Hintze*, ed. Felix Gilbert (New York: Oxford University Press, 1975), pp. 174, 199。

了，因为萨缪尔·亨廷顿对文明的分类是为了描述未来可能发生冲突的断层线，而不是过去已经发生的冲突。然而，在现有各项指标当中，例如宗教和种族，只有这个指标最接近两百多年来的真实差异和感知差异。例如，是文明差异把东欧和俄罗斯与西欧、欧洲与伊斯兰国家、穆斯林与犹太人、穆斯林与印度人、印度人与中国人、中国人与日本人区分开来。实际上，这种分类规则与宗教分类方法几乎完全相同，而且认为东正教独立于新教／天主教。[①]

对于论述身份决定论的实际原因，这种办法不尽如人意，但是这已经是定量分析所能做到的最好程度。要想检验这个观点是否正确，最佳方式就是采用深度过程追踪法，看看国家精英和普通大众如何看待敌人，以及他们的看法是否会对交战国日后攻击平民产生影响。我把这项任务留到个案分析章节再做讨论。在此期间，我将对事前身份差异（这里指文明差异）进行检验，看看这是否与攻击和杀害敌国平民的倾向性增加有关。

迫切渴望

我利用4项指标来阐述迫切渴望逻辑。

● **消耗战**。消耗战是防御者占据优势因而战争成本巨大而且持续时间较长的冲突。消耗战基本上是包围战：战争过程基本上没有部队机动或转移，主要是静态作战、线性作战和堑壕战。实际包围——例如第二次世界大战期间列宁格勒被包围、普法战争期间巴黎被包围——显然属于消耗战，那些规模更大、作战方式类似于包

60

---

① Samuel Huntington, *The Clash of Civilizations and the Remaking of World Order* (New York: Simon and Schuster, 1996)。我还对宗教差异和种族差异进行了分类，但是没有把基督教东方和西方流派进行单独分类。最后，我使用"战争相关因素项目"中的国家类别来划分世界各地的国家：拉美、欧洲（包括美国、加拿大、澳大利亚和新西兰）、非洲、中东和亚洲。这些变量的结果始终是非显著的。

围战的战争也属于消耗战。例如，第一次世界大战期间西线战场上，在强大火力压制下，部队无法前进，战争很快就变成了堑壕战，为了攻占数百码阵地，可能要牺牲数千名士兵的生命。再举个例子，从 1942 年到 1945 年，为了穿越太平洋，美军不得不一路战斗，一个岛接一个岛地击溃日军防守。其他冲突也是类似形式，如克里米亚战争、日俄战争、查科战争、朝鲜战争、两伊战争和埃塞俄比亚厄立特里亚战争。[①]最后，我把反叛乱战争归为消耗战，因为反叛乱战争通常是"使用小规模机动化部队来搜寻并直接消灭游击队"。[②]

重要的是，把一起战争归为消耗战并非仅仅根据交战国的初期战略，而且是根据整个战争期间的主要作战方式。例如，1939 年 9 月德军迅速突破波兰防线并逼近华沙，但是面对华沙城内波兰军队的顽强抵抗，德军进攻陷入停滞，战争变成了旷日持久的包围战。后来，德军采用闪电战入侵苏联，但在初期进攻遭遇挫败后，战争形式主要是令人绝望的消耗战、实际包围战（列宁格勒）和城市战（斯大林格勒）。[③]

● **阵亡人数**。最直接反映战争人力成本的指标就是交战国军队的

---

① 正常情况下消耗战是陆军作战，但是我们可以想象海上或空中消耗战。如果一场冲突主要是海战，舰队之间需要反复进行大规模摧毁性战斗，那么这种冲突也属于消耗战。这类战斗的成本能够说服领导人转向封锁。类似的，消耗战有时候发生在空战中。最佳案例是不列颠战役，在这场战役中，德国空军企图在大规模空战中摧毁英国战斗机部队，从而为海上入侵英国打通通道。英军激烈抵抗，德军战机损失无法维持使德国空军放弃了"消耗战"，转向了对英国城市进行夜间轰炸。Richard Overy, *The Battle of Britain：The Myth and the Reality*（New York：Norton, 2000），p. 86。关于这场消耗战，见 Williamson Murray, *Luftwaffe*（Baltimore：Nautical and Aviation Publishing Company of America, 1985），pp. 52 – 53。

② Valentino, Huth, and Croco, "Covenants without the Sword," p. 362。三位作者还把消耗战和反叛乱结合起来进行分析。

③ 读者可能会问为什么我不使用现有的消耗战衡量指标，例如 Reiter and Stam, *Democracies at War*, chapter 2 中使用的衡量指标。然而，这个变量并不能衡量我想衡量的对象：战争过程中战斗的性质，而不是所选择的初期战略。而且，在他们的数据中消耗战略非常普遍：超过 70% 的参战国使用了消耗战略，而在我的数据中进行消耗战的交战国只有 24%。

阵亡人数。阵亡人数数据源于"战争相关因素项目"数据集,其他二手文献资料进行了补充。我把阵亡人数数据更新到了2003年的伊拉克战争。由于阵亡数字悬殊,所以我在分析时使用的是阵亡人数的对数值。

● **战争持续时间**。战争持续时间越长,战争成本就越高,交战国就会越绝望。我按天数计算战争持续时间(数据还是来自"战争相关因素项目"数据集),在分析时使用的是战争持续天数的对数值。

● **扩张性战争目标**。如果一个交战国或多个交战国要求敌国无条件投降,或者在战争过程中提出政治目标,那么这很可能招致敌国更加顽强地抵抗。敌国更加顽强地抵抗反过来又会造成首先提出要求的国家投入更多兵力,战争螺旋式升级最终必然导致迫害平民。而且,从军事上讲,征服整个国家和推翻政权比实现有限的战争目标要困难得多,因而战争成本也要高得多。[①] 为了对这个变量进行分类,我分析了交战国的战争目标以及每起战争的目标有何不同。全面战争目标的例子包括第二次世界大战和2003年伊拉克战争,战争开始后交战国扩大战争目标的例子包括普法战争、第一次世界大战和朝鲜战争。

征服和吞并敌国领土

为了评估领土扩张对迫害平民的影响,我对虚拟变量进行编码,如果交战国是为了永久性侵占邻国领土,那么这个虚拟变量取值为1。在对这个变量编码时,既要分析战争开始前国家领导人如何描述战争目标,又要分析这些目标是否包括侵占敌国领土。这类战争包括巴尔干战争(1912~1913年)、希土战争(1919~1922年)、第二次世界大战东线战场(1941~1945年)和巴勒斯坦战争(1947~1949年)。

[①] Valentino, Huth, and Croco, "Covenants without the Sword," p. 355.

控制变量

分析对象还包括了多个控制变量。

1. 相对实力。如果一国装备实力较强，则该国攻击敌国平民的能力也更强。我把相对实力定义为每个交战国在所有交战国的总实力中所占的比例。每个国家的实力数据都来自"战争相关因素项目"之"各国装备实力"数据集，由总人口、城市人口、钢铁产量、能源消耗量、军费开支和军人数量组成。

2. 威慑力。如果冲突双方都拥有攻击对方平民的能力，那么害怕遭到报复也许会阻止交战国攻击敌国平民，或者是制止交战国投入全部兵力。在这种情况下——例如 1939 年和 1940 年英国和德国都拥有空军部队——每个交战国的威慑力虚拟变量取值为 1。

3. 报复。然而，如果交战国攻击敌国平民，那么受害国可能会予以反击。受害国有可能只是想为本国死亡平民报仇，也有可能是想进行报复而攻击敌国平民：给敌国一个教训，让他们知道杀害非战斗人员得不偿失，因为这么做会遭到报复。因此，如果交战国成为迫害平民的目标，那么这个国家的虚拟变量取值为 1。[1]

4. 1945 年以后。第二次世界大战给全世界人民带来了巨大灾难，它引发了人们重新考虑修订禁止对非战争人员使用武力的规则，使这些规则变成法律并得到切实执行。例如，瓦尔德·托马斯（Ward Thomas）认为，反对轰炸平民的规则已经得到修复，而且在 1945 年以后变得越来越强大，轰炸造成的平民死亡人数也在逐年下降。[2] 随着武器技术的进步，第二次世界大战时需要数百颗炸弹才能摧毁的目

---

[1]　在分析平民死亡数字时，我使用了一个虚拟变量，这个虚拟变量代表交战国本国平民是否有伤亡，而不是这些交战国是否成为迫害平民的对象。

[2]　Ward Thomas, *The Ethics of Destruction: Norms and Force in International Relations*（Ithaca: Cornell University Press, 2001），p. 185.

标，现在只需一两颗就够了，所以说武器技术的进步也增强了这些规则。从这个意义上说，全球媒体的发展也提高了民众对战争中平民境况的关注度，从而有助于减少平民伤亡。简而言之，1945 年以后攻击平民事件应该是减少了，平民死亡人数也应该减少了。然而，有人可能会说时间转折点应该向后推，他们认为，全球媒体对越南战争的高度关注和越南战争后期精确制导武器的发明，不仅催生了反对攻击平民的全球规则，而且促进了战争手段的进步，从而避免造成平民伤亡。因此，对于 1970 年以后发生的战争，我也设置一个虚拟变量，取值为 1。

5. 敌国总人口。最后，如果平民死亡人数是因变量，那么就有必要控制敌国人口的规模不变，因为伤亡人数较多有可能只是该国人口规模较大所造成的。我使用的是目标国家总人口的对数值。

方 法

因为迫害平民和大屠杀是二分变量，所以传统普通最小二乘法回归分析得到的估值会产生偏差，因为最小二乘法回归使用的是连续和无限制因变量，而不是二元变量和受限变量。我需要采用一种统计方法，估计自变量是否会使迫害平民或大屠杀的概率升高或降低。我采用的是 Logit 估计值。

作为因变量，平民死亡人数面临许多困难。从技术上讲，伤亡人数是一个计数。与线性回归呈现的正态分布相比，计数变量——例如某人每周外出就餐的次数，或者某人每年收到的交通罚单的张数——通常零观测值较多，离散量较大，从而造成最小二乘法得出有偏估计。[1] 事实

---

① J. Scott Long, *Regression Models for Categorical and Limited Dependent Variables* (Thousand Oaks, C. A. : Sage Publications, 1997), pp. 217 – 250.

上，在我所收集的平民死亡人数数据集中，数据的方差远大于均值，因为最小观测值为零，最大观测值高达数百万。而且，除了方差较大之外，几乎一半的观测值是零，意味着分布向左边偏斜，与钟形正态分布毫无相似之处。最后，平民伤亡人数要么是零，要么是正数，而支撑普通最小二乘法的正态分布认为观测值的取值可以小于零。[①]

然而，有些学者指出，平民死亡人数也违背了计数模型的某些假设。正如瓦伦蒂诺、胡特和克罗科所说："计数模型采用的是数据生成过程，是建立在几乎完全相同的伯努利试验序列基础之上的，而试验结果是二元结果（例如，成功或失败，头或尾）。"他们认为单次攻击会杀死大量平民，"平民死亡人数不是由相似二元过程所生成（死亡人数为1或0）"，因此计数模型是不正确的。[②] 计数模型还假设每个观测值的长度都相等，但是战争持续时间悬殊，有的只持续短短几天，有的却长达数年。

因为这项数据没有完全遵守计数模型或普通最小二乘法的假设，不是非此即彼，所以我同时采用了这两种方法，并且采用了第三种方法（有序 Logit 模型）加以补充。鉴于采用上述不同的模型和方式来衡量因变量，结果都相同，所以我们对这个结论的稳健性更加充满信心。首先，我采用零膨胀负二项模型来分析平民死亡人数。[③]

63

① 关于这些观点，见 Gary King, *Unifying Political Methodology*: *The Likelihood Theory of Statistical Inference* (Cambridge: Cambridge University Press, 1989), pp. 53 – 54; Rainer Winkelmann, *Econometric Analysis of Count Data*, 4th ed. (Berlin: Springer – Verlag, 2003), p. 63。

② Valentino, Huth, and Croco, "Covenants without the Sword," p. 364。然而，这种解释是否正确还不得而知。虽然每次攻击通常会造成多人死亡——有时候多达数百人甚至数千人——每个人要么死亡，要么没死。换句话说，虽然我们只观察伤亡总人数，而不会观察具体死亡人数，但是产生数据的过程仍然是二元过程。泊松分布或负二项分布专门处理这类变量，在这类变量中，我们只观察事件的总数，而不会观察每起独立事件。

③ 负二项分布优于泊松分布，因为这个方差超过了均值，这表明伤亡之间是正相关关系：一位平民伤亡有可能引起更多平民伤亡。

零膨胀负二项模型假设交战国分为两类：第一类是确实有能力杀害敌国平民的国家，第二类是无法杀害敌国平民的国家，因为他们没有机会或能力这么做。计数为零的情况可能出现，一是因为本来可以杀害平民的交战国却没有这么做，二是因为交战国根本没有能力杀害平民。因此，零膨胀负二项模型计算两个独立方程：一是 Logit 模型，这个模型用于估计自变量对一国取值为零的概率的影响；二是负二项模型，这个模型用于计算变量对平民死亡人数的影响。

其次，我利用有序 Logit 模型来分析平民死亡人数原始数据的转化问题。有人对计数模型提出批评，他们认为计数模型估计的是分布的均值，在本案例中均值相当大，这是因为一些案例中平民死亡人数非常多，而案例总数非常少。例如，对于1900年以来的国家间战争中的平民死亡人数而言，虽然有一半的观测值为零，而且许多战争的死亡人数少于1000或5000，但是均值仍然超过了92000。离散程度如此之高，除了对非战斗人员死亡人数的对数值进行普通最小二乘法分析之外，还有一种弥补办法，那就是根据死亡人数的相应分布区间，把这些数据转化为不同类别（0，1，2，以此类推），然后进行有序 Logit 模型分析。这种办法认为确切死亡数字无关紧要，重要的是有和无的区别、多与少的区别、多与很多的区别。这个假设合情合理，特别适合像平民死亡人数这样的因变量，因为平民死亡人数的确切数字难以确定。通常情况下，我们对平民死亡人数的数量级（几乎没有、数百、数千、数万、数十万或数百万）的了解比实际死亡数字本身更多。我将在下文中探讨这种分类法。

最后，我效仿瓦伦蒂诺、胡特和克罗科的做法，采用线性回归对平民死亡人数进行分析，通过取对数值的办法来解决数据离散的问题。

迫害平民：多变量分析

对迫害平民的统计分析强有力地支持迫切渴望假设和吞并领土假设。例如，在表 2 - 9 中，前 4 个模型显示，不论是分析所有交战国还是只分析有能力的交战国，迫切渴望的主要指标（消耗战虚拟变量）都是正数，而且都处于大于 1% 的显著水平。模型 5 至模型 7 显示，迫切渴望的其他指标，如战争持续时间、阵亡人数和扩张性战争目标，也都使迫害平民的可能性显著增加。表 2 - 9 共有 7 个模型，在所有模型中，代表吞并领土欲望的变量也强烈预测到迫害平民行为的发生。这些结果强有力地支持了这个观点：迫切渴望和吞并领土欲望是造成交战国攻击敌国平民的原因。

现在来看其他假设，很显然，身份决定论站不住脚。例如，战争爆发时交战国之间的文化差异要么是数值很小的负数，要么是数值很小的正数，结果取决于模型中包括哪个迫切渴望的指标。相比之下，政权形式假设的结果显示民主制度始终与迫害平民正相关。多伊尔划分的自由民主国家——包括在模型 2 和模型 4 中——是正数，但是没有达到统计显著水平，这表明政权形式对迫害平民的概率没有造成强烈影响。然而，"政体 4 项目"划分的民主国家的系数要大得多，而且在表 2 - 9 中的 5 个模型中都达到了统计显著水平。这个结果表明，民主政权攻击平民的可能性可能大于非民主国家。[①]

为什么政权形式会出现两种不同的结果？我对数据进行深入分析后发现，"政体 4 项目"和多伊尔在分类方法上存在四点不同，这些不同造成"政体 4 项目"数据集中正面案例较多，而负面案例较少。

---

① 用虚拟变量替代政体连续变量（ - 10 ~ + 10），产生的结果始终是正数，但是不显著：例如，在模型 1 中，B = 0.05，Pr = 0.26。这个结果偏弱，我将在下文中进行解释。

第一，多伊尔只把 1864～1911 年的希腊归为自由国家，而直到 1915
年之后"政体 4 项目"才把希腊归为民主国家。这个差别关系重大，
因为希腊在两次巴尔干战争（1912～1913 年）中都参战了，而且都
实施了迫害平民。① 第二，"政体 4 项目"把 1948 年的以色列（以色
列独立战争）和 1992 年的亚美尼亚（亚美尼亚阿塞拜疆战争）归为
民主国家，而在多伊尔看来，以色列直到 1949 年才算自由国家，所
以亚美尼亚根本就没有出现在多伊尔的民主国家名录上。这些国家在
战争中都采用了迫害平民手段。第三，"政体 4 项目"认为英国在
1880 年以前是非民主国家，而多伊尔认为英国从 1832 年实施改革、
扩大特许经营权开始就是自由国家了。第四，与撒丁王国/意大利有
关，多伊尔把 1849 年独立到 1922 年墨索里尼上台这个时期的意大利
归为自由国家，而"政体 4 项目"把从建国之初到第二次世界大战结
束这个时期的意大利归为非民主国家。后两点区别关系重大，因为在
"政体 4 项目"和多伊尔的分类方法发生冲突的这段时期，英国和意大利
都参加过多起国家间战争，但是都没有杀害非战斗人员，这意味着按照
多伊尔的分类方法，负面案例要多出几个。②

---

① 我对二次文献的解读倾向于确认政体分类。希腊军队受够了政府的腐败和无能，于 1909
年提出一项和平决议迫使总理辞职，一位历史学家描述为具有"喜剧的含义。"在军方施
压下，希腊国王乔治任命克里特人埃莱夫塞里奥斯·韦尼泽洛斯担任总理。在 1910 年 12
月的选举中，韦尼泽洛斯领导的自由党获得了绝对多数，着手修改宪法，赋予更多自由权
力和保护。1912 年 3 月韦尼泽洛斯政府再次当选，而且一直执政，直到希腊总理和新国王
康斯坦丁因为希腊对第一次世界大战的立场不同而关系紧张导致 1915 年国家分裂。有人
可能会说 1909 年的"政变"导致多伊尔把希腊划分为非自由国家，但是 1912 年以前多伊
尔并没有把希腊从自由民主国家名单中剔除出去。见 D. George Kousoulas, *Modern Greece*：
Profile of a Nation（New York：Scribner's, 1974），pp. 94（quote），94–111；Richard Clogg, *A
Concise History of Greece*, 2d ed.（Cambridge：Cambridge University Press, 2002），pp. 73–90。
② 英国案例是克里米亚战争（1854～1856 年）和英国波斯战争（1856～1857 年）；意大利案
例是克里米亚战争、意大利统一战争（1859 年）、意大利罗马战争（1860 年）、意大利西
西里战争（1860～1861 年）、七周战争（1866 年）和意大利土耳其战争（1911～1912
年）。

表2-9 1816~2003年国家间战争中交战国迫害平民的决定因素（逻辑估计） 65

	1 所有交战国	2 所有交战国	3 有能力的交战国	4 有能力的交战国	5 所有	6 所有	7 所有
民主(波利特虚拟)	1.52** (0.64)	—	1.43** (0.62)	—	1.54*** (0.58)	1.27** (0.55)	1.30** (0.53)
民主(多伊尔虚拟)	—	0.72 (0.56)	—	0.53 (0.56)	—	—	—
文化差异	-0.38 (0.45)	-0.31 (0.46)	-0.31 (0.46)	-0.19 (0.46)	0.18 (0.45)	0.01 (0.46)	0.10 (0.46)
消耗战	2.84*** (0.63)	2.72*** (0.61)	2.81*** (0.69)	2.69*** (0.66)	—	—	—
阵亡人数	—	—	—	—	0.52* (0.27)	—	—
战争持续时间	—	—	—	—	—	0.89** (0.35)	—
扩张性战争目标	—	—	—	—	—	—	1.30** (0.54)
领土吞并	4.49*** (0.76)	4.44*** (0.75)	3.87*** (0.82)	3.82*** (0.81)	3.75*** (0.63)	4.00*** (0.68)	3.75*** (0.59)
相对实力	2.38** (0.94)	2.42** (0.95)	1.86* (1.11)	1.93* (1.08)	1.80** (0.76)	1.74** (0.74)	1.33* (0.73)
威慑力	1.84*** (0.49)	2.20*** (0.54)	1.04* (0.62)	1.42** (0.70)	1.96*** (0.54)	2.16*** (0.51)	1.87*** (0.47)
交战国成为迫害平民的目标	1.44** (0.59)	1.35** (0.58)	1.69** (0.66)	1.59** (0.63)	1.75** (0.72)	1.62** (0.68)	1.93*** (0.69)
1945年后	-1.16* (0.62)	-1.23* (0.63)	-1.02 (0.65)	-1.09 (0.63)	-0.88 (0.68)	-1.18** (0.58)	-1.22** (0.56)
常数	-5.58*** (0.94)	-5.54*** (0.95)	-4.59*** (1.13)	-4.58*** (1.13)	-6.56*** (1.35)	-6.42*** (1.07)	-4.54*** (0.61)
N	298	300	169	170	291	300	300
可能性对数	-56.05	-58.64	-51.23	-53.87	-67.72	-68.05	-68.30

续表

	1 所有交 战国	2 所有交 战国	3 有能力的 交战国	4 有能力的 交战国	5 所有	6 所有	7 所有
Wald Chi^2	54.21***	57.25***	39.87***	44.72***	77.66***	75.96***	81.74***
Pseudo - R^2	0.60	0.58	0.51	0.49	0.50	0.51	0.51

注：括号中为胡伯 - 怀特稳健标准差（聚类于每起战争）。
* = <0.10；** = <0.05；*** = <0.01。

在表 2 - 9 的控制变量中，相对实力很重要：国家越强大，采用迫害平民手段作为战争战略的可能性就越大，这或许是因为强国的实力更强大。而且，攻击非战斗人员似乎集中出现在某些战争中，因为本国平民遭到攻击的国家往往会攻击敌国的平民。意外的是，威慑力也是正数，也达到显著水平。对于这个问题，我的解释是，有些情况下拥有对敌国平民实施报复的能力可能会推迟采用迫害平民手段的进度，但是无法阻止迫害平民的发生。确实，如果交战双方都拥有攻击平民的实力，如果战争未能迅速结束，即使是遭到报复的风险也不能阻止交战国攻击平民。在这种情况下，威慑力这个变量只能反映交战国攻击敌国非战斗人员的实力。① 最后，"1945 年以后"这个变量的系数始终是负数，而且经常处于显著水平，这表明第二次世界大战后的国家间战争中发生迫害平民的现象减少了。

表 2 - 10 有 3 个模型，这 3 个模型都有交互项，目的是进一步检验民主制度对迫害平民的影响。例如，模型 8 是为了检验下面

---

① 如果只分析（模型 3 和模型 4）有能力迫害平民的国家，那么威慑力系数会变小，这个结果支持了这种解释。

这个假设：在成本高昂的消耗战中，民主国家攻击敌国平民的可能性比独裁国家大，因为民主国家对成本高度敏感，对失败高度厌恶。我把民主制度和消耗战的虚拟变量相乘，得到了一个交互项。在模型 8 中，这个交互项的系数是正数，处于显著水平，而且比消耗战本身要大得多（即消耗战中的非民主国家），这表明虽然在消耗战中所有国家都会攻击非战斗人员，但是民主国家攻击非战斗人员的可能性还是比非民主国家大，只不过程度略有不同。确实，在消耗战中，民主国家攻击平民的概率达到 93%，而独裁国家只有 40%。[①] 这个结果验证了下面这个观点：民主国家对成本高度敏感，对失败高度厌恶，如果陷入旷日持久的消耗战，民主国家攻击平民的可能性就会增加。

　　模型 9 和模型 10 对下面这个假设进行了检验：在近期战争中，民主国家迫害非战斗人员的可能性较小。有人说把 19 世纪和 20 世纪初期的"民主国家"与最近几十年来的"民主国家"相提并论会使分析产生偏差，使结果不公正，致使我们无法发现国内规则或制度的制约作用。按照这种说法，按照我们今天对这两个词的理解，直到最近几十年民主国家才真正成为"自由国家"或"民主国家"。例如，在"政体 4 项目"指数中，在美墨战争时期，美国得分为 −10，当时奴隶制不仅合法，而且获得社会认同。如果把 1846 年的美国和 1965 年、1991 年和 2003 年的美国同等对待，那就大错特错了。要想检验自由/民主的制约作用，最好的办法是分析只局限于第二次世界大战结束以后的时期，或者越南战争结束以后的时期，因为这些时期的民主制度和规则已经比较完善。

---

① 这个差异是显著的：Pearson Chi²(1) = 12.7685，Pr < 0.001。如果使用多伊尔对自由国家的分类，民主国家和独裁国家的差距不是特别大，分别是 65% 和 44%（Pr = 0.11）。

表 2 – 10　1816 ~ 2003 年国家间战争中交战国迫害平民的决定
因素：民主交互项（逻辑估计）

	8（所有交战国）	9（所有）	10（所有）
民主（波利特）	0. 01 （0. 85）	1. 87 ** （0. 77）	2. 22 *** （0. 69）
文化差异	– 0. 32 （0. 46）	– 0. 26 （0. 48）	– 0. 09 （0. 51）
消耗战	2. 01 *** （0. 61）	2. 87 *** （0. 64）	3. 07 *** （0. 66）
民主 * 消耗战	3. 49 *** （1. 34）	—	—
民主 * 1945 年后	—	– 1. 01 （1. 00）	—
民主 * 1970 年后	—	—	– 2. 95 ** （1. 39）
领土吞并	4. 36 *** （0. 61）	4. 50 *** （0. 80）	4. 78 *** （0. 77）
军力对比	2. 32 ** （0. 98）	2. 53 *** （0. 95）	1. 98 ** （0. 91）
威慑力	1. 74 *** （0. 47）	1. 82 *** （0. 50）	1. 05 ** （0. 47）
交战国成为迫害 平民的目标	1. 50 ** （0. 61）	1. 43 ** （0. 59）	1. 53 ** （0. 62）
1945 年后	– 1. 11 * （0. 63）	– 0. 85 （0. 72）	—
1970 年后	—	—	1. 64 （1. 10）
常数	– 5. 09 *** （0. 81）	– 5. 81 *** （0. 97）	– 6. 07 *** （0. 80）
N	298	298	298
可能性对数	– 52. 34	– 55. 72	– 55. 59
Wald Chi^2	71. 09 ***	52. 68 ***	62. 03 ***
Pseudo – R^2	0. 62	0. 60	0. 60

注：括号中为胡伯 – 怀特稳健标准差（聚类于每起战争）。
* = <0. 10；** = <0. 05；*** = <0. 01。

为了检验这些命题，我在模型9中插入了一个变量，这个变量是民 68
主制度和1945年以后这两个虚拟变量的结果。这个交互项对第二次世界
大战之前和之后的政权形式的影响进行了比较。如表2－10所示，1945
年以后民主政权迫害平民的概率下降，而1945年前情况正好相反。前者
影响不显著，但是后者影响显著。相比之下，模型10把截断日期向前推
进到1970年，结果显示1970年之前和之后民主制度的差异变成了显著。
模型10中的结果支持了下面这个结论：在越南战争之前，民主国家攻击
敌国平民的可能性比非民主国家大。直到越南战争之后，民主国家才改
变做法，迫害非战斗人员的可能性才比其他类型的政权小。

因此，统计数据强有力地证明，一方面，民主国家曾经在国家间战
争中不受制约地攻击平民，直到最近几十年这种局面才发生改变。交战
国之间的巨大文化差异似乎与迫害平民无关。另一方面，民主制度导致
国家领导人对成本高度敏感，这确实增加了民主国家采取迫害平民手段
来打赢战争和减少本国损失的可能性，但是这种情况只出现在旷日持久
和成本高昂的冲突中。① 然而，只有消耗战和侵略战才是所有类型的国家
迫害平民的关键驱动因素。

检查（Specification cheeks）

第一，为了评估这些结果对自变量和因变量发生细微变化的敏感度，
我进行了一系列检查。例如，表2－1中有多个案例归为迫害平民边缘案
例，因为这些案例要么是伤亡人数较少，要么就是无法确定是否存在攻
击平民。② 因此，在第一轮检查时，我对这些边缘案例进行重新归类，使
他们从1变为0，并且对表2－9中的模型1进行重新估计。结果变化不

---

① 然而，对于迫害平民而言，敏感性相似乎并没有使民主国家成为更有吸引力的目标。实际上
民主国家成为迫害平民的目标的可能性（12%）要略小于独裁国家（14%）。
② 这些案例包括义和团运动中的英国、法国和美国；匈牙利战争中的罗马尼亚；法国土耳其战争
中的法国和土耳其；中苏战争和苏芬战争中的苏联；海湾战争中的伊拉克。

大：民主制度仍然是正数，但是显著性消失了；文化差异是负数和不显著；消耗战和吞并领土欲望是正数和显著（$p < 0.01$）。

第二，为了检查民主制度观点的稳定性，我进行了一组检验。我只对那些涉及民主国家迫害平民的边缘案例进行重新归类，那些涉及独裁国家迫害平民的案例保持不变。对模型 1 进行重新估计，结果发现重新归类后民主制度系数下降到 0.65（$p = 0.36$）。第一次世界大战期间，在英国主导下，法国和美国都参与了对同盟国的封锁，但是有人反对把法国和美国归为迫害平民的国家。他们的理由是，封锁政策是由英国政府制定的，法国和美国只不过发挥了次要作用。对这两个案例进行重新归类后，民主制度系数下降到 1.08（$p < 0.08$）。还有批评者反对把 1948 年独立战争中的以色列归为民主国家。把以色列的政权形式从民主政权变为非民主政权后，民主制度系数下降到 1.51（$p < 0.05$）。按照多伊尔的标准，把巴尔干战争中的希腊归为非民主国家后得到的系数为 1.42（$p < 0.05$）。即使有人提出一个可能性微乎其微的假设：关于民主制度和迫害平民的所有分类决定都是错误的，但是，采纳本段中的所有建议并进行重新分类后，民主制度对迫害平民可能性的影响仍然是负数（0.31，$Pr = 0.67$）。这些检验清楚地表明，对于民主制度与迫害平民可能性增加而言，虽然关于两者相关性的统计显著性不稳健，但是这个变量始终是正数，而且可以基本确定这两个变量之间不是负相关关系。

第三，关于制度问责决定民主和平与军事效能这个观点，支持者认为，民主国家在其主动发起的战争中迫害平民的可能性较小，但是在敌国主动发起的战争中攻击非战斗人员的可能性较大，因为民主国家擅长选择他们能够迅速赢得决定性胜利的战争。按照这种逻辑，民主国家选择的战争就不应该发展成为旷日持久的消耗战，因而民主国家也就不会陷入不得不攻击平民的处境。为了检验这个观点，我设置了主动发起战争变量，为主动发起战争的民主国家设置了交互项，然后把这些变量都插入模型 1 中。[①]

结果显示，虽然主动发起战争的民主国家对迫害平民概率的影响符合预期，处于负数区间，但是缺少统计显著性（B = -1.61，p = 0.17）。另外，被动参战的民主国家迫害平民的可能性比主动发起战争的民主国家更大（B = 2.34，p < 0.01）。因此，对于民主国家擅长选择能够轻易打赢的战争、擅长选择不太可能发展成为消耗战的战争、擅长选择没有必要攻击非战斗人员的战争的观点，没有有力证据来证明这个观点站得住脚。

第四，有人认为，完全根据国家领导人被撤职的风险来区分政权形式，这是在误导读者；关键因素是撤职给领导人带来的潜在代价。这个观点认为"半专制、半排他政权"（也称为"混合政权"或"寡头政权"）迫害平民的可能性最大，因为如果这些国家的领导人输掉战争，他 70 们最容易遭到逮捕、放逐或杀害。这种危险让寡头们有动力孤注一掷，从而采用高风险战略（例如迫害平民）以避免失败。[②]

为了检验这个观点，我专门针对混合政权设置了一个虚拟变量。如果一个国家在"政体 4 项目"指数上得分在 -6 和 +6 之间，那么这个国家就属于混合政权。把这个变量插入模型 1，结果出人意料：寡头政权攻击平民的可能性显著小于民主国家和独裁政权（B =

---

① 对于我的数据组中有但是"战争相关因素项目"数据库中没有的冲突，我依赖二次历史记录来划分交战国是否主动发起战争。除了这些冲突之外，关于主动发起战争的数据都来自"战争相关因素项目"。"战争相关因素项目"把首先使用武力的国家划分为战争发起国。虽然这个办法会产生一些怪异的结果，例如把义和团运动中在中国实施干预的大国划为战争发起国，但是我仍然采用这个定义。在义和团运动中，大多数历史记录都认为义和团包围外国驻华使馆区，从而挑起了冲突。关于对战争相关因素项目的分类的批评意见，见 Sebastian Rosato, "The Flawed Logic of Democratic Peace Theory," *American Political Science Review* 97, no. 4 (November 2003): 585 - 602。然而，之所以这样划分这个案例，原因在于大国是首先使用武力的国家行为体，而义和团是非国家行为体。感谢克里斯托弗·格尔皮提醒我注意这个定义。

② H. E. Goemans, *War and Punishment: The Causes of War Termination and the First World War* (Princeton: Princeton University Press, 2000).

－2.04，p＜0.01），甚至在旷日持久的消耗战中，结果也是负相关关系（对于交互项而言，B＝－1.23，p＝0.21）。按理说，在消耗战中，寡头政权最有动力孤注一掷。有些学者认为，混合政权的制度结构应该导致领导人不惜一切代价避免战败，对于这些学者而言，这个结果令人困惑。

寡头政权的结果耐人寻味，这也凸显了另外一个值得注意的发现：经过进一步观察我们发现，政权形式与迫害平民不是线性关系。事实上，这种关系呈 U 型分布：处于图形两端的政权形式（民主国家和独裁国家）攻击平民的可能性都比混合政权大。如果强行把这种曲线关系变成线性关系，"政体 4 项目"变量的结果是不显著。在"政体 4 项目"指数上得分高于 7 分的国家为民主国家，得分低于－7 分的国家为独裁国家，得分在＋6 和－6 之间的国家为混合政权。①

第五，有人可能会说，某些国家或政权，例如纳粹德国，攻击平民的可能性天生就比其他国家大。为了检验这些特定国家的影响，我针对 1933～1945 年的德国设置了一个虚拟变量，变量取值为 1。对这个变量进行回归分析，结果是正数，但是不显著（B＝2.18，p＝0.15），而且对其他变量没有任何影响。② 从 1816 年到 2003 年，德国和美国的虚拟变量都是不显著，特定国家似乎对结果没有影响。

① 如果使用模型 1 中从 0 到 20 的政体变量，系数是负数（B＝－0.41，p＜0.01），而变量的平方是正数（B＝0.02，p＜0.01），表明两者是 U 型关系。
② 鉴于纳粹政权的残暴行径，有些读者可能会觉得这个结果令人困惑。答案与因变量的分类方法有关。迫害平民是为了发现国家间战争中针对敌方非战斗人员的故意和无差别暴力。纳粹犯下的许多暴行都是针对德国没有与之交战的国家的平民，例如匈牙利，或者针对战败国家的平民，包括法国、南斯拉夫和希腊。在这些国家，游击战都是在政府解散和国家被占领后才开始的。从技术上讲，游击战属于帝国主义战争或殖民战争中的"额外系统性战争"。纳粹德国在对波兰（1939 年）、英国（1940～1945 年）、南斯拉夫（1941 年）和苏联（1941～1945 年）作战阶段迫害了非战斗人员，但是在对挪威/丹麦（1940 年）、法国（1940 年）和希腊（1941 年）作战中没有迫害平民。

大屠杀

表 2-11 显示了 4 次逻辑分析的结果，这 4 次逻辑分析都是使用大屠杀作为因变量。是否构成大屠杀要看国家间战争中交战国杀害的非战斗人员人数有没有达到 50000。首先需要注意的是，分析包括所有交战国（模型 1），而不是只包括那些有能力攻击平民的交战国（模型 2），这对结果没有任何影响，因为几乎所有变量的系数都没有太大差别。其次需要注意的是，分析对象只局限于 1900～2003 年这段时期（模型 3），对结果影响也不大。

表 2-11 1816～2003 年国家间战争中大屠杀的决定因素（逻辑估计） 71

	1 所有交战国	2 有能力的交战国	3 所有交战国 1900～2003 年	4 所有交战国
民主(波利特)	2.40 *** (0.89)	2.31 *** (0.84)	2.37 *** (0.87)	2.73 ** (1.08)
民主 * 1945 年后	—	—	—	-1.29 (2.08)
	1 所有交战国	2 有能力的交战国	3 所有交战国 1900～2003 年	4 所有交战国
文化差异	-1.83 (1.22)	-1.77 (1.25)	-1.66 (1.27)	-1.68 (1.30)
消耗战	4.33 *** (1.42)	4.19 *** (1.41)	3.95 *** (1.38)	4.54 *** (1.50)
吞并领土	4.06 *** (1.43)	3.77 *** (1.43)	3.68 ** (1.63)	4.13 *** (1.46)
相对实力	4.27 (3.38)	3.97 (3.51)	3.78 (3.84)	4.64 (3.40)
敌国人口	2.37 *** (0.87)	2.23 *** (0.85)	2.17 ** (0.83)	2.44 *** (0.90)
威慑力	0.48 (1.00)	0.17 (1.02)	0.52 (1.05)	0.52 (0.94)

	1 所有交战国	2 有能力的交战国	3 所有交战国 1900~2003 年	4 所有交战国
交战国本国平 民遭受攻击	-0.34 (1.01)	-0.27 (1.04)	-0.29 (1.03)	-0.51 (0.96)
1945 年后	-0.90 (1.63)	-0.87 (1.59)	-0.89 (1.71)	-0.36 (1.75)
常数	-19.23*** (5.32)	-17.97*** (5.34)	-17.78*** (5.08)	-20.10*** (5.71)
N	298	170	224	298
可能性对数	-24.97	-24.46	-24.23	-24.79
LR Chi^2	20.75**	17.13**	18.09**	21.54**
Pseudo - R^2	0.63	0.57	0.58	0.64

注：括号中为胡伯 - 怀特稳健标准差 (聚类于每起战争)。

$* = <0.10$；$** = <0.05$；$*** = <0.01$。

现在来看实质性结果，表 2 - 11 中显示的各个模型都表明，迫切渴望和吞并领土欲望与实施大屠杀不仅正相关，而且显著相关，并且在全部 4 个模型中都处于 1% 的水平。迫切渴望打赢战争和减少伤亡的其他指标——例如战争持续时间、阵亡人数和扩张性战争目标——也都显著地增加了国家间战争中发生大屠杀的可能性 (对于每个指标而言，$p < 0.01$)。因此，总的来说，表 2 - 11 强有力地证明了迫切渴望和吞并领土欲望是大规模杀害平民的决定因素。

民主制度与大屠杀的相关性比民主制度与迫害平民的相关性强烈得多，但是，对 1945 年之后发生的战争中的大屠杀，早期研究的结果正好相反：在模型 1 至模型 4 中，民主制度使大屠杀的概率显著增加了。[1] 然而，1945 年以后民主制度和大屠杀的关系不再显著：在模型 4 中，代表第

[1] Valentino, Huth, and Balch - Lindsay, "'Draining the Sea.'" 我的结果对分类方法调整不敏感。例如，如果使用多伊尔的自由民主国家，得到的结果完全相同。第一次世界大战中，法国和美国参与了英国主导的对同盟国的封锁，所以把他们划分为实施了大屠杀。改变这个分类决定只能轻微地降低系数 (B = 2.00) 和显著水平 (p < 0.02)。

二次世界大战之后的战争中的民主国家的交互项是负数（但是不显著），而民主制度（本案例中指 1945 年之前的民主制度）仍然是正数和显著。

民主制度和大屠杀的结果为正数，出乎意料，这也凸显了一个有关政权形式和平民伤亡的事实，这个事实很重要，但是至今无人知晓：在国家间战争中，民主国家攻击平民的行动升级为大屠杀的可能性比独裁国家高 52%。[1] 这个发现似乎验证一句老话：民主国家不轻易发怒，但是一旦被激怒，后果很严重。不出所料，数据显示，在消耗战中民主国家实施大屠杀的可能性比独裁国家大，这也验证了上文中关于迫害平民的类似发现。令人遗憾的是，在回归分析中，要想对消耗战中的民主国家设置一个交互项是不现实的，因为除了消耗战以外，我们找不到一个民主国家实施大屠杀的案例。因此，民主制度与交互项是共线关系。然而，交叉表显示，在消耗战中，民主国家实施大屠杀的概率是 57%，而非民主国家只有 15%（$p < 0.01$）。[2]

再来看其他解释，虽然文化差异对战争中发生大屠杀的可能性没有明显影响，但是其影响（虽然不显著）始终与预期方向相反。文明差异与大屠杀概率较低相关。文化冲突造成大规模屠杀平民的可能性比文化相似的国家之间的战争略小（其他因素保持不变）。这个结果出人意料，原因可能是来自不同文明的国家之间的战争同时也是消耗战，或者侵略战。虽然文化差异与这两个变量都不是高度相关（分别是 0.13 和 0.11），但是模型中剔除掉消耗战和吞并领土欲望这

---

[1] 实际数字是 44% 和 29%（$p = 0.25$）。如果使用多伊尔对自由民主国家的分类，关系则略微密切：53% 和 26%（$p = 0.06$）。

[2] 与迫害平民情况一样，混合政权进行大屠杀的可能性明显小于民主国家或独裁国家（$B = -2.55$，$p < 0.01$）。进一步检验表明政权形式和大屠杀之间是曲线关系。战争中民主国家实施了大屠杀的概率是 12%，独裁国家 6%，混合政权 2%。回归分析结果支持这个结论：民主制度的符号为负（$B = -0.47$），而民主制度的平方值符号为正（$B = 0.03$）。两者都显著。最后，主动发起战争的民主国家实施大屠杀的可能性并没有明显小于主动发起战争的独裁国家（$B = -2.40$，$p = 0.26$）。

两个变量之后，文化差异的系数仍然是负数，即使绝对值较小。[①]

唯一一个达到统计显著的控制变量是敌国人口：敌国人口规模越大，发生大屠杀的可能性就越大。这不足为奇，因为人口规模越大，可以杀害的平民就越多。相对实力的结果虽然不显著，但是已经很接近显著水平。装备实力的变量始终是正数，这表明国家实力越强，实施大屠杀的可能性就越大。其他控制变量——包括本国平民遭到攻击的受害国，或者1945年以后发生的战争——都没有达到统计显著水平。[②]

73　　现在，我开始分析战争中的平民死亡人数。我把分析过程分为三个步骤。首先，我采用零膨胀负二项估计量来评估自变量对1900～2003年发生的国家间战争中平民死亡人数的影响。其次，我根据其严重程度把平民死亡人数的原始数据转化为不同类别，然后采用定序Logit回归对模型进行重新估计。最后，我采用普通最小二乘法对平民死亡人数的对数值进行分析。

之前对攻击平民和大屠杀的分析已经证明，迫切渴望和吞并领土欲望是造成国家间战争中平民伤亡的决定因素。民主国家在消耗战中杀害的平民人数比在非消耗战中多，在消耗战中民主国家杀害的非战斗人员人数与独裁国家相当。最后，文化差异始终都降低非战斗人员死亡人数，这与身份决定论的预期正好相反。

平民死亡人数的计数模型

在表2－12中，模型1和模型2显示了零膨胀负二项回归分析的结果，采用1900年及以后发生的所有战争中的平民死亡人数的中间估计作为因变量。每个零膨胀负二项模型都包含两组系数：一个是每个变量对死亡人数观测值的影响的负二项估计；另外一个是独立逻辑

---

① 数据分析表明，来自相同文明的交战国实施的大屠杀大多数发生在两次世界大战的西线战场。剔除这些案例后，文化差异符号会发生改变，但是并没有变得显著。

② 具体国家的影响似乎对结果没有影响：例如，德国、纳粹德国和美国的虚拟变量都是不显著。

估计，反映的是每个变量对观测值为 0 的概率的影响。如果方程式的负二项符号为正，则意味着这个变量使平民死亡人数增加。相比之下，如果 Logit 模型符号为正，则意味着这个变量使平民死亡人数为零的可能性增加。在表 2 – 12 中，每个模型的第一列（1a 和 2a）是负二项系数，第二列（1b 和 2b）是逻辑估计。

我们来看模型 1，旷日持久的消耗战与征服和吞并敌国领土欲望是最能预测平民死亡人数的决定因素。如果将消耗战的其他指标（战争持续时间、阵亡人数和扩张性战争目标）代入模型中（前两个指标 $p < 0.01$，第三个指标 $p < 0.05$），这些指标也会使平民死亡人数显著增加。文化冲突观点再次被彻底推翻，因为交战国之间的文化差异使国家间战争中的平民死亡人数减少了。[①] 相比之下，民主制度的影响有细微差别，这很有意思。在模型 1 中，民主制度对平民死亡人数的影响是正数，数值很小；与此同时，民主国家杀害平民人数为零的可能性非常小（在模型 1b 中，系数为负数，而且显著）。然而，模型 2 显示民主制度的影响取决于冲突是不是为消耗战。在消耗战中，民主国家杀害的平民人数比非民主国家多。但是，在非消耗战中，民主国家杀害的平民人数比独裁国家少。在消耗战中，民主国家杀害的平民人数为零的可能性微乎其微。我们再来看其他互动假设，主动发起战争的民主国家杀害的平民人数并不比对手少（B = 0. 35，p = 0. 78）。最后，在 1945 年以后或 1970 年以后的国家间战争中，民主国家杀害的非战斗人员似乎并不比独裁国家少很多。[②]

76

① 和大屠杀分析情况一样，来自相同文明的交战国之间的冲突中，多起大量平民死亡的案例发生在两次世界大战的西线战场。剔除这些案例后，文化差异的系数就会减半，但是仍然是负数。剔除消耗战和领土吞并变量，文化差异的符号会发生改变，但是系数接近于零。所以，很难避免得出下面这个结论：在国家间战争中，文化差异不是造成平民死亡的重要决定因素。

② 对于 1945 年之后的民主制度，B = 1. 77（p = 0. 14），对于 1970 年以后的民主制度，B = – 0. 60（p = 0. 54）。与迫害平民和大屠杀不同，寡头政权杀害的平民并不比其他政权形式少（B = 0. 31，p = 0. 60）。虽然系数符号正确，但是没有明显证据支持政权形式和平民伤亡之间存在曲线关系。

74 表 2－12　1900～2003 年国家间战争中平民死亡的决定因素

	零膨胀负二项估计 因变量:平民死亡人数				定序逻辑估计 因变量:平民 死亡类别测度		最小二乘法估计 因变量:平民死 亡计数对数值	
	1a NB	1b Logit	2a NB	2b Logit	3	4	5	6
民主(波利特)	0.28 (0.38)	－1.03 * (0.56)	－1.00 ** (0.46)	－0.74 (0.64)	0.94 ** (0.44)	0.43 (0.49)	0.50 ** (0.23)	0.18 0.23)
文化差异	－0.99 * (0.57)	－0.55 (0.50)	－0.86 * (0.45)	－0.63 (0.48)	－0.31 (0.45)	－0.30 (0.42)	－0.10 (0.20)	－0.08 (0.18)
消耗战	2.58 *** (0.53)	－2.83 *** (0.51)	1.61 *** (0.56)	－2.51 *** (0.54)	2.75 *** (0.45)	2.31 *** (0.45)	1.90 *** (0.31)	1.53 *** (0.26)
民主 *消耗战	—	—	2.58 *** (0.73)	－20.83 *** (0.85)		1.87 (1.20)		1.39 ** (0.67)
吞并领土	2.74 *** (0.47)	－23.86 *** (0.83)	3.14 *** (0.33)	－23.63 *** (0.79)	3.39 *** (0.64)	3.71 *** (0.67)	2.48 *** (0.31)	2.62 *** (0.33)
相对实力	1.79 ** (0.76)	－3.04 *** (0.91)	1.94 *** (0.57)	－3.03 *** (0.84)	2.32 *** (0.53)	2.30 *** (0.54)	1.38 *** (0.31)	1.38 *** (0.31)
敌国人口	1.68 *** (0.38)	－0.57 (0.46)	1.50 *** (0.36)	－0.51 (0.45)	0.83 *** (0.32)	0.73 *** (0.32)	0.47 *** (0.17)	0.41 ** (0.16)
威慑力	－0.18 (0.72)	－1.36 ** (0.60)	－0.08 (0.51)	－1.23 ** (0.61)	0.98 ** (0.47)	0.84 * (0.48)	0.63 ** (0.24)	0.53 ** (0.23)
交战国本国平民遭到杀害	－0.81 (0.55)	－0.43 (0.65)	－0.39 (0.53)	－0.47 (0.66)	－0.33 (0.42)	－0.29 (0.42)	－0.19 (0.23)	－0.16 (0.22)
1945年后	－0.58 (0.64)	－1.23 * (0.66)	－0.21 (0.49)	－1.32 ** (0.62)	0.10 (0.48)	0.19 (0.46)	0.17 (0.24)	0.22 (0.23)
常数	0.73 (1.67)	6.97 *** (2.53)	1.23 (1.60)	6.66 *** (2.40)	—	—	－2.12 ** (0.81)	－1.79 ** (0.77)
N	190	—	190	—	190	190	190	190

75 (行标记：敌国人口)

续表

	零膨胀负二项估计 因变量:平民死亡人数				定序逻辑估计 因变量:平民 死亡类别测度		最小二乘法估计 因变量:平民死 亡计数对数值	
	1a NB	1b Logit	2a NB	2b Logit	3	4	5	6
可能性 对数/F	-937.06	—	-931.03	—	-174.55	-171.89	31.47***	28.76***
LR Chi² /R²	326.02***	—	453.84***	—	112.76***	121.70***	0.63	0.65
Vuong 统计	7.52***	—	7.64***	—	—	—	—	—

注:括号中为胡伯-怀特稳健标准差（聚类于每起战争）; * = <0.10; ** = <0.05; *** = <0.01。F 和 R² 统计只适用于模型 5 和模型 6 的普通最小二乘法估计。Vuong 统计（模型 1 和模型 2）决定了通过正态负二项回归分析法零膨胀负二项能否显著地改善模型的拟合度。其显著水平表明确实显著地改善了模型拟合度。

　　关于控制变量，有几点值得注意。果不其然，相对实力和敌国人口规模的增加会造成平民死亡人数增加。相对实力悬殊也会大幅降低平民死亡人数为零的可能性。另外，本国平民被杀会导致敌国平民死亡人数明显下降。即使只分析有实力伤害敌国平民的国家，后一个变量仍然为负数，这意味着这个结果并不是有些国家无力反击造成的。我们把这个变量当作虚拟变量，我们需要知道的是这个国家是否有平民死亡，而不是有多少平民死亡，或许这也是造成这个奇怪结果的原因之一。最后，在 1945 年以后发生的战争中，平民死亡人数为零的可能性很小。这个发现可能是报告偏倚造成的，因为对于最近几十年发生的冲突而言，相关数据不仅质量更高，而且更翔实。[1]

---

[1]　就具体国家的影响而言，纳粹德国（p = 0.10）和美国（p < 0.01）的虚拟变量是正数，而且显著。如果把美国的虚拟变量包括进来，民主制度的符号就变成负数，但是不显著。其他变量不受影响。

对平民死亡进行有序 Logit 模型分析

我还采用有序 Logit 模型对平民死亡人数进行了分析。在分析时，因变量是非战斗人员死亡人数的分类：0，1 ~ 500，501 ~ 5000，5001 ~ 50000，50001 ~ 500000，500000 ~ 500 万，500 万以上。[①] 分析结果再次强有力地证明，迫切渴望和吞并领土欲望是造成平民死亡的原因。消耗战的衡量指标（包括战争持续时间、阵亡人数、扩张性或全面战争目标）是正数，达到显著水平，而且处于最高水平，吞并领土欲望变量也是如此。另一方面，文化差异对平民死亡有负面影响，不过影响较小，而且不显著。在模型 3（从零膨胀负二项模型分析演变而来）中，民主制度是正数，而且显著；但是，在模型 4 中加入消耗战和民主国家这个交互项后，民主制度的显著性消失了。虽然交互项和消耗战的值很接近，但是这个交互项没有达到显著性（p < 0.12），而且这次比消耗战本身还要小（指的是消耗战中的独裁国家）。在有序 Logit 模型分析中，主动发起战争的民主国家在 1945 年以后或 1970 年以后杀害的平民人数并没有显著减少。[②] 最后，跟以前一样，相对实力的增强和敌国人口规模的扩大会造成更多平民死亡。[③]

普通最小二乘法和平民死亡

最后，模型 5 和模型 6 显示了采用普通最小二乘法对平民死亡人数的对数值进行分析的结果。就系数符号和显著水平而言，这些

---

① 另外一种分类方法（1 ~ 1000；1001 ~ 10000；10001 ~ 50000；50001 ~ 100000；100001 ~ 100 万；100 万以上）得出相似结果。

② 如果使用有序 Logit（- 0.66，p = 0.12），混合政权变量的符号仍然是负数。

③ 德国（p < 0.10）和美国（p < 0.10）的虚拟变量也是正数和显著。如果把美国虚拟变量包括进来，民主制度则滑到显著线以下（p = 0.17）。

结果与刚刚分析过的有序 Logit 模型估计基本相同。民主制度、消耗战、吞并领土、相对实力、敌国人口规模和威慑力不仅都是正数，而且都是显著；在消耗战中（模型 6），民主制度显著，而且规模与消耗战本身相同。主动发起战争的民主国家杀害的平民并没有减少，1945 年以后或 1970 年以后民主国家杀害的非战斗人员也没有减少。①

总而言之，对平民死亡数据的三种不同分析都强有力地支持迫切渴望和吞并领土欲望假设，而且这些结果也非常符合瓦伦蒂诺、胡特和克罗科关于消耗战、全面战争目标和战争持续时间对于平民伤亡的重要性的结论。我们都认为，交战国之间的文化差异或身份差异并没有导致平民死亡人数增加。然而，在民主制度的作用这个问题上，我们之间也存在一些分歧。例如，瓦伦蒂诺、胡特和克罗科认为政权形式对国家间战争中的平民死亡人数没有显著影响，而我找到了一些证据证明两者之间是正相关关系，主要是因为在消耗战中民主国家会迫害平民。后一个发现更有说服力，但是政权形式和消耗战略的交互项是正数，而且接近显著水平，两者相比差别不大。

为什么会产生这种差异？第一，我分析了所有平民死亡案例，而瓦伦蒂诺、胡特和克罗科只分析了故意造成平民死亡的案例。然而，在其他检验中，如果我只分析故意造成平民死亡的案例，我的结果依然保持稳定（事实上略微增强）。第二，数据缺失：我的数据集中有 43 个交战国（18 起战争）无法收集到平民死亡数字，还有几个案例也缺少自变量数据。第三，我们的数据集收录的战争不同：瓦伦蒂诺、胡特和克罗科的数据集收录了 12 起侵略战争，而我的数据集只收录了国家间战争。第四，我们衡量某些变量的方法略有不同。例

---

① 寡头政权杀害的平民比其他政权少些（B = -0.28，p = 0.26）。

如，对于每个交战国，我都要衡量他们在战争之初的政权形式，而他们三人采用的是每个交战国在整个战争期间的民主得分的平均值。而且，在瓦伦蒂诺、胡特和克罗科的数据集中，虽然大多数战争每边都有一个交战国，但是有多个交战国联合作战的案例都按一个同盟算。在这些案例中，"自变量的值要按照各个盟国进行平均，按照每个盟国的出兵多少进行加权"。[①] 在我的数据集中，多个交战国不按同盟计算：每个国家的政权形式都单独衡量。第五，我把消耗战当作虚拟变量，而他们把消耗战当作战争的比例，在战争中，每个交战国都实行消耗战略。[②]

---

① Valentino, Huth, and Croco, "Covenants without the Sword," p. 358。关于他们关于同盟的具体分类规则，同上书，p. 358，n. 58。

② 我们的结果不一致，一种可能原因是瓦伦蒂诺、胡特和克罗科把兵工厂工人算作平民，而我不这么算。然而，考虑到数据的质量，我认为这种差异影响不大。

附录2.2　判定因果关系：迫切渴望发生
在迫害平民之前吗？

　　我的数据集有一个局限性，那就是它不按时间先后排序：冲突是消耗战还是领土吞并战，交战国有没有攻击平民，数据集对这些问题都进行了归类，但是没有明确指出这两个事件谁发生在前，谁发生在后。然而，迫切渴望模型表明消耗战发生在迫害平民之前（在吞并领土模型中，迫害平民可能随时发生，但是通常发生时间较早）。为了确保消耗战和迫害平民的关系不会与我的假设正好相反——迫害平民发生在前，因为效果不明显，结果导致消耗战——弄清楚原因是否发生在结果之前是很有必要的。

　　我整理了一份清单，这份清单收录了消耗战中发生迫害平民的所有案例。然后，我对冲突演变为消耗战的大致日期和交战国首次迫害平民的日期进行了比较（见表2-13）。我发现，在这37个案例中，在交战国攻击平民之前（或者大约与交战国攻击平民同时），战争已经陷入僵局或已经演变为包围战的案例有31个（占84%）。关于其余6个案例——俄罗斯（1877～1878年俄土战争）、希腊（1919～1922年希土战争）、德国（1939年进攻波兰）、德国和罗马尼亚（1941～1945年对苏联作战）、朝鲜（1950～1953年）——有三点需要注意。第一点，这6个案例同时都是吞并领土战争。迫害平民发生在冲突演变为消耗战之前，是因为迫害平民是由其他原因引起的：交战国认为有必要镇压或消灭被征服领土上的多余群体或构成威胁的群体。例如，为了确保"战后保加利亚成为一个斯拉夫人占绝对优势的国家"，俄罗斯开始杀害和驱逐保加利亚境内的土耳其人。[1] 1919

---

[1]　Justin McCarthy, *Death and Exile: The Ethnic Cleansing of Ottoman Muslims* (Princeton, NJ: Darwin Press, 1995), p. 68.

年，希腊军队在登陆安纳托利亚西部后也开始杀害土耳其人；1939
年，德国对波兰人和波兰犹太人实施屠杀；1941 年夏季，德国和罗
马尼亚对苏联犹太人实施屠杀；1950 年 6 月底朝鲜军队攻占汉城后
对反共分子实施屠杀。

79

表 2 - 13　消耗战中迫害平民的时间问题

战争	国家	年份	消耗战 开始时间	迫害平民 开始时间	注释
普法 战争*	普鲁士	1870 ~ 1871	1870 年 9 月	1870 年 9 月 19 日	包围和 轰炸巴黎
*俄土 战争**	俄国	*1877 ~ 1878*	*1877 年 7 月 20 日*	*1877 年 7 月*	*7 月份开始对保加利亚境内的土耳其人进行清洗*
				1877 年 10 月 24 日	10 月份开始包围普列文市
义和团 运动	清朝	1900	6 月 20 日	6 月 20 日	围攻天津和西方列强驻华使馆
义和团 运动	俄国	1900	6 月 20 日	7 月 13 日 （天津）	天津和北京包围解除后,西方国家军队实施报复性屠杀
义和团 运动	英国			8 月 14 日 （北京）	
义和团 运动	美国				
义和团 运动	法国				
第一次 巴尔干 战争*	保加利亚	1912 ~ 1913	1912 年 10 月 29 日	1912 年 11 月	11 月初开始对巴尔干地区的土耳其人实施种族清洗
第一次 巴尔干 战争*	塞尔维亚	1912 ~ 1913		1912 年 11 月 14 日	11 月中旬塞尔维亚和保加利亚开始围攻阿德里安堡
第一次 世界大 战西线	德国	1914 ~ 1918	1914 年秋天	1914 年 12 月 21 日； 1917 年 2 月	齐柏林飞艇轰炸英国无限制潜艇战

续表

战争	国家	年份	消耗战开始时间	迫害平民开始时间	注释
第一次世界大战西线	美国	1917～1918	1917 年 4 月	1917 年 4 月	
第一次世界大战西线	法国	1914～1918	1914 年秋天	1915 年 3 月	扩大对同盟国的封锁,阻止食物进口
第一次世界大战西线	英国	1914～1918	1914 年秋天	1915 年 3 月	
第一次世界大战东线*	土耳其	1914～1918	1914 年秋天	1918	入侵外高加索并屠杀亚美尼亚人
希土战争*	希腊	1919～1922	1921 年 9 月	1919 年 5 月15 日, 1922 年 8 月	希腊军队登陆士麦那后屠杀土耳其人萨卡里亚战役失败后,希腊纵火烧毁土耳其人的村庄
希土战争*	土耳其	1919～1922	1921 年 9 月	1922 年 9 月	摧毁士麦那
中日战争	日本	1931～1933	1932 年 1 月 28 日	1932 年 1 月 29 日	日军进攻受阻后开始轰炸上海
中日战争*	日本	1937～1945	1937 年 8 月 13 日	1937 年 12 月 13 日	淞沪会战;南京大屠杀
德国入侵波兰*	德国	1939	9 月 8 日	9 月第1 周 9 月 25 日	屠杀波兰人和波兰犹太人包围和轰炸华沙
苏芬战争*	苏联	1939～1940	1939 年 12 月	1939 年 12 月	轰炸芬兰城市
第二次世界大战西线	德国	1940～1945	1940 年 8 月	1940 年 9 月 1942 年 4 月 1944 年 6 月	伦敦大轰炸贝德克尔空袭V－1 和 V－2 导弹轰炸英国

80

续表

战争	国家	年份	消耗战开始时间	迫害平民开始时间	注释
第一次世界大战西线	美国	1917~1918	1917 年 4 月	1917 年 4 月	
第二次世界大战西线	英国	1940~1945	1940 年 8 月	1942 年 2 月	区域轰炸德国城市
第二次世界大战西线	美国	1940~1945	1943 年 8 月	1943 年 11 月	雷达轰炸德国(外加70 次城区空袭)
第二次世界大战东线*	德国	1941~1945	1941 年 12 月1941 年 9 月	1941 年 6 月1941 年 10 月 7 日1942 年 8 月 23 日	德国特别行动队屠杀苏联犹太人包围列宁格勒轰炸斯大林格勒
第二次世界大战东线*	苏联	1941~1945	1941	1945	苏联红军屠杀德国人
第二次世界大战东线*	罗马尼亚	1941~1944	1941 年 12 月	1941 年 6 月	屠杀苏联犹太人
太平洋战争	美国	1941~1945	1942	1944 年 11 月	战略轰炸日本城市
第一次中东战争*	以色列	1948~1949	1948 年 3 月	1948 年 4 月	屠杀和驱逐巴勒斯坦阿拉伯人
朝鲜战争*	朝鲜	1950~1953	1950 年 9 月	1950 年 6 月	在汉城屠杀反共分子
朝鲜战争	美国	1950~1953	1950 年 10 月	1950 年11 月 5 日	战略轰炸朝鲜城市
越南战争	美国	1965~1973	1965	19651968	无差别使用火力凤凰行动
越南战争*	北越	1965~1973	1965	1965	暗杀政府官员(从内战阶段就开始了)
两伊战争	伊拉克	1980~1988	1980 年底	1982	轰炸城市

81

续表

战争	国家	年份	消耗战 开始时间	迫害平民 开始时间	注释
两伊 战争	伊朗	1980～1988	1980 年底	1982	轰炸城市
黎巴嫩 战争	以色列	1982	1982 年 6 月中旬	1982 年 7 月 4 日	包围和轰炸贝鲁特
亚美尼亚 阿塞拜疆 战争*	阿塞拜疆	1992～1994	1992 年 1 月 31 日	1992 年 2 月	包围和轰炸斯捷潘 纳克特
亚美尼亚 阿塞拜疆 战争*	亚美尼亚	1992～1994	1992 年 1 月 31 日	1992 年 2 月	在哈加利屠杀阿塞 拜疆人

　　注：*表明冲突也是吞并领土战争。斜体字表明迫害平民发生在冲突演变为消耗战之前。

　　第二点，这 6 个案例中，有 4 个交战国在冲突演变为消耗战后迫 82
害平民：1877 年秋季俄国包围普利文后迫害平民；1922 年 9 月萨卡
里亚河战役失败后希腊迫害平民；1939 年 9 月德国包围华沙后迫害
平民；德国包围列宁格勒和斯大林格勒再次迫害平民。

　　第三点，把这 6 个案例归为非消耗战，重新归类对表 2 - 9 中的
结果也没有产生影响：消耗战的系数仍然是正数，显著，而且处于高
于 1% 的水平。

　　因此，深入研究后我们会发现，在大多数消耗战中，迫切渴望是
造成迫害平民的唯一原因；在大多数其他类型战争中，消耗战是造成
迫害平民的原因之一。在 37 个案例当中，消耗战对攻击非战斗人员
的决策没有造成影响的只有两个（1941 年的罗马尼亚和 1950 年的朝
鲜）。因此，消耗战和迫害平民之间的关系并不会受到内生性的影
响。

第三章
第一次世界大战中的饥饿封锁：
英国和德国

人们之所以能记住第一次世界大战，主要是因为德国"施里芬计划"失败后战争双方相互杀戮长达数年，而且西线战场的堑壕战徒劳无功。长久以来，德国和英国一直在进行无畏舰军备竞赛，人们对海战寄予厚望，但是海战始终没有爆发。英德双方都期待在北海展开激烈较量，但是海上决战没有变为现实，因为双方都选择了防御战略。例如，英国实施了远程封锁政策，英国希望德国公海舰队驶离德国海岸，到公海上与英军交战，因为英国海军具有数量优势，可以摧毁德国海军。但是德国人并不这么想：意识到德国军舰数量少于英国海军，可能会被各个击破，所以德军元帅们计划发动有限游击战，只用水面舰艇和潜艇袭击北海，希望借此消耗英军实力，弥补劣势。这项政策失败了，于是德国海军和英国海军在海上陷入僵局。到1914年底，除了在日德兰半岛上险些交战之外，德国水面突击舰在各大洋上销声匿迹。这些庞大的舰队曾经造成英德关系紧张，现在却停泊在港口达四年之久。

然而，海战转移到了一个大家都没有预料到的战场：经济。在第一次世界大战中，为了通过饥饿手段打败敌人，主要参战国企图通过海上封锁方式来扼杀敌人的海上贸易。本章主要研究了两次规模最大、最著名的经济战：协约国（主要是英国）对同盟国实施海上封锁和德国 U 型潜艇对不列颠群岛实施封锁。在本章前半部分，我追溯了英国做出对同盟国实施饥饿封锁决定的整个过程。英国实施禁运是为了通过饿死敌国平民的方式来打击他们的士气：协约国从 1915 年 3 月开始实施海上封锁，切断了同盟国的食物进口。我认为，英国领导人决定对敌国平民实施攻击，不仅因为他们意识到战争的成本和持续时间将会远远超出他们的预期，也因为他们认为阻止敌国的非战斗人员获得食物有助于打赢战争。形势如此严峻，英国的决策者们认为他们别无选择，只能"利用手中的一切武器来结束这场可怕的战争"。① 84

发动无限制潜艇战的构想也在德国慢慢酝酿，德国胜利前景的逐渐暗淡为此不断增添新动力。随着 1914 年夏季德军在西线的进攻慢慢停止，德国海军军官们开始鼓吹无限制地使用 U 型潜艇来对付英国和中立国的贸易。但是德皇威廉二世和德国首相特奥巴登·冯·贝特曼－霍尔维格一次次地拒绝德国海军将领的提议，他们认为这么做会招致中立国，特别是美国加入协约国阵营。然而，对于同盟国而言，1916 年是个危机之年。凡尔登战役、索姆河战役、布鲁西洛夫攻势以及罗马尼亚参战让德军不知所措，随着时间的推移，德军军官们变得越来越绝望。最终，1916 年 12 月，德国海军总参谋部成功说服德国首相贝特曼－霍尔维格和德皇威廉二世，使他们相信在美国还没来得及营救之前，无限制潜艇战就能够将英国

---

① 1915 年 3 月 1 日，保守党领袖安德鲁·博纳·劳在下议院发表讲话。见 *The Parliamentary Debates*, 5th ser., Vol. 70, *House of Commons, Third Volume of Session 1914 - 1915*（London: His Majesty's Stationery Office），p. 607。

彻底打败。如果德国仍然采取防御战略，那么战败是不可避免的，所以德国领导人认为，即便使用 U 型潜艇，德国也没有什么可失去的。

这两个案例都属于迫害平民。在这两个案例中，封锁战略都是直接针对平民：英国从 1915 年 3 月开始拦截德国所有海上贸易，而德国企图切断英国的谷物进口。事实上，英国的封锁间接导致大约 50 万德国人和 50 万奥地利人死亡。虽然德国的封锁对英国的食物供应没有造成太大影响，但是很显然，这也是迫害平民，因为攻击平民的食物供应是有意识的选择。

常规消耗战中的迫害平民

如果正规军之间的常规战争进入僵持阶段，那么交战国就有动力使用军事力量来迫害平民，从而迫使敌国政府或领导人结束战争。第一章说过，作为一种胁迫手段，迫害平民分为两种形式：一种是为了惩罚，另一种是为了拒止。惩罚型迫害平民是为了给敌国的非战斗人员造成足够的痛苦，从而使平民起来反抗，要求本国政府停止战斗，甚至要求温和派领导人执政。另外一种情况是，迫害平民是为了说服敌国政府做出妥协，使其平民不再继续受苦。例如，1985 年伊拉克为什么要对伊朗城市实施轰炸？对于这个问题，一名伊拉克军官这样解释道："我们希望伊朗人都上前线……我们希望这么做能够激发伊朗人民反抗现政府的热情，从而早日结束战争。"①

---

① 伊拉克第 4 军团指挥官萨比特·苏丹少将，引自 Dilip Hiro, *The Longest War: The Iran – Iraq Military Conflict* (London: Grafton, 1989), p. 135。

然而，迫害平民还能起拒止作用，能够削弱敌国打赢战争的能力。在国家间的常规战争中，为了破坏敌国的军工生产，交战国会攻击敌国平民，这种情况最常见。例如，美军对日本实施轰炸，其主要目的不是激发日本人民要求日本政府结束战争，而是摧毁日本的军工生产。当时，日本军工生产比较分散，散落在各个居民区。[1]

饥饿封锁和包围战都是为了阻止敌国平民获得食物，从而胁迫敌国政府，这两种方式通常属于惩罚型迫害平民。用迈克尔·沃尔泽的话说，在包围战中，"城中普通居民的死亡有望迫使平民或军事领导人更迭。目标是投降；其目的不是打败敌国军队，而是制造平民死亡的可怕场景"。[2] 饥饿能够削弱守军的抵抗力，这样一来攻城时遭遇的抵抗最少。围攻部队阻止城中平民离开城市，从而使粮食短缺情况雪上加霜，这种方法见效最快。例如，1877 年俄国军队包围普列文期间，"当奥斯曼·努里帕夏的食物供应无法满足需求时，他把城中的老人和妇女交出去，要求俄军放行，允许他们前往索菲亚或拉科霍瓦。俄军指挥官古尔科（Gourko）将军没有同意，又把他们赶回城中"。类似的，在包围列宁格勒期间，里特尔·冯·勒布（Ritter von Leeb）将军禁止苏联非战斗人员穿越德军防线，结果造成大约一百万平民死亡。[3]

有时候，交战国会使用海上封锁手段来阻止整个国家获得食物，从而迫使敌人投降。例如，在尼日利亚内战中，政府军对企图分裂的伊博地区实施封锁，尼日利亚政府军认为："饥饿是一种合法的战争

---

[1] Thomas R. Searle, " 'It Made a Lot of Sense to Kill Skilled Workers': The Firebombing of Tokyo in March 1945," *Journal of Military History* 66, no. 1 (January 2002): 103–133.

[2] Michael Walzer, *Just and Unjust Wars: A Moral Argument with Historical Illustrations*, 2d ed. (New York: Basic Books, 1992), p. 161.

[3] Ibid., pp. 167, 166. 苏联最终撤离了 100 万人，主要是通过拉多加湖。炮击被包围城镇进一步加速了投降，就像普法战争期间普鲁士炮轰巴黎一样。

武器，饥饿是一种能有效削弱敌人的抵抗能力的手段，这种方法与战争本身一样古老。"① 1969 年一名美国流行病学家在一份秘密报告中写道："几乎所有人都在慢慢地、无声无息地饿死，这是当今比夫拉地区给人留下的主要印象。" 报告还发现 "在比夫拉地区，饥荒造成的死亡人数是有史以来最多的，比夫拉人民正在遭受史上最严重的饥荒"包括包围列宁格勒在内。② 通过阻止平民获得食物来打击敌人的士气，这种做法针对整个国家难以取得成功；因而有时候饥饿封锁并不会造成太多平民死亡，如拿破仑的大陆封锁政策和德国的 U 型潜艇战。③ 然而，有些时候，封锁（及其现代的翻版——经济制裁）会造成大量平民死亡：尼日利亚禁运和 20 世纪 90 年代对伊拉克的制裁都造成数十万人死亡。④

英国对德国的封锁

1915 年 3 月 1 日，英法两国政府宣布将海上封锁范围扩大至食物禁运。之后，协约国开始不遗余力地削弱德国进口食物的能力。例如，英国和法国与北欧地区的中立国（如荷兰、丹麦、挪威和瑞

---

① John de St. Jorre, *The Brothers' War*: *Biafra and Nigeria* (Boston: Houghton Mifflin, 1972), p. 237.

② Joseph E. Thompson, *American Policy and African Famine*: *The Nigeria - Biafra War*, 1966 - 1970 (Westport, CT: Greenwood Press, 1990), pp. 147 - 148.

③ 原因之一是交战国可以耕种更多土地或用其他食物替代短缺食物，从而解决食物短缺问题。见 Mancur Olson Jr., *The Economics of the Wartime Shortage*: *A History of British Food Supplies in the Napoleonic War and in World Wars Ⅰ and Ⅱ* (Durham: Duke University Press, 1963)。

④ 对于尼日利亚案例的估计值差别很大，但是平均为 100 万。见 R. J. Rummel, *Statistics of Democide*: *Genocide and Mass Murder Since* 1900 (Münster: Lit Verlag, 1998), pp. 245 - 246。关于伊拉克制裁，见 Mohamed M. Ali and Iqbal H. Shah, "Sanctions and Childhood Mortality in Iraq," *The Lancet* 355, no. 9218 (May 2000): 1851 - 1857; Richard Garfield, "Morbidity and Mortality among Iraqi Children from 1990 through 1998: Assessing the Impact of the Gulf War and Economic Sanctions," Unpublished MS, Columbia University, March 1999。

典）达成了一系列配额协议，根据这些协议，这些北欧中立国自愿同意限制对德出口。1917 年美国加入协约国阵营，这进一步加强了食物封锁的效果。美国终止了全部对德贸易，大幅削减了对北欧中立国的出口，从而进一步削弱了这些国家向德意志帝国出口货物的能力。①

在德国，主要产品短缺基本上是由封锁造成的。由于无法进口化肥，冲突期间德国农作物收成逐年下降，德国无法依靠增加国内生产来弥补谷物进口的减少。例如，1913 年德国小麦产量为440 万吨，但是到了 1918 年，小麦产量只有 250 万吨。② 1915 年，德国首先对面包实行配给，每人每天配给量为 225 克，但不论是质量还是数量都日益下降。③ 类似的，德国人均肉制品消费量从1913 年的每周 1050 克骤降到 191 8 年的 135 克。④ 肉制品短缺反过来又造成脂肪短缺：每周脂肪消费量骤降到不足战前水平的 1/3 。

不出所料，食物数量和质量的下降对平民的健康造成了不利影响。例如，德国营养学家诺伊曼（Neumann）7 个月内体重下降了25%。他生活在波恩，也依靠政府配给维持生活。另一名营养学家估计，德国市民平均体重下降 20% 。1914 ~ 1917 年，肺结核导致的死亡人数增加了 68% ，也就是 41678 人非正常死亡。营养不足导致德国儿童死亡人数十分惊人：一项战时调查报告显示，在

---

① 英国官方历史对封锁和配额协议的运行机制有完全记载：A. C. Bell, *A History of the Blockade of Germany and of the Countries Associated with Her in the Great War, Austria – Hungary, Bulgaria, and Turkey, 1914 – 1918* (London：Her Majesty's Stationery Office, 1961)。

② 黑麦和大麦产量也下降了大约 1/3。Louis Guichard, *The Naval Blockade, 1914 – 1918*, trans. and ed. by Christopher R. Turner (New York：D. Appleton, 1930), p.285。

③ 刚开始德军面包含有 10% ~20% 的土豆粉，但是 1916 年土豆种植歉收后改为芜菁粉。面包完全用黑麦粉和小麦粉制作，"难以消化和吸收"。1917 年，就连这点少得可怜的配给也从每天 225 克减少到 160 克。C. Paul Vincent, *The Politics of Hunger：The Allied Blockade of Germany, 1915 – 1919* (Athens：Ohio University Press, 1985), p.127。

④ Ibid. , p.128.

2154 名受调查儿童当中，39% 的儿童由于缺乏维生素 D 而患上软

87　骨病。[1] 不论是儿童还是成年人，都出现饥饿性腹胀症状，这是多余体液潴留在体内造成的。

第一次世界大战期间，由于食物缺乏和疾病蔓延，德国非正常死亡人数为 50 万 ~ 100 万，远远超过战前死亡水平。例如，德国官方统计认为，平民非正常死亡人数为 76.3 万，不包括因 1918 年大流感死亡的 15 万。战争结束十年后进行的另外一项研究估计，平民非正常死亡人数为 42.4 万，大流感造成的死亡人数为 20.9 万。[2] 奥匈帝国也损失惨重，封锁造成大约 46.7 万平民死亡。[3] 妇女首当其冲：1918 年德国妇女死亡率比 1913 年增加了 50%，比同期英国妇女死亡率高出 50%。[4]

封锁造成平民人口严重减少，这或许也是 1918 年德国迅速崩溃的原因。1918 年 10 月 17 日，有人问德国能否继续作战，德国社会民主党领袖菲利浦·谢德曼回答说："这是个土豆问题。我们没有肉吃了。土豆也无法运送，因为我们运力不足，每天缺口达 4000 节车皮。我们根本没有肉吃了。有人问：北柏林人生活怎么样？东柏林人生活怎么样？只要这个难题不解决，提振士气就根本不可能。"[5] 正如阿夫纳·奥弗尔（Avner Offer）所说："协约国的进攻是铁锤，战争后方提供了铁砧。"[6]

---

[1]　数字来自 Avner Offer, *The First World War: An Agrarian Interpretation* (Oxford: Clarendon Press, 1989), p. 33; Bell, *Blockade of Germany*, p. 672; Vincent, *Politics of Hunger*, p. 140。软骨病会影响到骨骼系统，使骨头变脆、牙齿脱落、下颌骨脱臼和关节疼痛。

[2]　数字来自 Vincent, *Politics of Hunger*, p. 141; Offer, *First World War*, p. 34。

[3]　Leo Grebler and Wilhelm Winkler, *The Cost of the World War to Germany and to Austria - Hungary* (New Haven: Yale University Press, 1940), p. 147.

[4]　1918 年德国女性每千人死亡率为 21.6，1913 年是 14.3，1918 年英国是 14.6。Offer, *First World War*, p. 35。有意思的是，整个战争期间婴儿（1 岁及 1 岁以下）死亡率出现了下降。然而，随着儿童不断成长，他们夭折的概率会增加。而且，战争期间出生的婴儿体重不足，平均只有 4 ~ 5 磅。Nigel Hawkins, *The Starvation Blockades* (Barnsley: Leo Cooper, 2002), p. 237。

[5]　沙伊德曼，引自 Offer, *First World War*, p. 76。

[6]　同上书，p. 72。

协约国政府，尤其是英国政府，为什么要采取通过饿死平民来胁迫德国政府的战略？

英国的战争目标和期望

第一次世界大战爆发前的十年里，英国对德国战争的战略从"光荣孤立"政策转变为"大陆承诺"政策，政策调整后主战任务从海军向陆军转移。英国不再对法德战争袖手旁观，也不再只是投入海军参加战斗，英国领导人认为，要想维持欧洲均势，要想防止英吉利海峡沿岸落入德军之手，就必须派遣英国远征军支援法军作战。光是海军还不够，因为海军无法影响陆地上的战争进程，等到海上封锁的效果开始显现之时，法国或许已经被打败。英国海军部坚决反对大陆战略，但是也没有提出其他有说服力的方案。英国海军最终决定实施远程封锁政策，但其不是为了饥饿封锁：英军将领们期望拦截德国的海上贸易能够迫使德国公海舰队发起挑战。[1] 正如约翰·库根（John Coogan）所说："英国海军部根本没有人相信，几个月内海军施加的经济压力能够迫使敌人接受协约国提出的和谈条件。"[2]

1914 年 8 月参战时，英国的战争目标是有限的，而且英国预测冲突很快就会结束，成本也不会太高。英国外交大臣爱德华·格雷（Edward Grey）不厌其烦地劝说，试图说服英国内阁成员相信，只有防止某个大国主宰欧洲大陆才能保障英国的安全，但是内阁大臣们最初"对于英国利益的定义比较狭隘，他们把英国利益定义为比利时独立和把德国赶出英吉利海峡的各个港口"。[3] 但是英国的目标很快就

88

---

① Samuel R. Williamson Jr., *The Politics of Grand Strategy: Britain and France Prepare for War, 1904 – 1914* (Cambridge: Harvard University Press, 1969), p. 318.

② John W. Coogan, *The End of Neutrality: The United States, Britain, and Maritime Rights, 1899 – 1915* (Ithaca: Cornell University Press, 1981), p. 153.

③ David French, *British Strategy and War Aims, 1914 – 1916* (London: Allen and Unwin, 1986), p. 22.

扩大了：到 9 月份，格雷和英国财政大臣戴维·劳合·乔治（David Lloyd George）公开呼吁消灭"普鲁士军国主义"，换句话说，要求实现德国政权更迭。① 然而，英国领导人并不想采取军事手段来实现这些远大的政治目标。他们认为，英国"将打一场成本相对低廉的海战和经济战，而法国和俄国将在陆地上粉碎德国"。英国扩大了战争目标，包括推翻德国政府和使德国变为一个民主国家，奇怪的是，战争目标的扩大并没有对这种观点产生什么影响。"1914 ～ 1915年，他们（英国内阁）试图实施这些目标，采用严格限制的手段，依靠经济压力和盟国来打败德国，而英国自身却基本上不参加陆地上的战争。"②

英国一方面采取有限责任策略，另一方面也认为战争很快就会结束。例如，英国海军大臣温斯顿·丘吉尔"认为战争虽然很残酷，不过很快就会结束"，这个观点得到了同为内阁成员的戴维·劳合·乔治的赞同。英国远征军参谋长阿奇博尔德·默里（Archibald Murray）上将对帝国防务委员会委员伊舍（Esher）说："如果一切进展顺利，战争将在三个月内结束；如果进展不尽如人意，或许需要八个月才能结束。"事实上，唯一不认同这种观点的英国重量级人物是基奇纳（Kitchener）勋爵，但是，就连他也预测德国很快就会打败法国。基奇纳认为这场战争要打三年，许多同事都觉得这个观点"即

① 普鲁士"军方"要为战争负责，这个观点在 Viscount Grey of Fallodon, *Twenty – Five Years*, *1892 –1916*, Vol. 2（New York: Frederick A. Stokes, 1925），28 中有恰当阐述。见 Lorna S. Jaffe, *The Decision to Disarm Germany: British Policy towards Postwar German Disarmament*, *1914 –1919*（Boston: Allen and Unwin, 1985），pp. 7 – 20.

② 引文来自 Eric J. Labs, "Beyond Victory: Offensive Realism and the Expansion of War Aims," *Security Studies* 6, no. 4（summer 1997）: 42；French, *British Strategy and War Aims*, p. 23。宣战后英军立即开始组建一支规模庞大的陆军（基奇纳的新军），但是英军计划等陆地强国筋疲力尽时再出击。然后英国陆军就可以部署到欧洲大陆"给予德军最后致命一击，这样一来英国在与盟军和敌军谈判时就可以占据主导地位"。同上书，p. 25。

使不是毫无可能，也是可能性不高。一百万新兵训练还未结束、武器还未配备，战争就已经结束了"。①

使用饥饿封锁作为武器的早期制约因素

除了英国决策者们认为大陆战争很快就会结束之外，还有其他三个因素制约着英国立即实施饥饿封锁。第一，等到饥饿封锁的效果开始在德国显现之时，法国或许已经被打败。认识到完全依靠海军"无法保障本土安全"之后，英国决定，如果对德国开战，英国将派出一支远征军支援法国陆军作战："派遣一支有限的远征军是为了支援盟国陆军作战，直到海上封锁的效果慢慢显现出来。"②

第二，英国领导人担心过于激进地限制对德贸易会把北欧中立国推向德国阵营，更重要的是，会导致英美关系破裂。事实上，1914年秋季，美英两国就因为美国对德贸易受到限制问题发生过多次摩擦。③ 美国领导人担心的不是饿死德国平民是否道德的问题，而是英国全面禁运会导致美国企业蒙受损失的问题。消除美国的疑虑对于英国打赢战争至关重要，因为英国战争部计划从伯利恒钢铁公司采购大量武器和弹药。伯利恒钢铁公司是英国最重要的物资来源，而美国政府能够轻易切断供应。④ 意识到这点后，英国官员们一再向美国保证英国封锁的目的是有限的，而且封锁不包括食物禁运。1914 年 9 月

① 引文来自 Geoffrey Blainey, *The Causes of War*, 3d ed. （New York：Free Press, 1988），37；Oliver, Viscount Esher, ed. , *Journals and Letters of Reginald*, *Viscount Esher*, Vol. 3, 1910 – 1915（London：Ivor, Nicholson and Watson, 1938），p. 177；Grey, *Twenty – Five Years*, 71。见 Coogan, *End of Neutrality*, p. 152。人们普遍认为战争会使交战国经济崩溃，这样一来欧洲范围内的战争必然会迅速结束，这种观点强化了"战争很快就会结束的错觉"。Grey, *Twenty – Five Years*, pp. 20, 71；Esher, *Journals and Letters*, p. 177。

② Paul M. Kennedy, *The Rise and Fall of British Naval Mastery*（London：Ashfi eld Press, 1976），pp. 230 – 231；Offer, *First World War*, p. 301。

③ 限制棉花和铜贸易争议最大，因为棉花和铜都由美国企业主宰。Bell, *History of the Blockade*, pp. 46 – 58, 119 – 142.

④ 同上书，pp. 50 – 51, 228 – 229。

底，英国外交大臣格雷给英国驻美大使发了一封电报，他在电报中写道："我们的声明只有两个目的：一是限制对德军的供应，二是限制向德军供应用于生产武器弹药的原材料。"① "惹怒美国，英国必输无疑。"格雷在回忆录中写道。英国的政策应该是"确保封锁取得最好效果，同时不能导致英美关系破裂"。② 简而言之，正如约翰·库根所说："到1914年9月底，大多数英国领导人都开始相信施加经济压力有助于打赢战争。没有人质疑与美国发生冲突会导致英国输掉战争。"③

第三，海战规则与法律（1908～1909年主要海洋强国谈判确定的《伦敦宣言》中有明文规定）削弱了英国阻止敌人获得食物的能力。阿夫纳·奥弗尔说："《伦敦宣言》保留了《巴黎海战宣言》的精华。《伦敦宣言》对禁运品的定义非常狭隘，特别是引入了'自由物品清单'，从而扩大了中立权和豁免权。"正如保罗·文森特所指出的，根据这些规则，"第一次世界大战期间，即使粮食是运往德国政府，但是在鹿特丹港卸货，英国巡洋舰也不得拿捕"。④

《伦敦宣言》把货物分为三类。第一类是绝对禁运品，这类货物只能用于军事作战，例如武器和弹药。第二类是有条件禁运品，这类货物可以民用，也可以军用，包括食物、饲料、燃料和润滑油。第三类是绝对不能列为禁运品的自由物品，例如棉花、橡胶、化肥、羊毛、生皮和多种金属矿。⑤ 封锁国军队能否拿捕货物取决于这批货物

---

① 1914年9月29日电报，引自 Bell, *History of the Blockade*, p. 115。

② 格雷，引自 Robert K. Massie, *Castles of Steel: Britain, Germany, and the Winning of the Great War at Sea* (New York: Random House, 2003), p. 509。

③ Coogan, *End of Neutrality*, p. 170。然而，库根认为，虽然封锁措施阻断了美国与欧洲国家的大部分贸易，但是美国领导人事实上非常赞同英国的封锁政策，因为威尔逊本人及其最密切的顾问都支持盟国的正义事业。按照这种解释，威尔逊寻求英国在表面上做出妥协不是为了依据国际法保护美国利益，而是为了安抚美国民众情绪。同上书，pp. 178 – 185。

④ Offer, *First World War*, p. 276; Vincent, *Politics of Hunger*, p. 31。虽然1914年英国没有在宣言上签字，但是其规则已经纳入了英国海军部关于如何进行战争的规则。

⑤ 关于禁运品的种类，见 Vincent, *Politics of Hunger*, pp. 30 – 31。

是属于军用还是属于民用性质，还取决于货物目的地。例如，如果绝　90
对禁运品是运往敌国、敌占区或者敌国的武装部队，那么这批绝对禁
运品可以拿捕。类似的，如果有条件禁运品是运往敌国的武装部队或
敌国政府，那么这些货物可以拿捕。两者的区别在于，绝对禁运品不
论其当前目的地是哪，只要最终目的地是敌国，就可以拿捕；而有条
件禁运品如果是运往中立国港口，则不得拿捕，即使其最终目的地是
敌国本土。简单来说，"连续航程"规则适用于绝对禁运品，但是不
适用于有条件禁运品。

战争成本和胜利前景发生变化

英国梦想战争很快就会结束，战争成本也不会很高，但是到了1914
年秋季，英国的梦想被现实击得粉碎。9月5日马恩河战役打响之时，英
国远征军伤亡和被俘人数已经超过15000。"尽管英国远征军司令部仍然
很乐观，"约翰·库根写道，"但是（9月份）伦敦已经开始认同基奇纳
的预测了：战争不会很快结束，战争伤亡将会很惨重。"[1] 在伊普尔战役
中，10月和11月英军又有24000名军人阵亡，到年底英军伤亡人数已接
近10万，这几乎是英国远征军原有兵力的2/3。第一次伊普尔战役结束
了"奔向大海"战役，之后双方都开始沿着前线挖战壕，战壕从比利时
佛兰德海岸延伸到瑞士边境，长达300英里。[2]

1914年，长达5个月的战斗彻底摧毁了英国内阁"以最小代价
夺取最大胜利"的战略，"大多数决策者开始意识到问题的严重性，
意识到冲突不会很快结束"。伊舍勋爵早在10月份就在日记中写

---

[1] Coogan, *End of Neutrality*, p. 164。
[2] 本段中的数字来自 Martin Gilbert, *The First World War: A Complete History* (New York: Henry Holt, 1994), 68 (early casualties); John Keegan, *The First World War* (London: Hutchinson, 1998), 143 (Ypres); Spencer C. Tucker, *The Great War, 1914–1918* (Bloomington: Indiana University Press, 1998), 38 (total 1914 casualties)。

道："人们预测协约国很快就会打败德国，但是现实证明他们的预测是错误的，如今种种迹象都表明战争会持续很长时间。"到 1914 年底，英国内阁逐渐意识到伊舍勋爵最初的判断是正确的。12 月底，英国首相赫伯特·阿斯奎斯（Herbert Asquith）表示他"对眼下局势大为不满，这完全是在糟蹋生命和金钱，日复一日，没有明显进展"。[①]

1914 年底，劳合·乔治和丘吉尔分别给英国首相赫伯特·阿斯奎斯写信，他们俩都以西线损失惨重但是收效甚微为由要求开辟新战线。[②] 1914 年底，劳合·乔治到前线视察，视察后说："任何企图突破西线德军严密防线的尝试都将以失败和惨重伤亡告终。"英国首相不需要别人再来劝说，他在 1914 年 12 月 30 日的一封私人信件中写道："眼下，战壕战对双方都造成人员巨大伤亡，伤亡人数与攻占的阵地根本不成比例。"类似的，伊舍勋爵把战争陷入僵局归因于"现代战争的物理条件和装备条件；现代战争似乎更适合包围战，而不是机动战"。[③]

从绝对数量来看，英军伤亡很小，但是从伤亡人员所占比例来看，伤亡令人震惊，而且这是英国职业军队的主力。然而，英国盟友的损失使"照常营业"战略难以为继：法国伤亡将近 100 万，俄国

---

① 引文来自 David French, "Allies, Rivals and Enemies: British Strategy and War Aims during the First World War," in *Britain and the First World War*, ed. John Turner (London: Unwin Hyman, 1988), p. 25; French, *British Strategy and War Aims*, p. 57; Esher, *Journals and Letters*, p. 192; Earl of Oxford and Asquith, *Memories and Reflections, 1852 – 1927* (Boston: Little, Brown, 1928), p. 52。

② David Lloyd George, *War Memoirs of David Lloyd George*, Vol. 1 (Boston: Little, Brown, 1933), pp. 369 – 380; Martin Gilbert, *Winston S. Churchill*, Vol. 3, 1914 – 1916: *The Challenge of War* (Boston: Houghton Miffl in, 1971), pp. 225 – 226。

③ 关于这些引文，见 David Lloyd George, "Suggestions as to the Military Position," CAB 42/1/8, 2; *H. H. Asquith Letters to Venetia Stanley*, ed. Michael and Eleanor Brock (Oxford: Oxford University Press, 1982), p. 345; Lord Esher, "The War: After Six Months," January 29, 1915, CAB 42/1/29。

伤亡接近 200 万。① 虽然协约国成功地阻止了德国的猛烈进攻，但是为此付出了惨重代价，严重削弱了英国在欧洲大陆的盟友，而英国原本还指望这些盟友承担抵抗德国的大部分重任。戴维·弗伦奇说："到 1914 年 12 月，很显然这是不现实的。虽然法国和俄国挫败了德军在两线作战中迅速取胜的计划，但是他们的伤亡非常可怕，到 1914 年底，德军已经占领了盟国大片领土。"② 德国开始派遣和平使者，希望从协约国阵营中拉拢一个大国。由于担心遭到背叛，英国"让俄国战斗到最后一兵一卒"的战略已经行不通了。到 1915 年初，"英国转变了战略，似乎竭尽所能给予盟友物资和道义支援"。③ 英国向欧洲大陆派遣一支大型军队已经不可避免，这意味着战争成本将会大大超过英国当初的预期。

实施饥饿封锁（第一阶段）

虽然英国最终把封锁目标对准了德国平民的食物供应，但是这并非其本意，这点很有意思。事实上，英国实施封锁是因为发现了德军的弱点。8 月 6 日，英国内阁投票决定向欧洲大陆派遣远征军，这时赋予英国皇家海军的任务似乎是支援作战。两件事很快改变了这种局面。第一，虽然同盟国失去了用自有船只进行补给的能力（大多数船只被拿捕或扣押在中立国港口），但是德国开始租用中立国船只进行海上贸易，并在中立国港口卸货，这是《伦敦宣言》所允许的。第二，英国媒体错误地报道称正在穿越比利时的德军极其缺乏食物。与此同时，英国政府发现大批谷物正从纽约运往鹿特丹，英国认为德国企图通过荷兰为德军运送补给。丘吉尔指出，拦截这批食物将对法

① 法方数字来自 Tucker, *Great War*, 38；俄方数字来自 French, *British Strategy and War Aims*, p. 57。

② French, "Allies, Rivals, and Enemies," p. 25。

③ Ibid., p. 26。

国战场产生决定性影响。

针对德军这个明显弱点，英国迅速采取行动。1914 年 8 月 20
92 日，英国颁布了枢密院令，对德国进口货物进行拦截。枢密院令的主
要内容是将连续航程规则适用于有条件禁运品，如食物。这项枢密院
令规定："如果有条件禁运品运往敌国武装部队，或者运往与敌国有
贸易往来的承包商，则应予拿捕，而不论船只驶向哪个港口。"① 但
是，根据《伦敦宣言》，如果有条件禁运品通过中立国港口转运，则
不得拿捕。对这些违反《伦敦宣言》规定的行为，英国解释说，现
在食物属于绝对禁运品，因为德国政府已经接管粮食系统（这种说
法也源于不实报道）。然而，这项枢密院令显然没有对拦截德国贸易
产生任何作用：因为协约国的代理人"对于哪些货物可以拿捕，还
没有收集到足够的证据……8 月 20 日颁布的枢密院令只不过是对法
律原则进行了重申"。② 英国政府似乎在拼命捞救命稻草，正
如约翰·库根所指出的："格雷提议将连续航程原则适用于有条件禁
运品，因为他认为拦截食物进口或许能够打败德国。"英国"陷入了
一场大陆战争，拿破仑战争以来欧洲再也没经历过如此大规模的战
争"，英国希望赢得决定性胜利，但是束手无策，所以"凡是看上去
能够迅速而轻易地打赢战争的策略，英国都会立刻抓住"。③

越来越多的证据显示，通过中立国运抵德国的货物不仅没有减
少，反而不断增加。面对这种情况，英国于 10 月 29 日颁布了第二道
枢密院令。这项枢密院令规定，如果驶往中立国港口的船只上装载了
有条件禁运品，并且①缺少具体的收货人；②运往承运人"指示地
点"，意味着这批货物可能继续运往德国；③运往敌国境内的个人，

---

① Marion C. Siney, *The Allied Blockade of Germany, 1914 – 1916* (Ann Arbor: University of Michigan, 1957), p. 22.

② Bell, *History of the Blockade*, p. 53.

③ Coogan, *End of Neutrality*, pp. 161, 162.

那么英国将认为这批货物是运往敌国，这批货物应予以拿捕。而且，枢密院令第 2 条规定，如果能够证明德国通过某个国家获得军事补给，那么英国有权把这个中立国列为敌国的补给基地。换句话说，英国要把向德国武装部队提供补给的中立国视为德国领土的一部分。这项措施将允许英国拿捕运往这些中立国港口的有条件禁运品，并且要求承运人提供证据来证明船上货物不是运往敌国。①

英国领导人对战争局势的看法发生了变化，他们开始把目标对准德国的食物进口。8 月份英国拦截德军补给本来只是权宜之计，但是到了 1914 年秋季，随着英国军事实力下降，这种做法发展成为阻止德国平民获得食物的战略。约翰·库根指出："英国陆军部继续强调打败西线德军的必要性。但是，英国政府被伤亡名单吓坏了，越来越倾向于实施经济战，因为这种办法伤亡代价较小。"②

尽管否认《伦敦宣言》的一些关键条款，但是这时候英国仍然没有打算对德国贸易发动全面战争。8 月和 10 月颁布的枢密院令宣称，协约国有权拿捕运往敌国的货物，但是这些权力基本上停留在纸面上，英国只是偶尔拦截运往德国平民的食物补给。保罗·文森特说，"结果，战争前三个月内英军舰队很少阻挠中立国贸易"，虽然未经正式指控就扣押了许多船只，但是三个月内只拿捕了三艘中立国船只。③ 1914 年底，官方历史学家贝尔撰写了一份报告，报告明显同情英国政府。

93

---

① 这种威胁促使德国的中立邻国加入谈判，自愿限制对德出口贸易。这种被称为"配额"的做法成为封锁政策的关键环节。

② Coogan, *End of Neutrality*, pp. 165, 195。

③ Vincent, *Politics of Hunger*, pp. 38, 54, n. 38；Bell, *History of the Blockade*, p. 44。从 1914 年 8 月到 1915 年 1 月，从美国驶往欧洲中立国家的商船当中，只有 8 艘商船被扣押。Massie, *Castles of Steel*, p. 509。关于"逮捕"和"扣押"中立国船只之间的区别，见 Coogan, *End of Neutrality*, 167, n. 73。库根声称只关注逮捕船只，低估了英国对中立国贸易的干预程度。战争初期，海军似乎超期扣押了许多船只。作为证据，库根援引了爱舍尔勋爵 1914 年 8 月 31 日写的日记。爱舍尔勋爵在这篇日记中写道，截至 8 月底，共有 52 艘装载着谷物驶向德国或荷兰的商船被扣押。Coogan, *End of Neutrality*, p. 163。

贝尔对封锁政策进行了总结：

> 当时，英国政府根本没有投入所谓的无限制经济战；1914
> 年秋季，对同盟国发动经济战只是为了实现有限的目的，这些目
> 的在下达给舰队的作战命令中做出了明确规定。战争开始以来，
> 英国政府既没有扩大也没有增加目标，英国陆军和海军顾问也没
> 有催促英国政府这么做。因此，英国当局根本没有考虑要采取措
> 施来控制和拦截敌国的所有补给；事实上，当时他们甚至没有考
> 虑过要拦截供同盟国平民消费的食物。[1]

英国官员的表态似乎证实了封锁的目的是有限的。例如，1915
年 2 月 15 日，英国海军部最高文官丘吉尔在下议院说，虽然"有充
足理由相信海军施加的经济压力开始在德国显现……但是截至目
前……我们并没有试图阻止食物进口"。[2]

然而，这种官方措辞与事实相矛盾。证据显示，英国皇家海军在
战争爆发后的前几个月内就阻止许多装载食物的船只驶往德国和中立
国港口。正如前文所说，英国在 8 月份就曾经对向德军运送谷物的船
只进行拦截。而且，英国海军从 11 月开始拿捕中立国船只，约翰·
库根称这是"企图阻止德国平民获得食物的故意行为"。[3]

实施饥饿封锁（第二阶段）

当英国领导人意识到战争成本和持续时间远超预期后，他们开始
想方设法继续进行战争，同时希望避免像西线战场的堑壕战那样付出

---

① Bell, *History of the Blockade*, 51, 见 Siney, *Allied Blockade of Germany*, p. 25。

② Churchill in *Parliamentary Debates*, 5th ser., Vol. 69, *House of Commons, Second Volume of Session 1914 – 1915*, pp. 937 – 938.

③ Coogan, *End of Neutrality*, 199.

惨重代价。多位内阁成员提议采取周边战略，也就是首先攻击德国实力较弱的盟友，劳合·乔治把这种战略称为"先打败帮凶，然后再打倒德国"[1]。为此，英国发起多次类似行动，包括在加里波利、萨洛尼卡和中东开辟新战场，在非洲占领德国的殖民地，但是没有一次战斗取得决定性胜利。

94

英国还使用了另外一件武器，那就是加强海上封锁，通过封锁来"阻止德国一切贸易，包括进口和出口贸易，而且不论货物是不是禁运品"，食物也包括在内。[2] 这项战略正式写入 1915 年 3 月 1 日颁布的枢密院令。这项枢密院令宣布："对于装载运往敌国、属于敌国和来自敌国的货物的船只，英国政府和法国政府有权扣押并将船只拖到港口。"[3] 战争开始以来英德双方针锋相对地升级战争手段，而且德国认为英国企图饿死德国平民，所以德国于 2 月 4 日宣布发动潜艇战，这给英国拦截德国食物进口提供了一个绝佳借口，避免了引起中立国的不满。事实上，随着战争成本的不断增加，战争很快结束的前景越来越黯淡，害怕惹怒美国的威慑力也在下降：正如英国外交大臣格雷"对于战争很快就会结束的信心减弱，他对于维持英美两国友好关系的决心同样减弱了"。[4]

然而，英国海军部的军官们并不认为德国的 U 型潜艇对英国贸易构成了严重威胁："损失肯定是不可避免的，"丘吉尔警告说，"但是我们相信不会造成致命伤害。""潜艇战很烦人，但是也就仅此而已。"另外一名内阁大臣如是说。[5] 因此，德国 U 型潜艇对英国贸易

---

[1] 劳合·乔治 1915 年 1 月 1 日的备忘录，引自 Lloyd George, *War Memoirs*, 1：373。

[2] Siney, *Allied Blockade of Germany*, p. 67.

[3] 引自 Bell, *History of the Blockade*, p. 233。

[4] Vincent, *Politics of Hunger*, p. 38.

[5] 丘吉尔引自 *Parliamentary Debates*, 5th ser., vol. 69, *House of Commons, Second Volume of Session 1914–1915*, p. 937；霍尔丹子爵引自 Coogan, *End of Neutrality*, p. 222。实际上，1915 年德军潜艇战基本上是无限制的。见下节关于德军封锁内容；和 Philip K. Lundeberg, "The German Naval Critique of the U–Boat Campaign, 1915–1918," *Military Affairs* 27, no. 3 (autumn 1963)：110, n. 35。

构成威胁并不是导致英国颁布枢密院令并且切断德国全部进出口贸易的原因。相反，英国当局抓住德国企图在北海击沉所有商船这个机会，提出了之前不被中立国接受的条件，英国认为德国肆无忌惮地违反国际法将为英国铺平道路。英国的如意算盘打对了：美国没有提出抗议，斯堪的纳维亚国家也只是提出非正式抗议照会。戴维·斯蒂文森（David Stevenson）总结道："事实上，国内舆论压力越来越大，而且越来越多证据显示打败德国需要耗费大量时间和成本，对此英国早就做出了决定，潜艇战只不过是个借口。"①

英国升级了战争手段，把德国平民列为目标，其根本原因在于1914年底和1915年初英国意识到，这是一场旷日持久的消耗战，要想胜利，必须使用手中的每一件武器。作为反对党保守党的领袖，安德鲁·博纳·劳（Andrew Bonar Law）在3月1日听到阿奎斯宣读那份报复性的枢密院令之后说："当他们下定决心要不遗余力地尽快结束这场灾难时，英国政府不仅会得到下议院的支持，而且会得到全国人民坚定的支持。"对此，帝国防务委员会秘书莫里斯·汉基（Maurice Hankey）表示赞同。1914年底汉基这样写道："如果目前我们没有能力对德国本土采取重大军事行动，那么现在就只剩下施加经济压力这件主要武器了。在我看来，施加经济压力是我们在战争中所拥有的最宝贵的资产。"虽然阿奎斯本人也承认阻止德国获得食物会造成普通民众"生活艰难"，但是他也断言，"在目前形势下，我们认为施加任何形式的经济压力都无可厚非"。②

尽管战争结束后英国领导人都想隐藏其真实意图，但是不可否认，英国领导人企图饿死德国人，并且希望这能摧毁德军士气。③ 克

---

① David Stevenson, *Cataclysm: The First World War as Political Tragedy* (New York: Basic Books, 2004), p. 202.

② 博纳·劳和阿斯奎斯分别引自 *Parliamentary Debates*, 5th ser., vol. 70, *House of Commons, Third Volume of Session 1914 - 1915*, pp. 609, 600 - 601。关于汉基的措辞，见他的备忘录 "The Apparent Deadlock on the Western Front," December 28, 1914, CAB 37/122/194, 3 - 4。

③ 关于英国官方对封锁保持沉默，见 Offer, *First World War*, pp. 227 - 229。

鲁（Crewe）勋爵在 1915 年 6 月的一份备忘录中提出质问："如果不再禁止一切食物通过中立国港口进入德国，就食物而言，如果将普通规则适用于有条件禁运品，我们会不会遭受重大损失？"[1] 面对这个问题，英国政府在一份内部备忘录中坦率地承认了英国企图饿死德国平民的事实。"虽然我们不能指望今年就把德国人饿死，"汉基写道，"但是我们不能排除明年把德国人饿死的可能性……考虑到这种可能性，当前决定放松封锁是最不明智的。"汉基说，虽然战场失利和"经济和食物压力"单独来看都不具有决定性作用，但是这两者形成合力就可能使敌人的抵抗土崩瓦解。汉基还说，"鉴于上述合力在一定程度上缓解了我方军事压力，我们无法放弃其中任何一种手段"。[2] 两年后美国加入战争时，美国领导人也表达了类似态度。就美国的全面禁运政策发表评论时，一名《泰晤士报》（*Times*）记者这样说道："虽然全面封锁德国肯定会对非战斗人员造成痛苦，但是美国认为，每一项有助于早日结束战争的措施都能够挽救数千名美国人的生命，节省数百万美元的开支；如果允许补给直接或间接运抵德国，那将是非常愚蠢的，因为这样做只会延长全世界的痛苦。"[3] 贝尔总结说："封锁原来只针对敌国武装部队，现在已经偏离了既定目标，在各种压力之下，封锁目标已经变成了敌国平民。"[4]

英国原计划从空中投放燃烧装置，纵火烧毁德国和奥匈帝国的农作物；虽然计划未能付诸实施，但是进一步证明了英国具有迫害平民的意图。在 1915 年 8 月 1 日的一份详细报告中，莫里斯·汉基和另外两位作者总结说，德国 1/3 的小麦和黑麦容易遭到英国、法国和俄国的空袭，而奥匈帝国一半的小麦和 35％ 的黑麦处于协约国战机的

---

[1] "Memorandum by Lord Crewe," June 18, 1915, CAB 37/130/15, 1.

[2] "Notes on Lord Crewe's Memorandum," June 23, 1915, CAB 37/130/25, 1; 2.

[3] "The New Blockade," *Times* (London), October 5, 1917.

[4] Bell, *History of the Blockade*, p. 117.

96 航程之内。[1] 报告的作者曾设想使用小型燃烧弹来烧毁敌国已经成熟的玉米。[2] 这项计划似乎遭到了法国否决，因为法国担心德国会对其粮食作物实施报复。[3]

英国政府官员并非一致认为饥饿封锁肯定会取得成功，但他们还是实施了。有些官员对封锁的效果表示乐观，特别是莫里斯·汉基。有些人则持不同意见，劳合·乔治说："只要德国仍然占领着协约国富饶的土地，那么仅靠经济封锁就不能带给我们胜利与和平。从来没有哪个国家在经济压力下屈服，除非在战场上被打败。"[4] 实际上，英国人只寄希望于未来的军事胜利和经济封锁能够产生累积效应，能够发挥决定性作用，因为在 1915 年根本没有迹象显示饥饿封锁能够迅速瓦解德国。[5] 尽管前景不明朗，但是英国领导人坚信他们必须使用手中的每一件武器，只要有助于征服德国就行。

其他解释

本节分析关于英国实施饥饿封锁的其他解释。我认为，就这个案例而言，身份和组织决定论并没有多大说服力。然而，英国民众强烈支持实施封锁；媒体和反对党也向英国政府施压，要求英国政府对德国和中

---

[1] M. P. A. Hankey, G. Herbert Fowler, and Mervyn O'Gorman, "Proposed Devastation of the Enemy's Crops," April 1, 1915, CAB 42/2/16, 8.

[2] 报告还建议使用气球投放燃烧弹，但是遭到内阁否决，内阁认为这样做太没有针对性。见 M. P. A. Hankey, "Proposed Devastation of the Enemy's Crops: Report of a Conference," September 28, 1915, CAB 42/3/32, 3 - 4。与德军击沉商船的残忍做法相比，英国认为烧毁德国作物和实施封锁比较人性化，英国还试图把这些政策造成德国平民受到伤害归咎于德国政府拒绝投降。见 Hankey, Fowler, and O'Gorman, "Proposed Devastation of the Enemy's Crops"; and A. J. Balfour, *The British Blockade* (London: Darling and Son, 1915), p. 4。

[3] 见 "Proposed Devastation of the Enemy's Crops: Report of a Conference," p. 4。1915 年以后再也没有提到这项计划。

[4] Lloyd George, "Suggestions as to the Military Position," p. 6.

[5] 见 "Food Supplies of Germany," June 2, 1915, CAB 37/129/7, 4; "Report on the Working of Food Legislation in Germany during the War, August to December 1914," July 1915, CAB 42/3/13, 2。

立国对德贸易采取更加严厉的措施。虽然阿奎斯和劳合·乔治政府并非始终屈服于这种压力，但是英国的民主体系确实助长了迫害平民。

政权形式。没有证据显示英国的封锁政策受到了自由规则和民主问责制的制约。恰恰相反，英国议会反对党和媒体经常公开抨击阿奎斯和劳合·乔治政府对德国和向德国人供应食物的中立国太软弱。[①]约翰·库根说，战争开始后的前几个星期，民众就已经开始施压，要求英国拦截敌国的食物供应。"英国根据 8 月 20 日颁布的枢密院令发动了经济战，虽然经济战远远超出国际法的限制，但是英国民众仍然不满意。媒体要求即使德国濒临饥荒，也绝不允许'德国通过荷兰获得食物'，不论法律怎么规定。"[②] 有些批评人士甚至指责英国外交部阻挠英国海军采取必要行动的做法。[③] 例如，1916 年 12 月，伦敦市通过了一项决议，谴责封锁政策执行不力，敦促英国政府允许英国海军收紧对德包围圈。[④] 一名议员甚至说："与中立国签署协议的政 97 策是极其不得民心的。英国民众不接受任何让敌人直接或间接受益的协议。"[⑤] 到了战争后期，英国人彻底变成了报复心态。例如，1918 年 9 月威尔给《每周快讯》写了一篇文章，他在文中写道："我知道，不仅成千上万尚未出生的德国胎儿注定将与生理缺陷终身为伴，而且还有数千名德国人（甚至尚未怀孕）也将要面对这样的命运。"[⑥]

　　甚至在战争结束后，许多英国人仍然认为封锁不能解除，要求对德国人发动战争进行惩罚。停战协定签署后几天，英国多家报纸先是指责德国请求食物救济是"匈人为食物哭诉"，接着又对"对匈人表

---

① "House of Commons: The Blockade," *Times* (London), March 16, 1917.

② Coogan, *End of Neutrality*, p. 164.

③ Bell, *History of the Blockade*, pp. 408, 449 – 452; Siney, *Allied Blockade of Germany*, pp. 101 – 102, 129 – 132.

④ "Full Use of Sea Power," *Times* (London), December 2, 1916.

⑤ "Two Blockade Debates," *Times* (London), March 28, 1917.

⑥ 引自 Werner Schaeffer, *War Against Women and Children* (Scotch Plains, NJ: Flanders Hall, 1941), p. 1.

现出怜悯"的英国议会候选人进行谴责。① 保罗·文森特这样写道："1918 年 12 月，没有英国人愿意相信德国人对饥饿状况的描述属实。大家普遍认为，请求食物救济很有可能又是'匈人的伎俩'。"② 事实上，停战协定第 26 条明确规定要继续实施封锁，协约国是想利用封锁作为筹码，要求德国履行停战协定，因为他们"并不打算占领德国和分裂德国主权"。③ 直到 1919 年 3 月底，第一批救济食物才抵达德国；封锁则延续到 7 月份才结束。

虽然封锁政策得到了民众广泛支持，议会议员和广大民众也对英国政府施加了巨大压力，但是证据仍不足以证明民主制度是造成迫害平民的原因。例如，战争初期就有人不断呼吁英国政府宣布棉花为绝对禁运品，但是英国官员没有屈从，因为担心惹怒美国。后来，尽管英国议会严厉批评英国政府与中立国达成的配额协议，但是英国政府仍然拒绝实施全面禁运，因为全面禁运能够取悦国内选民，但是也有可能把中立国推向敌人阵营，还有可能导致德国入侵中立国。

简而言之，英国民众的态度是要惩罚"匈人"，他们认为封锁政策是对德国发动战争的一种惩罚手段，是对德军击沉客轮和商船的报复行为，是打赢战争的有效工具。这种情绪无疑会对英国政府造成影响："到了 9 月份，随着英国民众越发坚定了赢得全面胜利的决心，"约翰·库根写道，"英国政府也更加愿意使用一切必要武器来对付德国。"尽管如此，英国领导人需要国内民众施加多大压力，这个不得而知，因为残酷的军事逻辑指向了同一个方向："西线战场的伤亡名单逐渐成为海洋权益讨论的主题。"④ 政府领导人主要把封锁视为一种工具，这种工具可以帮助英国打赢战争，所以他们慢慢施加压力，

98

---

① 引自 Harold Nicolson, *Peacemaking, 1919*（London：Constable, 1933），p. 61。

② Vincent, *Politics of Hunger*, p. 79.

③ Offer, *First World War*, p. 77.

④ Coogan, *End of Neutrality*, pp. 165, 195.

从而避免把中立国推向德国的怀抱。

身份。在本案例中，身份决定论没有预测到迫害平民行为的发生，因为英国和德国在身份方面确实有一些共同点。他们都是"诺迪克人或条顿人后裔"，而且英国皇室有日耳曼血统。① 这两个国家的信仰也相似。尽管两国具有文化相似性，但是英国人很快就把德国人视为"野蛮人"，认为其嗜血成性，完全不知道尊重法律和文明。然而，这些观点是在战争爆发和德军实施暴行之后才形成的。而且，英国民众对德国人身份的看法也没有对政策的形成产生多大影响。

几乎从战争一开始，德军在比利时犯下的暴行就证明了德国人的野蛮本性。1914 年 8 月底，一份英国杂志刊载了一幅图，标题为"'文化'的胜利"。在这幅画里，一名德国士兵踩在一名妇女和一名儿童的尸体上，他们身后是熊熊燃烧的比利时村庄。"'汪达尔人''匈人'，反映德军暴行问题的画作里充斥着野蛮部落践踏'文明'的内容"，约翰·霍恩和艾伦·克莱默（Alan Kramer）写道，最后一句是"德皇威廉二世就是'当代的阿提拉'"。② 荷兰漫画家路易斯·雷梅克思（Louis Raemaekers）的漫画很受欢迎，他创作了许多反映德军在比利时实施暴行的漫画。"惠灵顿别墅"（即英国战争宣传局）印制了大量各式各样的德军暴行宣传册，为此还专门聘请了英国多位著名学者，例如詹姆斯·布莱斯（James Bryce）和阿诺德·汤因比（Arnold Toynbee）。③ 有些人甚至说因为"德国人似乎具备了原始匈人的所有原始特征"，所以"有人认为普鲁士人根本不是

① Matthew Stibbe, *German Anglophobia and the Great War*, 1914 - 1918（Cambridge：Cambridge University Press, 2001）, p. 55.

② John Horne and Alan Kramer, *German Atrocities*, 1914：*A History of Denial*（New Haven：Yale University Press, 2001）, pp. 179, 217.

③ 由布莱斯牵头的《德国暴行调查委员会报告》（1915）是整个战争期间英国影响力最大的宣传文件之一，可能是因为布莱斯是一名学者，并且之前担任过英国驻美国大使。

条顿人，而是鞑靼人"。① 两位英国作家这样总结道：宣传战的"累积效应"就是"把德国人塑造成了'野兽般的匈人'，文明人类所能想到的所有罪行他们都会犯，而且他们的交战规则是非常野蛮和惨无人道的"。②

即使身份决定论预测到了普通民众对德国人的愤怒和污蔑态度，但是也没有证据证明德国人的野蛮形象是在冲突爆发之前形成的，也没有证据证明英国民众的看法对迫害平民战略产生了显著影响。英国的决策者们并没有经常拿德国人的野蛮本性作为实施封锁的理由，而且如前文所述，他们也没有向英国民众对德国人的仇恨屈服，因为这样做不利于战争。而且，英国人认为德国人不为文明社会所接受，这种看法几乎在战争爆发后就立刻形成了，而英国直到 9 个月之后才决定对德国实施饥饿封锁。英国的决策过程与领导人对战争成本和胜利希望的看法更加吻合。妖魔化敌人确实为迫害平民铺平了道路，但这不是主要原因。

组织决定论。在本案例中，组织文化决定论肯定会认为英国皇家海军具有"封锁文化"，他们在战争爆发前就计划通过经济战来打败德国。在拿破仑战争中，皇家海军对封锁战术进行了完善，而且经济封锁战略得到了约翰·费舍尔的坚决拥护，他在 1904～1910 年任第一海务大臣。然而，对于海军战略，英国海军部内部至少还有其他

---

① Stuart Wallace, *War and the Image of Germany*: *British Academics 1914 – 1918* (Edinburgh: John Donald, 1988), p. 183, quoting J. H. Morgan, *German Atrocities*: *An Official Investigation* (1916)。

② M. L. Sanders and Philip M. Taylor, *British Propaganda during the First World War*, *1914 – 1918* (London: Macmillan, 1982), p. 162. 虽然法国也制作了大量把德国描述成野蛮人的宣传画，但是那些最著名的宣传画是美国人在 1917 年参战之后制作的。例如，一份美国宣传海报把德国描述成一只挥舞着大棒的猩猩，而且海报上用大写字母写着"打死这头疯狂的野兽"；还有一份海报把德国士兵描述成浑身沾满血的恶魔，海报同时号召人们购买"自由债券"，"把匈人赶回老家去"。见 H. R. Hopps, "Destroy this Mad Brute," circa 1917; Frederick Strothmann, "Beat Back the Hun with Liberty Bonds," 1918。

两种态度。其中一种观点希望"打一场大战就决定制海权……在战争中只允许海上封锁发挥次要作用"，这种观点得到了海军战争学院斯莱德（Slade）上尉的拥护，而且完全符合马汉海权论的传统。① 确实，我们可以轻易证明英国在第一次世界大战爆发之前就已经形成"战舰文化"，而不是"封锁文化"。毕竟，是无畏舰军备竞赛才导致英德两国关系紧张，而且战争初期很多海军军官也期盼打一场激动人心的大规模海战。第二种观点以亚瑟·威尔逊为代表，他接替费舍尔担任第一海务大臣。这种观点建议英国陆军和海军实施联合作战，"海军对德国沿海地区实施突袭，从而牵制主战场的兵力"。②

在第一次世界大战爆发前的十年里，上述各种战略的影响力此消彼长，而 1914 年真正付诸实施的计划并没有设想对德国实施全面封锁。在费舍尔主政时期，经济封锁战略占主导地位，而帝国防务委员会也于 1909 年批准了这项战略："我们认为，封锁德国港口必将给德国造成严峻形势，战争持续时间越长，形势就越严峻。"③ 但是，在 1910 年威尔逊继任第一海务大臣之后，经济封锁战略开始走下坡路。威尔逊主张对德国的北海沿岸实施近距离封锁，同时由英国陆军实施两栖登陆进行支援。然而，潜艇、飞机、水雷和海岸炮的出现使这一战略难以为继，威尔逊离任后就被彻底抛弃了。

1914 年下达作战命令时，英国海军的战略最终成型：把大舰队部署到挪威和英格兰之间的北海海域，海峡舰队部署到多佛尔海峡，形成"远程封锁"，从而扼制住德国公海舰队的出海口，使英国海军

---

① Offer, *First World War*, pp. 234 – 235.

② 威尔逊引自 Williamson, *Politics of Grand Strategy*, 106。这些战略构想并非相互排斥，这点从费舍尔的观点中可以看出（尽管他坚定地支持经济战略）；费舍尔认为陆军应该交由海军指挥，用于威胁或实施两栖登陆，"由海军发射的弹药"。费舍尔写给塞尔伯恩的备忘录引自 P. Haggie, "The Royal Navy and War Planning in the Fisher Era," in *The War Plans of the Great Powers*, 1880 – 1914, ed. Paul M. Kennedy（London: George Allen and Unwin, 1979），p. 126。

③ 帝国防务委员会引自 Offer, *First World War*, p. 243。

能够管控所有商船。有些学者认为这样配置兵力意味着"1908 年临时决定的经济封锁行动最终比传统军事作战更受重视"。[1] 有些人意见正好相反，他们认为"战时封锁实际上与战前无关"，而是在听到德军粮食短缺谣言之后匆忙做出的"临时决定"，"是为了满足海军一展身手的欲望"。[2] 那些对经济战寄予厚望的人忽视了海军部希望这样做能把德国公海舰队引诱出来战斗的想法。然而，英国并不想在德军地盘上与之纠缠，而是希望引诱德国舰队驶离德国海岸，这样英军的小型舰队就能发挥数量优势。经济封锁观点还忘了一点，那就是战争爆发后英国舰队并没有接到拦截禁运品的命令。因而，证据支持以下观点：战争爆发前经济战略并没有占据主导地位，恰恰相反，封锁战略最初只是被视为摧毁德国舰队的一种工具，随着战事向前推进，经济封锁才越来越受到重视。

狭隘的组织利益决定论——海军军官鼓吹实施封锁以促进海军的利益——在战争爆发的前十年有一定道理，但是在战争爆发后就说不通了。英国陆军计划向欧洲大陆派遣远征军，费舍尔称之为"愚蠢的自杀行为"，很显然海军部的经济学家把封锁政策视为陆军计划的备选方案。[3] 如果封锁是英国的首要战略，那么很显然需要把最大份额的预算资源分配给海军，而不是陆军。在战争爆发的前十年，海军部成功地争取到政府支持海军实施有限封锁，但是海军部没能阻止英国向欧洲大陆派兵。然而，事实情况是，海军把大量资源用于建造无畏舰以击沉德军战舰，而不是用于建造驱逐舰或巡洋舰以实施封锁：海军军费增加主要是为了建造大口径炮舰，从而保持对德国主力舰的绝对优势。[4]

---

① Vincent, *Politics of Hunger*, p. 34.

② Coogan, *End of Neutrality*, p. 244.

③ 费舍尔引自 Williamson, *Politics of Grand Strategy*, p. 109。

④ 例如，1912 年英德海军竞赛最激烈时，丘吉尔在议会宣布："英国海军部将把舰只吨位维持在比 1908 年德国海军法准许的无畏舰吨位多 60% 的水平上，如果超出这个水平英国将按照 2:1 的比例增加舰只。"同上书，p. 257。

最后，一旦发生战事，支持还是反对实施封锁，决定权并不在海军手里：虽然海军军官莫里斯·汉基是饥饿封锁的主要支持者之一，而且英国许多重量级文官政治家也支持封锁，然而，最重要的是，1914 年 8 月，海军部的职业军官一致反对对有条件禁运品实施禁运，因为这么做违反了《伦敦宣言》，而且英国捕获法院也不得没收这类货物。①

英国对德国实施封锁是为了使德国平民忍饥挨饿，进而打击他们的士气：协约国从 1915 年 3 月开始就切断了同盟国的食物进口。我认为，英国领导人决定攻击平民有两个原因，一是他们逐渐意识到战争的成本和持续时间将远远超出预期，二是他们觉得阻止非战斗人员获得食物有助于打赢战争。英国的民主政治体制对迫害平民起到了推波助澜的作用，不论是广大民众、新闻媒体，还是反对党都要求政府实施更严厉的政策，英国政府不得不在向敌人施压和惹怒潜在盟友之间小心翼翼地走钢丝。

德国冒险发动无限制潜艇战

在第一次世界大战中，德国领导人把英国视为最危险的敌人，同时把英国视为最脆弱的敌人。德国人从来没有真正相信英国会全力参战，因此他们希望通过打击英国平民的士气来迫使英国退出战争。所以，当 1914 年和 1916 年德意志帝国在战场上失利时，德国企图从空中和海上对英国平民实施迫害。德国人很不走运，他们既没有通过空中轰炸迫使英国人屈服的能力，也没有通过 U 型潜艇战阻止英国人获得食物的能力：整个战争期间，德军的空袭总共造成 1336 名英国

---

① Coogan, *End of Neutrality*, pp. 156 – 157.

人死亡；虽然德军击沉了多艘商船和客轮，导致 12000 名英国海军和将近 2000 名平民被淹死，但是，德军使用 U 型潜艇实施的封锁根本没有在英国本土造成人员死亡。[①] 然而，德国为了恐吓平民和打击平民士气而实施轰炸，为了切断英国的粮食供应而实施封锁，"导致协约国过早地忍饥挨饿……因而也导致德国被协约国打败"[②]，这个问题我将在下文进行阐述。

施里芬计划遭遇失败

1914 年秋，树叶开始往下落，德国陆军不仅没有返回柏林参加胜利阅兵，反而从巴黎郊外开始撤退；他们企图从侧翼包围英法联军，但是没有取得成功，最终只能开始挖战壕，为消耗战做长久打算，这是德军始料未及的。[③] 这种局面"让德军总参谋长埃里希·冯·法金汉忧心忡忡"，他和德国首相贝特曼－霍尔维格开始相信，如果协约国仍然保持团结一致，那就不要指望德国取得胜利。[④] 1915 年德军进行 U 型潜艇战，使用齐柏林飞艇对伦敦进行轰炸，在很大程度上是因为施里芬计划失败了。德军实施施里芬计划是为了迅

[①] George H. Quester, *Deterrence before Hiroshima: The Airpower Background of Modern Strategy* (New York: Wiley, 1966), pp. 28, 42; Gilbert, *First World War*, p. 279。平民死亡主要是客轮被击沉造成的，例如卢西塔尼亚号（1198 人）、阿拉比克号（44 人）、西方人号（32 人）和萨塞克斯号（50 人）。同上书，pp. 157, 188, 191, 236。1915 ~ 1916 年，共有 37 艘非武装邮轮被击沉，但是基本上没有客轮。V. E. Tarrant, *The U - Boat Offensive 1914 - 1945* (Annapolis: Naval Institute Press, 1989), p. 30。

[②] Stibbe, *German Anglophobia and the Great War*, p. 136.

[③] 1914 年战争爆发之前，德国领导人信心满满，德皇威廉二世对德军说，施里芬计划将在数周内击败法国，他们"将在树木开始落叶之前回家"。引自 Stephen Van Evera, "The Cult of the Offensive and the Origins of the First World War," *International Security* 9, no. 1 (summer 1984): 67。

[④] 关于法金汉的悲观情绪，见 Gordon A. Craig, *Germany, 1866 - 1945* (New York: Oxford University Press, 1978), pp. 347 - 348；关于贝特曼的观点，见 H. E. Goemans, *War and Punishment: The Causes of War Termination and the First World War* (Princeton: Princeton University Press, 2000), p. 84。

速赢得决定性胜利。[①]

　　由于德军在陆地战场上的失利，德军军官很快就开始鼓吹针对平民展开行动，一种方式是对英国船只发动无限制潜艇战，另一种方式是使用齐柏林飞艇对英国城市进行轰炸。例如，1914 年 12 月的一份德国海军备忘录就言辞激烈地表示："为了打败英国，我们必须穷尽一切手段；考虑到广大民众的恐慌情绪，对伦敦实施空袭将是非常有效的手段。"[②] 然而，德军未能获得德皇的批准："虽然德皇威廉二世常被称为恐吓政策的坚定支持者，但是事实上他才是对英国实施空袭的主要障碍。"德皇威廉二世拒绝批准对伦敦实施空袭（伦敦有他的皇室表亲），1915 年前几个月，齐柏林飞艇轰炸也只局限于英国东部沿海地区；直到 5 月份，德皇威廉二世才批准对伦敦塔桥以东地区实施轰炸；直到 7 月份，其余限制才最终解除。总体而言，使用齐柏林飞艇是为了轰炸军事目标，并不是有意轰炸居民区。然而，齐柏林飞艇性能比较落后，而且轰炸在夜间进行，所以准确性严重受限，结果导致伤及平民。9 月，法金汉（Falkenhayn）"提醒帝国海军……要尽力避免给伦敦市民造成损失，或者可以只轰炸码头周边地区，因为他担心法国和英国会采取更加激烈的报复行动"。[③] 因此，一方面德

102

[①]　实际上德国人在战争前几周内就遇到了令人绝望的情况。施里芬计划的成功取决于速度，这意味着德军必须立即征服比利时并穿越比利时。然而，一方面比利时顽强抵抗，另一方面德国人对普法战争期间法国非正规军抵抗的情况再次发生的担忧被夸大，这两个因素导致 1914 年 8 月和 9 月德军对比利时和法国平民进行了大规模屠杀。虽然许多事件由德军战场失利所引发，有时候平民也会进行零星抵抗，但是从德军反应的规模和一致性来看，德军坚信法国非正规军抵抗的情况普遍存在，而实际上这种情况根本不存在。研究 1914 年德军暴行最杰出的历史学家认为，暴力来自"德军对人民战争的信仰，这种信仰构成了大规模集体性自我暗示，这种情况在现代军队中可能无人能及"。德军官兵认为他们面对的是携带武器的全国人民（在时间非常宝贵的气氛中），所以他们企图使用武力来压制人民的抵抗。Horne and Kramer, *German Atrocities*, p. 77。

[②]　引自 Douglas H. Robinson, *The Zeppelin in Combat: A History of the German Naval Airship Division, 1912 - 1918*, 3d ed. (Henley - on - Thames: Foulis, 1971), p. 52。

[③]　Quester, *Deterrence before Hiroshima*, p. 26.

皇威廉二世本人犹豫不决，另一方面担心遭到协约国报复式轰炸，这两个因素都影响德军空袭的效果。

1915 年 2 月开始的 U 型潜艇战也受到类似限制。例如，在 1915 年前三个月，德军共击沉 116 艘商船，其中 94 艘是依据捕获法击沉的，也就是说，德军潜艇浮出水面，等船上人员弃船逃生后再击沉船只。[1] 然而，卢西塔尼亚号和阿拉比克号邮轮遭到德军鱼雷击沉后，面对美国的愤怒，德国政府首先宣布潜艇不得攻击中立国商船，不得攻击敌国或中立国的大型邮轮，后来最终取消了全部行动。[2] 原因在于德国的关键决策者担心惹怒美国，正如法金汉所说，他们认为"潜艇战的实际战果相对较小，根本不值得这样冒险"。[3]

然而，到了 1916 年，法金汉对潜艇战的态度改变了，他认为潜艇战对于德国同时对抗法国和英国非常有必要。[4] 法金汉对德国胜利前景越来越悲观，这也导致他开始接受使用 U 型潜艇。法金汉在 1915 年 12 月给德皇威廉二世的备忘录中这样写道："我们的敌人在人力和物力方面都有优势，他们储备的资源比我们多得多。如果这种情况继续发展下去，早晚有一天，德国仅存的希望也会丧失掉。"[5]

---

[1] 其余 22 条商船被鱼雷击沉；其中 12 条来自敌国，10 条来自中立国。Lundeberg, "German Naval Critique of the U-Boat Campaign," p. 110, n. 35。

[2] 5 月 7 日卢西塔尼亚号被鱼雷击沉，8 月 19 日阿拉比克号被鱼雷击沉。卢西塔尼亚号上 128 名死亡乘客是美国人，阿拉比克号有 3 名死亡乘客是美国人。Tarrant, *U-Boat Offensive*, p. 21。

[3] General von Falkenhayn, *The German General Staff and Its Decisions* (New York: Dodd, Mead, 1920), p. 178。德军也没有对英国舰只造成严重损失：英国舰只被击沉 75 万~85 万吨，至多占英国舰只总吨位的 4%，1915 年，英国新建 130 万吨舰只，远超出舰只损失数量。见 John Terraine, *Business in Great Waters: The U-Boat Wars 1916-1945* (London: Leo Cooper, 1989), p. 10; Holger H. Herwig, *"Luxury" Fleet: The Imperial German Navy, 1888-1918* (London: Allen and Unwin, 1980), p. 165。

[4] 在陆地战场，法金汉计划进攻法国要塞城市凡尔登，希望把法国拖入消耗战，从而拖垮法国。在海上战场，德军总参谋长提议发动第二次消耗战，发动无限制 U 型潜艇战，切断英国进口来源。

[5] Falkenhayn, *German General Staff*, p. 241.

古伊曼斯（Goemans）说，"法金汉相信 1916 年是德国最后的胜利机会"，所以必须动用手中的一切武器。[1] 海军高级军官纷纷支持法金汉，但是贝特曼和德皇威廉二世仍然持怀疑态度。例如，德国首相认为："德国的军事形势还没有坏到我们必须采取如此绝望的行动的地步。"[2] 对此德皇威廉二世表示赞同："当前的军事形势还不足以迫使我们一次性押上全部赌注"；因而"现在时机还不成熟，不值得冒美国武装干涉的风险"。[3] 德皇威廉二世下令恢复有限潜艇战，只允许德军 U 型潜在交战区域在没有事先警告的情况下击沉敌国船只。跟 1915 年一样，当美德两国因为德军击沉民用船只（法国萨塞克斯号蒸汽船）发生摩擦时，德国退让了，重新使用巡洋舰进行作战，这也加速了潜艇战的结束。霍尔格·赫维希（Holger Herwig）说："无限制潜艇战之所以失败，主要是因为美国对德军无差别地击沉邮轮做出了反应，而不是因为英军采取了反制措施。"从当时来看，英军的反制措施对于击沉德国 U 型潜艇基本没什么作用。[4]

连续四次沉重打击让德国变得悲观

1916 年春季，凡尔登进攻彻底失败，要求法金汉辞职的呼声也为期不远了。到 7 月初英国对索姆地区发起进攻时，凡尔登战役已经造成德军 25 万人伤亡。[5] 一个月前，俄军突破奥匈帝国军队防线，深入匈牙利境内，然后发起了大规模夏季攻势。为了阻止俄军向前推

---

[1]　Goemans, *War and Punishment*, p. 88.

[2]　引自 Quoted in Konrad H. Jarausch, *The Enigmatic Chancellor: Bethmann Hollweg and the Hubris of Imperial Germany* (New Haven: Yale University Press, 1973), p. 281。

[3]　引自 Admiral Scheer, *Germany's High Sea Fleet in the World War* (London: Cassell, 1920), p. 241; R. H. Gibson and Maurice Prendergast, *The German Submarine War, 1914 – 1918* (New York: Richard R. Smith, 1931), p. 83。

[4]　Herwig, *Luxury Fleet*, p. 166.

[5]　法军损失也差不多。Roger Chickering, *Imperial Germany and the Great War, 1914 – 1918* (Cambridge: Cambridge University Press, 1998), p. 68。

进，德军最高统帅部投入了大量战略预备队，而西线战场也迫切需要战略预备队增援。最要命的是，罗马尼亚站在协约国一边参战了。一连串灾难使贝特曼相信总参谋长必须走人了——法金汉反对无限制潜艇战时，贝特曼一直容忍他；但是 1915 年底法金汉改变了立场，这时贝特曼也开始密谋反对法金汉了。① 德国国运正在衰退，德国首相贝特曼觉得，德国必须想办法，必须通过谈判来结束战争，而且越早越好。

罗马尼亚对德宣战成为最后一根稻草。德皇威廉二世与法金汉关系密切，虽然他不信任即将接替法金汉的保罗·冯·兴登堡（Paul Von Hindenburg）和埃里希·鲁登道夫（Erich Ludendorff），但是他别无选择，8 月 28 日法金汉被免职。兴登堡被任命为总参谋长，鲁登道夫为第一军需总监。

紧接着，德国的军事和政治领导人在位于普勒斯（Pless）的总指挥部召开了战略会议。不出所料，海军总参谋长霍尔岑多夫（Holtzendorff）元帅请求发动无限制潜艇战。"1916 年 8 月德国已经陷入困境，形势危急，"霍尔岑多夫争辩道，"国家面临生死存亡，必须运用一切手段，无限制潜艇战已经不可避免，最好是立即开始。如果拒绝使用能够严重削弱英军实力、使其既无法支援盟国又无法继续进行战争的武器，那么德意志的末日就要到了。"②

104　　霍尔岑多夫没能说服兴登堡和鲁登道夫。虽然他们俩基本上倾向于无限制潜艇战，但是他们俩都认为使用德军兵器库中的最后一件武器的时机还没到。德国还要对付罗马尼亚，但是德国的预备队快耗尽

---

① 造成对德国战胜前景感到悲观的其中一个因素是 1916 年德国国内食物供应形势越来越严峻。见 Laurence Moyer, *Victory Must be Ours：Germany in the Great War*, *1914 - 1918*（New York：Hippocrene Books, 1995）, pp. 156 - 172；Robert B. Asprey, *The German High Command at War：Hindenburg and Ludendorff Conduct World War I*（New York：Morrow, 1991）, pp. 258 - 261；Chickering, *Imperial Germany and the Great War*, pp. 140 - 146。

② 引自 Tarrant, *U - Boat Offensive*, p. 35。

了。因此，对于无限制潜艇战会导致荷兰和丹麦对德宣战的言论，兴登堡和鲁登道夫非常谨慎：

> 我们拒绝宣布进行无限制潜艇战，因为在帝国首相看来，这可能会导致丹麦和荷兰对德宣战。我们没有多余兵力来抵抗这两个国家，即使丹麦和荷兰军队不擅长作战，他们也有能力入侵德国，给予我们致命一击。虽然德国海军保证无限制潜艇战能够取得成功，但是在潜艇战的效果显现之前，我们也许早就被打败了。[1]

于是，会议决定把是否使用 U 型潜艇的最终决定推迟到打败罗马尼亚之后，但是"问题已经不再是该不该无限制地进行潜艇战了，现在问题变成了什么时候才是取消所有限制的最佳时机"。[2] 关键的是，虽然贝特曼反复强调惹怒美国和其他中立国的危险性，但是他还是放弃了一部分关键权力。贝特曼表示：如果最高统帅部认为时机成熟了，那么德国就应该发动无限制潜艇战。

这次会议结束后不久，兴登堡和鲁登道夫对西线进行了视察，他们要看看到底是什么难题一直困扰着他们的前任指挥官。9 月 7日，在康布雷，"集团军和集团军指挥官们讲述了西线令人惊心动魄的战斗场景，讲述了协约国军队在德国人称为'物资之战'的战斗中拥有的压倒性的物资优势，还讲述了索姆河战役和凡尔登战役给德军造成的'可怕的伤亡'"。[3]战场形势深深触动了他们，他们

---

[1]　General Ludendorff, *My War Memories, 1914 - 1918*, vol. 1 (London: Hutchinson, 1919), p. 243。见 Asprey, *German High Command at War*, pp. 266 - 267；Martin Kitchen, *The Silent Dictatorship: The Politics of the German High Command under Hindenburg and Ludendorff* (New York: Holmes and Meier, 1976), p. 112。

[2]　Bell, *Blockade of Germany*, p. 599.

[3]　Terraine, *Business in Great Waters*, p. 14.

决定在西线采取防御态势。兴登堡和鲁登道夫下令修筑一道新防线，后来德国人称这条新防线为"齐格菲防线"，协约国则称之为"兴登堡防线"。这条防线由钢铁和水泥地堡构成，绵延 70 英里，由三道平行防线组成。1917 年 2 月，德军撤出阵地，退守至兴登堡防线。

虽然德军在 1916 年秋季发动了潜艇战，但是大家都很清楚这只不过是临时措施。事实上，早在 9 月 10 日，鲁登道夫就向海军参谋部的冯·布洛（von Bulow）上尉保证，只要战局需要，他就支持发动无限制潜艇战。① 两个月后，莱茵哈特·舍尔元帅到普勒斯拜会了兴登堡和鲁登道夫，他发现兴登堡和鲁登道夫都认为应该发动无限制潜艇战，而且最晚不能晚于 1917 年 2 月 1 日。② 12 月初，布加勒斯特被冯·马肯森（von Mackensen）元帅攻克，从而清除了发动 U 型潜艇战的最后一个障碍。12 月底，法军在凡尔登发起反攻，俘获了11000 名德军俘虏，而且几乎收复了所有失地。这件事让鲁登道夫深受触动，他在给德国首相的信中写道："西线发生的一切让我相信无限制潜艇战必须在 1 月份开始……整个事件都可以归结为一个简单命题：帝国处境艰难，明年必须全力以赴。"③

总之，1916 年底，德国政治和军事领导人都认为帝国形势非常严峻。这一年来，德军在各条战线上接连失利，虽然德军在凡尔登、索姆、东加利西亚和罗马尼亚成功止血，但是要想短期内改善战局希望渺茫。在西线战场，协约国兵力远远超出德军，协约国兵力为 390 万人，而德军只有 250 万人。④ 正如罗杰·奇克林（Roger Chickering）所说：

① Gibson and Prendergast, *German Submarine War*, p. 119.
② Scheer, *Germany's High Sea Fleet*, p. 194.
③ 引自 Bell, *Blockade of Germany*, p. 600。
④ Tarrant, *U - Boat Offensive*, p. 45.

战争双方似乎陷入了无休止的消耗当中，连续不断地投入大量人力和物力，战略回报却微乎其微。虽然大家对这种局面都不满意，但是德国人尤其不安，因为这意味着德国迟早会输掉战争。正如索姆河战役所证明的，协约国在各个方面都超过德国，无论是弹药、装备、食物，还是人力都是如此。[1]

直到 1916 年底，"德国大多数领导人，包括兴登堡和鲁登道夫在内，才极不情愿地承认德国是在打一场消耗战，这个观点法金汉已经坚持了两年时间"。[2]

发动无限制潜艇战的决定

德国首相面临压力。随着战事向前推进，德国议员们越来越尖锐地抨击贝特曼－霍尔维格，批评他反对无限制潜艇战。例如，1916 年春季，德国保守党和国民自由党都提出了支持无限制地使用潜艇的决议，但是德国首相最终把这些决议引向了预算委员会的秘密程序。然而，到了 1916 年秋季，德意志帝国议会大多数议员明确同意解除对 U 型潜艇的限制。10 月 7 日，议员们通过了一项由德国天主教中央党提出的决议，这项决议虽然肯定了发动无限制 U 型潜艇战的最终决策权"在于德国首相"，但是这项决议也认为最高统帅部的意见"必须是接近决定性的意见……如果兴登堡下定决心要发动残酷无情的潜艇战……那么就连首相也不能改变立场"。[3] 最终这项决议获得通过，从此首相也被束缚住了手脚，戈登·克雷格称

106

---

① Chickering, *Imperial Germany and the Great War*, p.71.
② Asprey, *German High Command at War*, p.284。1916 年底鲁宾孙写道，意识到这个问题也是 "德国海军飞艇师全面进攻英国首都"的原因所在。刚才讨论过的 4 次沉重打击他都提到了。Robinson, *Zeppelin in Combat*, p.165。
③ 天主教中央党领袖马蒂亚斯·埃茨贝格尔，引自 Jarausch, *Enigmatic Chancellor*, p.297。

之为"对事关宪法核心精神和文官治军原则问题的集体不负责行为"。①

德国国内要求贝特曼宣布发动无限制潜艇战的呼声越来越高，面对各方压力，贝特曼只能寻求停战。正如康拉德·贾劳什（Konrad Jarausch）所说："海军的挑战标志着和平与扩大战争的赛跑开始了。"② 为了实现停战，12 月 12 日贝特曼在帝国议会宣布德国愿意与协约国代表在中立国进行谈判。③ 于是，当时已经获得连任的美国总统伍德罗·威尔逊（Woodrow Wilson）向各参战国发出和平照会，邀请各参战国各自陈述本国的战争目标，这是谈判的第一步。然而，协约国坚决地拒绝了贝特曼伸出的橄榄枝，"指责德国是厚颜无耻的侵略者，这么做是为了美化罪行，企图将德国自己的和平方式强加给文明世界"，结果所有努力随之化为泡影。④ 就这样，和平的大门"砰"的一声关上了，1917 年通过和平谈判方式结束战争的希望也破灭了。

霍尔岑多夫的备忘录。在军事和外交局面都令人沮丧的情况下，海军总参谋长霍尔岑多夫又提出了一份关于无限制潜艇战的备忘录，备忘录落款日期是 12 月 22 日。在这份著名的备忘录中，霍尔岑多夫扬言 6 个月内就可以打败英国。这份备忘录源于海军参谋部 B1 局从 1915 年初就开始进行的一系列研究。在和平时期，赫尔曼·列维（Hermann Levy）是海德堡的一名经济学教授，他也是研究项目的主要成员。从一开始，列维就把研究重点放在切断英国小麦进口的影响上。⑤ 他发现，英国食物进口量很大，但是食物库存量非常低。大多数国

---

① Craig, *Germany*, p. 380.

② Jarausch, *Enigmatic Chancellor*, pp. 297 – 298.

③ 在这次行动中，贝特曼基本上是自作主张，因为他既没有征询德意志帝国议会的意见，也没有征求军方的意见；当兴登堡和鲁登道夫得知后，他们也坚决反对和平行动。

④ Asprey, *German High Command at War*, p. 289.

⑤ 讽刺的是，列维的大部分想法来自英国皇家食物供应委员会，1903~1905 年，这个委员会对食物进口禁运可能对英国造成的影响进行评估。见 Offer, *First World War*, pp. 220 – 225.

家的谷物储备能够维持大半年，而英国要"依赖谷物'源源不断地进口'，而且进口谷物储备量也不大。在最高峰时，库存能供应 17 周；在最低谷时，库存只能维持六周半"。[①] "这是可以攻击的目标，"阿夫纳·奥弗尔指出，"虽然目标很小，使用潜艇就能摧毁，但是关系到英国的生死存亡。"德国可以派出 U 型潜艇"给予致命性打击"。[②] 列维断言，如果食物进口被切断，当国内储备耗尽时，小麦价格就会暴涨，继而引发民众恐慌，伦敦也就无法继续进行战争了。[③]

海军参谋部 B1 局关于对英国实施经济战的研究成果最终体现在霍尔岑多夫的备忘录中。[④] 霍尔岑多夫认为，1916 年全球农作物歉收为德国创造了一个绝佳机会。在正常情况下，英国大部分小麦是从美国和加拿大进口的，但是今年歉收，在满足国内需求后，不论是美国还是加拿大似乎都没有多余的小麦卖给英国。[⑤] 粮食歉收意味着英国只能指望其他更遥远的谷物出口国，如阿根廷、印度和澳大利亚。反过来，距离增加意味着相同吨位的船只运载的谷物只有北美地区运载量的一半，所以要投入更多商船用于运输谷物，也就更容易遭到拦截。

据霍尔岑多夫估算，英国大约有 1075 万吨船只可用于海上贸易——英国自身拥有 675 万吨，从同盟国手中缴获了 90 万吨，悬挂中立国国旗的船只 300 万吨。[⑥] 在 1916 年的最后三个月内，按照捕获法德军潜艇每个月击沉大约 30 万吨船只。[⑦] 霍尔岑多夫及其助手们

---

① *Offer*，*First World War*，p. 356.

② Ibid.，p. 356.

③ Ibid.，pp. 356 – 357.

④ 关于文件全文，见 Carnegie Endowment for International Peace，*Official German Documents Relating to the World War*，vol. 2（New York：Oxford University Press，1923），pp. 1214 – 1219。

⑤ 1915 年，英国 90% 的小麦进口来自北美。见 Offer，*First World War*，p. 359。

⑥ 霍尔岑多夫意识到英国实际上拥有大约 2000 万吨运能。然而，他认为军方用掉了 860 万吨，50 万吨用于沿海贸易，大约 100 万吨处于维修当中，200 万吨用于帮助其他协约国。这样一算还剩下 800 万吨，但是英国贸易数据统计显示每个月实际停靠英国港口的只有 675 万吨。加上没收的 90 万吨船和 300 万吨中立国船只，总共是 1075 万吨。应为 1065 万吨，但原文如此。——译者注

⑦ Tarrant，*U - Boat Offensive*，pp. 148 – 149.

估算，如果允许 U 型潜艇在没有事先警告的前提下击沉商船，那么 U
型潜艇平均每个月击沉的船只数量将翻番。而且，按照霍尔岑多夫的
说法，由于担心被击沉，与英国进行贸易的中立国船只也会减少
40％左右。5 个月内，潜艇战造成的损失（420 万吨）将占到英国商
船吨位总数的 39％。霍尔岑多夫及其经济小组相信这些损失将产生
决定性作用："不论是从损失对战后局势发展的影响来考虑，还是从
目前继续进行战争的可能性来考虑，英国都无法承受这么大的损
失。"[①] "粮食价格飞涨，面包短缺，"奥弗尔说，"会造成民众恐慌和
抗议，这样一来英国就无法继续进行战争了。"[②]

　　虽然封锁最终没有对英国国内的平民食物供应造成太大影响，但
是德国封锁政策的本意就是饿死英国人，这是毫无疑问的。1915 年，
德国海军军官们感到非常失望，因为他们手中有可用武器，"却不能
用于切断英国的食物进口，让英国人忍受饥荒"。1916 年，霍尔岑多
夫在备忘录中"强调无限制潜艇战并非仅仅针对装运弹药的船只，
也并非主要针对装运弹药的船只，而且要针对不列颠群岛维持生存所
必需的所有进口货物"。[③] 德国就是要进行全面封锁：既然英国企图阻
止所有对德贸易，那么德国也要击沉所有与英国贸易的船只。

　　海军参谋部的推理漏洞百出。首先，这份备忘录假设英国不会对
潜艇战做出调整，不会建造更多船只，不会调拨更多船只用于海上贸
易，也不会采取护航体制。其次，用于装运小麦的船只仅占英国所有
商船的一小部分，所以用被击沉船只的吨位数作为衡量潜艇战成功与
否的指标并不恰当。[④] 正确的衡量指标应该是英国损失了多少小麦或
者小麦的库存量。从这两项指标来看，潜艇战彻底失败了：英国小麦

---

① Carnegie Endowment, *Official German Documents Relating to the World War*, 2：1216.

② Offer, *First World War*, p. 360.

③ Massie, *Castles of Steel*, pp. 519, 703.

④ 实际上，德军认为击沉船只为 10 万吨，小麦损失 24 万吨。Offer, *First World War*, p. 359.

平均每个月损失 6%，在潜艇战最关键的头几个月里（这几个月里船只损失最严重），英国的小麦库存量反而增加了，从原来的五周半增加到 14 周。[①] 最后，德国断言 6 个月内打败英国，这既没有事实依据，也没有逻辑依据。

普勒斯会议。然而，作为最后的胜利希望，无限制潜艇战现在已经势不可挡。1916 年 12 月，罗马尼亚战败，德国派出的和平使者也遭到拒绝，这样一来最后的障碍也都清除掉了。1917 年 1 月 8 日，兴登堡、鲁登道夫和霍尔岑多夫在御前会议上要求要么发动 U 型潜艇战，要么首相辞职，这一次威廉二世妥协了。第二天德国首相贝特曼赶到御前会议现场，得知这个既成事实后，也没有表示异议，他说："如果军方认为 U 型潜艇战非常有必要，那么我不会反对他们。"[②] 就这样，德国决定于 2 月 1 日开始发动无限制潜艇战。

为什么会这样？德国的决策者们一致认为，决定攻击英国的粮食补给有两个主要因素，一是德国战胜前景渺茫，二是他们相信无限制潜艇战是一次避免战败的机会。[③] 例如，鲁登道夫说，协约国在各方面都占有优势，"如果战争继续进行下去，德国必败无疑"。因此，无限制潜艇战"是目前唯一能在合理时间内取得胜利的手段。如果无限制潜艇战能够发挥决定性作用（海军坚信这一点），那么在当前形势下，发动潜艇战是我们军人对德意志民族所肩负的使命"。[④] 舍尔元帅在回忆录中也表达了类似观点："但是，如果我们没能成功地击垮英国人消灭德国的意志，那么消耗战必将以德国战败而告终。单

---

① Offer, *First World War*, p. 366.

② 引自 Asprey, *German High Command at War*, p. 293。

③ 除了下面援引的作品之外，见 Goemans, *War and Punishment*, pp. 94 – 98；Kitchen, *Silent Dictatorship*, p. 123。

④ Ludendorff, *My War Memories*, 1：307, p. 312.

纯依靠陆地战无法避免德国战败的结局……在这种情况下，我们绝不能袖手旁观，让德意志帝国的命运听天由命。"① 德国照会在潜艇战开战前一天送达美国政府，照会写得简明扼要："战争早一天结束就能拯救我们双方数千名英勇将士的生命，这对备受煎熬的人类来说是个福音。如果不穷尽一切手段来尽快结束战争，德国政府就无法面对其良知，无法面对德国人民，无法面对历史。"② 简而言之，正如海军历史学家塔兰特所总结的："德国陆军和海军领导人的要求、德皇威廉二世的默许和德国首相放弃权力都有一个共同原因——从现实来看，除了就战略性使用 U 型潜艇做出最终决定之外，德国已经别无选择，因为德国的处境已经岌岌可危了。"③

其他解释

政权形式。在关于民主和平论的争论中，德国的政权形式如何定性一直是争议的焦点。民主和平论的支持者认为，德皇威廉二世在外交政策上不受德国联邦议院的制约，德国军队也不由文官领导，所以德国是一个非民主国家。④ "政体 4 项目" 数据组也把德意志帝国归为独裁国家。批评者则认为，与同时代的其他民主国家（如法国和英国）相比，两者之间的相似点远多于不同点，所以德国肯定是（大家也认为是）一个宪政国家，而且比当时一些所谓的自由国家（如智利和哥伦比亚）要先进得多。⑤

不管争论结果怎么样（我遵循大多数研究的做法，把德国归为

---

① Scheer, *Germany's High Sea Fleet*, p. 255.
② 引自 Gibson and Prendergast, *German Submarine War*, p. 137。
③ Tarrant, *U - Boat Offensive*, p. 45.
④ Michael W. Doyle, "Kant, Liberal Legacies, and Foreign Affairs, Part I," *Philosophy and Public Affairs* 12, no. 3 (summer 1983): 216, n. 8.
⑤ Christopher Layne, "Kant or Cant: The Myth of the Democratic Peace," *International Security* 19, no. 2 (fall 1994): 42 - 44; Ido Oren, "The Subjectivity of the 'Democratic' Peace: Changing U. S. Perceptions of Imperial Germany," *International Security* 20, no. 2 (fall 1995): 153.

非民主国家），民意都对德国的决策者产生了重大影响。从战争之初，德国民众就强烈要求报复英国。1915 年 2 月，阿尔弗雷德·冯·提尔皮茨（Alfred von Tirpitz）元帅接受了美国记者采访，从提尔皮茨的公开回应中可以明显感受到这种复仇情绪。当记者问德国是否考虑对英国实施封锁时，提尔皮茨元帅回答说："如果我们被逼到走投无路，我们为什么不封锁英国呢？英国要饿死我们，我们也可以以牙还牙，切断英国的海上运输线，击沉每一艘企图突破封锁的船只。"[1] 提尔皮茨元帅的采访导致德国民众群情激愤，这时恰逢德国错失了迅速取得决定性胜利的机会，而且民众完全接受使用任何武器对付英国，只要能够早日结束战争并确保德国打赢战争就行。戈登·克雷格写道：

> 提尔皮茨设想使用一种神奇武器，这种想法会让民众兴奋不已，这样一来民众就会要求投入足够多的潜艇来对付英国，提尔皮茨的预想基本上是正确的。从战争一开始，广大民众就接受了无限制潜艇战（也就是不事先警告就直接击沉船只）的想法，他们很狂热，非常盲目，而且并不认为发动无限制潜艇战是违背人性的行为，也不认为潜艇战会惹怒中立国家。[2]

然而，就像英国领导人一样，德国的政治领导人并没有屈服于民意而立即执行（在他们看来）有损德国利益的政策。因为德皇威廉二世反对，空袭伦敦行动被迫推迟了；因为担心美国干预，无限制潜艇战也被迫推迟了。在 U 型潜艇战问题上，德国政府坚持反对煽动民众情绪和政治阴谋长达两年时间，这点得到了巴伐利亚总理乔治·

110

---

[1]　提尔皮茨引自 Bell, *Blockade of Germany*, p. 211。

[2]　Craig, *Germany*, p. 369。见 Jarausch, *Enigmatic Chancellor*, p. 273；Massie, *Castles of Steel*, pp. 540，552。

黑德林（George Hertling）伯爵的证实，1916 年 8 月他在信中写道：

> 德国政府根本不知道德国首相的反对者们有多么狂热。他们只有一个目标：英国是德国的敌人，必须把英国摧毁，如果放手让德国海军发动无限制潜艇战，几个月内就能把英国打败。但是德国政府拒绝让步，德皇威廉二世对英国旧情难忘……而德国首相又因太软弱而不敢反对他。[①]

事实上，德国的非民主决策程序与英国的民主决策程序非常相似。批评者可能会说，随着战事向前发展，德国越来越像一个军事独裁国家，重大决定都由军方而不是政治家做主。随着时间的推移，军方对德国政策的影响力确实越来越大，这是无可否认的。然而，我们不能说兴登堡和鲁登道夫从德国的政治领导人手中夺取了权力，然后逼迫他们下令发动无限制潜艇战。这种说法忽视了一个重要情况，那就是无限制潜艇战几乎得到了德国全社会的一致支持。事实上，恰恰是德国议会束缚住了贝特曼的手脚，因为 1916 年 10 月德国议会通过了一项决议。这项决议明确指出，如果德国最高统帅部认为时机成熟，德国就应该发动无限制潜艇战。还有一位作者这么说，无限制潜艇战"可能是整个战争期间最受欢迎的军事行动"。[②] 贝特曼也开始犹豫了，"他情不自禁地感觉到这项政策会得到军队全体领导人、德皇、德国议会大多数议员、德国最活跃的政治人士的支持，这项政策或许比他想象得更明智"。[③] "只有社会主义者坚决反对，"贾劳什总结说，"因此，使用 U 型潜艇是贝特曼做出的最民主的决定。"[④]

---

① 引自 Stibbe, *German Anglophobia*, p. 144。

② Moyer, *Victory Must Be Ours*, p. 185.

③ Craig, *Germany*, p. 381.

④ Jarausch, *Enigmatic Chancellor*, p. 307.

身份。在战争爆发后的最初几个月里，英国成了德国的头号公敌，这与身份决定论的预期正好相反。一位研究第一次世界大战期间德国宣传战的历史学家评论道："像所有交战国一样，在战争爆发后的几个月内，德国全国上下都充斥着一种沙文主义的狂热情绪，这种情绪需要通过强烈地憎恨敌人才能发泄出来。"像协约国一样，德国也把宣传重点放在敌人的暴行上，目的是让民众相信敌人非常野蛮，最常见的一个故事就是比利时妇女把德国伤员的眼睛剜了出来。一位生活在德国的英国妇女在战争初期说："在绝大多数人眼里，协约国是令人恐怖的、嗜血成性的、残暴无情的'野蛮人'。事实上，在英国人和法国人眼中，德国人也基本上是这种形象，他们把德国人称为'德国鬼子'和'匈人'。"[①]

然而，英国决定对德作战引发了民愤，导致英国成为德国最仇恨的敌人，这与战争爆发前形成强烈反差，战争爆发前德国人最恨法国和俄国，尤其是俄国。例如，在 1914 年 11 月接受采访时，兴登堡对俄国人和法国人的战斗素质给予高度评价，但是"把英国视为最可恨的敌人"。类似的，1915 年 1 月德国发行的一份法语报纸这样写道："在我们所有敌人当中，英国人是最可恨的……德国最终会与法国和俄国达成和解，但是绝对不会与英国和解。"[②] "英国要遭天谴"这个口号迅速传播到每个角落，被印在各类物品上，成为小孩子之间和打电话时的问候语，从中可以看出德国民众对英国人也是这种态度。而且，恩斯特·里萨尔（Ernst Lissauer）创作了一首非常流行的战争歌曲，歌名叫《仇恨歌》（Hymn of Hatred），这首歌里的反面人物不是法国人，也不是俄国人，而是英国人。

英国对德宣战，德国人觉得遭到了背叛，对英国心怀怨恨，这点

---

① David Welch, *Germany*, *Propaganda and Total War*, *1914 - 1918*: *The Sins of Omission* (New Brunswick: Rutgers University Press, 2000), pp. 58, 61.

② 引自 Stibbe, *German Anglophobia*, pp. 21, 17。

可以理解，但是这并没有为身份决定论提供支持。虽然德国人憎恨和厌恶英国人，视英国为可耻的背叛者，但是英国人并没有把海峡对岸的邻国描述成不应得到文明规则庇护的"畜生"。而且，前文说过，英德两国民族起源相似，皇室之间还有血缘关系。确实，有些德国评论家在战前曾预测英国会帮"德意志表亲"打仗。[1] 相比之下，"丑化劣等和野蛮的俄国"比丑化英国更容易，本来战前德国对俄国的评价就不高，俄国的威胁比较近而且比较严重。[2] 然而英国成了德国最憎恨的对象。简而言之，就野蛮身份决定论而言，德国人恨错了敌人。

组织决定论。就解释德国这个案例而言，组织决定论表现很差。尽管在第一次世界大战中潜艇发挥了关键作用，但是潜艇的作用几乎完全是战时形势的产物，而不是战前就计划好的。事实上，德国海军的对英作战计划根本没有设想 U 型潜艇发挥独立作用，而且基本上没有考虑过对英国商船发动潜艇战的可能性。1912 年 12 月的一份文件代表了海军参谋部对这个问题的典型想法：这份文件为 U 型潜艇确定了三个目标，即英国舰队的主力、英军基地和向欧洲大陆运送英国远征军的船只。[3] 1914 年 5 月，潜艇督察室的乌尔里希－埃伯哈特·布卢姆（Ulrich－Eberhard Blum）提交了一份报告，这是唯一一份关于使用潜艇拦截英国海上贸易的研究报告。布卢姆估计，德国需要 222 艘 U 型潜艇才能对不列颠群岛实施封锁。[4] 然而，1914 年 8 月，德国海军总共只有 30 艘潜艇能参加对英国作战。[5]

相比之下，对于 1914 年秋季德国海军突然转向使用潜艇，狭隘

---

[1] Stibbe, *German Anglophobia*, p. 55.

[2] Welch, *Germany, Propaganda and Total War*, p. 62.

[3] Ivo Nikolai Lambi, *The Navy and German Power Politics, 1862－1914*（Boston: Allen and Unwin, 1984）, p. 401.

[4] Lundeberg, "German Naval Critique of the U－Boat Campaign," pp. 106－107.

[5] Tarrant, *U－Boat Offensive*, p. 15.

的组织利益决定论能够做出解释，但是，对于国家政策，则无法做出解释。德国海军军官们相信英国海军大舰队会闯入德国沿海进行挑战。结果恰恰相反，英军战舰继续待在斯卡帕湾，英军巡洋舰则在北海出海口实施远程封锁。德国公海舰队司令弗雷德里希·冯·英格诺尔（Friedrich von Ingenohl）元帅没有机会在公海上与英国皇家海军决战，所以下令部队实施海军游击战，但是实际上德军无法迫使英军交战。公海舰队被封锁住了，元帅们心里很清楚。

有人提议使用 U 型潜艇对付英国，这种提议从 10 月份开始在海军总参谋部扩散，但是第一份官方建议来自海军参谋长雨果·冯·波尔（Hugo von Pohl），是他在英国宣布北海为交战地带的第二天向德皇威廉二世正式提出的。战争爆发前，德国海军根本没有制订任何使用 U 型潜艇攻击英国海上贸易的计划，而且整个舰队拥有的潜艇不足 30 艘，这个建议确实出人意料，对战争进程没有任何影响，这种挫败感很好地解释了为什么德国海军突然转变了态度。德国海军建造了数十艘战舰，如果德国陆军在战场上浴血奋战，而德国海军只能停泊在港口里生锈，那么海军就会显得很无能。因此，作为一个独立组织，德国海军也渴望对战争进程做出贡献，这种渴望有助于解释为什么海军突然提倡潜艇战了。

虽然德国海军对贸易战充满信心，但是德国军队被文官牢牢控制着。海军提出的无限制潜艇战主张，但是被德皇威廉二世和德国首相一再驳回，因为他们认为无限制潜艇战风险太大，得不偿失。直到 1916 年德国战局严重恶化后，德国的政治领导人才变得绝望，才敢冒险对英国海上贸易发动无限制潜艇战。

最终，无限制潜艇战没能打败英国，反而把美国人拉入了战争，从而加速了德国的战败。但是德国战败这个结果并不意味着当时做出无限制潜艇战的决定是不理性的。没错，霍尔岑多夫的估计和计算确实存在缺陷，德国领导人也没有正确评估英国可能采取的

113

反制措施和美国参战对战争进程的影响。即便如此，在发动潜艇战的前三个月，德国 U 型潜艇还是击沉了将近 200 万吨商船——平均每个月击沉 64.8 万吨，这个数字超出了霍尔岑多夫的预期。[①]而且，现在回过头来看，虽然潜艇战给英国小麦供应造成的损失很轻微，但是从当时来看，大量船只被击沉确实让英国官员感到惊慌失措。[②]

1916 年 8 月底，德国局势难以为继，这才是真相。德军在各条战线上都被包围，兵员数量悬殊，武器装备落后，国内受到饥荒困扰，盟国处在崩溃边缘，如果没有奇迹发生，德国战败是毫无悬念的。讽刺的是，如果德国推迟无限制潜艇战，哪怕是推迟几个月，西线德军就有可能因为俄国的崩溃取得胜利，至少能在谈判中获得有利地位。遗憾的是，1916 年谁也无法预料到俄国会发生革命。事实上，当时俄国刚刚在东线打败了奥地利和德国。俄国成了阶级革命的牺牲品，奥匈帝国也可能像俄国一样被国内革命搞得四分五裂。尽管存在这种违背历史的可能性，德国领导人只是觉得不能眼睁睁看着国家灭亡。

结　论

本章证明，当英德两国的决策者认为第一次世界大战的战争成本和持续时间不断增加，他们对胜利的信心逐渐减退时，他们采取了攻击平民的胁迫战略。他们主要采用了海战方式——英军方面采用了水面舰艇，德国方面采用了潜艇——其目的是阻止敌国平民获得食物。

---

① 1917 年 2~3 月，抵达和离开英国港口的船只数量同比下降了 25%。见 Tarrant, *U - Boat Offensive*, p.47。在战争最激烈时期，离开英国港口的商船安全返回的只有 1/4。

② 关于温斯顿·丘吉尔和第一海军大臣约翰·杰利科的悲观看法，见 Terraine, *Business in Great Waters*, pp. 47 - 48。

当战局不利时，德国还利用其空军优势轰炸英国城市，第一次发生在1914~1915年，使用齐柏林飞艇进行轰炸；第二次发生在 1916~1917年，使用齐柏林飞艇和"哥达"轰炸机进行轰炸。英国花了较长时间才形成轰炸能力，但是如果战争持续到 1918 年以后，这支新组建的独立部队就有可能把战火引向德国城市。[①] 就其对平民的影响而言，英国的封锁比德国的封锁要有效得多。英国的封锁大幅减少了德国谷物、肉类和脂肪的供应，对数百万德国人的健康造成了不利影响。相比之下，虽然击沉了数百万吨船只，但是，德国的 U 型潜艇封锁从来没有对英国的食物供应造成严重威胁。尽管如此，其目的是一样的：都是减少食物进口，从而引发民众饥荒，这样一来民众就会 114 要求本国政府结束战争。

上述个案分析还揭示了两个观点，非常有意思。第一，英国和德国都担心实施迫害平民战略会引起美国干预，这种担忧甚于对敌国报复的担忧。如果英国过于严重地限制了美国与德国的贸易，美国可能会做出反应，这才是制约英国实施封锁政策的主要因素。请注意，美国反对海上封锁并不是出于道义，而是为了保证美国企业能进入外国市场。德国的关键政治领导人（德皇威廉二世和德国首相贝特曼－霍尔维格）也一再拿美国可能参战作为反对无限制潜艇战的理由。英德两国对第三国反应的担忧从另外一个侧面间接证明了威慑力能够影响到攻击平民的决策。

第二，不论是在民主的英国还是在独裁的德国，民意都是狂热地支持封锁，而且两国的决策者都面临要求政府对敌人实施饥饿封锁的巨大压力，这种压力来自媒体、议会和广大民众。然而，不论是在英国还是在德国，这种压力都没有直接转化为实际行动。对敌人加大胁

---

① Tami Davis Biddle, *Rhetoric and Reality in Air Warfare：The Evolution of British and American Ideas about Strategic Bombing, 1914 – 1945* （Princeton：Princeton University Press, 2002）, pp. 66 – 47.

迫力度会产生积极效果，第三国实施干预会产生负面效果，领导人试图平衡这两者之间的关系。而且，在德国，发动无限制潜艇战的决策过程弱化了德意志帝国作为军事独裁国家的形象，因为政治领导人一再驳回军方的方案。到 1916 年底，U 型潜艇战几乎得到了全民一致支持，这项政策也得到了真正民主的执行。事实上，当我们审视决策过程的细微差别时，我们会发现，在选择迫害平民战略时，德国似乎比英国受到更多制约。

第四章
第二次世界大战中的战略轰炸：轰炸日本和伦敦大轰炸

　　本章将详细讨论第二次世界大战期间发生的两起通过空袭手段迫害平民的案例：美国轰炸日本（1944～1945 年）和德国轰炸英国（1940～1941 年）。在这两个案例中，都有一个国家（前者是一个民主国家，后者是一个独裁国家）要从海上入侵敌国本土，都需要付出惨重代价，而且他们都采取了相似的方式：把潜在成本转嫁到敌国平民身上。战争伊始，美国官员们就深刻认识到对日战争将是一场持久战。在太平洋战场上，战斗伤亡惨重，美国最高政治和军事领导人相信，要想征服日本，就必须占领日本本土，而占领日本势必会给美军带来大量伤亡。而且，日本天气条件极端恶劣，美军使用高爆炸弹轰炸日本的工业目标基本上以失败告终。美国的决策者们普遍认为，使用燃烧弹来摧毁日本主要城市能够加快战争结束进程和减少美军伤亡。

　　相比之下，德国 1940 年 5 月入侵法国和低地国家时预期能够速战速决。确实，德国闪电战在 6 周之内就粉碎了英国、法国、比利时和荷兰四国联军，不仅征服并占领了后三个国家，而且把英军赶出了欧洲大陆。然而，英国并没有屈服，希特勒不得不考虑入侵英国，而入侵英国必须等到德国空军摧毁英国战斗机部队之后。当他们发现无法摧毁英国战斗机部队时，希特勒和德国空军指挥官们派出了轰炸机，对英国城市工业区实施无差别夜间轰炸，造成数以万计英国人死亡，这次轰炸行动被称为"伦敦大轰炸"。

轰炸日本

116   1945 年 3 月 9 日夜，基地位于马里亚纳群岛的第 21 轰炸机司令部司令柯蒂斯·李梅将军下令对日本东京发动"会议室行动"，这次行动标志着美军使用燃烧弹轰炸日本城市的正式开始。① 当晚，279 架 B-29 轰炸机从 4900 英尺到 9200 英尺的高空向日本首都东京 10 平方英里的区域投下了 1665 吨燃烧弹，大约有 50 万颗主要是 M-69 燃烧弹。轰炸区域是世界上人口最稠密的地区之一，人口密度达到平均每平方英里 10.3 万人。轰炸区域内 98% 的建筑物是木质结构，屋顶（极易燃）覆盖率也非常高，浅草地区为 40%~50%。而且，东京消防厅完全没有能力应付大规模火灾或同时多处起火的情况，东京市内有 18 个水泥防空洞，只能容纳区区 5000 人。②

---

① 李梅及其前任第 21 轰炸机司令部司令海伍德·汉塞尔使用燃烧弹对日本城市进行了多次"试验性"轰炸。然而，3 月 9 日的轰炸标志着美国轰炸做法改变了，但目标没有变：摧毁日本军工生产。然而，用于实施这个目标的方法发生了极大改变：美国战机不是使用高爆炸弹摧毁具体工厂，而是开始使用燃烧弹轰炸大片城区。辩论的重点是决定于 1945 年 8 月使用原子弹轰炸广岛和长崎，而不是 3 月开始使用燃烧弹轰炸。然而，正如肯尼斯·沃雷尔指出的："关键一步不是决定授权使用原子弹，而是较早之前做出的允许对城市和平民进行区域轰炸的决定，首先是日本和德国进行轰炸，后来是对德国和日本进行轰炸。"为此，我重点研究的对象是最初做出攻击日本平民的选择，而不是后来使用原子弹的决定。见 Kenneth P. Werrell, *Blankets of Fire*：*U. S. Bombers over Japan during World War II* (Washington：Smithsonian Institution Press, 1996)，p. 219。见 Tami Davis Biddle, *Rhetoric and Reality in Air Warfare*：*The Evolution of British and American Ideas About Strategic Bombing*, *1914–1945* (Princeton：Princeton University Press, 2002), p. 270。

② Richard B. Frank, *Downfall*：*The End of the Imperial Japanese Empire* (New York：Random House, 1999), pp. 3–19；Wesley Frank Craven and James Lea Cate, eds., *The Army Air Forces in World War II*, vol. 5, *The Pacific*：*Matterhorn to Nagasaki, June 1944 to August 1945* (Washington：Office of Air Force History, 1983), pp. 614–618；Werrell, *Blankets of Fire*, pp. 159–163。到 1945 年 3 月，共有 170 万人逃离东京；市民逃离使目标区域的人口密度降低多少不得而知，600 万人仍然留在东京。Gordon Daniels, "The Great Tokyo Air Raid, 9–10 March 1945," in *Modern Japan*：*Aspects of History, Literature and Society*, ed. W. G. Beasley (Berkeley：University of California Press, 1975), p. 122。

结果，东京的消防员很快就应付不过来了。大风把许多小火球吹到一起，形成了风暴。"不像那些把所有东西都吸到中心的风暴"，例如 1943 年 7 月摧毁了大半个汉堡市的那场风暴，迈克尔·谢里（Michael Sherry）写道，"肆虐东京的这场大火贪婪地向外扩散，地面风把火柱吹向地面，获得了氧气和可燃物之后火势变得更大了。李梅碰巧使用了燃烧弹，而大风就像一个巨型风箱，把空气加热到 1800 华氏度"。为了逃离大火，许多人跑到河里和沟里，结果全被烧死或烫死。一位目击者说："黑乎乎的隅田川上漂浮着不计其数的尸体，有的穿着衣服，有的赤身裸体，全都黑如木炭。太不真实了。这些人都死了，但是分辨不出是男是女，甚至你都无法辨别漂浮着的物体是人的胳膊、腿脚还是烧焦的木头。"东京市有 35 个街区，其中 5 个几乎完全被摧毁，7 个被摧毁了一半，14 个被部分摧毁。10 平方英里的目标区域，82% 的地区被夷为平地，东京东部将近 16 平方英里的地区被夷为平地。将近 8.8 万人死亡，100 多万人无家可归并逃离东京。在这次轰炸中，"B-29 轰炸机机组人员要克服过热的上曳气流，至少损失了 10 架轰炸机，机组人员要佩戴氧气面罩，以免闻到皮肉烧焦的恶心味道而呕吐"。海上 100 英里之外都能看见火光。①

但是，这只是个开始。"会议室行动"取得成功之后，第 21 轰炸机司令部继续对名古屋（两次）、大阪和神户进行燃烧弹轰炸，轰炸持续了 10 天，直到燃烧弹全部耗尽才停止。关于这几次轰炸的详情，请参见表 4-1。包括东京轰炸在内，这 5 次任务总共烧毁日本四大

117

---

① 引文来自 Michael S. Sherry, *The Rise of American Air Power：The Creation of Armageddon*（New Haven：Yale University Press, 1987），p. 276；Ronald Schaffer, *Wings of Judgment：American Bombing in World War II*（New York：Oxford University Press, 1985），p. 135；Conrad C. Crane, *Bombs, Cities, and Civilians：American Airpower Strategy in World War II*（Lawrence：University Press of Kansas, 1993），p. 132。死亡人数和无家可归人数数字来自 U. S. Strategic Bombing Survey（USSBS），in Schaffer, *Wings of Judgment*, p. 132。关于轰炸造成的物理破坏，见 Frank, *Downfall*, pp. 16-17。关于目击者对轰炸的记录和描述，见 Edwin P. Hoyt, *Inferno：The Firebombing of Japan, March 9 - August 15, 1945*（Lanham, MD：Madison Books, 2000），pp. 7-35。

城市 31.9 平方英里地区。这些损失比德国受损最严重的 6 个城市损失的总和还要多，占整个战争期间德国损失的 41%，而所使用的炸药量不到 1%。而且，第 21 轰炸机司令部轰炸架次陡增：李梅所属部队的轰炸机轰炸架次与之前 4 个月内的轰炸架次相当。然而，在这波密集轰炸行动中，B – 29 轰炸机损失数量只有前 4 个月损失数量的 1/4，分别是 22 架和 78 架。[①]

118

表 4 – 1 1945 年 3 月对日本实施燃烧弹轰炸

城市	日期	过火面积（平方英里）	死亡人数（人）	无家可归人数（人）	摧毁房屋间数（间）	飞抵目标上空的轰炸机数量（架）	投放炸药量（吨）	轰炸机损失数量（架）
东 京	3 月 9 日	15.8	84000 ~ 100000	100 万 ~ 115 万	267171	279	1665	14
名古屋	3 月 11 日	2.1	2700	未知	25,000	285	1790	1
大 阪	3 月 13 日	8.1	3000 ~ 4000	500000	130000 ~ 200000	274	1733	2
神 户	3 月 16 日	2.9	2600 ~ 8000	242000 ~ 650000	65951	307	2355	3
名古屋	3 月 18 日	3.0	828	未知	40000	290	1858	2
	合计	31.9	93128 ~ 115528	1742000 ~ 2300000	528122 ~ 598122	1435	9401	22

资料来源：肯尼思·沃雷尔著《熊熊大火：二战中美国轰炸日本》（华盛顿：史密森学会出版社，1996），第 159 ~ 168 页；巴特利特·克尔著《东京大火：1944 ~ 1945 年美国陆军航空队轰炸日本》（纽约：唐纳德·法恩出版社，1991），第 207，215 ~ 219 页；埃德温·霍伊特著《地狱：轰炸日本，1945 年 3 月 9 日 ~ 8 月 15 日》（马里兰州拉纳姆：麦迪逊图书公司，2000），第 45 ~ 92 页；韦斯利·弗兰克·克雷文和詹姆斯·利·凯特等人著《二战中的陆军航空队》第 5 卷——《太平洋：从马特霍恩到长崎，1944 年 6 月 ~ 1945 年 8 月》（华盛顿：空军战史局，1983），第 614 ~ 623 页。

---

① Werrell, *Blankets of Fire*, p. 168。在 3 月的燃烧弹轰炸中，李梅部队损失率只有 0.9%，对此李梅非常自豪。Curtis E. LeMay with MacKinlay Kantor, *Mission with LeMay*: *My Story* (Garden City, NY: Doubleday, 1965), p. 367。事实上，在轰炸人口不足 10 万的城镇时，损失一架 B – 29 轰炸机可以换来摧毁 3.5 平方英里城区。见 *The War Reports of General of the Army George C. Marshall, Chief of Staff, General of the Army H. H. Arnold, Commanding General, Army Air Forces [and] Fleet Admiral Ernest J. King, Commander-in-Chief, United States Fleet and Chief of Naval Operations* (Philadelphia: Lippincott, 1947), pp. 441 – 442。

　　为了支援占领冲绳行动，第21轰炸机司令部的首轮轰炸暂停了数周，但是5月中旬轰炸又恢复了。大批B-29轰炸机先是对日本大城市进行狂轰滥炸，6月中旬把目光又转向了中型城市，7月，随着较大城市逐渐被摧毁，美军开始轰炸小型城镇。美国陆军航空队参谋长亨利·阿诺德将军预测"日本……将变成一个没有城市的国家"，他的预言很快就变成了现实。[①] 表4-2对轰炸情况进行了总结。在对日轰炸过程中，第20空军投放的燃烧弹数量占投放炸弹总量的61%，大约有70%的炸弹投向了城区（而非城中特定目标）。[②]人口超过3.8万城镇几乎都遭到了轰炸。关于轰炸的文字记载令人难忘：

　　　　总共有66个城市（包括广岛和长崎）遭到轰炸，这66个城市总人口达2080万。轰炸机摧毁了178平方英里的地区（面积大约相当于哥伦比亚特区的3倍），占这些城市建成区面积的43%。35个城市的中心区域损毁面积超过1平方英里……根据日方统计，轰炸共造成24.1万人死亡，31.3万人受重伤，230万间房屋被摧毁。据美国战略轰炸调查团统计，轰炸共造成33万人死亡，47.6万人受伤，250万间房屋被摧毁，850万人逃离家园。[③]

---

① Arnold，"Report on Army Air Operations in the War against Japan," JCS 1421, July 16, 1945, 引自 Barton J. Bernstein，"Understanding the Atomic Bomb and the Japanese Surrender: Missed Opportunities, Little-Known Near Disasters, and Modern Memory," *Diplomatic History* 19, no. 2（spring 1995）: 249。

② Werrell，*Blankets of Fire*, 328, n. 1; Craven and Cate, *Army Air Forces in World War II*, 5: 655, 749-750。按照克雷文和凯特的说法，B-29轰炸机总共投下14.7万吨炸药，其中10.4万吨投在城区。相比之下，只有22%的炸弹击中"精确工业目标"。见 Werrell, *Blankets of Fire*, p. 226。

③ 同上书，pp. 226-227。日方估计死亡人数为268157～330000，但是美国战略轰炸调查团使用轮询方法统计认为死亡人数为90万（另外130万人受伤）。关于这些估计值的讨论情况，见 Sherry, *Rise of American Airpower*, p. 413。

119   **表 4 - 2　第 21 轰炸机司令部执行的燃烧弹轰炸任务，1945 年 3 ~ 8 月**

月份	轰炸次数（次）	轰炸城市	过火面积（平方英里）	轰炸机损失数量（架）	损失率（%）	燃烧弹轰炸所占比例（%）
3 月	5	东京、名古屋(2 次)、大阪、神户	31.9	22	1.3	72
4 月	2	东京、川崎、横滨	21 ~ 22.5	19 ~ 21	1.6	24
5 月	5	名古屋(2 次)、东京(2 次)、横滨	35.9 ~ 37	55 ~ 61	1.9	64
6 月	7	大阪(3 次)、神户、11 个中型城市	27.6	30	0.8	65
7 月	9	35 个小型城市	32.1 ~ 35.4	13	0.3	74
8 月	5	12 个中小型城市	10.5 ~ 13.1	3	0.3	57

注：8 月份的数据不包括两次原子弹轰炸造成的破坏（广岛 4.7 平方英里被摧毁，长崎 1.5 平方英里被摧毁）。"轰炸机损失数量"一栏只包括执行燃烧弹轰炸时损失的轰炸机。但是，损失率是所有轰炸行动的损失率，不只是燃烧弹轰炸任务的损失率。总的来说，作战原因或非战斗原因损失的轰炸机不少于被敌军摧毁的轰炸机。

资料来源：肯尼思·沃雷尔著《熊熊大火：二战中美国轰炸日本》（华盛顿：史密森学会出版社，1996），第 159 ~ 168，177 ~ 182，187 ~ 189，192 ~ 194，201 ~ 203，206 ~ 208，220 ~ 223 页；巴特利特·克尔著《东京大火：1944 ~ 1945 年美国陆军航空队轰炸日本》（纽约：唐纳德·法恩出版社，1991），第 207，215 ~ 219，226 ~ 277，324 ~ 336 页；韦斯利·弗兰克·克雷文和詹姆斯·利·凯特等人著《二战中的陆军航空队》第 5 卷——《太平洋：从马特霍恩到长崎，1944 年 6 月 ~ 1945 年 8 月》（华盛顿：空军战史局，1983），第 635 ~ 644，653 ~ 658，674 ~ 675 页。

    美国为什么要对日本平民使用燃烧弹？我认为三个因素可以解释。第一，自罗斯福以下的美国领导人都知道对日战争不可能速战速决，而且很有可能要付出惨重伤亡代价。美日两国相距遥远，战场又在大海上，这意味着美国不可能像大多数战争一样投入大规模陆军，也不可能在陆地上纵横驰骋。相反，美军必须横跨重洋，必须登陆一个个小岛才能与以逸待劳的日本守军战斗。简单地说，太平洋战场的地形易守难攻，必须投入大量时间和人力才能克服。为此，战争伊始，美国的政治和军事领导人就对胜利捷径表现出强烈兴趣，例如无限制潜艇战和燃烧弹轰炸。虽然珍珠港事件后美国就有能力使用潜艇对日本商船发动攻击，但是，在美国占领邻近日本的岛屿之前，美国并没有实力对日本进行轰炸。日本偷袭珍珠港两年半之后美国才首次持续轰炸日本本土（1944 年 6 月，轰炸机从中国基地起飞），这正是因为两国距离遥远，但是美军很早就开始策划轰炸行动了，而且很快就注意到了可以使用燃烧弹轰炸日本。

　　第二，虽然没有人怀疑战争的最终结局，但是在太平洋战争中日军一直顽强抵抗，美国高层相信要想征服日本就必须占领日本本土。尽管战争结束后美国战略轰炸调查团得出了乐观的结论：即使美军不占领日本本土，也不使用原子弹，到 1945 年 11 月，持续轰炸和海上封锁也肯定迫使日本投降了。但是 1945 年初美国领导人当中几乎没有人相信这个结论。[①] 在一场接一场的战斗中，日军一次又一次地战斗至最后一个人也不愿投降；为了避免占领日本本土而付出惨重代价，美军转而采用燃烧弹轰炸，后来又使用了原子弹。

　　第三，由于马里亚纳群岛上的美军主要基地距离日本本土相当遥远，再加上急流等环境因素和日本防空的影响，美军在太平洋地区的精确轰炸行动基本上是徒劳无功。轰炸行动失败，轰炸机损失率偏高，引发了轰炸危机；转而采用燃烧弹轰炸能提高效率，减少损失，而且能够对日本城区和日本工业生产造成巨大破坏；这种破坏使美国没有必要再占领日本本土，从而能够挽救美军无数士兵的生命。采用燃烧弹轰炸战术的决定是李梅一个人做的，但是美国陆军航空队的高级军官偏爱燃烧弹轰炸以及为燃烧弹轰炸所做的大量策划工作表明，无论由谁指挥，最终都会采用燃烧弹轰炸。

太平洋战争：一场消耗战

　　日军偷袭珍珠港击沉了美军太平洋舰队大部分舰只，这使美国在 1942 年初进入防御态势。菲律宾沦陷后，美国没有能力对日本本土进行直接打击。[②] 然而，6 月份美军在中途岛战役中大获全胜，日军 4 艘航

---

① United States Strategic Bombing Survey, *Summary Report（Pacific War）*（Washington：GPO, 1946），pp. 26，29.
② 在 1942 年的杜立特空袭中，美军飞行员确实驾驶 B－25 轰炸机从大黄蜂号航母上起飞对东京进行了轰炸，但是这次轰炸只有一次，与其说是为了对日本造成实质性损害，不如说是为了提振国内士气。

母被击沉，这标志着日军向东扩张由盛转衰，为美国反攻铺平了道路。但是，要想横跨太平洋，美军还有一场硬仗要打，因为敌人很疯狂。

确实，从战争伊始日军在太平洋战场上就顽强抵抗，这表明攻击日本本土难度很大，代价很高。在一个又一个岛上，日军就是拒绝投降。例如，1942 年 8 月，瓜达康纳尔岛上的日军几乎战斗至最后一个人：800 人的部队，只有 15 人被俘，其中 12 人负伤。1943 年 11月，美军在吉尔伯特群岛塔拉瓦环礁上俘虏了 8 名日军，而防守日军有 2571 人，死亡率为 99.7%。1944 年初在马绍尔群岛上，夸贾林岛上的日军死亡率是 98.4%，罗伊 - 那慕尔岛上的日军死亡率是98.5%。① 美国海军陆战队一名指挥官这样描述瓜达康纳尔岛上的战斗："我从未见过，也没有听过这样的战斗。这群人宁死也不投降。伤员们等着敌人上来检查……然后拉响手榴弹，把自己和其他伤员都炸得粉碎。"②

1944 年夏季，马里亚纳群岛上激烈战斗仍在继续（见表 4 - 3）。

121

表 4 - 3　太平洋主要战役中日军、美军和平民伤亡情况

单位：人，%

战役	战役日期	日本				美国
		兵力	战俘	阵亡率	平民死亡人数	伤亡总数（死亡人数）
塞班岛	1944 年 6 月	30000	921	97	1000	14111（3426）
硫磺岛	1945 年 2 月	21000	1083	95	0	24733（6913）
冲　绳	1945 年 4 月	120000	7400	94	42000 ~ 122000	51450（12850）

注：硫磺岛战役和冲绳岛战役的数字包括美国海军伤亡数字，主要是日本神风特攻队攻击所致。硫磺岛战役美军伤亡 2634 人（死亡 982 人）；冲绳岛战役美军伤亡 9700 人（死亡 4900 人）。冲绳岛战役中美军非战斗伤亡 26200 人。

资料来源：塞班岛战役和硫磺岛战役的数字源于理查德·弗兰克著《垮台：日本帝国的覆灭》（纽约：兰登书屋，1999），第 29 ~ 30、60 ~ 61 页。冲绳岛战役的数字源于戈登·罗特曼著《二战太平洋岛屿指南：地缘军事研究》（康涅狄格州韦斯特波特：格林伍德出版社，2002），第 443 ~ 444 页。

① Frank, *Downfall*, pp. 28 - 29.
② 亚历山大·阿切尔·范德格里夫特将军，引自同上书，p. 28。

例如，在塞班岛上，3万名日军有97%阵亡。数百名日本平民宁愿自杀也不愿沦为美军俘虏：他们相信"美国人会强奸、折磨并杀害他们……看到盟军部队冲过来后，许多平民家庭拉响日军提供的手榴弹把自己炸死，或者从陡峭的悬崖上跳入海中或跳到岩石上"。①

在太平洋战场上，日军拒绝投降，这不仅造成大批日军被消灭，也给美军造成大量伤亡。从1941年12月战争打响到1943年底，美军在两个战场上的阵亡的只有62092人。在欧洲和太平洋地区全面参战后，1944年1~7月，短短7个月之内，美军阵亡人数就翻了一番，达到125274人。② 在占领和争夺塞班岛战斗中（1944年6月15日~7月9日），美军伤亡14111人，伤亡比例为20%。硫磺岛战役伤亡更加惨重，1945年2月登岛时共有75000名海军陆战队员，经过5周的战斗，伤亡比例将近30%。美军登岛之前，岛上有21000名日军，美军只俘虏了1083人。③ 冲绳战役于4月开始打响，这场战役向我们真实地展示了入侵日本到底会产生什么后果：打败12万名日军，美军自身伤亡5.1万人，还有数以万计的平民在激烈战斗中死去。看到这些令人震惊的死亡数字后，美国总统杜鲁门说占领日本可能就像"从日本一端到另一端的冲绳战役"。④

总而言之，太平洋地区两年来的战斗让美国政治和军事领导人相信了两件事：不占领日本本土，日本绝不会投降；进攻日本本土很有可能付出惨重伤亡代价。绝对不能指望日本投降：在太平洋地区的战斗中，日军从来没有大规模投降过。确实，在1944年7月塞班岛上，日军被全歼，大量日本平民宁愿自杀也不愿沦为美军俘虏。正是这两个因素才促使美军改变了战略。7月14日，马歇尔将军向英美联合

122

---

① John W. Dower, *War without Mercy: Race and Power in the Pacific War* (New York: Pantheon, 1986), p. 45.

② Frank, *Downfall*, p. 28.

③ 李梅决定改用燃烧弹进行轰炸时，硫磺岛争夺战正在如火如荼进行中。

④ 引自 Frank, *Downfall*, p. 143。1945年6月18日在白宫与军事顾问会谈时杜鲁门发表了上述评论。

参谋长委员会解释说："经过近期在太平洋的战斗，美军参谋长联席会议清醒地认识到，要想早日结束对日战争，美军必须占领日本工业的心脏。"① 美军参谋长联席会议得出这个结论要早于美军开始使用燃烧弹轰炸日本的行动，更早于美国就是否使用原子弹进行的辩论。

塞班岛战役还对占领日本本土会造成多少人员伤亡的估计值产生了显著影响。美军参谋长联席会议联合战略调查委员会在撰写"台湾之后对日作战行动"报告时，就使用了塞班岛战役的结果来估计占领日本本土可能给美军造成多大伤亡。假设日军可用兵力为350万人左右，美军作战计划制订者采用了后来被人称为"塞班岛比率"（1名美军死亡和多名美军受伤可以换来消灭7名日军），得出结论认为"要想消灭日本本土可用于对付美军的日军地面部队，可能会造成50万美军死亡，美军受伤人数更是数倍于此"。② 陆军其他研究报告的估计值要少得多，许多分析员认为死亡人数为2.5万~4.6万。③ 1945

① Frank, *Downfall*, p. 30.

② 1944年8月30日参谋长联席会议第924/2号文件，"台湾之后对日作战行动"，120，引自Frank, *Downfall*, p. 30。关于这份文件及其重要性的更多讨论，见 D. M. Giangreco, "Casualty Projections for the U. S. Invasions of Japan, 1945 – 1946: Planning and Policy Implications," *Journal of Military History* 61, no. 3 (July 1997): 521 – 581。许多读者肯定知道，占领日本给美军造成的伤亡人数估计值引发了巨大争议。例如，美国总统杜鲁门和战争部长亨利·史汀生都声称原子弹轰炸挽救了25万~50万美军的生命。见 Harry S. Truman, *Memoirs*, vol. 1, 1945, *Year of Decisions* (Garden City, NY: Doubleday, 1955), p. 417; J. Samuel Walker, *Prompt and Utter Destruction: Truman and the Use of Atomic Bombs Against Japan* (Chapel Hill: University of North Carolina Press, 1997), pp. 103 – 104; Henry L. Stimson, "The Decision to Use the Atomic Bomb," *Harper's Magazine* 194, no. 1161 (February 1947): 102。

③ 1945年春，美国军方的两份研究报告估计占领日本会造成美军伤亡人数为193500（死亡43000）和456611（死亡119516）。Frank, *Downfall*, pp. 139, 136。有些历史学家认为伤亡人数没有这么多，包括 Barton J. Bernstein, "The Atomic Bombings Reconsidered," *Foreign Affairs* 74, no. 1 (January/February 1995): p. 149。见 Barton J. Bernstein, "A Postwar Myth: 500, 000 U. S. Lives Saved," *Bulletin of the Atomic Scientists* 42, no. 6 (June/July 1986): 38 – 40; Rufus E. Miles Jr., "Hiroshima: The Strange Myth of Half a Million American Lives Saved," *International Security* 10, no. 2 (fall 1985): 121 – 140。弗朗克认为，美军官员，特别是乔治·马歇尔密谋把死亡数字降低了，没有把真实估计数字呈报给美国总统。见 Frank, *Downfall*, pp. 138 – 139, 145 – 148。

年夏季，日军在九州岛南部（美军首次登陆行动的登陆地点，代号为"奥林匹克行动"）集结让人们对这些较低的估计值产生怀疑，但是，即使我们采纳 10 万 ~ 20 万人死亡的较低估计值，这个数字也相当高，足以促使美军再想其他办法，包括使用燃烧弹和原子弹。①

使用燃烧弹作为武器对付日本

美国军政官员深知，日本比德国更适合用燃烧弹进行轰炸。战争爆发前，在政府中任职和不在政府中任职的美国平民就对使用燃烧弹作为武器轰炸日本城市表现出极大兴趣，虽然大多数空军军官严格恪守精确轰炸条令，但是少数空军军官对此也表现出极大兴趣。1943年，空军内部开始策划燃烧弹轰炸行动。

战争爆发前对燃烧弹轰炸的兴趣。与轰炸德国相反，美国官员对使用燃烧弹作为武器来对付日本表示出强烈兴趣，主要原因是日本城市的建筑物结构更容易着火。日本城市建筑物 80% 是木质结构，而德国城市建筑物 95% 是砖石结构。1923 年大地震引发东京毁灭性大火，美国领导人注意到这个问题，在太平洋战争爆发前几年，美国领导人就意识到了使用燃烧弹轰炸的可能性。例如，已故将军比利·米切尔（Billy Mitchell）在 20 世纪二三十年代就曾指出，日本城镇的木质结构建筑"构成了世界上最大的空袭目标……燃烧弹顷刻间就能

---

① Bernstein，"Atomic Bombings Reconsidered," p. 149。关于日军集结情况，见 John Ray Skates, The Invasion of Japan: Alternative to the Bomb（Columbia: University of South Carolina Press, 1994），pp. 136 – 144；Frank, *Downfall*, pp. 197 – 213。伯恩斯坦赞成死亡数字没有那么多，他在 1999 年的一篇文章中指出："1945 年 8 月初大量日军集结，这令人痛苦的证据可能让人怀疑甚至是大幅增加 6 月中旬的伤亡人数估计值。坦率地说，1945 年 8 月美国官员的预期和担忧与他们 6 月中旬的态度大相径庭，这才是重点。"见 Barton J. Bernstein, "The Alarming Japanese Buildup on Southern Kyushu, Growing U. S. Fears, and Counterfactual Analysis: Would the Planned November 1945 Invasion of Southern Kyushu Have Occurred?" *Pacific Historical Review* 68, no. 4（November 1999）: 564。

把城市烧成一片废墟"。① 1940 年，陈纳德（蒋介石聘请他担任中国空军顾问）给亨利·阿诺德写信，告知他美军可以使用燃烧弹轰炸日本城市。"虽然阿诺德和美国陆军航空队拒绝了这个提议"，因为这么做违反了美国陆军航空队的精确轰炸条令，肯尼思·沃雷尔（Kenneth Werrell）写道，但是"总统罗斯福听到这个提议后非常高兴，他要求内阁官员着手进行研究。毫无疑问，罗斯福总统的态度发生了极大转变，1939 年他还呼吁各交战国要保持克制，不要轰炸平民"。② 珍珠港事件爆发前三周，美国陆军参谋长乔治·马歇尔（George Marshall）将军举行了一次秘密新闻吹风会，7 名记者应邀参加，吹风会的内容泄露给了日本方面。为了阻止日军进犯东南亚，马歇尔将军警告说："如果对日战争真的到来，我们不会手下留情。我们会立即派遣空中堡垒去轰炸日本城市。对于轰炸平民，我们不会有丝毫犹豫——我们会全力以赴。"③ 马歇尔的讲话虽然表明美国官员们有意使用燃烧弹来对付日本，但这很有可能是美国大战略的一部分。1941 年，美国的战略是威胁使用部署在菲律宾的 B－17 和 B－24 轰炸机来报复日本，希望借此能够阻止日军发动攻击。

不在政府任职的分析员也注意到了使用燃烧弹轰炸日本的可能性。1942 年，《哈泼斯杂志》发表了一篇文章，这篇文章对日本多个主要城市的易燃性进行了比较，结论认为，如果美军实施燃烧弹轰炸，大阪、神户和京都将是最佳目标。文章写道："街区拥挤不堪，沟渠两旁盖满了房子，中间道路只容一人通过，投放燃烧弹必定会立刻引发大火，就像燃烧弹投到废纸篓里一样。"作者们认为分别只需要

① 引自 Sherry, *Rise of American Air Power*, p. 58。米切尔的观点得到了部分军方人士的赞同。同上书, pp. 39－40。
② Werrell, *Blankets of Fire*, p. 41.
③ 引自 Thomas R. Searle, "'It Made a Lot of Sense to Kill Skilled Workers': The Firebombing of Tokyo in March 1945," *Journal of Military History* 66, no. 1（January 2002）: 115－116。

5 架、3 架和 2 架轰炸机就能烧毁大阪、京都和神户，虽然他们严重低估了引发大火所需的燃烧弹数量，但是作者们认为"要想日本瘫痪，燃烧弹轰炸是最廉价的办法，这是事实。这样做能够使战争提前几个月甚至提前数年结束，能够减少数以万计的美军和盟军伤亡"。①

　　然而，战争爆发前，美国陆军航空队内部讨论轰炸日本时仍然遵循精确轰炸理论。"精确轰炸理论"是战间期陆军航空队战术学校提出的理论，也称为"工业网"或"关键节点理论"。这种理论认为，战时经济相互依存，只要摧毁其中一个或几个关键部分或节点，生产就会慢慢陷于停顿。"'工业织物'理论假定现代工业经济非常复杂、非常脆弱，"塔米·戴维斯·比德尔（Tami Davis Biddle）说，"这种理论认为，只需从复杂建筑结构的地基中认真选出一张正确的纸牌，空军部队就能让整间纸牌屋倒塌。"②

　　与英国同时期发展的空军条令不同，美国的空军条令基本上回避直接攻击平民，而是攻击敌国的经济基础设施。但是，与英国的空军条令一样的是，美国的空军条令也希望在打击士气方面取得决定性效果。③ 然而，美国人反对直接攻击平民并不是出于道德：美国空军人员并不是认为轰炸平民不道德，而是认为轰炸平民效率太低。④ 同时，美国空军领导人不希望给美国民众留下这样一个印象，即轰炸战略是建立在攻击平民的基础之上，因为他们认为大多数美国人不赞同这种做法。但是美国陆军航空队的作战计划制订者确实预料到了会发生非战斗人员受到攻击的情形。事实上，美国陆军航空队对德作战计

124

---

① Charles L. McNichols and Clayton D. Carus, "One Way to Cripple Japan: The Inflammable Cities of Osaka Bay," *Harper's Magazine* 185, no. 1105（June 1942）: 35, 36.

② Biddle, *Rhetoric and Reality*, p. 160。见 Robert A. Pape, *Bombing to Win: Air Power and Coercion in War*（Ithaca: Cornell University Press, 1996）, pp. 62 – 64。

③ Biddle, *Rhetoric and Reality*, p. 162.

④ Crane, *Bombs, Cities, and Civilians*, pp. 14 – 15。Schaffer, *Wings of Judgment* 对这个观点进行了深入阐述。

划（AWPD/1 计划，1941 年编制的）认为，如果敌人处于崩溃边缘，那么直接攻击平民可能会产生决定性效果。① 然而，如果不考虑后果，"美国的空军战略不是为了直接消灭大量平民，而是通过精确轰炸关键工业节点来瓦解整个社会"。1941 年，亨利·阿诺德和艾拉·埃克（Ira Eaker）两人合著了《空战》一书，书中写道："人不是主要攻击目标，除非特殊情况。"② 战争爆发前，美国陆军航空队的军官们计划在对日战争中遵守精确轰炸条令，陈纳德、马歇尔和罗斯福曾建议他们使用燃烧弹轰炸日本城区，但是遭到拒绝。1941 年，阿诺德与马歇尔讨论时说，对日本进行战略轰炸都是为了摧毁"日本工厂，从而使军工生产陷于瘫痪，使维持日本经济结构正常运转的必需品生产陷于瘫痪"。③

总而言之，在珍珠港事件之前，美国政府官员、平民评论家以及部分空军军官就已经对使用燃烧弹轰炸日本城区表现出极大兴趣。关键因素是日本城市极易着火，这是众所周知的。然而，战争爆发前的一些声明和政策也导致罗斯福政府成员相信，如果美国威胁要对日本城市进行轰炸，这种威胁能够阻止日本发动战争。美国空军部队的官方立场和作战计划仍然是恪守精确轰炸。

作战计划向燃烧弹轰炸演变。直到 1943 年美国陆军航空队内部才开始策划对日本实施轰炸。④ 1943 年，空军参谋部情报处整理出了

---

① Pape, Bombing to Win, p. 262。AWPD 是"空中战争计划处"的缩写。这份文件的起草者当中有几位中级军官，后来他们成为杰出的战时指挥官，海伍德·汉塞尔就是其中之一。美军空战战略也认为战争会造成平民死亡，而且试图利用这种担忧心理。见美国陆军航空队战术学校考官穆伊尔·费尔柴尔德少校起草的文件"Air Force: National Economic Structure"，见 Schaffer, *Wings of Judgment*, p. 31。

② Pape, *Bombing to Win*, p. 62；阿诺德和埃克，引自同上书，p. 66。

③ 引自 Werrell, *Blankets of Fire*, p. 43。

④ 然而，1942 年 2 月阿诺德的参谋们已经整理好了目标文件夹，目标"包括东京，按照'对燃烧弹轰炸的脆弱性'排序"。见"Priorities: Japanese Objective Folder Material," February 19, 1942，引自 Crane, *Bombs, Cities, and Civilians*, p. 126。美国陆军航空队情报部甚至在战争开始之前就已经开始搜集日本经济目标的有关信息。Biddle, *Rhetoric and Reality*, p. 262。

首份目标纲要，其中只字未提区域轰炸。但是 5 月份作战计划处处长 125
要求"对日本目标区域是否适于燃烧弹轰炸进行研究"，10 月份对这
份报告进行了修订并最终发布。这份报告题为"关于使用燃烧弹对日
攻击的数据"（1943 年 10 月）对日本 20 个城市是否适于燃烧弹轰炸进
行了详细分析。托马斯·瑟尔（Thomas Searle）说："报告第 1 页罗列
了日本城市之所以比德国城市更适于燃烧弹轰炸的 4 条理由：日本房
屋更易燃、日本城市建筑物更密集、日本的工厂和军事目标离居民区
很近、日本的军事工业集中于少数几个城市。因此，到 1943 年 10 月，
空军参谋部判定使用燃烧弹对日本城市进行区域轰炸比对德国城市进
行轰炸要有效得多。"① 这个结论得到了试验结果的佐证。1943 年 5～9
月，美军在犹他州达格韦试验场进行试验，使用新型 M－69 燃烧弹对日
本村庄模型进行轰炸，试验结果表明燃烧弹能够引发多处火灾。②

　　1943 年 11 月，作战分析员委员会（一个由阿诺德召集的独立小
组，主要由非军人身份的作战计划制订者组成）也就对日本实施燃
烧弹轰炸进行了研究，研究报告基本上重复了美国空军参谋部的结
论。这份报告题为"远东地区的经济目标"，罗列了日本 6 个重要目
标系统，其中之一就是城市工业区。罗纳德·谢弗（Ronald Schaffer）
说："这个委员会认为一系列大规模燃烧弹轰炸将给日本带来严重灾
难。"燃烧弹轰炸不仅会烧毁家庭作坊，摧毁日本的军工生产，而且
会"导致工人伤亡，摧毁工人家园"，导致"军工厂工人短缺"。③

　　1944 年 2 月，阿诺德将军向美国总统呈送了一份对日空袭计划，

---

① Searle，"It Made a Lot of Sense to Kill Skilled Workers，" p. 117。见 E. Bartlett Kerr，*Flames over Tokyo*：*The U. S. Army Air Forces' Incendiary Campaign against Japan*（New York：Donald I. Fine，1991），pp. 40－45。1943 年 10 月中旬写给劳伦斯·库特的另外一份备忘录表达了基本相同的观点，见 Werrell，*Blankets of Fire*，pp. 51－52。

② Werrell，*Blankets of Fire*，pp. 48－49；Mike Davis，*Dead Cities，and Other Tales*（New York：New Press，2002），pp. 65－83。在佛罗里达州埃尔金试验场，在潮湿环境下进行测试证实 M－69 非常有效。

③ Schaffer，*Wings of Judgment*，pp. 111，112.

他在这份计划中认可了区域轰炸原则。这份计划强调在日本城市制造
"无法控制的大火"很容易，两个月之后美军参谋长联席会议批准了
作战分析员委员会的报告，也强调了制造大火很容易。[①] 对城区实施
轰炸就是为了消灭平民，这点得到了 1944 年美军参谋长联席会议一
份文件的确认，这份文件把"让工人都耗在重建和救灾上，制造伤
亡造成工人短缺"列为燃烧弹轰炸的预期效果之一。正如瑟尔所指
出的："就像 1943 年美国空军参谋部一样，1944 年美军参谋长联席
会议也希望利用平民伤亡作为武器来削减日本的工业生产。"[②] 1944
年 9 月，作战分析员委员会下属的联合燃烧弹轰炸委员会在报告中明
白无误地预计，"使用燃烧弹对 6 大城区实施全面轰炸"将造成日本
56 万人死亡或受伤，造成大约 800 万工人"无家可归"。[③] 1944 年 10
月，作战分析员委员会"建议在精确轰炸之后使用燃烧弹对日本城
市进行轰炸"，最好是在 1945 年 3 月，因为这时候天气条件最有利于
火势蔓延，有利于火灾损失最大化。[④] 迈克尔·谢里总结说，到 1944
年 9 月，虽然没有发布明确指令，但是"很显然美国陆军航空队已
经准备在第二年春季发动大规模燃烧弹轰炸了"。[⑤] 关于为什么要实施

126

① 引自 Sherry, *Rise of American Air Power*, p. 171。

② JCS 742/6, "Optimum Use, Timing, and Deployment of Very Long Range Bombers in the War Against Japan," April 6, 1944, 引自 Searle, "It Made a Lot of Sense to Kill Skilled Workers," p. 118; 同上, p. 119。作战分析员后来的一份报告把城区（使用燃烧弹轰炸）列为重要性仅次于飞机制造的目标。

③ Committee of Operations Analysts, "Economic Effect of Successful Area Attacks on Six Japanese Cities," September 4, 1944, 引自 Sherry, *Rise of American Air Power*, p. 229。见 Schaffer, *Wings of Judgment*, p. 116。

④ Sherry, *Rise of American Air Power*, pp. 229, 228, referring to the "Revised Report of the Committee of Operations Analysts on Economic Targets in the Far East," October 10, 1944.

⑤ 同上书, p. 230。作战分析员委员会已经建议在 1945 年 3 月"对日本城市工业区域进行全面攻击"。吉多·佩雷拉上校 1944 年 5 月 9 日给汉塞尔准将的备忘录, 引自 Searle, "'It Made a Lot of Sense to Kill Skilled Workers,'" p. 119。有人质疑这个时候使用燃烧弹轰炸已经无法避免的结论："一切都没有准备妥当。使用燃烧弹轰炸城区的准备工作已经就绪，但是美国陆军航空队选择性攻击的本能继续存在。"见 Biddle, *Rhetoric and Reality*, p. 265。

燃烧弹轰炸，美国国防研究委员会化学家雷蒙德·尤厄尔（Raymond Ewell）在10月份的一份备忘录中阐述得非常清楚。尤厄尔认为美国陆军航空队应该彻底摒弃精确轰炸，应该立即采用燃烧弹轰炸，他认为燃烧弹轰炸是"加速日本战败的关键，如果进展顺利，能够使战争提前几个月结束，从而挽救数以万计的美军士兵的生命"。[①]

证据显示，美国陆军航空队希望在马里亚纳群岛上集结足够多、足以造成大规模破坏的B-29轰炸机，在此之前，阿诺德和空军作战计划制订者们并不想发动燃烧弹轰炸行动。例如，作战分析员委员会的成员们就担心少量轰炸机过早地实施轰炸"只会让日本有时间设置防火隔离带来应对日后的猛烈轰炸"。而且，同时对日本多个城市进行短促而猛烈的轰炸，日本就更容易被击溃，更加无法对美军战术改变进行调整。[②] 11月底，阿诺德的副官劳里斯·诺斯塔德（Lauris Norstad）将军建议美国陆军航空队轰炸日本皇居，以此纪念珍珠港事件4周年，阿诺德回答道："现在还不是时候。我们的立场（轰炸工厂、码头等）是坚定的，摧毁整个城市以后再说。"[③] 这表明阿诺德希望节约使用B-29轰炸机，直到日本城市的大片区域能够烧毁为止。

简而言之，1943年和1944年，美国空军作战计划制订者开始思考如何利用燃烧弹来消灭日本工人和破坏日本工业，开始策划对日本城市实施燃烧弹轰炸。正如瑟尔所说："1945年3月9日轰炸东京的命令代表了美国空军参谋部和美军参谋长联席会议的夙愿，一直以来

---

① Ewell memo to Vannevar Bush, head of the Office of Scientific Research and Development at the NRDC, October 12, 1944, 引自 Schaffer, *Wings of Judgment*, p. 120。

② 作战分析员委员会1944年5月9日的备忘录，引自 Searle, " 'It Made a Lot of Sense to Kill Skilled Workers,' " pp. 119, 120。作战分析员委员会1944年10月10日的报告提出了类似建议，建议同时对军工生产进行精确攻击。见 Craven and Cate, *Army Air Forces in World War II*, pp. 5, 133；Schaffer, *Wings of Judgment*, p. 120。

③ 引自 Sherry, *Rise of American Air Power*, p. 248。

他们都希望使用燃烧弹轰炸日本城市，消灭日本平民，进而削减日本的工业生产。"①

1945年3月之前对日本的轰炸

到目前为止，我们已经证明，太平洋战争很快就变成了一场消耗战，日军的抵抗使美国领导人相信，要想日本投降，美国必须占领日本本土，而且美军将为此付出惨重代价。意识到这个问题后，美国领导人重新燃起了兴趣，希望通过空袭来减少入侵日本本土的伤亡代价。战争爆发前美国领导人就对日本实施燃烧弹轰炸感兴趣，战争过程中美军又策划进行燃烧弹轰炸。我已经对这两个问题进行了分析，分析结果表明，虽然有很多政治领导人在战争爆发前就表现出对日本实施燃烧弹轰炸的兴趣，但是美国陆军航空队的条令要求进行精确轰炸，美国空军人员直到 1943 年才认真考虑实施燃烧弹轰炸。然而，当各家策划机构都建议使用燃烧弹进行轰炸时，他们认为，为了能够烧毁日本大片城区，为了造成最大破坏，应该等美军筹集到足够多的物资后再开始轰炸。

本节回顾了 1945 年 3 月开始实施燃烧弹轰炸之前的实际轰炸经过。我认为，第 21 轰炸机司令部从马里亚纳群岛起飞执行作战任务困难重重，以及远在华盛顿的空军指挥官们向他施加压力是李梅决定开始燃烧弹轰炸的直接原因。虽然是李梅下令开始系统性轰炸，但是美军很早就对燃烧弹轰炸表现出兴趣，并且为此做了大量策划工作。这表明，无论由谁指挥，美军都会在这个时间前后开始燃烧弹轰炸。李梅能决定的只是以什么方式实施轰炸，以及何时实施轰炸。

从中国起飞实施轰炸。战争初期，美国既缺少资源，又缺少靠近

---

① Searle, "It Made a Lot of Sense to Kill Skilled Workers," p. 121.

日本的基地，无法实施大规模战略空袭。1944 年初第一架 B – 29 轰炸机研制成功后，阿诺德决定把 B – 29 轰炸机部署到印度，然后从中国起飞发动空袭，这次行动代号为"马特霍恩计划"。[①] 轰炸行动于 6 月初开始，轰炸遵循了美国陆军航空队的精确轰炸条令，主要是从高空向特定工业目标投放高爆炸弹。首次空袭的目标是曼谷的铁路检修车间，空袭结果与第 20 轰炸机司令部从印度和中国发动的轰炸行动一样：16～18 颗炸弹落到目标区域，但是没有造成任何破坏。[②]

第 20 轰炸机司令部在远东地区的轰炸行动受到两个因素的制约。其一，维持轰炸机轰炸需要极其强大的后勤支援，需要从印度飞越喜马拉雅山向中国空运物资，空运 7 次只够从中国发动一次攻击。[③] 后勤供应不上，发动大规模空袭几无可能。其二，如果从中国起飞，日本南部只有很小一部分处在 B – 29 轰炸机的攻击距离之内，这极大地限制了可攻击的目标。事实上，第 20 轰炸机司令部在中国停留了 10 个月，B – 29 轰炸机只执行了 9 次对日轰炸任务（总共执行 49 次轰炸），对日本最南端的九州岛投放的炸弹只有区区 961 吨（总量为 11244 吨）。[④]

从马里亚纳群岛起飞实施轰炸。1944 年夏，美军占领了马里亚纳群岛（塞班岛、关岛和天宁岛），从此美国陆军航空队在岛上有了

---

① B – 29 轰炸机在航速、航程和有效载重方面都比 B – 17 和 B – 24 有显著改进。Werrell, *Blankets of Fire*, pp. 55 – 83。B – 29 轰炸机造价很高：第二次世界大战期间共交付 4000 架 B – 29 轰炸机，其设计、测试和生产耗资超过 30 亿美元，轻松超过原子弹 20 亿美元的研发费用。Kerr, *Flames over Tokyo*, p. 26。到 5 月 8 日，共有 130 架 B – 29 轰炸机抵达加尔各答西部的新基地。B – 29 轰炸机从四川省会成都附近的基地起飞执行轰炸任务。

② Werrell, *Blankets of Fire*, pp. 101 – 102.

③ Frank, *Downfall*, p. 50。燃油是个大难题：由于 C – 46 运输机缺乏，部分 B – 29 轰炸机改装运油机，改装后只能装载 8 吨燃油和其他补给，但是把燃油和补给运送到目的地，B – 29 轰炸机自身需要消耗 28 吨燃油。Werrell, *Blankets of Fire*, p. 98。

④ 同上书，p. 119；Craven and Cate, *Army Air Forces in World War Ⅱ*, 5：170 – 171。

基地。如果从岛上基地起飞，B－29 轰炸机几乎可以对日本全境实施
轰炸。然而，轰炸绝非易事：从塞班岛到日本，来回距离 3100 英里，
几乎达到了 B－29 轰炸机的作战极限。第 21 轰炸机司令部刚刚组建
完成，海伍德·汉塞尔将军被任命为指挥官。20 世纪 30 年代，汉塞
尔曾在美国陆军航空队战术学校担任教官，是工业网络理论和精确轰
炸条令的主要设计师和倡导者。汉塞尔还参与了美军对德轰炸蓝图
AWPD/1 的编制工作。不出所料，汉塞尔率先使用高爆炸弹对日本实
施轰炸，企图摧毁下列目标（按重要性降序排列）：飞机工业、城市
工业区、造船业、焦炭、钢铁和石油行业。

总体而言，汉塞尔收效甚微。1944 年 11 月 24 日，111 架 B－
29 轰炸机从塞班岛起飞，对东京中岛飞行机株式会社武藏野飞机发
动机工厂进行轰炸，只有 24 架轰炸机命中主要目标；另外 64 架对
城区进行了轰炸。[①] 大约 1% 的厂房和 2% 的机床受损。11 月 27 日，
81 架超级堡垒再次轰炸这家工厂，但是目标被云层覆盖，只能依靠
雷达制导进行轰炸。12 月 3 日和 27 日，B－29 轰炸机分别再次对
武藏野工厂进行轰炸，没有造成任何损失：两次轰炸都有 26 枚炸
弹落入目标区域。[②] 12 月，汉塞尔对三菱名古屋飞机发动机工厂进
行了 3 次轰炸，轰炸取得了不同程度的成功。然而，阿诺德对 B－
29 轰炸机的轰炸效果不满意；阿诺德渴望"全面测试燃烧弹轰炸
对日本城市的杀伤力"，12 月 19 日他（通过副官诺斯塔德）敦促
汉塞尔对名古屋进行燃烧弹轰炸。[③] 汉塞尔拒绝了，他说使用高爆
炸弹轰炸马上就要成功了，但是成功来得不够快，未能保住汉塞尔
的职位。1945 年 1 月 7 日，阿诺德解除了汉塞尔的职务，李梅取而
代之。

---

① Craven and Cate, *Army Air Forces in World War II*, pp. 5, 558 – 559.

② Ibid., pp. 561, 564 – 565.

③ Sherry, *Rise of American Air Power*, p. 257.

　　大家都说，汉塞尔"在摧毁目标方面没有取得什么成绩，而且造成了严重损失"。[1] 在汉塞尔担任指挥官期间，第 21 轰炸机司令部共执行 14 次轰炸任务，其中 10 次是在白天使用高爆炸弹对特定工业目标进行轰炸。肯尼思·沃雷尔说："在针对飞机目标的 10 次轰炸中，只有 3 次取得了良好效果：两次轰炸名古屋，另外一次轰炸位于明石的川崎工厂（这是汉塞尔的最后一次轰炸，时间是 1 月 19 日）。"[2] 这 3 次轰炸任务中，只有 14% 的炸弹落入了目标 1000 英尺范围之内，而其他 7 次轰炸任务只有 2% 的炸弹落入目标 1000 英尺范围之内。美军损失了 34 架 B-29 轰炸机，其中 15 架是被日军击落，19 架是因为操作不当损毁。[3]

　　1945 年 1 月，李梅走马上任，其轰炸方式并没有大的改变，这有点不合常理。事实上，李梅上任后，前 8 次轰炸任务与其前任的惊人地相似：6 次轰炸是在白天轰炸工业目标（主要是飞机工厂），两次是使用燃烧弹进行试验性区域轰炸。[4] 然而，精确轰炸有一半彻底失败了，没有一架轰炸机命中主要目标。毫无疑问，高爆炸弹轰炸在太平洋战场上已经彻底失败，美国陆军航空队评估委员会早在 1945 年 1 月中旬就给出了这样的结论。[5]

　　从前几段引用的轰炸精确度数据来看，把美军从 1944 年 11 月到 1945 年 3 月的轰炸称为"精确轰炸"实在是用词不当。美军力求轰炸精确，但是没有做到。事实上，许多轰炸是依靠雷达制

129

---

① 　Frank, *Downfall*, p. 58。见 Searle, "It Made a Lot of Sense to Kill Skilled Workers," pp. 123 – 133。

② 　Werrell, *Blankets of Fire*, p. 135.

③ 　Ibid. , pp. 135 – 136.

④ 　Ibid. , 140；Searle, "It Made a Lot of Sense to Kill Skilled Workers," 127.

⑤ 　Werrell, *Blankets of Fire*, p. 151。由于表现不佳，阿诺德充分预料到第 20 空军将会由尼米兹上将或麦克阿瑟上将指挥下的太平洋战场司令部接管，并且用于执行战术任务。见 Frank, *Downfall*, p. 60。

导进行的（当时雷达根本就不精确），而且次要目标通常是"城区"。① 甚至是天气晴好时成功命中主要目标的轰炸，其投到瞄准点 1000 英尺范围的炸弹也不到 15%。最后，第 21 轰炸机司令部自称超过四分之一的轰炸任务是城区轰炸，其实是使用燃烧弹进行的轰炸。

上述轰炸行动基本上具备了无差别轰炸属性，所以实际上美军在太平洋已经进行了低烈度的迫害平民。从 1944 年 11 月到 1945 年 3 月，尽管造成大量日本平民死亡，但是美军使用高爆炸弹是为了直接摧毁日本工业，而不是故意杀害平民。相比之下，1945 年 3～8 月，造成平民伤亡变成了具体目标，即使最终目标没有改变，仍然是摧毁日本的军工生产。总的来说，前几个月的轰炸行动可以看作为后续轰炸进行热身：不论是汉塞尔还是李梅，他们都没有足够多的 B－29 轰炸机来发动全面毁灭性燃烧弹轰炸，无法做到像空军作战计划制订者所设想的那样。例如，1945 年 2 月初，可用于战场轰炸的轰炸机数量有一百多架。1 月底，第 21 轰炸机司令部只有 140 架 B－29 轰炸机；2 月 5 日，轰炸机数量翻番，达到 285 架；2 月 25 日，轰炸机数量又增加到 356 架。② 而且，正如谢弗所指出的："1944 年 10 月 11 日，作战分析员委员会提交了最终报告，报告建议，在美国陆军航空队为摧毁日本本州岛上的城市做好充分准备之前，美国陆军航空队应该派遣 B－29 轰炸机对飞机工厂等关键目标实施精确轰炸。"当第 21 轰炸机司令部积累了足够多的轰炸机，从试验性燃烧弹轰炸中获得了必要数据，并且天气变得有利于引发大火时，美军立刻按计划开始了燃烧弹轰炸。然而，在远东地区，精确轰炸面临重重困

---

① 关于第二次世界大战期间雷达轰炸不精确这个问题，见 W. Hays Parks, "'Precision' and 'Area' Bombing: Who Did Which, and When?", in *Airpower: Theory and Practice*, ed. John Gooch (London: Frank Cass, 1995), pp. 145 – 174。

② Werrell, *Blankets of Fire*, p. 147.

难，这也对李梅改变轰炸战术起到了推动作用，下面我将要探讨这些问题。

太平洋地区轰炸面临危机。1945 年 3 月初，B - 29 轰炸机轰炸未能对打败日本做出重大贡献。到目前为止，太平洋地区战略轰炸彻底失败了。为什么会失败？多个因素导致太平洋战场的轰炸行动复杂化，降低了轰炸效果。首先，日本天气也像德国天气一样给轰炸带来了困难，而且更加严重。云层对早期轰炸德国起到限制作用，对轰炸日本也是一个难题，在轰炸机飞向目标途中会打乱轰炸机编队，经常使飞行员无法进行目视轰炸。[①] 汉塞尔说，"日本的天气是我们最难对付、最难以捉摸的敌人"；李梅估计，按照日本的天气条件，每个月最多只能执行 7 次目视轰炸，平均每个月只有三四次。[②] 更糟糕的是，第 21 轰炸机司令部发现了急流，急流会产生时速高达 200 节的逆风，大风会严重降低轰炸准确度。[③]

其次，日本工业高度集中在少数几个城市里，但是广泛分散在城市各个地方。例如，日本最大的 20 个城市集中了全国 22% 的人口，53% 的精确轰炸目标和 74% 的最优先目标。[④] 但是摧毁工厂设施还不足以阻止日本的军工生产，因为家庭作坊会向附近的工厂提供原材料。李梅在回忆录中回忆道："我永远也不会忘记横滨。钻床给我留

130

① 1943 年，德国目标区域上空云层覆盖少于 3/10 的时候平均每个月只有 6 ~ 10 天，云层覆盖 3/10 是目视轰炸的最低要求；对于晴好天气，飞行员希望每个月能有 3 天。见 Gary Shandroff，"The Evolution of Area Bombing in American Doctrine and Practice," Ph. D diss.，New York University，1972，pp. 90 - 91。

② Haywood S. Hansell Jr.，*The Strategic Air War against Germany and Japan: A Memoir* (Washington: Office of Air Force History，1986)，p. 203；LeMay，*Mission with LeMay*，pp. 343 - 344.

③ 正如托马斯·瑟尔所说："诺登投弹瞄准器也无法弥补如此强大的侧风。如果顺风飞行，轰炸机地速能够高达每小时 500 英里，轰炸瞄准员根本无法及时瞄准。逆风飞行极其浪费燃油，而且使轰炸机长时间暴露在防空火力之下。"见 Searle，" 'It Made a Lot of Sense to Kill Skilled Workers,'" p. 112。

④ Werrell，*Blankets of Fire*，p. 51。日本一半以上的工业集中在日本最大的 6 个城市中。

下了难以磨灭的印象。钻床就立在那里，像一片烧焦的树林和树桩，居民区到处都是。简易的建筑物都不见了……所有东西都烧没了，只有钻床立在那里，就像骷髅一样。"① 因此，对工厂进行精确轰炸可以减少生产，但是无法使生产彻底停止。

最后，B-29 轰炸机要飞很长距离才能轰炸到日本，这就减少了轰炸机可以携带的弹药量，反过来也限制了轰炸机的破坏力。另外，美国陆军航空队的日间精确轰炸战术要求轰炸机必须在高空编队飞行，但是高空编队飞行有利于日军防御。日本的昼间战斗机部队远胜于夜间战斗机，而且保卫日本目标的高射炮基本上是远程炮，对高空飞行的轰炸机造成的破坏比低空飞行的轰炸机大。B-29 轰炸机实施日间高空轰炸会遭到日军战斗机更猛烈的反击。例如，李梅上任后的前两次轰炸任务（1 月 23 日对三菱飞机工厂进行日间轰炸，1 月 27 日对中岛飞机工厂进行日间轰炸）就分别遭到 691 次和 984 次战斗机攻击。前一次轰炸任务只损失了两架 B-29 轰炸机，但是后一次轰炸任务损失了 9 架轰炸机。②

简而言之，太平洋战场的气候条件和自然条件有利于防御，使用高爆炸弹进行轰炸几乎不可能取得决定性胜利。

改用燃烧弹轰炸

由于使用高爆炸弹轰炸失败了，为了评估燃烧弹轰炸对日本城市的破坏力，1945 年 2 月华盛顿方面只能催促继续进行燃烧弹轰炸。李梅发动了两次轰炸，一次是轰炸神户，另一次是轰炸东京，轰炸东京时造成 1 平方英里城区被大火烧毁。然而，这两次轰炸任务都是从高空轰炸，轰炸效果有限：轰炸机无法携带太多炸药，高空大风把重

① LeMay, *Mission with LeMay*, p. 384.
② Werrell, *Blankets of Fire*, p. 141.

量较轻的燃烧弹吹得到处都是，结果未能引发大火。面对这些困难，　131
李梅临时做出调整，命令 B - 29 轰炸机进行夜间低空轰炸。虽然高
射炮专家们都说这么做会造成灾难性损失，但是李梅对侦察照片进行
分析后认为日本低空高射炮很少，他分析对了。夜间飞行可以保护轰
炸机不受高射炮和战斗机的威胁，因为日本本土只部署了两支夜间战
斗机部队。而且，低空轰炸消耗的燃料要少得多，因为轰炸机无须应
对急流。为了进一步减轻轰炸机的重量，李梅下令拆除了超级堡垒上
的机枪，也不配备机枪手。燃料的减少可以增加炸弹携带量。改装之
后，B - 29 轰炸机的平均炸弹携带量从 3 吨增加到 6.5 吨，翻了一番
还多。①

　　李梅找到了捷径。在接下来的 5 个月内，李梅及其轰炸机团队对
日本城市和乡镇进行狂轰滥炸。而且，与精确轰炸相比，美军在燃烧
弹轰炸行动中损失的轰炸机数量只是小巫见大巫。李梅的新战术是为
了"以美军最小伤亡给敌人造成最大损失"，事实证明新战术相当有
效。② 阿诺德、诺斯塔德和华盛顿方面都没有给李梅下达命令，也没
有人指示他采用燃烧弹轰炸：轰炸东京是李梅一个人做出的决定。精
确轰炸已经失败；阿诺德不想为新战略承担责任，他也不确定新战略
能否取得成功。正如谢里所说，李梅从上司那里得到的只有强烈的口
头建议和暗示，"礼貌的劝说和偶尔的禁制令"，再就是经常提醒他
要尽最大努力多投放炸弹。③ 美国陆军航空队高层表示支持，而且
1943 年以来美国陆军航空队内部就开始策划燃烧弹轰炸，这两个因
素让大多数历史学家认为，不论第 21 轰炸机司令部由谁当家，燃烧
弹早晚都会落到日本城市头上。事实上，李梅的决定事后得到了美国

---

① 关于李梅对这些改变的想法，见 LeMay, *Mission with LeMay*, pp. 344 - 352。

② Werrell, *Blankets of Fire*, p. 157.

③ Sherry, *Rise of American Air Power*, p. 271；见同上书，pp. 282 - 283。关于美军损失减少，见同上书，p. 288。

陆军航空队领导和华盛顿方面的认可，他们对李梅取得的巨大成功表示祝贺。①

改为燃烧弹轰炸的原因

在太平洋战场美军为什么转而采用燃烧弹进行区域轰炸？为了充分解释其中原因，我们有必要回顾一下三类行为人的意见：（1）最高政治领导人，也就是美国总统；（2）最高军事领导人，在本案例中，指的是美国陆军航空队参谋长阿诺德将军；（3）战地军事指挥官，也就是柯蒂斯·李梅。

罗斯福。美国总统罗斯福并没有遥控指挥战争进程，也没有密切监视军事指挥官的行动。第二次世界大战期间，美国政府与军队的关系与越战时相差很大，越战时美国总统约翰逊对军事作战实施严格控制，尤其是对北越的"滚雷行动"。罗斯福很少干预空袭行动，当然也就不会下令轰炸或禁止轰炸某些具体目标。正如谢里所说："机器已经准备停当；罗斯福基本上同意发动机器。"然而，阿诺德会及时向罗斯福汇报轰炸行动进展情况，罗斯福得知对日本实施燃烧弹轰炸后，他也没有表示反对。②

美军在太平洋地区进展缓慢而艰难，这是说服美国总统罗斯福支持燃烧弹轰炸的一个关键因素，他"希望……空袭能够有助于打败日本，这样美军就无须入侵日本本土了"。战争爆发前，罗斯福希望阻止日本攻击，所以他对燃烧弹轰炸感兴趣；援助中国抗战是政治需要，所以罗斯福急切地向远东部署 B－29 轰炸机，但是，对日本进行猛烈空袭或许能够让日本早日投降，从而减少美军伤亡，这才是罗

132

---

① 阿诺德、诺斯塔德和巴尼·贾尔斯（阿诺德的另外一位副官）分别给李梅写信表示祝贺。Crane, *Bombs, Cities, and Civilians*, p. 134. "堪称完美，"阿诺德则写道，"祝贺你。这次任务表明你们团队有胆量做任何事情。"见 Schaffer, *Wings of Judgment*, pp. 138, 132.

② Sherry, *Rise of American Air Power*, p. 220.

斯福支持燃烧弹轰炸的根本原因。罗斯福不希望看到太平洋战争"一寸一寸地向前推进、一个岛屿接着一个岛屿地向前推进"，不希望"大约50年之后我们才能打到日本本土"。例如，1943年8月，罗斯福对军事顾问们提到英国皇家空军不久前对汉堡市进行了攻击，他的意思是"我们可以利用西伯利亚机场……攻击日本的心脏，采用一种使日本无法承受的攻击方式"。[1] 从当时背景来看，这种方式无疑是在日本城市引发无法控制的大火。总的来说，罗斯福对这个问题的表态不多，这表明作为美军总司令他已经失去耐心，他愿意支持燃烧弹轰炸，因为这样做可以避免美军为了穿越太平洋而耗费时日并付出惨重代价。

阿诺德。严格来说，航空队隶属于美国陆军，但是实际上航空队享有高度自主权，在攻击行动上，阿诺德基本上不受制约。美国总统、参谋长联席会议和美国陆军参谋长乔治·马歇尔很少干涉轰炸政策。太平洋战场的指挥体系进一步加剧了这种独立性，因为太平洋战场没有战场总指挥，这点与大西洋战场不同，而且阿诺德本人从华盛顿直接指挥第21空军。阿诺德对太平洋战场的轰炸行动有多大影响力，历史学家对此争论不休。有人认为阿诺德及其副手们牢牢地控制着下属单位，也有人说阿诺德从华盛顿的指挥很有限，尤其是1945年1月阿诺德心脏病复发之后。不论我们接受哪种观点，就燃烧弹轰炸而言，阿诺德都是间接指挥。精确轰炸已经失败，他不愿意再冒险，不愿意下令进行燃烧弹轰炸，他担心燃烧弹轰炸也会失败。虽然阿诺德和诺斯塔德一再催促李梅进行燃烧弹轰炸，但是他们俩并没有直接下达命令。

要想结束战争就必须占领日本的工业中心，对于这种既定政策，阿诺德表面上严格遵守，但是私下里他从来没有放弃过空袭的希望和

---

① Sherry, *Rise of American Air Power*, pp. 159, 160.

信念，他相信空袭可以说服日本投降，可以避免美军占领日本本土而付出惨重代价。例如，1945 年 4 月，阿诺德写信给空军参谋长巴尼·贾尔斯（Barney Giles）说道："在我看来，在地面部队和海军登陆日本本土之前，我们使用 B - 29 轰炸机就可以把日本打趴下。"1945 年 5 月，阿诺德对李梅说："短期内最大限度地使用燃烧弹轰炸，对于早日结束太平洋战争而言，这或许比其他军事手段更有效。"①

很显然，阿诺德相信空袭能够烧毁日本城市，打败日本，这样一来美国就无须占领日本心脏，无须付出惨重代价。然而，争取日本早日投降也是为了实现阿诺德的另外一个主要目标：空军独立。例如，迈克尔·谢里认为，作战因素和希望避免入侵日本并不是使用燃烧弹轰炸的根本原因，他认为采用燃烧弹轰炸是因为"燃烧弹轰炸不费劲，因为这样做能够挽救美国陆军航空队日益衰落的命运"。② 精确轰炸失败了，美国陆军航空队谋求战争结束后成为独立军种的愿望可能破灭，第 21 轰炸机司令部被太平洋地区美国陆军或海军单位收编的可能性也随之增加。简而言之，"取得胜利和提高空军的声誉是美国陆军航空队的两大目标，这两个目标密不可分，缺一不可"；要想给日本造成最大损失，燃烧弹轰炸似乎是最有效的方式。为此，阿诺德成了燃烧弹轰炸的忠实支持者。③

在美国陆军航空队内部，也有人认为燃烧弹轰炸可以缩短战争和挽救美国人的生命。例如，1945 年 4 月诺斯塔德对李梅说："我们可以设想一下（继续进行燃烧弹轰炸）会对日本生产什么影响。毫无疑问，日本发动战争的能力将会受到遏制，或许他们会对战争失去兴趣。"在 7 月份的内部通信中，第 5 空军的一名军官这样描述美国的空军战略："我们正在进行战争，我们正在进行全面战争，全面战争将挽救美国人的生命，

---

① 引自 Werrell, *Blankets of Fire*, pp. 238 - 239。
② Sherry, *Rise of American Air Power*, p. 309.
③ Ibid. , p. 183.

早日结束战争苦难，带来持久和平。"历史学家罗纳德·谢弗对这些观点进行了总结："早日结束战争的观点反复出现在空军军官的讲话中……其意义在于，如果战争能够早日结束，更多的人就不必受苦。"[1]

李梅。两个因素促使李梅于 1945 年 3 月采用了燃烧弹轰炸战术。第一个因素是高爆炸弹轰炸失败了。美军连续 4 个月从马里亚纳群岛（在此之前连续数月从中国起飞）起飞进行日间轰炸，结果几乎连一个日本国内目标也没有摧毁。李梅心里明白，如果轰炸日本不能取得重大进展，他也会被炒鱿鱼，落得和汉塞尔一样的下场。他是李梅的直接上司，他强调了这层意思。当李梅接过第 21 轰炸机司令部帅印时，诺斯塔德毫不含糊地对李梅说还有一大批人等着坐李梅的位子："大胆去做，使用 B-29 轰炸机，务必成功。如果失败了，我就要炒你鱿鱼。"[2] 李梅也明白，在太平洋地区的轰炸行动取得成功有助于战争结束后空军取得独立和战略优先地位。当他上任快满两个月时，李梅"突然意识到……我什么成绩也没有取得，比汉塞尔也好不到哪去"。[3]

李梅面临压力，要么取得成功，要么被解职；很显然他的上司知道什么战略最有效：燃烧弹轰炸。关于使用燃烧弹轰炸日本的效率问题，美国陆军航空队内部做了许多研究，李梅非常清楚这些研究，而且华盛顿方面有很多人也建议甚至是要求他尝试燃烧弹轰炸。虽然阿诺德和诺斯塔德都没有直接下达命令，但是李梅心里清楚风往哪吹。李梅的贡献在于他把所有碎片化信息拼凑起来，使大面积轰炸日本城区成为可能，但是这个想法并不是他首先提出来的。

促使李梅下令进行燃烧弹轰炸的第二个因素是他相信通过大火烧毁日本城市，空军就能在美军入侵日本本土之前说服日本投降，从而缩短战争和挽救无数人的生命。1945 年 1 月李梅接替汉塞尔担

134

---

[1] Schaffer, *Wings of Judgment*, p. 152. 诺斯塔德和哈里·坎宁安上校引自同上书，pp. 138, 142.

[2] LeMay, *Mission with LeMay*, p. 347.

[3] 引自 Sherry, *Rise of American Air Power*, p. 270。

任第 21 轰炸机司令部指挥官时，诺斯塔德向李梅简要介绍了"塞班岛比率"，他警告说："如果你没能取得成功，那么美军将不得不实施大规模两栖登陆，大约会有 50 万美国人为此付出生命。"正如李梅后来所说的："我们的总体目标就是要在占领日本本土之前结束战争。因为天气恶劣和高空目视轰炸面临困难，我们无法继续像以前那样轰炸。我们的时间不多了，而且飞机也不够。所以我们必须采取非常规手段。一直以来我们都在考虑对日本城市进行燃烧弹轰炸。"①

实施燃烧弹轰炸不是为了打击平民士气，不是为了惩罚，而是为了给日本军工生产造成最大程度的破坏。实际上，对东京进行首轮空袭是基于这样的逻辑："东京市内及市郊的兵工厂里工人出勤率会受到直接影响，因为有些工人被炸死，有些被炸伤，有些逃离，有些投入重建工作中，工人士气很可能会受到打击。"② 正如托马斯·瑟尔所说："伤亡问题再次被明确提到了，而且认为伤亡是好事，因为这会直接影响到兵工厂里上班的工人数量……打击士气是降低工业生产的一种手段，而不是为了煽动民众叛乱或要求政府投降。"③ 李梅在回忆录中绘声绘色地写道：

135　　　　　我们要攻击的是军事目标。绝对不是为了屠杀而屠杀平民。

---

① 引自 Richard H. Kohn and Joseph P. Harahan, ed., *Strategic Air Warfare: An Interview with Generals Curtis E. LeMay, Leon W. Johnson, David A. Burchinal, and Jack J. Catton* (Washington: Office of Air Force History, 1988), p. 59。

② 引自 Searle, "It Made a Lot of Sense to Kill Skilled Workers," p. 121。

③ 同上，p. 122。美国空军军官觉得以这种方式杀害日本非战斗人员具有讽刺意味，因为到燃烧弹轰炸开始时美国封锁政策已经扼杀了日本经济。战争爆发时日本商船队拥有大约 600 万吨船只，到了 1944 年初只剩下 200 万吨。美军潜艇和水雷总共击沉了 810 万吨日本船只。"即使没有空中轰炸，"肯尼思·沃雷尔说，"到 1945 年 8 月光是封锁就会造成日本产量已经比 1944 年高峰时减少 40% ~ 50%。"见 Werrell, *Blankets of Fire*, p. 233。因此，许多情况下，B – 29 轰炸机只不过是清除了闲置产能和那些已经失业的工人。

虽然日本对其军工生产的伪装很少，但是再少也是伪装。其伪装手段就是将其军工生产分散在居民区内。你所需要做的就是去看看我们轰炸过的目标，看看无数小房子被烧成废墟，钻床矗立在废墟当中……我们知道，在烧毁城镇的同时我们也会杀害大量妇女和儿童。但是没有办法。①

　　燃烧弹轰炸的设计师肯定会认为他找到了快速结束战争的办法，这种办法能够挽救美国人的生命。3月9日夜，正当美军轰炸机飞往东京途中，李梅对第21轰炸机司令部负责公共关系的圣·克莱尔·麦凯尔韦（St. Clair Mckelway）中校说："如果这次轰炸达到我的预期，那么我们就能缩短战争……日本还没有把工业都转移到满洲，虽然日本已经准备转移，但是如果我们能在日本转移之前摧毁他们，我们就胜利了。在没有看到轰炸之后的场景之前，我从来不认为有什么办法能奏效，但是如果这种办法有效，我们就能缩短这场可恶的战争。"② 3月11日，李梅在新闻稿中重申了上述观点："我认为我手下的官兵们参加这次行动已经缩短了战争……他们是为早日结束战争而战，他们将竭尽全力为战争早日结束而战。"③ 在回忆录中，李梅明确表示燃烧弹轰炸挽救了美国人的生命：

　　　　不管你考虑多么周到，你都会杀死大量平民，千千万万的平民。但是，如果你不摧毁日本工业，我们就要占领日本。入侵日本会造成多少美国人死亡？少说也有50万。有人说100万……

①　LeMay, *Mission with LeMay*, p. 384.

②　引自 Thomas M. Coffey, *Iron Eagle: The Turbulent Life of General Curtis LeMay*（New York: Crown, 1986）, p. 163。

③　引自 Kerr, *Flames over Tokyo*, pp. 212–213。

我们是跟日本打仗。我们遭到了日本攻击。你是愿意杀死日本人，还是希望看到美国人被日本人杀死？[1]

1945 年初，李梅处境艰难；对此，海伍德·汉塞尔是这样描述的："入侵日本本土已经确定，美国陆军作战计划制订者已经迷恋上入侵日本的必要性。如果空袭能够结束战争而无须地面部队大规模流血牺牲，那么空袭就不能再推迟了。李梅做到了。"[2]

战争伊始，美国领导人就知道对日战争会持续很长时间，会付出惨重代价。1942 年和 1943 年太平洋战场的战斗更增强了这种信念，日本会战斗到最后，要想打败日本就必须入侵日本本土，而入侵日本本土将会造成数万名美军死亡。得知日本城市的木质结构建筑极易着火之后，美国陆军航空队内部就开始策划进行燃烧弹轰炸。大规模迫害日本平民的各项工作都已准备就绪，空军作战计划制订者早就建议 1945 年 3 月开始实施轰炸。远东地区具有防御优势，导致精确轰炸成本高、效率低，这是引爆燃烧弹轰炸的导火索。

其他解释

民意和选举问责。战争爆发前，大多数美国人厌恶轰炸平民，轴心国轰炸平民的恶劣行径经媒体报道后引起民愤。但是 1940 年春季德国入侵西欧后，民意发生了戏剧性的逆转。"到美国参与第二次世界大战时，"历史学家乔治·霍普金斯写道，"民意已经变成了支持轰炸德国和日本。"[3] 有些人觉得美军过于胆小，不敢将战争矛头对

---

① LeMay, *Mission with LeMay*, p. 352. 关于使用原子弹，李梅表达了相似的态度："如果原子弹只能提前几日结束战争，那么他们会放弃更艰巨的任务，那些负责原子弹制造和投送的人同样如此。"同上书，p. 388。

② Hansell, *Strategic Air War against Germany and Japan*, p. 228.

③ George E. Hopkins, "Bombing and the American Conscience During World War Ⅱ," *The Historian* 28, no. 3（May 1966）: 459.

准敌国平民。"即使美国人知道轰炸会造成什么后果，结果也不会有太大差别，"康拉德·克兰说，"大多数家庭经历过亲人、好友和邻居死亡；如果轰炸敌国平民能够加速战争结束和挽救美国人的生命，那就必须轰炸。"① 总而言之，约翰·道尔（John Dower）说，美国空军无须担心轰炸敌国平民会受到本国民众指责：

　　虽然盟军作战计划制订者仍然对轰炸平民是否道德这个问题（以及采取灭绝式轰炸可能会引发民众抗议，不利于战后空军的发展）很敏感，但是持续性抗议从来没有出现过。人们普遍认为盟军空袭是正义的报复，也是行之有效的战略决策，少数批评人士质疑猛烈轰炸德国城市不道德，不讲人道主义，民众通常会谴责他们是不可救药的理想主义者、白痴和叛徒。当东京遭到轰炸后，美国国内几乎没有人抗议……日本完全是罪有应得。②

　　美国民众压倒性地支持轰炸日本城市。就在珍珠港事件后不久，一项民意调查显示，67%的受访者支持空袭日本城市。有种观点认为威慑力能够阻止美军迫害平民，但是另外一项调查否定了这个观点。这项调查发现，59%的受访者认为美国应该对日"全面"开战，这59%的受访者当中又有84%的受访者支持轰炸日本城市，即使这意味着轴心国对美国城市进行报复。③《哈泼斯杂志》一篇文章对主流观点进行了总结："烧毁家园似乎很残忍。但是，这是一场关系国家

137

---

① Crane, *Bombs, Cities, and Civilians*, p. 31.

② Dower, *War without Mercy*, 41。反对轰炸的人受到谴责，一个例子就是威拉·布里顿的小册子"轰炸和屠杀"激起民众抗议。见 Crane, *Bombs, Cities, and Civilians*, p. 29。

③ Hadley Cantril and Mildred Strunk, *Public Opinion*, 1935–1946（Princeton：Princeton University Press，1951），p. 1067。见 Conrad C. Crane "Evolution of U. S. Strategic Bombing of Urban Areas," *The Historian* 50, no. 1（November 1987）：20。

生死存亡的战争，因此，为了挽救美国军人的生命，我们有理由采取任何行动。"① 简而言之，正如道尔所说，"英国和美国民众强烈要求，如果不能消灭日本人，那么必须'彻底打败'日本这个国家"，即使这意味着杀害大量日本平民。②

关于对日本平民使用武力这个问题，美国民众对日本的惩罚性态度对美国官员的决策产生了多大影响？在太平洋战争中，民众的态度很可能不是做出攻击平民决定的主要原因。正如我所说的，政府官员只是一方面；两位关键的决策者（阿诺德和李梅）都是军人，他们不受选举压力的影响。最关键的政府决策者是罗斯福，罗斯福确实担心美国民众对美军伤亡的态度，而且"非常害怕美军再次登陆欧洲大陆并深陷堑壕战中，造成骇人听闻的伤亡"。罗斯福总统"也知道美国民众对另一场世界大战中美军伤亡的容忍度在哪"，他希望欧洲战场上的苏联军队承担伤亡代价。然而，"太平洋战场不存在类似机会"，"这只会使美军采用空袭手段的愿望更加强烈"。③

虽然罗斯福总统经常表示希望轰炸能够减少美军伤亡，但是他绝对不是实施燃烧弹轰炸的幕后推手。尽管美国民众希望惩罚日本，尽管大家都知道燃烧弹轰炸日本可能会很有效，但是美军并没有立即开始燃烧弹轰炸，而是等到精确轰炸失败之后才开始燃烧弹轰炸。而且，对于罗斯福而言，1944 年是选举年：如果民众对日本的憎恨如此普遍，如果减少美军伤亡的愿望如此重要，那么美国为什么不在 1944 年秋季大选期间对日本发动燃烧弹轰炸？如果当时这么做，肯定会收获巨大政治红利。因此，选举政治不太可能是造成 1945 年美军迫害平民的关键因素。

---

① 引自 Hopkins, "Bombing and the American Conscience," p. 463。

② Dower, *War without Mercy*, p. 55。关于灭绝主义者对日本人的态度的更多证据，见同上书，pp. 53 - 54; Cantril and Strunk, *Public Opinion*, pp. 1118, 392。85% 的美国人赞同使用原子弹，美国还没有投下更多原子弹日本就投降了，对此，23% 的美国人感到遗憾。只有 4.5% 的受访者认为美国不应该使用原子弹。同上书，pp. 20, 23。

③ Sherry, *Rise of American Air Power*, p. 143; 见同上书，pp. 245 - 246。

相比之下，没有证据显示自由规则在制止轰炸日本平民问题上发挥了重大作用。在美国参战之前，罗斯福政府频频发布公告，反对无差别地轰炸平民。例如，1939 年 9 月欧洲战争爆发时，罗斯福总统恳请各交战国保持克制，不要"残酷无情地轰炸人口密集区的平民，这会让每个文明人伤心难过，而且严重地摧残人类的良知"。① 20 世纪 30 年代，美国民众也坚决反对城区轰炸，因为他们认为城区轰炸"违背了美国的人道主义理想"。②

但是，当美国参战后，尤其是战争成本开始攀升后，这些带有理想主义色彩的公告消失不见了。例如，罗斯福最终相信必须好好教训一下德国人："要么把德国人都阉割了，要么想办法确保他们养育的后代不会重蹈覆辙。"③ 就日本而言，据说 1940 年 11 月罗斯福对使用燃烧弹轰炸日本城市感到"非常高兴"，罗斯福还认为英国皇家空军轰炸汉堡市"'令人印象深刻地证明了'美国对日本也可以取得成功"。④ 罗斯福总统甚至批准了一项奇怪的计划，这项计划试图在蝙蝠身上绑上微型燃烧弹，然后投放大量蝙蝠来烧毁日本城市。⑤ 总而言之，正如罗斯福所说："纳粹和法西斯是咎由自取，他们就要遭到报应了。"⑥

记录显示，美国战争部长亨利·史汀生（Henry Stimson）是唯一一位反对区域轰炸的政府官员。据报道，1945 年 2 月德累斯顿大轰炸之后，盟军转而采取区域轰炸政策，对此史汀生就美军轰炸的性质提出质疑，但是他并没有继续跟进。后来，史汀生试图使美国陆军航

———————————————

① 引自 Crane, *Bombs, Cities, and Civilians*, pp. 31 - 32。

② Hopkins, "Bombing and the American Conscience," p. 453.

③ 引自 Schaffer, *Wings of Judgment*, p. 88。

④ Sherry, *Rise of American Air Power*, pp. 102, 156.

⑤ Crane, *Bombs, Cities, and Civilians*, p. 120。见 Jack Couffer, *Bat Bomb: World War II's Other Secret Weapon* (Austin: University of Texas Press, 1992)。

⑥ 引自 Hopkins, "Bombing and the American Conscience," p. 451。

空队坚守对日精确轰炸政策，似乎并不知道轰炸政策变成了燃烧弹轰炸。① 最终，史汀生成功地将京都从原子弹轰炸目标名单上划掉了。然而，这位战争部长这么做并不是出于人道主义，正如巴顿·伯恩斯坦（Barton Bernstein）所说："史汀生并不是为了拯救京都市民；他是为了拯救京都的文物，为了避免日本被激怒而倒向苏联。"② 史汀生还是"临时委员会"主席，这个临时委员会曾建议在未经事先警告情况下就使用原子弹轰炸日本城市。

少数军官也对轰炸平民持保留态度。③ 有些人确实是发自内心地担心，但是更多的人不是因为他们认为杀害平民是错误的，而是因为他们觉得攻击非战斗人员的时机还不成熟。艾拉·埃克（Ira Eaker）将军曾经说"我们绝不能对大街上的人群进行战略轰炸，否则我们将成为历史的罪人"，这句话经常被人引用，用来证明美国陆军航空队从道义上反对轰炸平民（本案例中指德国平民）。然而，艾拉·埃克反对轰炸平民只是因为他觉得轰炸为时过早，没有效果。他接着说道："我认为，要想打败敌人，我们还有更好的办法，但是如果我们确定要攻击平民，那么我认为应该再等等，等到敌人的士气低落到崩溃点，等到天气比冬季或初春更有利于作战行动的时候。"④

有人说海伍德·汉塞尔坚持原则，反对使用燃烧弹轰炸城区，对于这种说法，我也做了大量工作。有些历史学家指出，汉塞尔被解职是因为他拒绝使用燃烧弹轰炸城区。⑤ 这个观点没有证据支持。首先，正如托马斯·瑟尔所指出的，虽然汉塞尔抗议阿诺德下令进行试

---

① 关于这些事件，见 Sherry，*Rise of American Air Power*，pp. 262，294 – 295。

② Bernstein，"Atomic Bombings Reconsidered,"p. 147.

③ 例如，在欧洲战场上，大多数美军军官反对英军做法是出于现实考虑，但是少数军官（如理查德·休斯上校和查尔斯·卡贝尔将军）认为轰炸平民是不道德的。事实上，卡贝尔将军谴责"克拉里恩行动"（轰炸德国小城镇的计划），称之为"穿上新和服、一夜暴富的有心理问题的男孩的老一套扼杀婴儿计划"。引自 Schaffer，*Wings of Judgment*，p. 92。

④ 引自同上书，p. 92。

⑤ Sherry，*Rise of American Airpower*，p. 258.

验性燃烧弹轰炸，但是"汉塞尔只是抱怨，他从来没有说过要辞职 139
或违抗命令。如果只有执行区域轰炸才能保住职务，那么阿诺德叫他
做什么，汉塞尔就会做什么"。① 其次，尽管汉塞尔坚持精确轰炸，
但是，在阿诺德命令他尝试燃烧弹轰炸之前，汉塞尔的部队已经执行
过多次区域轰炸，包括 11 月 29 日夜间对东京的轰炸。② 相比之下，
用李梅取代汉塞尔有许多充分理由，这些理由都与燃烧弹轰炸无关：
李梅军衔比汉塞尔高，李梅比汉塞尔更适合担任指挥官，汉塞尔的下
属（还有许多上司）根本不喜欢他，甚至他在空军中关系最密切的
朋友也支持解除他的职务。因此，汉塞尔被解职是因为他表现太差，
而不是因为他抵制燃烧弹轰炸。

　　种族主义："文明的"美国人，"野蛮的"日本人。 人们常说，
美国陆军航空队先后使用燃烧弹和原子弹轰炸日本，但是对德国没有
这样做，这是因为美国人抱有种族主义偏见，认为日本是害虫，必须
加以消灭。换句话说，美国人认为日本人不在文明世界之列，因而不
应受到文明国家的人民才应享有的保护。因此，日本人是野蛮民族，
这个身份意味着在太平洋地区冲突中美国可以不受战争法的约束。美
国总统杜鲁门在一封信中为首次使用原子弹进行辩护，他说："如果
你必须对付一头野兽，那么你就必须把它当成野兽来对待。这么说非
常令人遗憾，但是事实就是这样。"③

　　大量证据表明，在太平洋战争中，美日两国对彼此抱有种族主义
成见，这种成见使战斗变得更加猛烈，而残酷的战斗又助长了种族主
义成见。④ 然而，有人说种族主义成见是造成攻击平民的决定因素，

---

① Searle, "It Made a Lot of Sense to Kill Skilled Workers," p. 126.
② 多次尝试轰炸具体工业目标最后也都变成了区域轰炸，因为目标上空的恶劣天气迫使许多
　轰炸机转向次要目标，通常是城区。
③ 引自 Bernstein, "Understanding the Atomic Bomb," p. 268。
④ Dower, *War without Mercy*.

这种说法没有说服力。首先，这种说法的前提存在漏洞：美国陆军航空队对德国进行了大量燃烧弹轰炸，尽管绝大部分是以轰炸铁路编组站为掩护进行的。关于盟军轰炸德国，一种成见认为美国只从高空对德国军工生产和工业目标进行精确轰炸。然而，真实情况是，美国有一半的轰炸是通过雷达制导穿越云层完成的，或者是在恶劣天气条件下进行的，轰炸准确度比英国的夜间轰炸还要糟糕。关于雷达制导轰炸，学者们普遍认为雷达制导轰炸的效果相当于英国的夜间区域轰炸。[①] 在执行雷达制导轰炸任务时，美军指挥官使用了燃烧弹，这表明他们认识到了轰炸准确度低这个事实。美军轰炸机还发动了将近 70 次彻头彻尾的区域轰炸。造成美军转变战术的关键事件是 1943 年 8 月和 10 月的损失惨重的日间轰炸，这两起事件表明平衡点已经"从轰炸机和进攻滑向战斗机和防御"。[②] 实际上，我们仔细观察后发现，两个战场上的空中作战非常相似：由于现场情况以及真实和潜在成本增加，逐步过渡到无差别轰炸。[③] 然而，美国人对日本人的种族主义成见比对德国人要强烈得多。实际上，如果种族主义强大到足以决定军事行动的地步，那么美国陆军航空队为什么还要在远东进行精确轰炸，这不是多此一举吗？而且，当初研发原子弹就为了对付德国，如果原子弹及时研制成功，美国肯定会使用原子

140

---

① Shandroff, "Evolution of Area Bombing," p. 102; Parks, "'Precision' and 'Area' Bombing," p. 162; Richard G. Davis, "German Rail Yards and Cities: U. S. Bombing Policy 1944 – 1945," *Air Power History* 42, no. 2 (summer 1995): 60.

② Werrell, *Blankets of Fire*, p. 25。关于这几次空袭的损失，分别见 Thomas M. Coffey, *Decision over Schweinfurt: The U. S. 8th Air Force Battle for Daylight Bombing* (New York: David McKay, 1977), pp. 76, 78; Wesley Frank Craven and James Lea Cate, eds., *The Army Air Forces in World War II*, vol. 2, *Europe: Torch to Pointblank, August 1942 to December 1943* (Washington: Office of Air Force History, 1983), pp. 695 – 706, 850。

③ 然而，把美国精确轰炸和英国区域轰炸错误地对立起来，这种做法仍然存在，甚至在最新作品中仍然存在。见 A. C. Grayling, *Among the Dead Cities: The History and Moral Legacy of the WWII Bombing of Civilians in Germany and Japan* (New York: Walker, 2006), pp. 21, 76。

弹轰炸德国。① 日本成为牺牲品是因为时机错误，而不是因为种族身份。

其次，历史学家们普遍认为，美国在远东地区转而使用燃烧弹和原子弹并不是因为种族主义。② 约翰·道尔是研究太平洋战争中种族主义影响的著名学者，他认为种族主义成见使双方战士视敌人为非人类，使战争变得更残暴，但是他并不认同种族主义是造成攻击非战斗人员的决定因素的观点："这种视敌人为非人类的做法……无疑会为做出集中攻击平民人口的决定创造便利，不论是使用常规武器还是核武器。"③ 毋庸置疑，种族主义思想（以及战争暴行导致种族仇恨加剧）使攻击平民变得容易很多，但是种族主义思想本身并没有造成美军从精确轰炸向燃烧弹轰炸转变。

日本建筑物和德国建筑物易燃性不同，这个答案更有说服力。前文说过，美军作战计划制订者早就意识到，燃烧弹对日本木质结构建筑比对德国砖石结构建筑要有效得多。事实上，美军作战计划要求最终对日本实施燃烧弹轰炸。另外，日本工业高度分散，对高爆炸弹集中轰炸具有较强免疫力，但是对燃烧弹轰炸的免疫力非常弱。这些实际情况使美国空军人员相信燃烧弹轰炸日本比轰炸德国更有效。

组织决定论。组织文化决定论没能解释对日本实施燃烧弹轰炸的原因。正如前文所说，战间期美国陆军航空队盛行精确轰炸理念，空军的作战条令和作战计划都要求轰炸敌国工业经济中的具体目标，而不是公然攻击敌国平民或打击平民士气。然而，在太平洋地区，大家都知道日本城市极易着火，再加上存在早日结束战争的可能性，所以

---

① Sherry, *Rise of American Air Power*, p. 168.

② Frank, *Downfall*, 336；和 Werrell, *Blankets of Fire*, 209。瑟尔指出美方文件并不支持"美军实施燃烧弹轰炸是由美国的种族主义造成的"这个观点。Searle, "It Made a Lot of Sense to Kill Skilled Workers," pp. 122 - 123, n. 62.

③ Dower, *War without Mercy*, p. 11. 对于战场暴行、杀害囚犯和收集死去敌人的战利品盛行的原因，这些观点或许能够进行解释。同上书，pp. 62 - 71。

空军作战计划制订者开始考虑烧毁整个城镇。美国空军人员仍然对瘫痪日本军工生产感兴趣，但是对付日本精确轰炸不是最有效的办法。在汉塞尔和李梅领导下，精确轰炸战术都未能取得决定性胜利，这不可避免地造成美军无视美国陆军航空队的精确轰炸文化而转向燃烧弹轰炸。

　　相比之下，我们可以提出这样一种观点：在第二次世界大战中，狭隘的组织利益导致美国陆军航空队迫害平民。确切地说，空军要想成为独立军种，就必须对战争胜利起到决定性作用。正如托马斯·瑟尔所说："如果美国陆军航空队的战略轰炸能够对战争进程起到重大作用，那么这将为空军独立提供一个充分的理由，美国空军人员为这个目标已经奋斗了数十年。"① "为了证明战略轰炸能够发挥决定性作用，阿诺德面临巨大压力，"约翰·雷·斯凯特（John Ray Skates）表示赞同，"这不仅是空军独立的先决条件，而且说明投入巨大人力和物力是值得的。"② 因而，当对日本工业实施精确轰炸失败时，为了对战争进程做出贡献，空军领导人采取了燃烧弹轰炸，虽然这么做违背了战争爆发前空军的作战条令。

　　很显然，空军寻求组织独立对美国陆军航空队部分主要军官产生了影响，因而在采用燃烧弹轰炸日本过程中发挥了一定作用。美国的空军领导人需要看得见摸得着的结果来证明空军独立的合理性。虽然其他国家的空军（英国皇家空军和德国空军）已经实现军种独立，但是他们的行为方式也很相似：英国皇家空军和德国空军都是先尝试精确轰炸，也都是因为精确轰炸无效和损失率高而转变为无差别轰炸。要想证明狭隘的组织利益决定论是正确的，我们就必须证明，如果空军实现了独立，那么空军就不会采取燃烧弹轰炸。而且，组织决定论

---

① Searle, "It Made a Lot of Sense to Kill Skilled Workers," p. 105.

② Skates, *Invasion of Japan*, p. 50.

暗示精确轰炸失败是转变为燃烧弹轰炸的关键因素，但是这种观点忽略了一个重要事实，那就是美国陆军航空队在日本还没有损失一架飞机之前就为在太平洋战场上实施燃烧弹轰炸做了大量探索和策划工作。

关于组织决定论，一种略微不同的观点把转变为燃烧弹轰炸的责任完全推到李梅身上。例如，康拉德·克兰（Conrad Crane）指出，李梅享有极大的自主指挥权，他接受的不是美国陆军航空队战术学校精确轰炸条令教育，李梅在欧洲率先尝试盲目投弹，曾下令并带队对欧洲和远东地区进行区域轰炸。① 然而，这种观点也站不住脚。空军作战计划制订者非常了解日本城市极易着火的情况，而且对日空袭计划也要求最终对日本城区实施燃烧弹轰炸。即使汉塞尔仍然担任指挥官，他早晚也要采取燃烧弹轰炸战略。② 汉塞尔本人也在回忆录中指出，李梅并非燃烧弹轰炸的主要幕后推手："转变为城区燃烧弹轰炸不能直接归咎于李梅将军。最早支持燃烧弹轰炸的是第 21 空军司令部。1944 年 10 月，作战分析员委员会对远东经济目标报告进行了修改并予以发布，之后第 21 空军司令部就着手开始筛选城区目标了。"③

142

纳粹德国空军：突袭英国

德国的战略空袭行动被称为"伦敦大轰炸"，这是一系列夜间轰炸行动，从 1940 年 9 月底开始，到 1941 年 5 月结束。轰炸是为了摧毁伦敦的关键工业目标和恐吓平民，从而打败英国。1940 年夏季，德国空军企图赢得空中优势，但是以失败告终，并且付出了惨重代价；紧接着德国开始发动伦敦大轰炸，目的是为"海狮行动"铺平道路。

---

① Crane, *Bombs, Cities, and Civilians*, pp. 124 – 126.

② Searle, "It Made a Lot of Sense to Kill Skilled Workers," pp. 115, 126 – 127.

③ Hansell, *Strategic Air War against Germany and Japan*, p. 218。这份报告把城市目标提升到了优先目标清单第二位，仅次于飞机制造。

由于无法突破英军战斗机的空中防御，而且遭受了严重损失，德国空军转为夜间轰炸并且开始了长期的战略轰炸行动（这么做违背了德国空军的纪律），夺走了英国 4 万平民的生命，其中一半是伦敦居民。①

伦敦大轰炸分为三个阶段。② 第一阶段从 1940 年 9 月中旬到 11 月中旬，主要目标是伦敦。短短 10 天时间内，至少 100 架轰炸机对伦敦进行了 58 次大规模空袭。其间，伦敦至少有 1.3 万人被炸死。第二阶段，轰炸目标是英国 14 个城市的港口和军工生产，从 11 月 14 日夜间轰炸考文垂开始，一直持续到 1941 年 2 月中旬。11 月 14 日当晚，一支由德国中型轰炸机组成的探路者部队使用 X-Gerät 系统引导 449 架轰炸机对考文垂进行了轰炸。③ X-Gerät 系统是一种制导辅助系统，由一系列光束组成，能够引导战机飞向目标并自动投放炸弹。这次任务的目标是 17 家飞机制造厂和生产其他武器的工厂。④ 这次轰炸对 21 个工业区造成严重破坏，包括 12 家飞机制造厂，飞机制造能力遭到严重破坏。这些目标分散在城市不同区域，对平民造成的损害相当严重：554 人死亡，865 人伤势严重，城中 1/3 的房屋无法居住。燃烧弹只占投放弹药总量的 10%（881 枚榴霰弹，将近 32000 发散弹），但是引发了多处火灾，大火吞噬了考文垂市中心

① Richard M. Titmuss, *Problems of Social Policy* (London: His Majesty's Stationery Office, 1976), pp. 559 – 560.

② 除非另有说明，伦敦大轰炸（包括考文垂）的统计数字均来自 Matthew Cooper, *The German Air Force, 1933 – 1945: An Anatomy of Failure* (London: Jane's, 1981), pp. 164 – 174.

③ X-Gerät 系统是德国空军研发的第二代导航系统。在第一代导航系统"涅克宾"中，飞机跟随无线电射线飞行，如果这条射线与其他位置发出的第二条射线在目标上交叉则释放炸弹。当英军发现了这种战术并开始干扰无线电发射时，德国人推出了 X 系统，飞机飞过与前一条射线交叉的第三条射线时自动释放炸弹。"涅克宾"系统能够把炸弹投入瞄准点 380 米的范围之内，而 X 系统的圆概率误差是 260 ~ 300 米。关于这些导航系统，见 Alfred Price, *Blitz on Britain 1939 – 1945* (Phoenix Mill: Sutton, 2000), pp. 37 – 42, 95 – 99.

④ Horst Boog, "The Luftwaffe and Indiscriminate Bombing up to 1942," in *The Conduct of the Air War in the Second World War: An International Comparison*, ed. Horst Boog (New York: Berg Publishers, 1992), p. 391.

的中世纪建筑。[①] 第二阶段，德国空军总共进行了 48 次轰炸，投下了 10500 吨弹药。

伦敦大轰炸第三阶段从 1941 年 2 月中旬开始，到 5 月中旬结束。为了支援德军的封锁政策，希特勒命令德国空军重点轰炸港口。这 3 个月内，德国空军进行了 61 次大规模轰炸，其中 46 次是轰炸港口，如朴次茅斯（Portsmouth）、普利茅斯（Plymouth）和布里斯托尔（Bristd）。伦敦也被轰炸了 7 次，轰炸行动接近尾声时，轰炸变得越发猛烈。4 月 16 日和 19 日，德国空军轰炸每晚炸死 1000 多人，总共损毁 14.8 万间房屋；5 月 10 日，1436 人死于轰炸，是死亡人数最多的一天。然而，轰炸逐渐升级预示着伦敦大轰炸即将结束。大批轰炸机被调去支援德军入侵希腊和南斯拉夫，随着"巴巴罗萨行动"日益临近，到 5 月底德国空军只留下 4 个轰炸机大队（最多时有 44 个）对付英国。

143

历史学家认为，虽然德国空军没有专门攻击居民区，但是他们选择的攻击目标——"工厂、码头、英国政府公寓、伦敦市的经济和金融中心"——"不可避免地造成大量平民死亡，大量房屋被摧毁"，马修·库珀（Matthew Cooper）认为德国领导人对此结果"欣然接受"，"因为他们希望这会对英国人造成影响"。[②] 理查德·奥弗里（Richard Overy）说，这暴露出"平民和平民士气不会成为攻击目标的伪装被逐渐抛弃"的实质。[③] 霍斯特·布格（Horst Boog）总结说，从结果来看，"不可否认，在实践中，德国对英国的轰炸属于无差别轰炸，而且德国认为对平民进行恐吓不属于不受欢迎的副作用"。[④]

[①] 德军燃烧弹武器可以携带 36 枚炸弹，每枚重 1 千克。见 Derek Wood and Derek Dempster, *The Narrow Margin: The Battle of Britain and the Rise of Air Power, 1930 – 1940*（London: Hutchinson, 1961），p. 481, n. 1。因此，这次轰炸共投下 31716 千克燃烧弹。1 千克相当于 2.2 磅，所以燃烧弹总量为 69775 磅，略少于 35 吨，落在考文垂上空总量为 538 吨。

[②] Cooper, *German Air Force*, p. 165。见 Basil Collier, *The Defence of the United Kingdom*（London: Her Majesty's Stationery Office, 1957），p. 261。

[③] Richard Overy, *The Battle of Britain: The Myth and the Reality*（New York: Norton, 2000），109.

[④] Boog, "Luftwaffe and Indiscriminate Bombing," p. 392.

历史学家还认为其破坏性与 1940～1941 年冬季一样大，而且可能更糟糕。例如，德国空军轰炸机携带的燃烧弹比例相对较低。从 1940 年 9 月 7 日到 1941 年 5 月 10 日，德国空军总共向伦敦投放了 21774 吨炸弹，其中燃烧弹只有 2633 吨（占 12%）。同期，德国空军总共向英国全境投放了 54420 吨炸弹，其中燃烧弹为 7920 吨（不到 15%）。[①] 如果德国只是为了消灭英国平民，那么燃烧弹比例应该更高。而且，德国空军已经研制成功了精确度相当高的投弹手段，例如涅克宾系统（Knickebein）和 X-Gerät 系统。正如霍斯特·布格所说："如果从战争伊始就决定对英国城市进行恐怖轰炸，那么德国空军研制这些制导系统和自动投弹装置就毫无意义了。"[②]

简而言之，在伦敦大轰炸中，德国轰炸机并非只是为了消灭平民。德国空军希望摧毁英国城市里的军工生产以及造成平民死亡，以此打击英国平民的士气和支援封锁行动。然而，为了避免难以承受的损失，轰炸行动必须在夜间进行；另外，如果军事目标位于城区，由于当时根本没有能力做到不伤及非战斗人员，所以平民伤亡惨重。

德国的轰炸条令

美国和英国的空军条令严重偏向战略轰炸，德国的轰炸条令与美英不同；在战间期，德国的空军条令基本维持战术轰炸和战略轰炸相对平衡。德军飞行员认为其首要任务是赢得并保持空中优势，然后才是轰炸敌军防线后方和拦截敌军的补给（近距离空中支援和作战拦截相结合），向地面部队提供间接支援，最后才是摧毁敌人的武器生

[①] 数字来自 Cooper, *German Air Force*, pp. 165, 174。

[②] Boog, "Luftwaffe and Indiscriminate Bombing," p. 384. 美国空军的使命也是对军事目标进行精确轰炸，美国参战时美国空军还没有掌握这种技术，事实上美国空军从来没有研发在夜间或透过云层准确投送军火的技术。

产能力（战略拦截）。① 正如理查德·奥弗里所说，"德国空军致力于有限战略轰炸"，只限于满足其他军种的需求。② 为了打击平民士气而轰炸平民，这种想法明显偏离了既定条令。"事实上，"詹姆斯·科勒姆写道，"在第二次世界大战爆发前，德国空军条令中根本没有对平民进行恐吓轰炸的政策。"③

早期作战

一方面，德国凭借其速度优势和大胆冒险取得连连胜利，拉开了第二次世界大战的序幕。许多国家相继倒在德国国防军的猛烈攻击之下，首先是波兰，然后是挪威和丹麦，最后是法国和低地国家。在每次作战中，德国空军在征服敌人方面都发挥了实质性作用，但是轰炸对非战斗人员的影响因战斗难易程度不同而各异。在对波兰作战时，德国空军基本上没有伤及平民，直到华沙包围战，因为华沙包围战可能延长战斗并对德军造成严重伤亡。要想征服华沙城内的 10 万守军，德军将面临一场伤亡惨重和旷日持久的攻城战，希特勒无法承受，况且德军西线兵力空虚，如果法军进攻，德军将毫无抵抗能力。④ 作为德国陆军总司令，瓦尔特·冯·布劳希奇（Walther von Brauchitsch）

---

① 德国有关空军的重要条令性文件可以在 James S. Corum and Richard R. Muller, *The Luftwaffe's Way of War*: *German Air Force Doctrine*, *1911 – 1945*（Baltimore: Nautical and Aviation, 1998）的翻译版本中找到。见 James S. Corum, *The Luftwaffe*: *Creating the Operational Air War*, *1918 – 1940*（Lawrence: University Press of Kansas, 1997）。

② R. J. Overy, "From 'Uralbomber' to 'Amerikabomber': The Luftwaffe and Strategic Bombing," *Journal of Strategic Studies* 1, no. 2（September 1978）: 158.

③ Corum, *Luftwaffe*, p. 7.

④ Michael Alfred Peszke, *Battle for Warsaw*, *1939 – 1944*（Boulder, CO: East European Monographs, 1995），p. 25。关于西线的军力对比，见 Nicholas Bethell, *The War Hitler Won*: *The Fall of Poland*, *September* 1939（New York: Holt, Rinehart and Winston, 1972），pp. 169 – 170。关于希特勒的担忧，见同上书，pp. 114, 139；Erich von Manstein, *Lost Victories*, ed. and trans. Anthony G. Powell（Chicago: Henry Regnery Company, 1958），pp. 58 – 59；Andrew Borowiec, *Destroy Warsaw*! *Hitler's Punishment*, *Stalin's Revenge*（Westport, CT: Praeger, 2001），p. 14。

将军对参谋人员说:"只要西线无战事,对我而言,每一天都是上帝恩赐的礼物。"① 华沙久攻不下,德军伤亡惨重,在这种环境下,为了迫使城中居民和守军投降,德国国防军和德国空军对华沙展开了猛烈轰炸。② 轰炸造成大约 1 万波兰人死亡,在德军的强大攻势下,波兰军队最终于 9 月 28 日投降。③

另一方面,1940 年德军在西线进展顺利,没有遇到类似麻烦,所以德国空军基本上严格遵守其作战条令,即向地面部队提供近距离空中支援、作战拦截和对军事目标进行有限的战略轰炸。例如,1940 年 4 月,针对丹麦和挪威的"威瑟堡行动"取得了完全胜利:进攻那天早上,丹麦人没有投入战斗就投降了;等到那天晚上,德军已经占领挪威的主要城市和港口。④ 在法国战役中,德军取得大捷(主要归功于战略谋划得当),这一次德军仍然没有必要对平民目标进行战略轰炸;于是,德国空军集中兵力对付敌国空军,向坦克部队提供近距离空中支援。⑤ 当荷兰的抵抗可能把德军迅速胜利变成持久包围战时(就跟华沙情况一样),德军对鹿特丹进行了轰炸,这是唯一一次例外。⑥

145

① 引自 Ernest R. May, *Strange Victory*: *Hitler's Conquest of France*(New York: Hill and Wang, 2000), p. 17。

② 德国空军 400 多架战机向城西地区的军事目标投下了 572 吨炸弹(但是燃烧弹只有 72 吨)。这次轰炸非常业余,使用的战机型号也不合适,关于这个问题,见 Cooper, *German Air Force*, p. 101;Boog, "Luftwaffe and Indiscriminate Bombing," p. 386。

③ Bethell, *The War Hitler Won*, p. 140。然而,从当时来看,德军对华沙的空袭是完全合法的:华沙由波兰军队控制,积极进行抵抗,而且城中有重要军事目标。

④ 德国空军在挪威只进行过唯一一次轰炸,轰炸目标是英国和法国在纳姆索斯和翁达尔斯内斯沿岸设立的桥头堡。见 Adam R. A. Claasen, *Hitler's Northern War*: *The Luftwaffe's Ill-Fated Campaign*, *1940 – 1945*(Lawrence: University Press of Kansas, 2001), pp. 105 – 119。

⑤ 德军战略从可能成本高昂的正面进攻转变为极有可能迅速取得决定性胜利的闪电战,关于这个问题,见 Manstein, *Lost Victories*, pp. 94 – 126;John J. Mearsheimer, *Conventional Deterrence*(Ithaca: Cornell University Press, 1982), pp. 99 – 133。

⑥ Walter B. Maass, *The Netherlands at War*: *1940 – 1945*(London: Abelard-Schuman, 1970), p. 21;Cooper, *German Air Force*, p. 114。

然而,轰炸鹿特丹也是因为失误,当时德国和荷兰正在进行谈判。[①]

收拾完法国和低地国家后,希特勒把注意力转到了英国。希特勒相信英国最终也会向德国求和,而不会独自抵抗。正如约翰·雷所说,希特勒"一切准备停当,就等英国来投降了。他相信英国早晚都要接受现实并向德国求和"。[②] 因此,1940 年 7 月之前,德国对英作战战略都是建立在封锁(但不是饥饿封锁)基础之上的,1940 年初夏德军的轰炸目标主要是港口、军事设施和沿海航运。7 月 11 日希特勒下令为登陆英国("海狮行动")做准备之后,德国空军企图摧毁英国战斗机部队,目的是在英吉利海峡和英国南部上空取得空中优势。战斗初期德国空军损失相当惨重,为了摧毁英国皇家空军战斗机司令部做最后一次努力,德国不得不对伦敦进行大规模轰炸,而在此之前希特勒一直禁止这么做。因为英军对柏林实施了轰炸(这么做可能是为了激起德国报复,对英国城市进行轰炸,从而缓解英国皇家空军战斗机司令部的压力),9 月初希特勒解除了轰炸伦敦的禁令,德国空军对伦敦发动了大规模轰炸,把轰炸带入了一个新阶段。[③] 然而,英军战斗机进行的猛烈反击,迫使德国空军放弃日间轰炸行动,改为夜间继续轰炸。

---

① 关于这起事件及其争议,见 Cooper, *German Air Force*, pp. 114 – 115;Boog, "Luftwaffe and Indiscriminate Bombing," pp. 386 – 387;Maass, *Netherlands at War*, p. 40。这次进攻造成大约 900 名平民死亡,数千人受伤,7.8 万人无家可归。Maass, *Netherlands at War*, p. 40。虽然当时被视为背信弃义的恐怖袭击,但是因为鹿特丹并不是一个开放城市,没有受到国际法的保护,当时国际法禁止空中轰炸,而且,为了轰炸更准确,德军战机飞得很低,把自身暴露在地面火力范围内,而且只投放了高爆炸弹,没有投放燃烧弹,所以这次进攻没有造成太大损失。事实上,德军第 18 集团军司令冯·库克勒提醒轰炸部队使用"一切手段避免给荷兰民众造成不必要的伤亡"。引自 Cooper, *German Air Force*, p. 114。

② John Ray, *The Battle of Britain: New Perspectives: Behind the Scenes of the Great Air War* (London: Arms and Armour, 1994), p. 40.

③ 尽管希特勒禁止轰炸英国首都,但是 8 月 24 日夜 12 架德军轰炸机在执行夜间任务时迷失了方向,意外地轰炸了伦敦。这次灾难促使英国首相温斯顿·丘吉尔命令英国轰炸机对柏林进行轰炸。

希特勒的信念和德国空军的作战能力

1940 年夏季之前，从希特勒的战争指令及其战争行为来看，他希望减少空战对平民的影响。前文说过，德国空军缺少长期进行惩罚式轰炸的能力，也没有制定这样的条令。而且，为了避免德国遭到报复，希特勒有意识地限制德军对英国城市的空袭。"在侵略低地国家和法国时，德国保持克制，"乔治·奎斯特（George Quester）说，"这表明德国仍然希望给盟军留下不一样的印象，从而阻止盟军对德国城市进行猛烈袭击。"法国陷落后，希特勒还希望说服英国求和，希望"保持城市完好无损让英国人觉得和谈对他们更有利"。①

从希特勒早期签发的作战指令来看，他确实不希望德军轰炸机轰炸英国城市。1939 年 8 月 31 日签发的第 1 号作战指令禁止对英国本土进行空袭。② 11 月 29 日签发的第 9 号作战指令号召摧毁英国战时经济，但是在德国占领英国附近基地之前，空袭行动只能针对航运。③ 德国国防军最高统帅部也下令，在德国控制英吉利海峡沿岸之前，对英空袭行动不得升级。④ 直到 1940 年 5 月 24 日（当天签发了第 13 号作战指令），希特勒才批准对英国本土的军事目标实施打击。⑤

希特勒不愿意轰炸英国，在很大程度上是因为他害怕遭到报复，因为他本人希望与英国达成和解，也是因为他相信德国空军还不具备

---

① George H. Quester, *Deterrence before Hiroshima: The Airpower Background of Modern Strategy* (New York: Wiley, 1966), p. 111.

② 战争爆发后的第一个月内，希特勒在每项命令中都重申了这条指示。见 H. R. Trevor-Roper, ed., *Hitler's War Directives* (London: Sidgwick and Jackson, 1964), p. 5; H. W. Koch, "The Strategic Air Offensive against Germany: The Early Phase, May-September 1940," *Historical Journal* 34, no. 1 (March 1991): 124。

③ Trevor-Roper, *Hitler's War Directives*, p. 19.

④ Cooper, *German Air Force*, p. 126.

⑤ Trevor-Roper, *Hitler's War Directives*, p. 29; Cooper, *German Air Force*, p. 126.

独立完成政治目标的能力。例如，希特勒对各军种司令说，"一个国家绝不会'被空军打败'"，他还预测对英战争会很漫长而且很艰难。① 出人意料的是，德国空军将领们都同意希特勒的观点。1938 年慕尼黑危机期间，德国空军的一项研究认为，如果与英国作战德国空军将一无所获，如果动用所有可用资源作战将"毫无结果"。② 1939 年的另外一项研究准确地预测了德军对英空袭的可能结果：作战参谋人员"为日后发动总攻做准备，对突击英国战斗机部队取得成功不抱任何希望。地利在守方而非攻方，而且大家都认为进攻方会损失惨重"。③ 1940 年 5 ~ 6 月，德国空军最高统帅部认为："从现有兵力来看，德国空军自身实力不足，在对英作战中无法取得决定性胜利。"④

第一阶段：海峡争夺战

德军对英空战的第一阶段通常被称为"海峡争夺战"，从 1940 年 7 月 1 日开始，大约持续了六周时间，但是没有取得决定性胜利。德国空军总司令赫尔曼·戈林（Hermann Göring）6 月 30 日签发《德国空军对英作战指令》，把摧毁英国皇家空军战斗机司令部确定为主要目标。⑤ 德国人希望攻击英国航运和港口能够引诱英国战斗机升空作战，这样一来德国空军最精锐的单引擎战斗机（Bf 109）就可以摧毁他们。⑥ 戈林还在命令中"强调要竭尽所能，避免给平民造成不必要的损失"。⑦

然而，英军战斗机想尽办法避免与德军战斗机交战。英国皇家空

---

① Cooper, *German Air Force*, p. 126.

② Ray, *Battle of Britain*, p. 35.

③ Cooper, *German Air Force*, p. 121.

④ Ibid. , p. 126.

⑤ Cajus Bekker, *The Luftwaffe War Diaries: The German Air Force in World War Ⅱ*, trans. and ed. Frank Ziegler (Garden City, NY: Doubleday, 1968), p. 148.

⑥ 总体而言，就德军战机而言，Do 代表多尔尼耶，Ju 代表容克，He 代表海因克尔，Bf 代表梅塞施密特（巴伐利亚飞机制造厂）。

⑦ Wood and Dempster, *Narrow Margin*, p. 220.

军战斗机司令部司令休·道丁（Hugh Dowding）明白，只有德军轰炸机才能摧毁英国的关键工业和战斗机司令部的基地。正如英国皇家空军一名飞行员后来所说："我们英国皇家空军的战斗机对德军战斗机根本没有兴趣，他们对我们倒是很感兴趣。我们的任务是防守。德军战斗机无法对英国造成损害。德军轰炸机才是威胁。我们接到的命令是引蛇出洞，然后摧毁他们。"[1]

对于德国空军而言，战斗进展不利。从 7 月 10 日到 8 月 8 日，四个星期之内，德国空军轰炸机只击沉了英国 4 万吨沿海船只，仅占英军船只总吨位 400 万吨的 1%。为了摧毁这区区 1% 的船只，德军战机付出了惨重代价。从 7 月 1 日算起，五个星期之内，德国空军损失 279 架战机，英国皇家空军战斗机司令部损失 142 架，德军损失数量几乎是英军损失数量的两倍；德军损失战机中 181 架是轰炸机。[2]表 4-4 显示了整个不列颠战役期间英德战机损失情况。

表 4-4　德国和英国战机损失对照表，1940 年 7~9 月

单位：架

	7 月 1 日~ 8 月 8 日	8 月 13 日~ 18 日	8 月 24 日~ 9 月 6 日	9 月 7~15 日	9 月 16~30 日	总数
德国	279	247	308	174	199	1207
英国	142	131	273	131	115	792

资料来源：马修·库珀著《德国空军 1933~1945：失败原因剖析》（伦敦：简氏出版社，1981），第 129，140，141，145，154-155，158 页。

第二阶段：鹰击行动

为了摧毁英国皇家空军战斗机司令部或孤立英国贸易，德军发动了"鹰击行动"。行动失败后，希特勒又签发了第 16 号作战指令，

---

[1]　Peter Townsend, *Duel of Eagles* (New York: Simon and Schuster, 1970), p. 273.
[2]　Cooper, *German Air Force*, p. 129；Townsend, *Duel of Eagles*, p. 308.

号召德军登陆大不列颠。为了支援"海狮行动"，希特勒批准德军 8 月 5 日之后可以对英国进行无限制空中和海上作战，但是仍然禁止轰炸伦敦。[①] 要想跨越英吉利海峡并登陆英国，取得空中优势至关重要，所以摧毁英国皇家空军战斗机司令部仍然是德军空中行动的中心任务："必须从道义上和实力上削弱英国空军，使之无法发动重大攻击，无法阻止德军穿越英吉利海峡。"[②]

然而，为了实现这个目标，德军制订了新计划（代号为"鹰击行动"），这项新计划采取了另外一种手段：对伦敦南部和东南部地区进行长达 13 天的空袭，不仅在空中袭击英军战斗机，而且在地面上袭击英军战斗机，破坏英军机场、雷达站和相关基础设施。[③] 为了实施这项计划，德国空军部署了将近 2300 架战机：963 架战斗机和 1314 架轰炸机（316 架单引擎"斯图卡"俯冲轰炸机和 998 架各式双引擎轰炸机）。在南部作战区（英国皇家空军战斗机司令部第 10 和 11 战斗机大队），就单引擎战斗机而言，德军拥有 702 架 Bf 109 战斗机，英军拥有 312 架飓风战斗机和喷火战斗机，德军战斗机数量是英军的两倍多。[④]

灾难性的开始。8 月 13 日，"鹰击行动"一开始就给德国空军带来了灾难：德军损失了 45 架飞机，英国皇家空军战斗机司令部只损失了 13 架。总的来说，英军从鹰击行动第一周（8 月 13～18 日）开始就具有明显优势：英军损失 131 架战斗机，德军损失 247 架战斗机。德军的中型轰炸机容克 Ju 88 和亨克尔 He 111，以及德军主力俯冲轰炸机 Ju 87 "斯图卡"，还有德军双引擎战斗机 Bf 110 速度都太

148

---

① 见 Directive No. 17, issued August 1, in Bekker, *Luftwaffe War Diaries*, p. 150。德国空军领导人认为引诱英军战斗机升空战斗的最佳方式就是轰炸伦敦。希特勒禁止轰炸伦敦使这种想法破灭了。见 Townsend, *Duel of Eagles*, pp. 297 – 298。
② Trevor-Roper, *Hitler's War Directives*, p. 34.
③ 德军飞行员发现他们要做的事是他们已经认定无法做到的事：仅凭空军一己之力打败英国。见 Ray, *Battle of Britain*, p. 42。
④ Townsend, *Duel of Eagles*, p. 301。英军共有 576 架单引擎战斗机可以投入战斗。

慢，机动性太差，无法躲过英军单引擎战斗机的攻击，只有单引擎 Bf 109 战斗机能与英国飓风战斗机和喷火战斗机相匹敌。

其中两次空袭对德国轰炸机部队造成了毁灭性打击。第一次，8 月 15 日（对于德国空军而言这是一个"黑色星期四"），在没有战斗机护航的情况下，德军轰炸机和 Bf 110 战斗机从挪威起飞，对英国北部发动袭击，结果被英国战斗机击落 22 架，而英国战斗机无一损失。[1] 威廉森·默里（Williamson Murray）说，这次袭击的结果"彻底地证明，在没有战斗机护航的情况下，德军轰炸机对英国进行日间轰炸是根本不可能的"。[2] 这样一来，Bf 109 战斗机不仅要与英国皇家空军战斗机司令部作战，而且要在德军其他战机（甚至是 Bf 110，名义上属于战斗机）执行任务时也必须护航。

第二次，8 月 18 日，德军俯冲轰炸机对英国南部的英国皇家空军机场进行轰炸，结果 28 架轰炸机被击落，损失令人震惊，德国空军总司令戈林不得不于次日取消了其余"斯图卡"轰炸机的轰炸任务。[3] "斯图卡"轰炸机在波兰和法国表现如此出色，却根本不是英军战斗机的对手，而且由于巡航速度低，无法进行有效护航。

德军损失比英国皇家空军战斗机司令部损失还大，这是不可持续的。"鹰击行动"第一周，德国空军就损失了 284 架飞机，占参战飞机总数的 12.5%。[4] 在整个 8 月份，德军总共损失 774 架飞机，占 8

---

[1] 关于这次轰炸，见 Townsend, *Duel of Eagles*, pp. 329 – 331; Bekker, *Luftwaffe War Diaries*, pp. 155 – 163; Wood and Dempster, *Narrow Margin*, pp. 279 – 285。

[2] Williamson Murray, *Luftwaffe* (Baltimore: Nautical and Aviation Publishing Company of America, 1985), p. 52。8 月 15 日德国空军共损失 75 架战机，英国皇家空军共损失 34 架战机。见 Townsend, *Duel of Eagles*, p. 337。

[3] Townsend, *Duel of Eagles*, pp. 345 – 350; Bekker, *Luftwaffe War Diaries*, 165; Wood and Dempster, *Narrow Margin*, pp. 288 – 290, pp. 299。关于当天作战行动的详细记录，见 Alfred Price, *Battle of Britain: The Hardest Day, 18 August 1940* (New York: Scribner's, 1979)。

[4] Cooper, *German Air Force*, p. 140。8 月 13 ~ 18 日，德军共损失和损坏 350 架战机。同上书，p. 141。8 月 10 ~ 23 日，德国空军共损失 167 架轰炸机。Wood and Dempster, *Narrow Margin*, p. 299。

月 1 日德国空军拥有战机总数的 18.5%。[①]

战斗进入僵持阶段。尽管损失惨重，德军轰炸机仍然继续轰炸英国皇家空军的机场，战斗开始进入僵持阶段。"鹰击行动"第二阶段（8 月 24 日~9 月 6 日），德军几乎追平了"损失交换比"，摧毁英军 273 架战斗机，自身损失 308 架战机（其中 109 架轰炸机）。从 8 月 8 日起，四周之内，英军损失了 657 架战斗机。虽然英国皇家空军战斗机司令部的前线实力仍然与战斗刚开始时一样，但是储备在日益减少。而且，战斗机司令部缺少经验丰富的飞行员。马修·库珀（Matthew Cooper）认为，到 9 月初时，德军还有四五周时间就能获得空中优势了，彼得·汤森（Peter Townsend）则认为"综合轰炸机和战斗机实力来看，德国空军实力正在逐渐赶超英国皇家空军战斗机司令部"。[②]

然而，德国人的时间不多了。用于登陆作战的船只已经准备就绪，但是希特勒一再推迟，他在等德国空军把英国皇家空军战斗机司令部打败。但是英国人没有任何崩溃的迹象，没过多久德国人就遇到了恶劣天气。德国空军领导人感到绝望，他们认为伦敦是最后的希望，只要把英军战斗机引诱出来，德国空军就可以在伦敦上空摧毁他们。正如威廉森·默里所说："9 月初，在英国南部上空损失惨重，德国空军条令也开始倾向于改变德国的空军战略了。"[③] 8 月 24 日夜，德国 12 架飞机误炸伦敦，随后丘吉尔命令英军轰炸机司令部轰炸柏林，这让希特勒非常愤怒。9 月 5 日，希特勒批准调整轰炸目标，解除了对英国首都伦敦的轰炸禁令。当然，正是由于德国空军之前对伦敦进行日间轰炸时因遭遇惨重损失而无法持续，德国人才不得不转为

149

---

① Murray, *Luftwaffe*, p. 53.

② Cooper, *German Air Force*, pp. 140, 145, 146; Townsend, *Duel of Eagles*, p. 388。除了德军轰炸机损失数字来自 Wood and Dempster, *Narrow Margin*, p. 330 之外，本段中其余数字均来自 Cooper, *German Air Force*, p. 146。

③ Murray, *Luftwaffe*, p. 54.

夜间轰炸。现在希特勒报复心切，于是德国空军开始对伦敦的军事目标进行全天候轰炸。

轰炸机向伦敦飞去。 9 月 7 日，伦敦港区遭到轰炸，新一轮攻击拉开帷幕。尽管传言满天飞，说希特勒要屠杀英国平民，但是此时德国空军攻击伦敦的主要目标仍然是摧毁英国皇家空军，而不是恐吓平民。轰炸确实造成许多平民死亡，9 月 7 日夜死亡 1000 人，9 月 8 日夜死亡 412 人，9 月 9 日夜死亡 370 人，但是打击士气只是次要目标。[①] 第 2 航空舰队司令阿尔贝特·凯塞林（Albert Kesselring）"要求对英国首都伦敦发起全面攻击。不仅伦敦具有轰炸价值，而且平民士气很可能会崩溃"。[②] 凯塞林等人建议攻击居民区，但是遭到希特勒否决。例如，9 月 14 日，德国空军参谋长汉斯·耶顺内克（Hans Jeschonnek）建议攻击居民区，但是希特勒没有采纳，希特勒下令说："虽然目标区域扩大了，但是空袭伦敦时攻击重点仍然是军事机构和关键设施，包括火车站。对于纯居民区进行恐吓袭击只能是最后手段，目前还不能使用。"[③] 民众的抵抗意志可能会崩溃，但是只有攻击军事目标才能达到这样的效果，大规模屠杀平民达不到。

9 月 7 日，德军战机 1524 架（其中轰炸机 772 架）飞抵英国上空，而英国皇家空军战斗机司令部只有 746 架飓风战斗机和喷火战斗机。[④] 然而，德军夸大了战果，德国空军领导人受到蒙蔽，相信英国皇家空军已经濒临垂死挣扎。于是，9 月 15 日，德军发动了大规模日间空袭，总共出动战机 1300 架次。德军本打算给英国皇家空军战斗机司令部致命一击，结果却遭到英国战斗机铺天盖地的反击。德国

150

---

① 平民死亡人数来自 Townsend, *Duel of Eagles*, pp. 406, 409, 410。
② 同上书, p. 391。
③ 引自 Boog, "Luftwaffe and Indiscriminate Bombing," p. 390。
④ 关于德国空军，见 Cooper, *German Air Force*, p. 148；Collier, *Defence of the United Kingdom*, pp. 463 – 467；关于英国皇家空军，见 Wood and Dempster, *Narrow Margin*, p. 463。

空军失败了，进攻被打散，战机疯狂地扔下炸弹。德军损失了 56 架飞机，而英国皇家空军只损失了 26 架。[1] 这种趋势一直持续到 9 月底。由于损失难以承受，戈林最终终止了日间轰炸：9 月 16～30 日，德军损失了 199 架飞机，占 9 月 7 日德军飞机总数的 13% 还多。[2] 9 月 17 日，希特勒将"海狮行动"无限期推迟，10 月 12 日又下令彻底取消了这项行动。

第三阶段：伦敦大轰炸

1940 年，由于战斗机比轰炸机（甚至是严密护航的轰炸机）具有防御优势，德国空军对伦敦进行日间轰炸以失败告终，德国空军损失惨重。"德国空军根本无力维持大规模日间轰炸，"特尔福德·泰勒（Telford Taylor）总结道，"英国皇家空军战斗机司令部予以猛烈反击，德国空军机组人员面临巨大压力，伤亡也非常大。"[3] "鹰击行动"前几日德军伤亡惨重，8 月底德军部分改为夜间轰炸，9 月份大规模日间轰炸惨败后则完全改为夜间轰炸。虽然大多数历史学家认为伦敦大轰炸开始于 9 月 7 日，但是实际上这一天标志着"鹰击行动"最后阶段的开始，当时德军目标仍然是企图通过大规模攻击伦敦来摧毁英国皇家空军战斗机司令部。[4] 多次空袭均遭失败，这意味着 1940 年德国无法入侵英国了。希特勒手中只剩下唯一一件武器，那就是对英国城市进行夜间轰炸，从而摧毁平民士气："他希望猛烈轰炸能够摧毁英国人的抵抗意志，再加上经济封锁，英国政府将会求和。"[5]

---

[1] 想要了解详情，见 Alfred Price, *Battle of Britain Day: 15 September 1940* (London: Sidgwick and Jackson, 1990)。

[2] Cooper, *German Air Force*, p. 158.

[3] Telford Taylor, *The Breaking Wave: The Second World War in the Summer of 1940* (New York: Simon and Schuster, 1967), p. 170.

[4] Ibid., p. 175.

[5] Cooper, *German Air Force*, p. 165.

虽然可能性极低，但是这样做毕竟提供了一种可能性：无须登陆英国就能打败英国，同时把德国空军轰炸机损失降到可接受水平。

德国空袭之所以从日间消耗和打败英国皇家空军逐渐转变为夜间摧毁英国军工生产和平民士气，三个因素发挥了重要作用。首先，可能是因为德军轰炸机部队遭受了严重损失。"鹰击行动"第一周，德军就遭受了严重损失，戈林不得不规定机组人员中军官不得超过一名。① 戈林还大幅增派战斗机对轰炸机进行护航，并且撤回了俯冲轰炸机部队。转为夜间轰炸后，轰炸机损失大降降低了：从 1940 年 9 月 7 日到 11 月 13 日，两个月之内，德国空军在夜间空袭英国行动中只损失了 100 架战机。② 白天，英国皇家空军战斗机司令部大显神威，在夜间却无能为力，就连性能一般的夜间战斗机也屈指可数。马修·库珀指出，德国人"很快就意识到夜间攻击英国这种方式很安全……德国空军的轰炸机在白天极易遭到攻击，但是到了 1940 天秋季，德国空军在夜间轰炸中已经无所畏惧"。③ 然而飞机损失数量下降并不意味着德国空军取得了胜利，正如一位历史学家所指出的："可以这么说，继续轰炸实际上是承认了失败，没有机会与英国皇家空军战斗机司令部进行直接决战，所以只能绝望地进行轰炸。如果德国空军最终获胜，德国空军将统治英国领空。"④

其次，虽然戈林手下的将领们认为他们正在快速地摧毁英国的战斗机部队，但是获得空中优势还是不够快。德国空军许多军官认为，只有攻击伦敦才能迫使英国皇家空军战斗机司令部出动全部战机，这样才能将其摧毁。因此，从前几周来看，对伦敦进行全天候轰炸是为

---

① Wood and Dempster, *Narrow Margin*, p. 285；Taylor, *Breaking Wave*, p. 145.

② Cooper, *German Air Force*, p. 167。从 1940 年 11 月初到 1941 年 2 月底，德军轰炸机共出动 12000 架次，只损失了 75 架。

③ 同上书，p. 167。见 Taylor, *Breaking Wave*, pp. 175 – 176。

④ Frederick Taylor, *Dresden：Tuesday，February 13，1945*（New York：HarperCollins, 2004），p. 99.

了打败英国皇家空军。当然，众所周知，戈林把攻击目标转向伦敦，停止了对英军基地的轰炸，给了英国皇家空军战斗机司令部以喘息之机，人们普遍认为正是这个决策失误导致了德国战败。

最后，我们来讨论英国轰炸柏林这个问题；轰炸柏林促使希特勒撤销了禁止轰炸伦敦的禁令。大多数历史学家认为，丘吉尔下令轰炸柏林是希望希特勒对伦敦进行报复，从而减轻英国皇家空军战斗机司令部的压力——国家领导人主动招惹敌人，使敌人对本国平民进行攻击以减少本国军队损失，这种情况实在罕见。[①] 希特勒确实派出轰炸机轰炸伦敦，丘吉尔的挑衅只是加速了希特勒的决定。由于损失不断增加，再加上德国空军的支持，希特勒早晚都会做出这个决定。[②] 戈林及其手下将领们早就要求对伦敦采取决定性行动以摧毁英国皇家空军，后来又希望仅凭空军之力打败英国。报仇雪恨是德国空军派遣轰炸机轰炸英国首都伦敦的动机之一，这点毫无疑问，但是，即使英军没有轰炸柏林，德国空军最终也会轰炸伦敦。

封锁政策未能迫使英国投降，没有取得空中优势意味着入侵英国根本不可能，在这种情况下，希特勒选择了使用手中唯一一件武器，这件武器成本不是特别高，那就是夜间轰炸。理查德·奥弗里得出了这样的结论：

> 所以说，在不列颠战役和伦敦大轰炸过程中，戈林使用轰炸机轰炸伦敦，不仅是想对英国轰炸柏林进行报复，而且是因为德军希望恐怖轰炸能让英国人醒悟过来。除了攻击伦敦，戈林还下令攻击"军工生产（尤其是空军武器）。还有重要港口。为了摧毁伦敦，德军将昼夜不停地进行轰炸"。伦敦大轰炸是这一战略 152

---

① Harvey B. Tress, "Churchill, the First Berlin Raids, and the Blitz," *Militärgeschichtliche Mitteilungen* 32, no. 2 (1982): 65–78; Quester, *Deterrence before Hiroshima*, pp. 117–118.

② Taylor, *Breaking Wave*, p. 158.

目标的延伸，德国空军也是不得已而为之，因为日间轰炸损失实在是太大了。在不列颠战役过程中，德国领导层逐渐开始接受全面战略空袭的观念。这绝不是有限战略轰炸，而是像英国策划和准备的进攻一样：通过空袭结束战争。[①]

其他原因

造成迫害平民的其他原因都不能令人信服地解释伦敦大轰炸。下面我重点分析了政权形式和组织决定论，因为我没有发现能够证明德国关键领导人把英国人视为"野蛮人"的证据。

政权形式。从表面上看，伦敦大轰炸符合政权形式假设的规则版本：纳粹德国属于独裁政权，而且迫害非战斗人员。然而，实际情况与这个假设的两个版本都有冲突。希特勒三番五次地禁止军事指挥官直接袭击城市居民区，这种克制不能归因于自由规则。总体而言，从希特勒签发的作战指令和讲话内容来看，他把使用轰炸机故意攻击平民视为最后手段，而且从行动来看，他使用这种手段是为了报复，是为了惩罚和阻止英军对德国城市进行轰炸。[②] 德国不是自由民主国家，所以希特勒在使用轰炸机轰炸平民方面保持克制削弱了规则决定论的可信度。

有关证据也不支持制度决定论。作为国家领导人，希特勒不用担心遭到罢免，但是他非常在意自己在德国民众心目中的形象，这表明并非只有民主国家的领导人才有这种担忧。总体而言，希特勒政权对成本极其敏感，或许是因为他不愿意动员整个国家来打这场现代战争。为了避免对国民经济造成过多影响，希特勒本人和德国国防军制

---

① Overy, "From 'Uralbomber' to 'Amerikabomber'," p.160. 内部引用来自哈尔德将军的作战日记。

② 决定派出德军轰炸机轰炸伦敦（1940 年 9 月）、轰炸重要文化场所（1942 年的贝德克尔空袭）和使用报复性武器（1944 年）都属于这一类。

定了旨在赢得闪电式胜利的战略和兵力结构。从对苏战争来看，这种军事体系非常不适合于持久战。这种战争方式也能解释为什么希特勒在柏林遭到英军轰炸之后就迅速采取了报复行动，因为他认为轰炸柏林会把战火引向平民，而这正是他所极力阻止的。

　　组织决定论。有些学者认为，德国武装部队中盛行"陆军强国文化"，而德国空军的定位不是独立实施战略轰炸，而是支援陆军作战，这两点能够解释德国为什么在轰炸英国方面保持克制。同时，陆军强国文化也影响了德国空军的作战能力，这种文化鼓励发展中型轰炸机和俯冲轰炸机，但是反对发展重型轰炸机。① 这样一来，德国空军从来没有研制过一架能够与英国兰卡斯特轰炸机和美国 B-17 或 B-29 轰炸机相匹敌的四引擎轰炸机。按照这种说法，"与德国陆军一样，德国空军以支援陆地作战为己任，并且认为制胜的关键不是摧毁平民士气，而是打败敌军"。②

　　德国空军的组织文化，再加上希特勒对空军的能力持怀疑态度以及他本人倾向于攻击军事目标，能够帮助我们解释伦敦大轰炸为什么采取这种方式，为什么伦敦大轰炸没有变得更糟糕。然而，这种说法有三处反常。首先，这种说法认为德国空军支援地面部队作战的文化决定了德国会保持克制，但是没有认识到希特勒（非军人身份）才是关键的决策者。希特勒认为空军无法独立赢得胜利，虽然第一次世界大战期间他曾在陆军服役，但是我们不清楚这种信念是不是因为他早期受到陆军强国文化的影响或者其他因素的影响。

　　其次，文化决定论的拥护者认为，德国空军赞同轰炸敌国武装部队，对于非战斗人员则保持克制，但是事实上，随着不列颠战役的推进，德

---

① 由于必须要具备俯冲轰炸能力（外人觉得很奇怪，但是深受德国空军文化影响的人觉得合情合理），四引擎重型轰炸机的研制受到了阻碍。见 Edward L. Homze，"The Luftwaffe's Failure to Develop a Heavy Bomber Before World War Ⅱ，"*Aerospace Historian* 24，no. 1（March 1977）：20-26。

② Jeffrey W. Legro，*Cooperation under Fire：Anglo-German Restraint during World War Ⅱ*（Ithaca：Cornell University Press，1995），p. 115.

国空军多名将领（包括德国空军参谋长汉斯·耶顺内克和第 2 航空舰队司令阿尔贝特·凯塞林）都成了轰炸伦敦的坚定支持者。[①] 希特勒（非军人）一再驳回这种呼声，坚持保持克制，极有可能是因为他仍然对说服英国和谈抱有一线希望，他不希望因为轰炸平民过分地激怒英国。

最后，文化决定论基本上忽视了这样一个事实：德国空军曾经对英国城市进行无差别夜间轰炸，轰炸长达 9 个月，造成 4 万人死亡。后果可能没有后来英国皇家空军轰炸机司令部轰炸德国那么严重，但是轰炸规模受到限制是因为希特勒计划要入侵苏联。怀疑论者可能会说，当德国的克制没有得到英国的回报时，文化决定论并没有预测到克制会无限期持续下去。但是他们把时间弄反了：在英国皇家空军轰炸机司令部小规模轰炸德国城市之前，德国人早就开始系统性轰炸英国城市了。从德国入侵波兰到法国战役，英国皇家空军轰炸机司令部主要是袭击海军船只和抛撒传单。1940 年 5 月 15 日开始，英军对德国石油和铁路目标进行了有限轰炸，但是更多精力用在抛撒传单，在北海布设水雷，以及攻击德国登陆驳船、沿海航运和飞机目标上。10 月 30 日，正当伦敦大轰炸进行得如火如荼之际，英国空军部把石油列为主要目标，把打击平民士气列为次要目标。当然，由于英军轰炸准确度极低，"德国人完全没有意识到他们的石油资源差点就成了英军系统性轰炸的目标"。[②]

154 　　12 月中旬，英国皇家空军轰炸机司令部首次对曼海姆发动了区域轰炸，但是这次轰炸是为了报复上个月德国空军轰炸考文垂。直到 1941 年 7 月 9 日，打击平民士气才上升为首要目标，而且直到 1942 年大规模城区轰炸才开始。1940 年 8 月，为了报复德国，英国皇家空军轰炸机司令部对柏林进行象征性轰炸，另外还对德国工业目标进行了若干次毫无成效的轰炸，除非我们愿意把伦敦大轰炸归咎于这两起

---

① Townsend, *Duel of Eagles*, pp. 297 – 298；Boog, "Luftwaffe and Indiscriminate Bombing," p. 390.

② Max Hastings, *Bomber Command* (New York：Dial Press, 1979), p. 98.

事件，否则"伦敦大轰炸是为了报复"这种说法是不足为信的。事实上，英军 8 月 24 日的轰炸造成的破坏太轻微，以至于德国宣传部长约瑟夫·戈培尔（Josef Goebbels）为了制造宣传效果而不得不夸大损失。一位历史学家评论说："1940 年秋季，英国对德国本土的轰炸太微弱，以至于戈培尔不得不伪造英军'暴行'来激怒德国民众。"①

狭隘的组织利益决定论更加没有说服力，因为德国空军已经是一个独立的军种。即使轰炸迫使英国最终向德国求和，德国空军也永远无法取代陆军成为最重要的军种。

本章提供的证据支撑了这样一个结论：战争成本不断增加和迫切渴望打赢战争导致了迫害平民。在对日战争中，精确轰炸成本高昂而效果很差，如果美军入侵日本本土必将付出惨重代价，这些因素促使美国下定决心烧毁日本城市。充分了解日本平民将会付出代价后，绝大多数美国民众和美国政府领导人仍然支持轰炸日本城市。对于德国空军而言，战争成本不断增加，另外他们对惩罚式轰炸英国城市或许能够摧毁英国士气抱有一线希望，这两个因素导致德国实施了伦敦大轰炸。

多位研究第二次世界大战空战的著名学者指出，在战争过程中，道德约束力日益减弱，到最后，根本没有人质疑使用原子弹消灭十多万人是否道德。例如，理查德·戴维斯（Richard Davis）就说，虽然美军轰炸机尽最大努力攻击德国的军事目标，"但是总体战非常残酷，随便轰炸些什么总比什么也不轰炸要强"。②"尽管盲目轰炸准确度很低，"加里·桑德罗夫（Gary Shardroff）指出，"但是雷达制导轰炸的比例仍在不断增加。空军内部很多人都认为轰炸不准确总比什

---

① Taylor, *Dresden*, p. 101。关于本段中概括的事件的详细情况，见 Robin Neillands, *The Bomber War: The Allied Air Offensive Against Nazi Germany* (New York: Barnes and Noble, 2001), pp. 34 – 59。

② Davis, "German Rail Yards and Cities," p. 52.

么也不轰炸要强。"① 桑德罗夫说重点的转移发生在"一个中心思想主导的背景下，这个中心思想就是取得军事胜利。当条令和政策发生冲突时，人们通过军事效率进行实用测试和他们对胜利的贡献大小来进行评判。道德和政治考量都被放在次要位置"。② 最后，巴顿·伯恩斯坦认为战争对道德进行了重新定义，使得广岛和长崎遭到原子弹轰炸，所以到1945年，"这场战争基本上变成了总体战，道德制约也丧失殆尽。战争爆发前，罗斯福提醒不要伤及平民，现在就连罗斯福的提醒也被抛诸脑后。在这种新道德环境下，无论哪个国家掌握了原子弹都可能对敌人使用……在道德方面美国并没有什么特别，只不过是技术领先罢了。只有美国拥有原子弹，所以也只有美国使用了原子弹"。③

155

　　本章论证了道德约束力减弱的根本原因。刚开始大多数国家是攻击敌国军队，但是当胜利希望变得渺茫时，或者当战争成本变得难以承受时，为了削弱敌人士气或削弱敌军的抵抗能力，从而控制成本，打赢战争，就连那些对迫害平民深恶痛绝的国家，甚至那些倾向于精确轰炸军事目标的军事组织也会迫害平民。

---

① Shandroff, "Evolution of Area Bombing," p. 99.

② Ibid. , p. 100.

③ Bernstein, "Atomic Bombings Reconsidered," pp. 151 – 152.

第五章
游击战、反叛乱和迫害
平民：第二次布尔战争

　　本书在进行统计分析时使用了数据组，虽然游击战在这些数据组
中并不多见，但是游击战是迫害平民的一个重要原因。[1] 例如，本杰明·瓦伦蒂诺、保罗·胡特和迪伦·鲍尔奇 – 林赛对 1945 年以来发生的大屠杀进行研究后发现，如果叛乱对政府构成军事威胁并且得到民众广泛支持，那么游击战导致政府军进行大屠杀的可能性就非常大。[2] 而且，伊万·阿诺金 – 托夫特整理的数据显示，如果实力弱小的行为体采用游击战，那么实力强大的行为体采用违反战争法和伤害非战斗人员的"野蛮"战略的可能性就更大。[3]

156

---

[1]　除了下面引用的作品之外，见 Stathis N. Kalyvas, *The Logic of Violence in Civil War* (Cambridge：Cambridge University Press, 2006)；Benjamin A. Valentino, *Final Solutions：Mass Killing and Genocide in the Twentieth Century* (Ithaca：Cornell University Press, 2004)，pp. 196 – 233。

[2]　Benjamin Valentino, Paul Huth, and Dylan Balch-Lindsay, "'Draining the Sea'：Mass Killing and Guerrilla Warfare," *International Organization* 58, no. 2 (spring 2004)：375 – 407.

[3]　作者在《民主与破坏：小规模战争中的政权形式与迫害平民》一文中进行了分析，这篇文章是 2004 年 3 月在魁北克省蒙特利尔市举行的国际研究协会年会上提交的论文。感谢伊万·阿诺金 – 托夫特提供这些数据，这些数据是他的文章 "How the Weak Win Wars：A Theory of Asymmetric Conflict," *International Security* 26, no. 1 (summer 2001)：93 – 128 的基础。——译者注

然而，关于政权形式对交战国迫害平民的可能性到底有没有影响，统计证据没有给出明确答案。例如，瓦伦蒂诺及其同事们发现，在第二次世界大战以后的军事冲突（绝大部分是游击战／内战）中，民主制度对大屠杀具有显著制约作用。迈克尔·恩格尔哈特对 25 起战争进行研究后认为："文献证实了这个假设：在平定叛乱时，非民主政权会随心所欲地使用残酷手段，他们比民主政权更残酷。"[①] 在 19 ~ 20 世纪的非对称战争中，交战方如何做出战略选择？伊万·阿诺金 - 托夫特整理了相关数据，然而，对这些数据进行分析后发现，民主国家使用野蛮战略的可能性并没有显著小于独裁国家。在帝国主义战争和殖民战争中，民主国家迫害平民的可能性也没有显著小于独裁国家。[②] 就连迈克尔·恩格尔哈特本人都指出，民主国家反叛乱取得胜利（没有诉诸过度暴力手段就取得胜利）的案例只发生在低成本战争（阵亡人数平均数为 639，而民主国家反叛乱失败时阵亡人数平均数为 14508）中。[③] 这个事实削弱了他所提出的民主国家在反叛乱战争中更加人道的主张；事实只表明，在这些战争中民主国家面对的敌人比较弱小，所以不用诉诸更残酷的手段就能轻而易举地赢得胜利。

我将在本章中证明，从历史上来看，在境外打击游击队叛乱时，民主国家使用迫害平民手段的可能性从来没有比其他形式政权小。在打击游击队叛乱时，交战国会使用武力对付普通民众。使用武力通常

157

---

① Michael J. Engelhardt，"Democracies, Dictatorships and Counterinsurgency: Does Regime Type Really Matter?" *Conflict Quarterly* 12，no. 3（summer 1992）: 56.

② Downes，"Democracy and Destruction," pp. 18 - 19。这些结果对政体 4 项目数据库和多伊尔数据库对政权形式的分类都适用。在后来的一份报告中，阿诺金 - 托夫特发现，在国家间战争和殖民战争／帝国主义战争中，民主国家（15%）使用野蛮手段的可能性略小于非民主国家（21%）。见 van Arreguín-Toft，"The ［F］utility of Barbarism: Assessing the Impact of the Systematic Harm of Non-Combatants in War," paper presented at the annual meeting of the American Political Science Association，Philadelphia，PA，August 2003，14。

③ Engelhardt，"Democracies, Dictatorships and Counterinsurgency," p. 55.

有两种形式。第一种，为了说服民众停止支持叛乱分子，交战国会进行定点清除或无差别报复性屠杀。第二种，交战国会杀害平民或把平民从战斗区域转移出去，使平民无法支援叛乱分子。

通常情况下，民主国家的军队不会实施大规模、面对面的屠杀。当然，民主国家的军队确实会施暴，但是施暴往往是无预谋的报复措施，而不是精心策划的、有预谋的战略。另外，对于定点清除已知或涉嫌支持叛乱的平民，民主国家不会觉得不好意思，就像阿尔及利亚卡斯巴战斗和越南的"凤凰计划"一样。然而，民主国家最常用的反叛乱战略是试图把平民与叛乱分子隔离开来，把平民集中关押到集中营或村庄里，并派专人看守。在这种情况下，执政当局并不是为了消灭平民；恰恰相反，执政当局是为了控制平民而不是为了杀害他们。遗憾的是，执政当局认为他们无力阻止平民帮助叛乱分子，所以他们会想办法使平民无法帮助叛乱分子，而不是试图说服他们。民主国家基本不会直接杀害平民；相反，他们会把数千人（有时候数百万人）强制转移到集中营或居民区，但是这些地方基本上不会提供充足的食物、淡水和医疗。不出所料，成千上万人会因为疾病、营养不良和饥饿死去，这是完全可以预料到的。

通过对第二次布尔战争（1899～1902年）进行深入分析，我将在本章中阐述战争成本不断增加和反抗者采取游击战术导致交战国迟迟无法取得胜利与交战国选择攻击非战斗人员之间的因果关系。

在游击战中迫害平民的逻辑

在游击战中，迫害平民能够有助于平定叛乱，迫害平民有两种方式。第一种，执政当局使用武力攻击部分非战斗人员，目的是阻止其他人向敌人提供支持。这种战术不是为了消灭或摧毁平民，而是为了   158

让平民知道通敌者（及其家人）会过早死亡，有时候会死得很痛苦，从而使平民为政府效力。第二种，政府军有时候会彻底摒弃选择性地使用武力，并试图采取物理措施把叛乱分子与平民隔离开来。在这种情况下，执政当局要么杀害、要么转移大批平民，从而使叛乱分子无法从平民手中获得食物、庇护、兵员和情报。

叛乱要想取得成功离不开人民群众的支持。① 游击队不仅要占据有利的地理环境——例如山地、林地或丛林，或者周边国家提供避难所——而且必须得到人民群众的默许，原因有两个。第一，人民群众可以作为叛乱分子的另外一种伪装。如果政府军进入游击队活动区，叛乱分子就可以把武器藏匿起来，融入周围群众当中。第二，同情叛乱分子的人民群众为游击队提供了生存手段：食物、庇护、政府军所在位置的情报和兵员。正如毛泽东所说，人民群众是水，游击队是鱼。

采取在战场上打败游击队的"直接"战略存在一个问题，那就是难以区分非正规军和非战斗人员。所以找出叛乱分子成了一个严重问题：政府军前来围剿时，叛乱分子往往会消失得无影无踪，等政府军撤离后他们又会冒出来。而且，游击队尽量避免与政府军展开对阵战，只在他们选定的时间和地点进行袭扰。例如，越共90%的作战行动是小股部队行动；相比之下，美军作战行动与敌军接触不到1%。② 这意味着只要游击队得到人民群众的庇护和支持，打败他们就需要耗费时日，政府军失去耐心继而放弃围剿的可能性就会增加。通过人民群众来打击叛乱分子对政府军如此有吸引力，原因正在于此。

---

① 这种情况下的支持绝不能与忠诚混淆。那些向叛乱分子提供物资或情报的平民也可能这么做，因为他们是正义事业的"真正信徒"，或者是因为叛乱分子手中有枪，帮助他们更容易生存。

② Guenter Lewy, *America in Vietnam* (New York: Oxford University Press, 1978), pp. 82 – 83.

作为一种反叛乱战略，迫害平民抓住了游击战的优势——人民群众的掩护和支持——并把这种优势转化为致命弱点。如果人民群众是水，游击队是鱼，那么反叛乱就是要"把大海抽干"，让鱼暴露出来，从而可以把鱼轻易杀死。[①] 为了把叛乱分子和平民隔离开来，执政当局有两个选择：①杀害部分平民或全部平民，②把平民转移出去。不论是只针对已知的叛乱支持者及其家人，还是针对游击队活动地区的整个村庄，屠杀都能起到威慑作用，从而阻止平民向敌人提供协助和支持。[②] 1945 年，阿尔及利亚塞提夫镇发生武装起义，为了报复，法国定居者和法国军队进行了大屠杀，杀害了大约 3000 名阿尔及利亚穆斯林。大屠杀后，法军向法国陆军部长提交了一份报告，报告对屠杀的逻辑做了详细阐述："这次展示军事实力，其真正目的……是执行报复行动；通过大规模军事手段击碎卡比利亚民众的幻想；对煽动民族主义者形成威慑。"[③] 汤姆·马克斯（Tom Marks）说，"大多数人"在支持其中一方符合其自身利益之前，对冲突"不持立场"。"恐吓，"马克斯接着说，"只不过是制造利益的一种工具……只要不是滥用，恐吓虽然会惹怒一部分人，但是也能拉拢一批人。如果采取恐吓手段，那些立场摇摆不定的人也会提供支持。"游击队实施屠杀也是出于这个逻辑。例如，斯塔西斯·卡里瓦斯（Stathis kalyvas）说："1997 年夏，阿尔及利亚发生大屠杀，大多数受害者同情伊斯兰，他们有的抛弃了叛乱分子，有的正准备抛弃。叛乱分子杀害他们就是为了'杀一儆百'：要让他们知道背叛的代价，

159

---

① 所以瓦伦蒂诺、胡特和鲍尔奇 - 林赛用"把大海抽干"作为文章标题。

② 有针对性地屠杀能够获得额外好处，这么做能够清除游击队真正的支持者，从而削弱叛乱分子赖以生存的基础。

③ Report of General Breuillac，引自 Gil Merom，*How Democracies Lose Small Wars*：*State，Society，and the Failures of France in Algeria，Israel in Lebanon，and the United States in Vietnam*（Cambridge：Cambridge University Press，2003），p. 94。关于塞提夫屠杀，见 Anthony Clayton，"The Setif Uprising of May 1945，" *Small Wars and Insurgencies* 3，no. 1（spring 1992）：1 – 21。

从而阻止他们背叛。"①

为了切断叛乱分子和人民群众之间的联系，第二种办法就是把平民转移出去或集中关押到保护区，从而阻止叛乱分子接触人民群众。这种重新安置政策不是为了杀害平民（当然也可能杀害平民），而是为了把所有平民从叛乱地区转移出去，从而使游击队无法获得生存所必需的食物、庇护和情报，进而削弱叛乱分子的战斗能力，这样叛乱分子就更容易打败了。例如，1923～1932 年，第二次意大利萨努西战争在利比亚境内爆发。战争期间，意大利指挥官鲁道夫·格拉齐亚尼（Rodolfo Graziani）把海水抽干了，他把 8 万～10 万人关进了集中营，而且用铁丝网把集中营四周都围了起来。"殖民主义者就是要把抵抗组织与其赖以生存的社会基础隔离开来。"阿里·阿米达（Ali Ahmida）写道。埃文斯－普里查德（Evans－Pritchard）认为："意大利人这么做，既没有比前人做得更多，也没有比后来人做得更多，因为与游击队作战就是与所有人作战。"② 类似的，京特·莱维（Guenter Lewy）认为："美国军事援助越南司令

① Tom Marks, "Making Revolution: *Sendero Luminoso* in Peru," *Small Wars and Insurgencies* 3, no. 1 (spring 1992): 43; Stathis N. Kalyvas, "Wanton and Senseless? The Logic of Massacres in Algeria," *Rationality and Society* 11, no. 3 (August 1999): 257。见 Kalyvas, "The Paradox of Terrorism in Civil War," *Journal of Ethics* 8, no. 1 (March 2004): 97 – 138。有人说无差别屠杀效率较低，因为这样做会同时把有罪者和无辜平民都杀掉。如果不论你是否支持叛乱分子执政当局都可能把你杀掉，那么你也会支持叛乱分子，从而增加生存概率，即使是略微增加。见 Kalyvas, "Paradox of Terrorism in Civil War," pp. 104 – 105。例如，第二次世界大战期间德国在苏联进行"报复式"屠杀就是无差别屠杀，无差别屠杀使大量苏联人加入了游击队："残酷无情的屠杀，不仅不能使民众屈服，反而使抵抗变得更激烈，甚至那些原来没有抵抗的地区也开始抵抗；如果没有德军的残暴行径，苏联游击队运动可能早就流产了。"Matthew Cooper, *The Nazi War Against Soviet Partisans*, 1941 – 1944 (New York: Stein and Day, 1979), p. 1。然而，在某些情况下，无差别屠杀能够有效地削弱抵抗，这点我将在结论部分进行阐述。

② Ali Abdullatif Ahmida, *The Making of Modern Libya: State Formation, Colonization, and Resistance, 1830 – 1932* (Albany: State University of New York Press, 1994), p. 107; E. E. Evans – Pritchard, *The Sanusi of Cyrenaica* (Oxford: Clarendon Press, 1949), p. 188。饥饿、疾病和物资匮乏导致集中营大量人员死亡：战争结束后只有 35000 人活着走出集中营。除了本注释引用的来源之外，见 Giorgio Rochat, *Guerre Italiane in Libia e in Etiopia: Studi Militari 1921 – 1939* (Treviso: Pagus Edizione, 1991), pp. 84 – 85。

部确实相信……强制转移平民能够加快战争结束，对于剥夺越共补给和兵员来说，这是最有效的办法。"① 证据还显示，在北约轰炸开始之前，斯洛博丹·米洛舍维奇（Slobodan Miloševit）命令安全部队转移科索沃地区的阿尔巴尼亚人，就是为了对付科索沃解放军的反叛乱战略。②

如果政府认为所有平民或者部分平民怀有敌意，并且无法改变，那么政府军就会放弃转移平民政策，转而采取大屠杀政策。在这种情况下，如果游击队和政府军僵持不下，如果某个群体支持游击队而其他群体支持政府军，那么交战双方就不会区别对待战斗人员和非战斗人员。例如，在回忆萨尔瓦多内战时，马克·丹纳（Mark Danner）说道："游击队被视为恐怖分子，在某些地区所有平民都被视为游击队的支持者，于是（在军队领导人眼中）所有平民都变成了合法目标。例如，在托罗拉河北岸，他们认为平民和游击队已经完全融合在一起，难以区分。"③ 这种想法导致了萨尔瓦多北部地区发生了野蛮的反叛乱行动，甚至发生了一系列大屠杀，例如默佐特大屠杀，大约370人被杀害。类似的，在利比亚，当地人自始至终都支持萨努西叛乱分子，这使得意大利人相信每个人都怀有敌意，并且非常顽固；试图区分接受意大利统治的人与叛乱分子及其支持者完全没有意义。"后来，"埃文斯·普里查德写道，"意大利人得出结论，不能相信任何一个昔兰尼加人，贝都因人就更不用说了。他们的心始终与参加叛乱的同胞和穆斯林在一起。"④ 意大利人相信，在昔兰尼加，战斗人员与非战斗人员难以区分（两者确实完全一样），所以意大利人在战争后期把昔兰尼加北部所有人

160

① Lewy, *America in Vietnam*, p. 229.
② Kelly M. Greenhill, "The Use of Refugees as Political and Military Weapons in the Kosovo Conflict," in *Yugoslavia Unraveled: Sovereignty, Self-Determination, Intervention*, ed. Raju G. C. Thomas (Lanham, MD: Lexington, 2003), pp. 205 – 242.
③ Mark Danner, *The Massacre at El Mozote: A Parable of the Cold War* (New York: Vintage, 1994), pp. 42 – 43.
④ Evans-Pritchard, *Sanusi of Cyrenaica*, p. 163。昔兰尼加位于利比亚北部，战争就发生在这里。

都关入了集中营。最后，如果叛乱分子的大部分支持来自某个民族，那么这个群体就有可能遭到屠杀，就像在布隆迪和卢旺达那样。

第二次布尔战争

1899 年 10 月 11 日，英国对德兰士瓦共和国和奥兰治自由邦开战。英国官员原本以为对付这样一个落后的敌人，很轻易就能取得胜利，但是战争并没有迅速取得决定性胜利。1900 年年中，眼看就要被英军打败了，为了不向英国臣服，为了不丧失独立主权，布尔人决定采用游击战继续打下去。为了报复，英国陆军（刚开始由罗伯茨勋爵指挥，后来由基奇纳勋爵指挥，而基奇纳是两年前喀土穆战斗的英雄）采取了焦土政策，不仅把所有支持布尔人事业的人的农场都烧毁了，而且把布尔妇女和儿童关进了集中营。战争结束时，将近 2.8 万人死于集中营，其中 79% 的人是不满 16 周岁的儿童。如果算上非洲当地人死亡的人数，死于英国集中营里的非战斗人员高达 4.6 万人，差不多是战斗死亡人数的两倍。

布尔战争中，英国人把未参加战斗的布尔人和非洲人关进了集中营，导致大量平民死亡。在南非，集中营状况非常恶劣，尤其是 1900～1901 年。帐篷里人满为患；英军不给在押人员派发肥皂；水质不达标，水量也不足；做饭燃料少得可怜；食物配给根本吃不饱。[①] 医护人员人手不足；事实上，1901 年 2 月集中营系统共有 94 名医生，一年之后有一半离开或被解雇；217 名护士中有 85 名先后离开或被解雇。[②] 而且，正如托马斯·帕克南（Thomas Pakenham）所说，如果家里男人还在

161

---

① 关于 1900 年前几个月集中营情况的第一手描述，见 Emily Hobhouse, *The Brunt of the War and Where It Fell* (London: Methuen, 1902), pp. 114 – 125。

② Fransjohan Pretorius, "The Fate of the Boer Women and Children," in *Scorched Earth*, ed. Fransjohan Pretorius (Cape Town: Human and Rousseau, 2001), p. 46.

追随布尔突击队打仗，那么这些"不受欢迎的人"得到的食物比那些家里男人已经投降的人要少得多。刚开始，这些可怜的人根本分不到肉。然而，"甚至在1901年3月食物配给增加后"，"她们得到的食物仍然很少。集中营里没有蔬菜，没有果酱；婴儿和儿童没有鲜奶喝；每天只有一磅食物和大约半磅肉，少量糖渣和咖啡渣；不仅比营房的伙食差得多，也比作战部队的伙食差得多；伙食太差了，导致疾病迅速传播"。[1] 集中营选址很差，很容易遭到大自然的侵扰，集中营看守完全不考虑卫生设施。例如，在奥兰治自由邦贝图利集中营，"厕所味道令人作呕，地面污物横流，再加上厕所设施不足，疾病因而滋生"。在押人员的饮用水也受到人类排泄物的污染。[2]

由于条件恶劣，当集中营里在押人员增加时，死亡人数出现了井喷现象（见表5-1和5-2）。[3] 1901年5月集中营系统死亡550人，到了7月死亡人数增加到1675人，增加了三倍，到了10月死亡人数再次翻番，达到了3205人（每年每1000人当中有344人死亡，死亡率赶上了瘟疫造成的死亡率）。[4]

表5-1 集中营里布尔平民和非洲平民死亡情况

单位：人，%

	布尔人	非洲人
关押总人数	160000	130000
死亡人数	27927	18003
16岁以下人员死亡率	79	81

① Thomas Pakenham, *The Boer War* (New York: Post Road Press, 1979), p. 523。见 S. B. Spies, *Methods of Barbarism? Roberts and Kitchener and Civilians in the Boer Republics*, *January* 1900 – *May* 1902 (Cape Town: Human and Rousseau, 1977), p. 199。

② Owen Coetzer, *Fire in the Sky: The Destruction of the Orange Free State*, *1899–1902* (Weltevreden Park: Covos-Day, 2000), p. 116.

③ 一个问题是关押人数增加了，集中营数量却没有相应增加：1901年3月27个集中营里关押了3.5万人；短短6个月之后，34个集中营里关押了11万人。见 Pretorius, "Fate of the Boer Women and Children," p. 49。

④ 同上，p. 44；Pakenham, *Boer War*, p. 548。

续表

	布尔人	非洲人
女性或 16 岁以下人员死亡率	94	未知
死亡人数占关押总人数的比例	17	14

资料来源：在押布尔人总人数数据来自 André Wessels, "Afrikaners at War," in *The Boer War*：*Direction*, *Experience and Image*, ed. John Gooch（London：Frank Cass, 2000），p. 102。布尔平民死亡人数、布尔妇女和儿童与非洲妇女和儿童死亡率数据来自 Fransjohan Pretorius, "The Anglo – Boer War：An Overview," in *Scorched Earth*, ed. Fransjohan Pretorius（Cape Town：Human & Rousseau, 2001），p. 21. 非洲人死亡人数数据来自 Stowell V. Kessler, "The Black and Coloured Concentration Camps," in *Scorched Earth*, p. 148。

162

表 5 – 2　集中营里死亡人数（按月份和种族统计）

时间	白人死亡人数（人）	黑人死亡人数（人）
1901 年 5 月	550	未知
6 月	782	261
7 月	1675	250
8 月	2666	575
9 月	2752	728
10 月	3205	1327
11 月	2807	2312
12 月	2380	2831
1902 年 1 月	1805	2534
2 月	628	1466
3 月	402	972
4 月	298	630
5 月	196	523

资料来源：1901 年 5～7 月白人死亡人数数据来自 Thomas Pakenham, *The Boer War*（New York：Post Road Press, 1979），p. 540；1901 年 8～10 月白人死亡人数数据来自 Fransjohan Pretorius, "The Fate of the Boer Women and Children," in *Scorched Earth*, ed. Fransjohan Pretorius（Cape Town：Human & Rousseau, 2001），p. 44；1901 年 11 月～1902 年 2 月白人死亡人数数据来自 Byron Farwell, *The Great Boer War*（Hertfordshire：Wordsworth Editions, 1999），p. 408；1902 年 3～5 月白人死亡人数数据来自 Pretorius, "Fate of the Boer Women and Children," p. 49. 黑人死亡人数数据来自 J. S. Mohlamme, "African Refugee Camps in the Boer Republics," in *Scorched Earth*, p. 120。

基奇纳对死亡人数激增毫不关心："基奇纳既不希望集中营里关押的妇女和儿童死亡，也不希望在乌姆杜尔曼战役中受伤的托钵僧死亡，也不希望在布隆方丹医院中感染伤寒的英军士兵死亡。他只是不关心罢了。他脑子里想的全是要迅速打赢战争，为达到目的，他准备牺牲大多数东西、大多数人，只有他那支小型'童子军'例外。不论他们犯下多大错误，他对这支童子军始终关爱有加。"① 这位英军总司令操心的是如何以最迅速、最有效的方式粉碎布尔人的抵抗。如果为了迅速结束战争，为了挽救手下将士的生命，必须让布尔人的家庭遭受痛苦，那就让布尔人痛苦去吧。

1901 年 11 月，英军把集中营管理权移交给高级专员艾尔弗雷德·米尔纳（Alfred Milner），这证明了集中营里平民死亡并非因为英国无力控制。虽然米尔纳对战争爆发负有最大责任，但是整个战争期间他都呼吁采取人道主义的作战方式，他认为英军应先清除叛乱分子活动的区域然后再占领，而不是派出快速反应部队到大草原上搜捕突击队员，见什么烧什么。② 米尔纳接管集中营后，死亡人数陡然下降；战争最后一个月，集中营里死亡的只有 196 人。

把非洲人关进集中营以及大量非洲人死于集中营，其逻辑和轨迹与布尔白人类似，只是晚了几个月，因为白人集中营人满为患比黑人集中营早。虽然有英国人狡辩称把非洲人关进集中营是出于人道主义目的，是为了他们自身安全着想，但这种观点只是为了掩盖真相：

> 英国陆军设立黑人集中营，其原因与设立白人集中营基本一样。这个原因就是一项建立在反游击战总计划基础之上的军事战略，这个总计划由三部分组成，这三个部分就像象棋一样相互交

---

① Pakenham, *Boer War*, p. 524。基奇纳甚至一度想把所有布尔人都赶到某个遥远的地方去，例如荷属东印度、斐济或马达加斯加。同上书，p. 530。
② Pakenham, *Boer War*, pp. 515 – 516. 对于采取何种战争方式他持克制观点，但是对于英国向布尔人提出什么条件，他并没有克制，因为他坚持要求布尔人无条件投降。基奇纳指责英国高级专员一再推翻他为实现停战所付出的努力。因此，在南非建立集中营系统的设计师试图以合理的妥协达成停战，但是呼吁以人道主义方式进行战争的高级专员却希望以惩罚方式来实现停战，这实在是荒谬。

织：①碉堡和用铁丝网围起来的空地；②黑人和白人集中营；③英军快速反应部队大扫荡……阻止布尔突击队获得补给和情报是白人和黑人被赶出农场、被关进集中营的主要原因。①

关押当地人的集中营比关押白人的集中营更加不受重视：对当地人而言，厕所经常不够用，黑人必须劳动才能换得食物（有时候甚至要付钱），只有在疾病影响到劳动力供应、影响到英军或白人定居者的健康时，英军才会提供医疗。② 一项研究布尔战争期间黑人集中营问题的权威报告称有 1.8 万名黑人死亡，保守估计实际死亡人数至少有 2 万。③ 这项研究报告认为："从 1900 年 9 月到 1901 年 6 月黑人和白人集中营的情况看来，以及从那些条件较好的集中营里的高死亡率来看，英国陆军肯定知道接下来会发生数千人死亡的事件。只要这些集中营没有对英军或白人集中营或白人社区构成威胁，英军就不会采取必要的医疗干预措施。"④

战争爆发和战争进程

第一次布尔战争中，乔治·科利（George Colley）将军在马朱巴山战役中遭遇失败，自此之后英国人就一直想找机会报仇。⑤ 1886年，布尔领土上发现大量金矿并没有浇灭英国人的狂热，19 世纪 90年代中期，德兰士瓦共和国政治局势动荡为英国实施干预提供了必要

---

① Stowell V. Kessler, "The Black and Coloured Concentration Camps," in *Scorched Earth*, pp. 135, 137.
② Ibid., pp. 149 – 152.
③ Ibid., pp. 147 – 148.
④ Ibid., pp. 151 – 152.
⑤ 1877 年，英国吞并德兰士瓦引发了第一次布尔战争。1881 年 2 月 27 日，科利带着一支部队趁夜登上了马朱巴山（这里可以俯视布尔军阵地），但是没有做任何战斗准备。布尔人不仅没有逃离，反而爬上马朱巴山，击溃了英军，科利阵亡。见 Oliver Ransford, *The Battle of Majuba Hill: The First Boer War* (London: John Murray, 1967)。虽然德兰士瓦在对外关系上仍然要受到英国节制，但是这场胜利为德兰士瓦赢得了名义上的独立。

的借口。① 这时候南非共和国的非布尔（布尔人称他们为外来人）人 164
口数量超过了布尔人，这种局面令人不安，为了保住布尔人的统治地
位，德兰士瓦共和国总统保罗·克鲁格（Paul Kruger）不得不修改选
举法。② 尽管"詹姆森突袭"事件失败了，但是英国并没有放弃对南
非的觊觎。③ 1899 年 5 月 31 日～6 月 6 日，艾尔弗雷德·米尔纳和克
鲁格在布隆方丹进行谈判，尽管克鲁格在给予外来人政治权利方面做
出了让步，但是双方并没有达成任何协议。德兰士瓦共和国最终废除
了布隆方丹谈判时做出的让步，双方开始为战争做准备。英军增援部
队开始进入南非，而德兰士瓦共和国与奥兰治自由邦的共同防御机制
启动了，这两个布尔共和国都动员了民兵。

兵力对比。如表 5－3 所示，战争开始之初，布尔军人数是英军
的 3 倍。④ 而且，在纳塔尔英军分兵两路，一路位于邓迪，一路位于
雷地史密斯，如果布尔人进攻纳塔尔省，英军将极易被包围。与此同
时，和平时期奥兰治自由邦和德兰士瓦共和国共有 4 万正规军，到了
10 月份有 5.5 万～6 万人可以投入战斗，其中 3.5 万～4.2 万人部署
在奥兰治自由邦和德兰士瓦共和国的交界地带。⑤ 詹姆森突袭事件暴

---

① 当时布尔的农业经济严重依赖奴隶劳动力，更不用说布尔人严苛的加尔文主义信仰支持种族等
级制度，白人处于最上层。关于布尔人的早期历史和 19 世纪 30 年代布尔人从英国统治下的开普
殖民地"大迁徙"，见 Barbara Villet, *Blood River: The Passionate Saga of South Africa's
Afrikaners and of Life in their Embattled Land* (New York: Everest House, 1982), pp. 37 – 89。
② 1888 年，克鲁格把获得公民权的居住年限要求从 5 年增加到了 14 年，这意味着到 1898 年
获得公民权的外来人没有几个。
③ 在英国殖民大臣约瑟夫·张伯伦的同意下，开普殖民地总理塞西尔·罗兹密谋在约翰内斯
堡发动了外来者暴动，英国利用这起事件来为实施干预以保护"危难中的"英国公民进行
辩护。这次暴动（1896 年 1 月 1 日爆发，由利安德·斯塔尔·詹姆森领导）彻底失败了，
不仅增强了克鲁格的势力，而且把两个布尔共和国更加紧密地团结在一起。关于这次突袭
事件及其后果，见 Pakenham, *Boer War*, pp. xxv-xxix, 21 – 24, 33 – 34。
④ 1899 年英国陆军约有 32 万人，但是只有 2 万人部署在南非，其中 1.3 万人驻扎在布尔共
和国边界附近。关于这些数字，分别见 Bill Nasson, *The South African War, 1899 – 1902*
(London: Arnold, 1999), pp. 75, 61；Pakenham, *Boer War*, p. 106。
⑤ Nasson, *South African War*, p. 68。

露出国家军事准备不足的缺点，为此克鲁格采购了 3.7 万条德国造毛瑟枪，把民兵重新武装起来。德兰士瓦共和国也从法国克勒索公司采购了 75 毫米和 155 毫米口径大炮，还从德国克虏伯公司采购了 75 毫米口径野战炮和 120 毫米榴弹炮。①

表 5 - 3　第二次布尔战争参战兵力和死亡情况

单位：人

	英国人	布尔人
战争开始时兵力	20000	55000 ~ 60000
1900 年底投入战场兵力	200000	20000
投入总兵力	478435	87365
军人死亡人数	21942	6189
平民死亡人数	未知	27927
总死亡人数	21942	34116

165　　　　**第一阶段：常规战**。刚开始，布尔人发挥其军事优势，分别从东西方向对纳塔尔和开普殖民地发起进攻，希望英军前期失利能够让英国打退堂鼓，并促使英军进行谈判。事实上，布尔人很快就赢得了一系列胜利，但是没有决定性地打败英国。② 一位研究这场战争的历史学家说："鉴于战争之初兵力不对等，英国遭遇失败并不令人感到惊讶；布尔人有军队、装备、战地情报、机动性和武器，能够给敌人以沉痛打击。"③ 然而，布尔人选择进行包围战，没有占领开普殖民地的关键铁路交会点和德班港这样的港口，布尔人逐渐把主动权让给了迅速增援的英军。

英军没有浪费时间，立刻进行了反击。整个 10 月，英军像潮水

---

① Pakenham, *Boer War*, p. 35。1896 ~ 1899 年，德兰士瓦共和国国防开支占预算的 1/3。Nasson, *South African War*, p. 57。

② 布尔人在邓迪击败了英国野战军，迫使英国人退守到雷地史密斯，英军在这里被围困了 4 个月。与此同时，在西线战场，布尔军围攻开普殖民地边境城镇马弗京和金伯利。毫无疑问，围攻过程中有平民伤亡：在金伯利，布尔人无差别地炮击造成少量但是持续不断的非战斗人员死亡。围攻金伯利总共造成大约 1500 名平民死亡。Nasson, *South African War*, pp. 104 - 105。

③ 同上书，p. 114。

般涌入南非，但是 12 月英军首次反攻彻底失败了，不仅没有实现预期目标，而且伤亡惨重。[1]"黑色星期"（人们普遍这么称呼英军失败）促使英国陆军部解除了总司令雷德弗斯·布勒（Redvers Buller）的职务，用陆军元帅弗雷德里克·罗伯茨（Frederick Roberts）勋爵代替，基奇纳勋爵任参谋长。随着新领导层上任和大批援军赶到，局势朝着有利于英军的方向发展。[2] 1900 年 2 月底，皮耶特·克洛伊（Pier Cronjé）将军在帕尔伯格战败，4000 人（约占布尔军总人数的 10%）投降，布尔人的事业遭到致命打击，导致了布尔军大撤退。主要布尔城镇接连失陷：3 月 13 日罗伯茨攻克了奥兰治自由邦首都布隆方丹，5 月 31 日和 6 月 5 日，约翰内斯堡和德兰士瓦共和国首都比勒陀利亚分别被攻克。6 月底，6000 名德兰士瓦共和国民兵投降，奥兰治自由邦也有 8000 人退出了战斗，这时候战争似乎已经结束。[3] 9 月 1 日，罗伯茨把南非纳入了英国版图，然后把军政事务交给了副手基奇纳，11 月 28 日罗伯茨返回了英国。

第二阶段：游击战。2 月份布尔人遭遇多次失败，克洛伊和朱伯特（Joubert）等老一辈将领靠边站，更年轻、更有活力的新一代领导人崭露头角，比如路易斯·博塔（Louis Botha）、德拉瑞（Koos de la Rey）和德韦特（Christiann de Wet）。在 1900 年 3 月 20 日召开的一次军事会议上，布尔指挥官们决定继续战斗，但是德韦特"呼吁全面放弃笨重的马车队，这会阻碍行进速度，降低灵活性，极易成为攻击目标"。[4] 这样一来布尔突击队就可以轻装上阵，就可以利用其机动性和计谋来打击孤立无援的英军观察哨和交通线。2 月中旬，德韦

---

① 在西线，布尔军小股部队在马格斯方丹和斯托姆博格击败了英军分遣队，在路易斯·博塔指挥下布尔军也在图盖拉河科伦索成功地挫败了雷德弗斯·布勒将军解救雷地史密斯的企图。
② 到 1900 年初英国在南非军队数量达到 18 万。Nasson, *South African War*, p. 149。
③ 同上书，p. 183。7 月中旬英军又抓获了马蒂纳斯·普林斯卢手下的 4500 名突击队员。
④ 同上书，pp. 166 – 167。

特在瓦特瓦尔伏击了罗伯茨的 200 辆补给车和 3000 头牛。英军依赖漫长的后勤补给线来获得食物和弹药。

166　　当英军利用其数量优势压倒壕沟战和步枪射击命中率高的防御优势时，布尔人逐渐放弃了与英军进行对阵战。布尔军分散成小股部队，对罗伯茨的补给线进行袭扰，打了就跑。从 3 月底至 4 月初，德韦特对英军设施和军队发动袭击取得了一系列重大胜利，但是直到 6 月 7 日对鲁德瓦尔兵站发动袭击后罗伯茨（意识到英军交通线受到了威胁后）才最终下令，如果铁路线和电报线遭到布尔人破坏，那么沿线的布尔人房屋都要烧毁。而且，英军开始没收布尔突击队员的财产，使其家人"一无所有，无家可归"。①

8 月底，最后一次对阵战在伯根达尔打响。英军人数是布尔军人数的 4 倍，在布勒将军指挥下，英军一次次突破布尔军防线，最终布尔军防线崩溃，布尔民兵逃离。这次失败后，布尔将领们相信，只有游击战才能让英国人妥协："布尔将领们仍然抱有一线希望，他们相信通过拖延战斗，他们能够削弱英军斗志，从而通过谈判结束战争，他们也就无须向帝国主义胜利屈服。"②

英军首轮反应：烧毁农场

防御优势是布尔战争每个阶段的特点。例如，布尔人包围雷地史密斯、金伯利和马弗京都失败了，因为布尔人无力承担攻城的风险，所以他们选择通过饥饿手段和漫不经心的炮击来诱使敌人投降。后来，英军遭遇黑色星期，这是因为布尔人配备了射击准确度高而且速

---

① 1900 年 7 月 9 日英军在克鲁格斯多普发布的公告，Fransjohan Pretorius, "The Anglo-Boer War: An Overview," in *Scorched Earth*, p. 22 进行了复制。

② Nasson, *South African War*, p. 193。德韦特和其他指挥官也希望通过入侵纳塔尔和开普殖民地来缓解国内压力和在英国领地争取支持，但是突击行动（招致大批英军追捕）未能对战争进程产生重大影响。战争最后两年，大多数军事冲突是布尔军伏击英军和英军追捕行踪不定的布尔突击队。

射快的小型武器。正如托马斯·帕克南所说："在这种由布尔人开创的新式战争（长距离、没有硝烟、速射步枪和壕沟）中，我们已经看到，天平已经严重偏向防御者。既需要新的、更巧妙进攻方式，也需要人数优势。"[①] 这种防御优势（在首次反击中给英军造成严重伤亡）并没有立即催生迫害平民政策，因为这时英军还没有进入布尔共和国境内。然而，当英军最终踏上布尔土地时，他们用人数优势战胜了布尔人享有的地形和技术优势，不仅"军队掠夺和破坏'敌人'财产的本性没有受到有效遏制"，而且当布尔突击队拒绝投降，反而在大草原上展开游击战时，焦土政策很快就变成了英军官方政策。[②]

开始烧毁农场。游击战开始之初，英国刚开始是采取摧毁布尔突击队员的财产的政策。行使指挥权后，罗伯茨最初也是对布尔战斗人员采取安抚政策，1900 年 2 月 17 日罗伯茨发布公告，承诺："凡是服从政府命令而拿起武器的人，只要投降就不会受到人身和财产处罚。"[③] 3 月 15 日，也就是英军占领奥兰治自由邦首都两天后，罗伯茨再次重申了这项承诺，只要游击队员投降就可以释放回家，而且这项承诺 5 月底前一直都有效。[④] 然而，英国媒体强烈批评罗伯茨的赦免政策过于宽容；甚至连英国政府成员也开始施压，要求对布尔非战斗人员采取更严厉的政策。1900 年初，兰斯多恩勋爵仍然担任英国陆军大臣（没过多久他就成了外交大臣），他还是温和政策早期的支持者，但是到了 5 月份就连他也敦促手下军事指挥官采取更为严厉的态度："我认为你们刚开始时表现出宽容大度，做得很好。产生的影

167

---

① Pakenham, *Boer War*, p. 351.

② Pakenham, *Boer War*, p. 466. 造成的大多数破坏违背了罗伯茨的作战命令，但是"他似乎并没有觉得这些行动特别令人反感"。Pretorius, "Fate of the Boer Women and Children," p. 37。

③ 罗伯茨的第一次公告，引自 Hobhouse, *Brunt of the War*, p. 2。

④ 3 月份发布的公告措施更谨慎，而且明确提出了更多前突击队员获得赦免必须满足的条件。Spies, *Methods of Barbarism*, p. 34。5 月份的公告则省略了布尔人投降后就可以继续拥有其财产的保证。

响很好，或许对你们的影响也很好，除了最激进的支持者。但是经验表明你们的信任被严重滥用，如果你们坚持采取全面措施解除可疑人员的武装，如果你们坚持在你们的宽容被不公平地利用后采取严厉报复行动，那么你们就会得到支持。"[1]

由于赦免政策没有产生任何效果，布尔人甚至在英军占领主要城镇之后仍然拒绝投降，因此罗伯茨决定采取大棒政策，他在短时间内接连发布了两道公告。6月1日发布第一道公告，公告威胁说："所有居民……本公告发布之日起14日后如果发现在殖民地内武装反抗英国女王陛下，那么将以叛乱分子论处，并将受到相应的人身和财产处罚。"[2] 两周之后，罗伯茨威胁说，如果英军交通线遭到蓄意破坏，英军将把该地区的居民关进监狱，并烧毁他们的房屋。[3] "这是疯狂烧毁农场的前兆。"欧文·科泽尔（Owen Coetzer）说。[4] 1901年，梅修因（Methuen）将军评论说："首先，如果布尔人依托农场对英军发动攻击，那么就烧毁农场；其次，如果铁路线遭到破坏，那么就烧毁半径10英里范围内的所有农场；最后，没收或烧毁为国家而战的布尔人的所有财产，这种做法已经成为惯例。"[5]

通过惩罚进行胁迫。新的破坏政策以两个逻辑为依据。第一个逻辑是威慑和胁迫。帕克南说："烧毁农场完全是出于军事目的：拿一些家庭开刀，杀一儆百，从而阻止其他家庭帮助德韦特和游击队。"[6]

168 英军希望通过摧毁已知或涉嫌向叛乱分子提供支援的家庭的房屋和农

---

① 引自 Spies, *Methods of Barbarism*, p. 50。

② 引自 Coetzer, *Fire in the Sky*, p. 88。

③ 关于公告全文，见 Spies, *Methods of Barbarism*, p. 102。9月罗伯茨发布命令称，如果铁路或电信设施遭到袭击，那么袭击点半径16千米（10英里）范围内的所有食物都要摧毁；10月罗伯茨再次发布命令称，袭击点半径16千米（10英里）范围内的所有房屋都要烧毁。Pretorius, "The Fate of the Boer Women and Children," p. 39; Spies, *Methods of Barbarism*, p. 110。

④ Coetzer, *Fire in the Sky*, p. 88.

⑤ Ibid., p. 91.

⑥ Pakenham, *Boer War*, p. 467.

场，其余人将会因为害怕受到惩罚停止支持叛乱分子。1900 年 9 月，罗伯茨这样描述其政策："对于破坏铁路线和电报线的行为，我不赞同减轻惩罚。除非所有人都会因为部分人武装反抗英国的错误行为受到惩罚，否则战争永远不会结束。"①

随着时间的推移，烧毁农场的政策未能有效遏制布尔游击队的抵抗行动，罗伯茨开始设想采取通过惩罚进行胁迫的经典战略：给突击队员的家庭造成痛苦，从而胁迫突击队员投降。斯皮斯（Spies）说："农村扫荡政策还有另外一重目的：对布尔突击队员施加压力，使其亲人遭受痛苦，迫使其投降。"② "人们获取食物越困难，"罗伯茨在 9 月份时说，"战争就会越早结束。"③ 英国军官在大草原上实施这项政策显然领会了其中意图，正如一名军官给另外一名军官写信时写道："据我推测，罗伯茨勋爵决定把民兵武装残余力量当作土匪对待，决定摧毁农村的食物补给，决定使用饥饿作为筹码让这些顽抗分子恢复理智。"④ 伦敦的政府官员明确同意这个依据。英国首相索尔兹伯里（Salisbury）很少对战争发表评论，1900 年 12 月他写信给陆军大臣时呼吁："我不喜欢保护这些孤立的群山。我更希望看到交通线和桥梁受到完全保护；你们的快速反应部队应该能够摧毁食物供应。只有把他们饿死，你们才能征服这些人。"⑤

封锁。然而，英国越来越倾向于把所有布尔平民都视为游击队的积极支持者或潜在支持者："对于英国人而言，每个农场都是一个前沿观察哨；每个布尔人都是间谍。"⑥ 于是，破坏政策的第二个逻辑浮出水面：使叛乱分子无法在这块土地上生存。如果不能阻止布尔平

---

① Spies, *Methods of Barbarism*, p. 112.
② Spies, *Methods of Barbarism*, p. 121.
③ Ibid. , p. 122.
④ 1900 年 9 月 29 日，亨特将军写信给布鲁斯·汉密尔顿将军，引自同上书，p. 122。
⑤ 同上书，p. 175。
⑥ Coetzer, *Fire in the Sky*, p. 87.

民帮助他们的同胞，如果其家庭成员受苦也不能胁迫突击队员，那么就必须采取物理隔离措施阻止非战斗人员帮助叛乱分子。

刚开始，英国人试图把这两个布尔共和国变为人类无法生存的不毛之地。正如帕克南所描述的："烧毁农场是为了使敌人无法开展游击战，这种做法在某些地区已经取得了成功。马加利斯河谷被烧成了黑色沙漠，对于德拉瑞领导的游击队而言，这个基地已经毫无利用价值，克莱门特领导的部队在烧毁谷物、掠夺牲畜和践踏作物方面异常高效。"① 8月25日，基奇纳指示手下指挥官务必做到"农村没有草料和补给，不给突击队留下任何生存物资"。② "根据这项命令，"斯皮斯写道，"农村扫荡不是为了惩罚居民犯下的错误。其目的很明确，就是使突击队员无法在这些地区生存。"③

多名战地记者和英军士兵的证词证实了破坏程度之严重。"沿着行军路线，"《开普时报》记者写道，"坎贝尔将军基本上把农村的牲畜和谷物毁光了，每天都能看到农舍和农场财产被烧毁。"④ 1900年9月，英军一名军官记录道："各支部队经过农村时都要无差别地搞破坏，到目前为止我们已经烧毁和摧毁了大量农场。破坏最终会导致饥饿，许多家庭将面临这样的命运……每到一处我军都要放火，都要搞破坏，未来这些农村将遭受大饥荒和悲惨命运。"⑤ 如果涉嫌与布尔突击队有勾结，英军甚至会把这些村庄和城镇全部烧毁。⑥ 整个战

① Pakenham, *Boer War*, pp. 500 – 501.
② 引自 Spies, *Methods of Barbarism*, p. 120。
③ 同上书，p. 120。
④ 引自 Coetzer, *Fire in the Sky*, p. 94。
⑤ 马奇·菲利普斯上尉，引自 Hobhouse, *Brunt of the War*, p. 20。
⑥ 例如，1900年10月23日，亨特将军手下的英军部队在博塔维尔镇烧毁了45处房屋，博塔维尔位于奥兰治河殖民地（之前是奥兰治自由邦）西北部。见 Spies, *Methods of Barbarism*, p. 119。英军的系统性破坏造成补给困难，这也是导致布尔军入侵开普殖民地和纳塔尔的原因之一：突击队员判断英军不会随意地烧毁英国领地上的财产。见 Pakenham, *Boer War*, p. 501。

争期间，英军总共烧毁了 3 万多个农场和 40 多个城镇，屠杀或没收了数百万头牲畜。[①]

焦土行动的结果。从短期来看，这些严厉的政策既促进了英国的目标，也造成了损害。1900 年年中，接近两万名布尔突击队员投降，但是，烧毁农场无疑也导致不计其数的布尔人继续留在战场上或重返战场。在许多英军军官看来，焦土战略适得其反，延长了战争。一名军官这样写道："参加突击队的民兵始终束缚在农场上……烧毁他们的农场，驱赶他们的家人，我们只会把他们变成四处流窜的亡命之徒，他们心中充满仇恨。"[②] 其他军官指出："'过度'破坏导致战斗人员继续留在战场上，最终只会便宜了敌人……因为他们农场也没有了，家也回不去了。"[③] 许多男性布尔人可能会认为，无论他们怎么做，英国人都要摧毁他们的财产，所以他们可能会选择继续战斗。于是，英国陆军的焦土政策给日渐衰落的布尔人事业注入了新生命：到 1900 年 10 月，共有 8000 或 9000 名突击队员重返战场。[④]

然而，从长远来看，大规模破坏草原取得了丰厚回报。毫无疑问，烧毁农场政策激起布尔人对英国人的憎恨，但是也明显地削弱了布尔人的战斗能力。正如历史学家拜伦·法韦尔（Byron Farwell）所说："它（烧毁农场）并没有削弱布尔人的抵抗意志，只是削弱了他们的抵抗能力。"法韦尔解释说："基奇纳采取故意大规模破坏的政

① Coetzer, *Fire in the Sky*, p. 105；Pakenham, *Boer War*, p. 608；André Wessels, "Afrikaners at War," in *The Boer War: Direction, Experience, and Image*, ed. John Gooch (London: Frank Cass, 2000), p. 101。战争结束后，布尔人向新政府提出了 63000 起损害赔偿请求。见 Pakenham, *Boer War*, p. 608。

② 引自 Nasson, *South African War*, p. 192。

③ 同上书，p. 192。

④ 同上书，p. 192。烧毁农场的政策也没能减少英国交通线受到的袭击，从 1900 年 6 月到 11 月袭击开始增多。"因此，不能说烧毁农场有效地威慑住了布尔军对英军交通线的袭击。"见 Spies, *Methods of Barbarism*, p. 114。

策是为了让游击队无法获得补给，从这点来说他是成功的。德韦特对英军战术十分鄙视，但是就连德韦特也承认'如果英军没有烧毁谷物，战争肯定会继续下去'。"① 因此，总的来说，烧毁农场虽然从短期来看激发布尔人更顽强地抵抗，但是从长期来看，烧毁农场在帮助英军打败突击队方面发挥了重要作用。关于战争对非战斗人员的影响，一项最权威的研究也支持这个结论，这项研究认为"英军对农村进行扫荡的政策发挥了重要作用，使布尔人的天平向和平倾斜"。②

英军第二轮反应：集中营

英军烧毁农场的政策引发了把布尔平民关进集中营的政策，其目的是阻止布尔平民向突击队提供援助和支持。英军烧毁了布尔人的家园，导致无家可归的布尔妇女和儿童越来越多，起初建立集中营就是为了应对这个问题。虽然有传言说要迫使布尔突击队照顾这些不幸的人，而且 1900 年 7 月罗伯茨也确实把 2500 名布尔平民送到了德兰士瓦共和国东部的布尔人防线上，但是，英军指挥官意识到必须采取必要措施处置这些人，以免他们活生生饿死在大草原上。③

集中营完全是个讽刺：集中营导致大量无辜平民死亡，从一定程度上讲却是出于人道主义目的而建造的。埃米莉·霍布豪斯（Emily Hobhouse）直言不讳地抨击集中营，她说："人性受到禁止，家园被毁，眼下布尔妇女和儿童无处可去，英军用车队把他们送入狭小的集中营里，这些集中营本来是为难民而建的。"④ 当然，正如科泽尔所

---

① Byron Farwell, *The Great Boer War* (Hertfordshire: Wordsworth Editions, 1999), pp. 372, 371.

② Spies, *Methods of Barbarism*, p. 287。德兰士瓦东部补给短缺尤其严重，而奥兰治河殖民地和德兰士瓦西部的许多游击队觉得他们仍然能够应付。

③ 关于罗伯茨下令驱逐布尔平民，见 Pretorius, "Fate of the Boer Women and Children," p. 39。烧毁芬特斯堡镇后，英国布鲁斯·汉密尔顿将军宣布："留下来的布尔妇女和儿童应该找布尔突击队要食物，布尔突击队应该给他们提供食物，除非他们想看到布尔妇女和儿童被饿死。英军不会通过铁路向芬特斯堡镇运送食物。"引自 Coetzer, *Fire in the Sky*, p. 93。

④ Hobhouse, *Brunt of the War*, p. 37.

指出的，英国人试图补救，但是这场灾难正是英国人自己造成的："英国正是出于保护布尔妇女和儿童的'人道主义愿望'才修建了集中营。英国应对破坏农场负首要责任，但他们对此只字不提。"①

修建集中营的军事目的。虽然人道主义冲动导致了英军修建集中营，这种冲动值得肯定，但是修建集中营也伴随着军事目的，而且人道主义目的很快就被军事目的取代了。"事实上，修建集中营是出于军事目的"，是为了阻止布尔人获得补给，斯皮斯说，"如果把布尔妇女从家里带走，那么突击队里的男人就会投降，这样一来他们就可以在集中营里团聚了。英军把布尔人全都关进集中营就是出于这种军事考量"。② 为了收容这些无家可归的布尔妇女和儿童——很多人不愿意去集中营（所以英国人使用"难民营"这个词是用词不当），1900 年 9 月首批集中营在布隆方丹和比勒陀利亚建成。帕克南写道，1901 年初，各个集中营里在押人员激增，因为基奇纳发动了一系列行动，旨在"把游击队逼出来……对农村进行扫荡，不给游击队留下任何食物：不仅是马，还有牛、羊、妇女和儿童"。③ 把"不受欢迎的人"（指的是布尔战斗人员的亲属）关入集中营，"第一要务"就是"阻止游击队获得平民的帮助"："基奇纳觉得，一旦布尔妇女和儿童被关进集中营，突击队员就再也不能从妇女手中获得食物了。他还认为，为了与家人团聚，突击队员会放下武器。"④ 1901 年秋季扫荡基本上结束了，这时 34 个集中营共关押了 11 万名布尔平民。⑤ 需要指出的是，1900 年 12 月基奇纳向英国政府汇报了他的想法："内阁完全同意拟议政策，（英国驻南非高级专员）米尔纳当时没有

171

---

① Coetzer, *Fire in the Sky*, p. 107.

② Spies, *Methods of Barbarism*, p. 188.

③ Pakenham, *Boer War*, p. 522.

④ 同上书，p. 523；Pretorius, "Fate of the Boer Women and Children," p. 41。

⑤ Pretorius, "Fate of the Boer Women and Children," p. 44.

提出异议，在计划开始后不久也没有提出异议。"①

在决定关押布尔妇女和儿童时，罗伯茨和基奇纳利用了西班牙瓦莱里亚诺·魏勒尔（Valeriano Weyler）将军在 1895 ~ 1898 年镇压古巴暴动的例子。② 在那场冲突中，魏勒尔把古巴农村村民赶入集中营，然后系统性地破坏农村，使叛乱分子无法获得兵员和补给，他也因此受到严重谴责。③ 然而，由于食物供应不足，卫生条件不达标，集中营成了滋生疾病的温床，最终造成 10 万 ~ 30 万古巴平民死亡。④ 斯坦利·佩因（Stanley Payne）说："在集中营里，大多数痛苦是由于西班牙军队无力满足在押人员的需求，而不是由于西班牙军队的暴力或残酷做法。"⑤ 当时魏勒尔受到媒体的严重谴责，所以英国人肯定知道魏勒尔的做法及其严重后果。但是，随着战争久拖不决，伦敦一些报纸开始催促英军采取"魏勒尔方法"对付布尔人。⑥

综合来看，英军反叛乱战略在三个方面非常有效：通过烧毁农场、破坏作物和屠杀牲畜，彻底破坏布尔人的补给来源；把平民关入集中营，阻止同情突击队的布尔平民帮助叛乱分子；把布尔突击队赶到碉堡和铁丝网障碍附近。英军对农村进行扫荡，清除一切可以维持人类生存的东西，"通过压缩敌人活动范围和封堵，基奇纳逐渐反制

① Spies, *Methods of Barbarism*, p. 190.
② 基奇纳也效仿了魏勒尔的做法，在农村地区修建相互连接的碉堡，从而阻止叛乱分子自由流动。
③ 事实上，公开反对"屠夫"魏勒尔的做法的声音在一定程度上促使美国进行干预并最终导致了美西战争。
④ Pretorius, "Fate of the Boer Women and Children," p. 43。有一个情况人们较少提到，那就是疾病给西班牙远征军带来了灾难性死亡：53000 多名士兵死于黄热病和其他疾病，而阵亡的只有大约 9000 人。见 Micheal Clodfelter, *Warfare and Armed Conflicts: A Statistical Reference to Casualty and Other Figures, 1500 - 2000*, 2d ed. (Jefferson, NC: McFarland, 2002), p. 345。
⑤ Stanley G. Payne, *Politics and the Military in Modern Spain* (Stanford: Stanford University Press, 1967), p. 74.
⑥ Spies, *Methods of Barbarism*, p. 148; Coetzer, *Fire in the Sky*, p. 115.

住了布尔人的回避战术"。① 而且，集中营里"平民死亡率高"对
"布尔共和国领导层的斗志产生了毁灭性影响……这似乎威胁到了布
尔人未来繁育后代"。② 这些因素——再加上非洲邻国的威胁越来越
大，开普布尔人起义没有指望和越来越多布尔人（超过 5000 人）投
靠英国人——使两万所谓的"顽抗到底的人"相信战争必须结束了。

自由主义和民主制度的影响

就南非这场战争而言，其起源和进程具有绝对的非自由特征。自
由战争应该完全是为了自卫而进行的战争，或者是在海外推广自由民
主的战争。③ 英国对奥兰治自由邦和德兰士瓦共和国的战争都不具备
上述特征。虽然从技术上讲是布尔人率先发起了冲突，但是很显然，
战争是英国人（艾尔弗雷德·米尔纳）一手策划的，为了不受限制
地获取南非共和国丰富的矿产资源，为了在该地区强行推行英国的
"帝国主义政治统治"。④ 英国定居者没有公民权，米尔纳正好以此为借
口，但是这个问题只不过是用于攫取不可告人的利益的合法化工具。

南非这场非自由战争在英国国内引发了爱国主义狂热，还有人要
求消灭布尔人，说他们是"感染了鼠疫的老鼠"。⑤ 虽然也有人反对战
争，如比尔·纳桑（Bill Nasson）说："敌对行动开始后，尤其是在战
争初期英国接连失利后，自由党、工党、工会和社会主义者出现立场
分歧，有人反战，有人态度模棱两可，少数人反对战争的声音更加微
弱；虽然仍然有激进的声音，但是这样的人很少而且日益减少。虽然

---

① Nasson, *South African War*, p. 212。造成空间狭小的一个原因是防止布尔人在布尔共和国境
　　外获得庇护所；从历史上看，庇护所对于游击战取得成功至关重要。

② 同上书，p. 223。

③ Sebastian Rosato, "The Flawed Logic of Democratic Peace Theory," *American Political Science
　　Review* 97, no. 4（November 2003）：585 - 602.

④ Nasson, *South African War*, p. 37.

⑤ Ibid., p. 236.

战争问题与工薪阶层没多大关系，但是他们也要求打败布尔人，而不论战争对与错。"① 简·沃特顿（Jane Waterston）是一名内科医生，后来加入了集中营状况调查委员会，她在报告中表达了标准的民族偏见：

> 从当时英国国内歇斯底里般的控诉来看，似乎我们会忽视或饿死我们忠诚的战士，让我们的平民忍饥挨饿，而我们却要养活并细心照顾那些布尔人，我们给予他们照顾，他们却不知道感恩。目前布尔人可能会意识到要关心他们的女同胞，他们会继续战斗一段时间，这样就能让他们待在舒适的冬季营房里，而费用却由我们承担，我们就会有更多妇女失去丈夫，更多儿童失去父亲。②

173　　英军初期失利后，英国民众开始支持战争，并且把战争胜利（和挽救英国人的生命）看得比仁慈地对待布尔平民更重要。

　　从 1900 年秋季的选举中可以完整地看出，英国人对布尔平民的悲惨命运漠不关心，甚至就连英国政治光谱中的自由党派也漠不关心。索尔兹伯里领导的英国保守党政府把选举活动当作对政府战争行为的公决，并且给所有批评者都贴上不爱国和"亲布尔派"的标签。罗伯茨烧毁农场的做法已经持续数月，英国媒体对其后果也进行了广泛报道，但是，令人费解的是，"自由党几乎没有提到过罗伯茨为了早日结束战争而采取的极端做法……太奇怪了，烧毁农场引发的政治风暴很快就要降临到政府头上，当时自由党居然认可这项政策，自由党也太温顺了"。③ 果不其然，保守党在"卡其大选"中大胜自由党和爱尔兰民族主义党，获得了 134 个席位。

　　埃米莉·霍布豪斯参与进来了。 自由党重量级人物，如亨利·坎

---

① Nasson, *South African War*, p. 236.

② 1901 年 7 月 22 日出版的《开普时报》，引自 Coetzer, *Fire in the Sky*, p. 131。

③ Pakenham, *Boer War*, p. 493.

贝尔 - 班纳曼（Henry Campbell - Bannerman）和戴维·劳合·乔治，后来利用埃米莉·霍布豪斯关于集中营里发生的恐怖的苦难和死亡的报告，来指责英国政府采取"野蛮方式"① 进行战争。关于霍布豪斯，帕克南称之为"来自康沃尔郡、又矮又胖的 41 岁的老处女"，基奇纳称之为"那个该死的女人"。1901 年初，霍布豪斯视察了集中营，她当时为南非妇女儿童苦难救济基金工作。② 在曝光集中营肮脏的条件和惊人的高死亡率上，她的贡献比任何人都大。霍布豪斯返回伦敦后向坎贝尔 - 班纳曼做了汇报，坎贝尔 - 班纳曼和劳合·乔治牵头自由党在下议院公开指责英国政府。英国陆军大臣约翰·布罗德里克坚决否认指控，他断言"扫荡农村的政策是游击队强加在他们身上的"，对集中营里健康和卫生问题的严重性也不够重视。③ 一方面，基奇纳对死亡数字三缄其口，另一方面，1901 年 6 月戴维·劳合·乔治反对英国政府的提案轻而易举遭到否决，这两点为他的狡辩做了掩护。等到 8 月份这些惊人的数字被披露时，英国下议院准备要休会了，休会期长达 5 个月；"没有人再拿集中营的问题来烦扰布罗德里克"。④ 关于下议院 6 月份那场辩论，霍布豪斯写道：

　　那场辩论我记得非常清楚，赫伯特·刘易斯（Herbert Lewis）试图把议员们的注意力都集中到人道主义问题上。下议院议员们表现得冷漠无情，要么是之前没听说过，要么是根本不想听。指望人性完全是徒劳，会场闹哄哄，议员们显得不耐烦，大声喊叫"分裂"口号，刘易斯说话的声音完全听不见了。议员们冷酷无情，很不耐烦，根本不想听刘易斯讲述无辜平民所遭

① 1901 年 6 月 14 日坎贝尔 - 班纳曼在自由党晚宴上首次使用这个词，引起了轰动。
② Pakenham, *Boer War*, p. 533; Coetzer, *Fire in the Sky*, p. 118.
③ Pakenham, *Boer War*, p. 540.
④ Ibid. , p. 540.

受的苦难，这与我脑海里留下的鲜活场景形成强烈反差。和布尔妇女一样，我也曾经十分肯定地认为真相公布后英国人肯定会立即采取行动。我大错特错，南非集中营里发生的野蛮行径根本无法与下议院议员们的冷酷残忍相提并论。[①]

为了防止霍布豪斯继续插手南非集中营问题，英国政府任命了一个妇女委员会前往调查，这个委员会由同情战争的妇女组成。英国政府认为这些妇女应该比霍布豪斯更容易对付。[②] 英国政府很不走运，福塞特委员会，以委员会主席米莉森特·福塞特（Millicent Fawcett）命名，基本上证实了霍布豪斯的控诉。1901 年 12 月，福塞特向米尔纳递交报告，报告中清楚地写道："死亡并非由英军无法控制的因素造成……福塞特委员会从女性角度对英军管理集中营提出批评：流行病的传播本应该预料到；基本的卫生规定本不该忘记；蔬菜本应该供应；流行病暴发时医生和护士本应该从英国派往集中营。"[③] 与此同时，基奇纳最终把集中营所有事务都交由米尔纳实行非军事管理，英国政府嗅到了空气中有一丝丑闻的气息，所以指示他采取措施降低死亡率。[④]

影响。霍布豪斯丑闻产生了多重影响。首先，英国政府担心集中营里大批布尔妇女和儿童死亡会对国内产生影响，所以他们改善了集中营的条件，条件改善后死亡人数大大降低了。因此，自由规则起到了缓解虐待非战斗人员情况的作用。[⑤] 但是起初这些规则和制度无法

---

① Hobhouse, *Brunt of the War*, pp. 127 – 128.
② 1901 年 10 月底，这位无畏的人道主义者试图再次访问非洲，而基奇纳和米纳尔拒绝她入境，强行把她送上轮船，遣送回了英国。这种做法引起了巨大争议，霍布豪斯对基奇纳和米纳尔提起诉讼，但是最后不了了之。
③ Pakenham, *Boer War*, pp. 548 – 549.
④ Ibid. , p. 549.
⑤ 当然，自由党政治家们这么做到底是为了使英国政府难堪和为自己争取权力，还是出于对无辜布尔平民的同情和对他们受到的虐待感到愤怒，我们无法辨别。坎贝尔 - 班纳曼、劳合·乔治等人或许只是利用这次人道主义危机来谋取政治利益。

阻止迫害平民的发生。而且，等到政府开始缓和其政策时，战争局势已经在英国掌握之中，改善集中营的条件并不会妨害到军事行动。

其次，布尔战争向我们证明了战争期间自由国家的民众对敌人采取的是非自由态度。英国民众纷纷以爱国的名义支持战争，虽然要求严厉惩罚布尔平民的呼声很少，但是民众从来没有就集中营在押人员死亡问题举行过大规模抗议。① 1901 年 12 月，米尔纳发表声明说 175 "如果现状（即集中营死亡率高问题）再持续两三个月，我们肯定会遭到民众抛弃"，这表明了英国政府官员担心民众会强烈抵制，反对他们对布尔平民实行严厉政策。② 但是，从霍布豪斯对英国民意的描述来看，英国政府根本无须担心：

> 尽管发布了蓝皮书，进行了辩论，公开了数据，但是英国政府仍然漠视布尔妇女和儿童，只不过现在变成了故意漠视……总之，大多数人要么不关注，要么不在乎，其他人则乐意利用（1902 年 1 月 19 日）张伯伦（Chamberlain）在下议院为修建集中营进行辩护时提出的新理由。他向全国人民保证"这些悲剧完全是布尔突击队指挥官造成的"。③

最后，霍布豪斯丑闻及其后果表明，如果战争没有对民主国家构成生存威胁，如果民主国家是自愿参战或者可以选择不参战，那么民主国家迫害平民的情况就比较容易控制。第一次世界大战期间饿死德国平民以及第二次世界大战期间轰炸德国和日本平民都无须进行解释，因为英国和美国民众都意识到了这些国家构成的威胁有多么严重。如果战争与国家安全的关系不是那么显而易见，那么自由民主政

---

① 同样，我们也没有证据证明英国政府是应民众的要求而对布尔人采取严厉的做法。

② 引自 Spies, *Methods of Barbarism*, p. 255。

③ Hobhouse, *Brunt of the War*, p. 286.

府似乎更担心国内民众如何看待伤害或攻击平民的战略，例如越战时期的美国。这种担心并不能始终阻止大规模杀害非战斗人员，这种担忧也并非建立在民众的真实态度基础之上，如果涉及杀害敌国平民，民众往往会非常宽容。然而，民主国家更容易受到所谓"虚伪成本"的影响：如果自由国家违反其本应遵守并且要求其他国家也遵守的规则，那么其他行为体（如国家或非政府组织）就会损害民主国家的声誉；在这些规则当中，反对杀害非战斗人员的规则尤其重要。[①] 因此，自由人权规则的全球化能够增加迫害平民的国际成本（而不是国内成本），在小规模战争中可以减少损失，这实在是讽刺。[②]

其他解释

1879 年，英国在南部非洲打了另外一场战争，这就是祖鲁战争。我对布尔战争和祖鲁战争进行了比较，结果与身份决定论的预测结果相矛盾。身份决定论认为，只有在交战一方或双方把敌人视为"野蛮"或"凶残"社会的情况下才会发生迫害平民。对于身份决定论而言，殖民战争应该是最好理解的：文明的欧洲强国对抗并征服他们认为属于"劣等民族"的国家。然而，在殖民战争中，欧洲国家如何对待非战斗人员似乎取决于敌人是否顽强抵抗，取决于取得军事胜利的成本大小和难易程度，而不是取决于敌人的身份。[③] 英国人认为布尔人很粗鲁，没有教养，但是至少布尔人是白人，是欧洲人的后

---

① 关于伪善成本观念的形成，见 Kelly M. Greenhill, "People Pressure: Strategic Engineered Migration as an Instrument of Statecraft and the Rise of the Human Rights Regime," Ph. D diss., Massachusetts Institute of Technology, 2003。

② 有人会说，在小规模战争中民主制度至上会增强自由规则，而不是像成本高昂的战争中那样与自由规则相抵触。感谢凯利·格林希尔提出这个见解。

③ 很显然这条规则有例外情况，例如德国人对 1904 年东南部非洲赫雷罗人起义的反应，但是在这起事件中种族主义也没有造成暴力。关于这起事件，见 Isabel V. Hull, *Absolute Destruction: Military Culture and the Practices of War in Imperial Germany* (Ithaca: Cornell University Press, 2005), pp. 5 - 90。

裔；而祖鲁人被视为野蛮、好战的非洲民族；英国对祖鲁人的宣传充斥着令人毛骨悚然的形象，体现了对祖鲁人天生好战的普遍看法。英国观察家常说，祖鲁战士作战凶猛是因为性欲得不到满足，因为祖鲁国王禁止他们结婚，直到他们退出现役才行。为此，英国驻南非高级专员巴特尔·弗里尔（Bartle Frere）把祖鲁人称为"性欲得不到释放、专门杀人的角斗士"。① 然而，在布尔战争——一场成本高昂、旷日持久、令人沮丧的游击战——中虐待平民现象比时间更短、更轻松的祖鲁战争更常见。在布尔战争中，不论是白人还是黑人都被赶出大草原，原因只有一个：阻止布尔突击队获得补给。大批白人和黑人平民死于集中营。综合来看，英国人在管理非洲集中营时更粗心大意——表现出种族主义偏见——但是在战争最后几个月就连非洲集中营里的死亡人数都减少了。

因此，总的来说，这两个案例让人对"敌人的身份会对平民受到攻击的可能性产生独立影响"的假设产生怀疑。利益冲突使交战双方改变了对敌人身份的看法，这个解释才比较合理。冲突越严重——本书根据战争的成本大小来衡量其严重程度——交战方认为敌人邪恶或野蛮的可能性就越大。

第二次布尔战争向我们展示了战争成本不断增加和使用常规战术无法打败游击队叛乱是如何导致交战方迫害平民的。在游击战中，叛乱分子和平民之间关系特别密切，因为叛乱分子依靠平民获取食物、庇护、情报和兵员。这种亲密关系使得政府军有动力切断这种联系，要么使用武力进行恐吓或威胁，从而阻止非战斗人员向叛乱分子提供支援；要么"把海水抽干"：把平民从战场转移出去，从而阻止叛乱分子获得任何补给。卡里瓦斯假设刚开始时政府军通常会无差别地使用武力，因为政府军搞不清楚到底是谁在支持叛乱分子，所以只能盲

---

① 引自 Robert B. Edgerton, *Like Lions They Fought: The Zulu War and the Last Black Empire in South Africa* (New York: Free Press, 1988), p. 24。

177　目地打击。这种做法往往没有成效，因为这会把那些举棋未定的平民
推向叛乱分子阵营，他们这么做只是出于求生的本能。然而，随着时
间的推移，当政府军掌握了更多信息，了解到背叛者的确切身份后，
政府军的武力行动就变得越来越有针对性，越来越高效，因为政府军
可以攻击那些有罪之人，从而清除真正的支持者，并且产生更好的威
慑效应。①

　　本章的证据显示趋势正好相反：英军从来没有能力突破布尔平民
的支援网，所以无法获得必要信息，也就无法有针对性地使用武力。
英国领导人越来越相信所有布尔人都与叛乱分子相勾结，并且最终得
出结论，认为平定叛乱的唯一办法就是攻击所有平民。事实证明，这
项战略非常有效，因为布尔人极易遭到攻击：向叛乱分子提供支援的
人很少，而且比较集中。这使得英军可以把他们赶入集中营，使叛乱
分子无法获得补给，使平民受苦受难以此来胁迫叛乱分子投降。因
此，在某些情况下，在游击战中迫害平民的范围不仅没有缩小，反而
扩大了；不仅造成更多人死亡，而且非常有效。

---

① Kalyvas, "Paradox of Terrorism in Civil War," pp. 104 – 105.

第六章
领土吞并与迫害平民：以色列
建国，1947～1949年

本书用大部分篇幅阐述了迫切渴望为什么导致迫害平民。但是，这一章要开始阐述造成迫害平民的第二个原因：领土吞并。迫切渴望逻辑没有对交战各方的战争目的提出假设，只是认为迫害平民完全是由战争开始之后的战场事件造成的：没能迅速取得决定性胜利、战争成本高于预期或某些反击战略遭遇失败。不论敌人是某个国家还是叛乱武装，采取迫害平民手段都是为了胁迫敌人投降。

相比之下，在领土吞并原因中，交战方至少有一方企图征服和吞并敌方领土。这种战争目的往往会造成一种不同于消耗战的迫害平民形式，那就是暴力手段不是为了胁迫敌人退出战争，而是为了把平民吓跑。换句话说，领土吞并战争会造成人口清洗，因为侵略者通常会认为生活在被征服领土上的平民——通常和敌人属于同一个民族——不可信，而且会构成威胁。在两种情形下，交战方往往会得出这种结论：第一种情形是两个混居群体之间发生冲突；第二种情形是交战一方企图吞并对方领土，但是这片土地上的许多居民属于不同种族或民族。在这种情形下很有可能发生人口清洗，因为交战方会认为另外一个群体的平民构成了安全威胁。敌方平民不仅会成为潜在的"第五纵队",而且会成为邻近地区同胞展开营救的对象。

179　　所以,本章的基本观点是,当混居的对手之间爆发战争时,或者当交战一方企图征服敌方领土但是又担心敌方居民反叛并构成永久威胁时,交战方就很可能采用迫害平民战略,铲除这个群体。反过来说,如果侵略者认为某个群体威胁不大或者没有威胁,例如这个群体与征服者具有较多共同特征(宗教、语言或其他特征)时,侵略者就会采取同化策略而不是铲除策略。

　　本章结合 1947~1949 年巴勒斯坦战争,特别是巴勒斯坦难民问题的根源,对领土吞并观点进行了分析。历史记录很清晰:战争爆发之前,犹太领导人认为通过分治在巴勒斯坦建立一个犹太国家是夺取巴勒斯坦其余土地的第一步。而且,虽然战争之初犹太人没有正式颁布明确的驱逐政策,但是犹太政治领导人和军事指挥官之间已经就犹太复国主义思想和"迁移"在犹太复国主义运动中的作用,取得了非正式共识,那就是认为以色列境内的阿拉伯人越少越好。证据表明后来担任以色列总理的戴维·本 - 古里安(David Ben - Gurion)在这个问题上毫不含糊,但是他没有签署书面命令,没有留下任何案底。犹太人的军事计划,特别是 D 计划,明确支持对平民采取报复行动,支持把那些反对犹太人占领的村民赶走,把他们的村庄铲平的做法。而且,随着战争发展,犹太复国主义者在巴勒斯坦建立一个完全由犹太人组成的犹太国家的梦想似乎就要变为现实了,强制驱逐政策就变得越来越明显。虽然在战场上这项政策并没有得到一以贯之地执行,但是战争后期驱逐巴勒斯坦人的做法越来越普遍。最后,一系列著名屠杀(如德尔亚辛、吕大和拉姆拉屠杀)给阿拉伯民众造成了恐慌,犹太军队利用这种恐慌把阿拉伯人吓跑。简而言之,如果说刚开始时驱逐政策不是犹太复国主义的政策,但是随着时间的推移,驱逐确实变成了犹太复国主义的政策,采取这种战略的根本原因就是担心让阿拉伯人留下来会对以色列构成永久威胁。

　　我首先简要阐述领土吞并和迫害平民之间的逻辑关系，然后开始
分析巴勒斯坦问题。第一，我简要回顾了巴勒斯坦战争的起因和过
程。第二，我回顾了犹太复国主义者的领土目标，回顾了犹太复国主
义者把巴勒斯坦阿拉伯人迁移到其他阿拉伯地区的思想发展的脉络。
证据显示，犹太领导人希望建立一个犹太国家，取得巴勒斯坦所有土
地，并且认为巴勒斯坦分治是实现这个目标的第一步。而且，从一开
始犹太复国主义思想就确定了迁移政策，随着时间的推移，大多数犹
太复国主义运动主要人物也开始认为驱逐阿拉伯人对于确保犹太国家
的生存非常有必要。第三，我分析了伊休夫的军事计划（尤其是 D
计划）对巴勒斯坦平民的影响。D 计划是不是驱逐阿拉伯人的蓝图？　180
D 计划是不是为大规模破坏村庄和清空巴勒斯坦人提供了依据？为了
理解犹太复国主义者对巴勒斯坦人的政策，我对阿拉伯人逃离海法事
件进行了分析。第四，我利用吕大和拉姆拉村民遭到屠杀和驱逐事
件，以及加利利中部的"希拉姆行动"来阐述为什么随着战争发展
犹太人越来越公开、越来越故意地屠杀和驱逐阿拉伯人。第五，我分
析了以色列的民主政权形式，对阿拉伯人身份的看法和犹太军队的组
织文化对迫害平民的影响。我还着重分析了迫切渴望对 1948 年犹太
军队从防御策略转为进攻策略的影响。我认为两个因素导致犹太人越
来越公开地驱逐阿拉伯人：一个因素是犹太复国主义领导人渴望在巴
勒斯坦建立一个没有阿拉伯人的犹太国家，另一个因素是 1948 年初
战局对伊休夫极其不利。

领土吞并与迫害平民

　　为什么吞并领土目标能够导致迫害平民？也许我们能够从 1992～
1995 年波黑战争中找到答案。1992 年，由穆斯林领导的波黑政府宣
布脱离南斯拉夫独立，这引发了波黑塞族的反分裂活动。波黑塞族希

望在靠近塞尔维亚的波黑东部地区建立一个塞族国家，并且扩张到塞族人聚居的波黑西北部地区。然而，波黑东部地区聚居着大量波黑穆族。塞族领导人清楚大量穆族人口将对建立一个塞族国家构成障碍，对其生存构成威胁，因为在反对波黑政府的分裂战争中，当地穆族很可能成为"第五纵队"，他们可能从后方袭击塞族军队。[1] 于是，在冲突早期阶段，在塞族人占绝对多数的南斯拉夫人民军部队的支持下，波黑塞族民兵武装对生活在德里纳河沿岸城镇的穆族人进行恐吓，企图把穆族人赶走，塞族还宣称这块土地为其所有。[2]

之所以害怕颠覆，其根源在于平民与敌人（不论敌人是一个国家，一个种族－宗教群体，还是一个意识形态集团）具有相同身份，平民交战方想当然地认为由于平民与敌人具有相同身份，平民至少会同情敌人，甚至会在军事上支持敌人。这个逻辑正是导致游击战中发生灭绝人口的严重暴力行为的逻辑：政府或反叛武装认为所有平民都支持敌人，所以区别战斗人员和非战斗人员根本没有意义。但是这个逻辑不是野蛮身份观点的逻辑；野蛮身份观点认为，只有在交战方认为敌人凶残或不文明时，迫害平民才会发生。在大多数国家间战争中，我们所说的共同身份是民族或种族，但是并非总是如此。例如，1936 年西班牙内战（一场意识形态冲突）爆发时，共和军和国民军的支持者高度混居，被围困在敌人控制区。一位历史学家说："在国民军统治区，所有共济会成员、人民阵线成员和工会成员；在许多地

① "当巴尔干战争爆发时，"一位作者写道，"战败国的当地平民立即对战胜国军队构成了战略威胁。"见 Misha Glenny, *The Fall of Yugoslavia: The Third Balkan War*, 3d rev. ed. （New York: Penguin, 1996），p. 186。

② 关于描述，见 Steven L. Burg and Paul S. Shoup, *The War in Bosnia-Herzegovina: Ethnic Conflict and International Intervention* （Armonk, NY: M. E. Sharpe, 1999），pp. 171 – 181; Ed Vulliamy, *Seasons in Hell: Understanding Bosnia's War* （New York: St. Martin's Press, 1994），pp. 85 – 97。关于前南斯拉夫战争的领土问题，格伦尼评论说："战争的本质是为了争夺领土，而不是为了流血牺牲。"见 Glenny, *Fall of Yugoslavia*, p. 183; David Rieff, *Slaughterhouse: Bosnia and the Failure of the West* （New York: Touchstone, 1996），p. 100。

区，凡是在 2 月选举中投票支持人民阵线的人都被逮捕，许多人被枪毙。"与此同时，在共和军控制区，"所有被怀疑同情国民军起义的人都面临危险"。① 许多人因为属于上流社会阶层、中产阶级或者加入天主教政党就被判处了死刑。共和军还攻击罗马天主教神职人员，因为罗马天主教支持国民军，牧师则被视为敌人。②

然而，在国家间战争中，最常见的情形是一个国家企图侵占另外一个国家的领土。通常情况下，在两国争夺的这块土地上，有人支持当前所有者，有人支持挑战者；在少数情况下，交战双方都声称生活在这块土地上的居民（虽然与任何一方都没有共同身份）是本民族"失散已久的"同胞。前一种情况，我们举个例子，1919 年希腊入侵小亚细亚西部地区时，这块土地上生活着大量希腊人，希腊政府声称归其所有。希腊军队先从海上登陆士麦那，然后向东推进，进入安纳托利亚，"一路杀人、放火、抢掠和强奸"，把土耳其平民赶出了希腊人聚居区。③ 负责调查希腊军队在此地的所作所为的英国委员会称："希腊人制订了一套消灭穆斯林群体的系统性计划。"④ 土耳其人采取了"驱逐希腊人的原则，把希腊人视为土耳其国内一个始终怀有敌意、难以对付的外来民族"。⑤ 1922 年战局逆转时，土耳其军队进行了报复，在士麦那进行屠杀和放火，结束了希腊人在小亚细亚的

---

① Hugh Thomas, *The Spanish Civil War* (New York：Harper and Brothers, 1961), pp. 165, 176.

② Julio de la Cueva, "Religious Persecution, Anticlerical Tradition, and Revolution：On Atrocities against the Clergy during the Spanish Civil War," *Journal of Contemporary History* 33, no. 3 (July 1998)：355 – 369.

③ 英国武官哈罗德·阿姆斯特朗，引自 Ben Lieberman, "Ethnic Cleansing in the Greek-Turkish Conflicts from the Balkan Wars through the Treaty of Lausanne：Identifying and Defining Ethnic Cleansing," in *Ethnic Cleansing in Twentieth-Century Europe*, ed. Steven Béla Várdy and T. Hunt Tooley (Boulder：Social Science Monographs, 2003), p. 190。

④ "Reports in the District of Yalova and Geremlek and in the Ismid Peninsula," 引自 Norman M. Naimark, *Fires of Hatred*：*Ethnic Cleansing in Twentieth-Century Europe* (Cambridge：Harvard University Press, 2001), p. 45。

⑤ Lieberman, "Ethnic Cleansing in the Greek-Turkish Conflicts," p. 187.

存在。①

另外，普法战争期间，普鲁士声称阿尔萨斯－洛林为其领土，结果却与波黑战争大不相同。阿尔萨斯原来是神圣罗马帝国的领土，直到17世纪末法国国王路易十四把阿尔萨斯并入法国。普鲁士国内普遍认为阿尔萨斯和洛林人民本质上仍是日耳曼民族。1870年海因里希·冯·特赖奇克在书中阐述了这种主流观点，他在书中写道，阿尔萨斯和洛林"是神赐予我们的土地……不论何时日耳曼民族臣服于法国都不是好事情；自由人沦为了半野蛮人的奴隶，这是对历史的不敬"。② 普鲁士相信阿尔萨斯和洛林人民从根本上属于日耳曼民族，所以普鲁士对他们采取了同化政策而不是驱逐政策。③ 同样，对于第一次巴尔干战争中征服的两类穆斯林，保加利亚给予了区别对待，这取决于他们认为每个群体是否容易被同化。土耳其穆斯林被视为敌人不可或缺的一部分，所以遭到了攻击和驱逐；而说保加利亚语的穆斯林（被称为波马克人）对融合没有那么强烈抵制，所以基本上获准留了下来。保加利亚试图让波马克人皈依基督教，试图让他们融入保加利亚社会。④

吞并敌方领土的意图既是发动战争的原因，又是战争中攻击平民

182

---

① 见 Justin McCarthy, *Death and Exile: The Ethnic Cleansing of Ottoman Muslims, 1821 – 1922* (Princeton: Darwin Press, 1995), pp. 255 – 332; Naimark, *Fires of Hatred*, pp. 46 – 56。

② Treitschke's essay "What Do We Demand from France?" 引自 Geoffrey Wawro, *The Franco-Prussian War: The German Conquest of France in 1870 – 1871* (Cambridge: Cambridge University Press, 2003), p. 304。

③ 然而，普鲁士要求吞并这两个省确实造成了迫害平民：这个要求使法国在初战失利消耗了法国大量正规军之后继续战斗的决心更加坚定。法国继续抵抗必然会导致对巴黎的长期围困，巴黎人民必然要忍饥挨饿；法国非正规军的出现导致了残酷的报复，目的是阻止他们对普鲁士军队的袭击。

④ McCarthy, *Death and Exile*, pp. 153 – 154; Justin McCarthy, *The Ottoman Peoples and the End of Empire* (London: Arnold, 2001), pp. 40, 94; International Commission to Inquire into the Causes and Conduct of the Balkan Wars, *The Other Balkan Wars* (Washington: Carnegie Endowment for International Peace, 1993), pp. 155 – 158.

的原因（因而后者的可能性取决于前者），所以某些类型的国家扩张领土的可能性是否大于其他类型国家，这才是关键问题。有人可能会假设非民主国家扩张领土的可能性要大于民主国家，认为民主国家往往会更容易满足于现状。然而，在国家间战争中，如果把数据组中每种政权形式的国家数量作为控制变量，民主国家和非民主国家发动战争、企图永久占领邻国领土的可能性几乎没有差别。[1]　而且，如表6-1所示，在领土吞并战争中，这两种政权形式攻击非战斗人员的可能性几乎一样：民主国家为83%，独裁国家为81%。[2]　虽然案例绝对数量很小，但是当民主国家为了吞并领土而发动战争时，他们的做法往往与独裁国家非常相似。[3]

表 6-1　采取迫害平民手段吞并领土：民主国家与独裁国家

—	—	民主		
—	—	是	否	总计
迫害平民	是	5 83.3%	22 81.5%	27 81.8%
—	否	1 16.7%	5 18.5%	6 18.2%
—	总计	6 100%	27 100%	33 100%

PearsonChi^2（1）= 0.0113　Pr = 0.92

---

[1]　独裁政权企图吞并领土的可能性是11.4%，民主国家是10.1%，这个差别不显著（p = 0.77）。

[2]　如果使用多伊尔关于自由民主制度的指标，图表就会发生轻微变化，这是因为他把1912～1913年的希腊划为非自由国家。这样一来独裁国家的概率就成了86%，民主国家则变成了50%（显著，p < 0.08）。

[3]　民主国家侵略他国领土的战争相对较少，其中一个原因是有好几个民主国家都是帝国主义强国，这些民主国家正努力扩张到其他国家没有提出领土主张的地区。例如，英国和法国在亚洲和非洲建立了殖民地，而美国扩张到北美领土相邻的地区，这里还没有建立获得承认的国家。关于民主和殖民战争/帝国主义战争之间的大致关系，见 Hilde Ravlo, Nils Petter Gleditsch, and Han Dorussen, "Colonial War and the Democratic Peace," *Journal of Conflict Resolution* 47, no. 4（August 2003）：520 - 548。

1912～1913 年发生的巴尔干战争能够很好地说明这种行为相似性。巴尔干同盟每个成员（塞尔维亚、黑山、保加利亚和希腊，三个独裁国家和一个民主国家）都希望瓜分奥斯曼帝国在欧洲的领土。然而，大量土耳其人生活在奥斯曼帝国的欧洲领土上，为了确保征服的安全和长久，必须把他们赶走。因此，在第一次战争中，巴尔干国家主要是迫害土耳其村民，但是当 1913 年这些昔日盟友反目成仇时，每个国家都想把敌方人民赶出它所希望控制的土地。例如，卡耐基委员会被派去调查巴尔干战争，调查报告称第一次巴尔干战争爆发之后不久，保加利亚军队和非正规军（在卡耐基委员会称为"民族战术"的行动中）放火焚烧穆斯林村庄、屠杀平民和破坏文化机构。保加利亚的盟友对土耳其也采取类似行动。在第二次巴尔干战争中，巴尔干国家因为战利品分赃不均发生战争，保加利亚战败了。民主希腊极力迫害平民，不仅印制宣传画册煽动对保加利亚人实施暴力，而且采取了清除策略，企图把新占领土地上的保加利亚平民赶走。希腊士兵在信中写道："我们烧毁所有保加利亚人的村庄，把落入我们手中的保加利亚人统统杀掉……凡是有保加利亚人的村庄，希腊军队都会纵火焚烧，而且见人就杀。难以用语言来描述所发生的一切。"卡耐基委员会总结说："结论无可辩驳……希腊人就是要把保加利亚人全都杀光。"①

巴勒斯坦冲突的根源和过程

1947 年 11 月 29 日，联合国大会投票赞成把英国委任统治下的巴勒斯坦分为一个犹太国家和一个阿拉伯国家。巴勒斯坦冲突的根源在于犹太移民和犹太人与阿拉伯人这两个民族互不相容。1880 年犹太人群体（称为伊休夫）只占巴勒斯坦人口的 6%，但是到了 1947

---

① International Commission, *Other Balkan Wars*, pp. 126, 309, 99.

年已经增长到1/3。[①] 犹太移民和犹太复国主义者的民族诉求随着巴勒斯坦阿拉伯人的态度变化而变化，巴勒斯坦阿拉伯人从来不接受在阿拉伯地区建立任何形式的犹太政权。阿拉伯人反过来请求英国——第一次世界大战后巴勒斯坦作为国际联盟委任统治地由英国进行托管——赋予委任统治地并承认阿拉伯人独立。这个根本冲突导致阿拉伯人和犹太人之间的暴力逐渐升级，1920年4月冲突造成9人死亡，1921年5月冲突造成将近100人死亡，1929年8月冲突造成249人死亡。[②] 肖委员会（Shaw Commission）受命调查1929年的冲突事件，委员会强调指出犹太人涌入巴勒斯坦造成局势紧张，"阿拉伯人不仅认为犹太移民威胁到了他们的生存，而且未来很可能统治他们"。[③] 20世纪30年代犹太移民大规模涌入巴勒斯坦，阿拉伯人担心自己变成少数民族，这引发了反对英国统治的阿拉伯起义。起义从1936年持续到1939年，共造成5000人死亡。[④]

　　巴勒斯坦分治计划由联合国巴勒斯坦问题特别委员会负责起草，1947年获得通过。这个分治计划存在3个严重缺陷，导致了冲突的爆发。第一，与10年前皮尔委员会（Peel Commission）推荐的方案不同，联合

---

① Samih K. Farsoun with Christina E. Zacharia, *Palestine and the Palestinians* (Boulder: Westview Press, 1997), p. 78.

② 关于这些冲突，分别见 Tom Segev, *One Palestine, Complete: Jews and Arabs Under the British Mandate*, trans. Haim Watzman (New York: Metropolitan Books, 1999), p. 138; Benny Morris, *Righteous Victims: A History of the Zionist-Arab Conflict, 1881–1999* (New York: Alfred A. Knopf, 1999), pp. 101–102; Richard Allen, *Imperialism and Nationalism in the Fertile Crescent: Sources and Prospects of the Arab-Israeli Conflict* (New York: Oxford University Press, 1974), pp. 299–300。

③ 引自 Nur Masalha, *Expulsion of the Palestinians: The Concept of "Transfer" in Zionist Political Thought, 1882–1948* (Washington: Institute for Palestine Studies, 1992), p. 31。

④ 关于阿拉伯起义，见 Morris, *Righteous Victims*, 121–160。关于这次起义失败如何导致1948年巴勒斯坦瓦解，见 Rashid Khalidi, "The Palestinians and 1948: The Underlying Causes of Failure," in *The War for Palestine: Rewriting the History of 1948*, ed. Eugene L. Rogan and Avi Shlaim (Cambridge: Cambridge University Press, 2001), pp. 25–32。关于犹太移民对阿拉伯人担忧自己沦为少数族群的影响，见 Segev, *One Palestine, Complete*, p. 361。关于英国过度镇压阿拉伯起义，见同上书，pp. 416–426。

184　国巴勒斯坦问题特别委员会提出的计划没有将阿拉伯人和犹太人分离开来。事实上，即使把巴勒斯坦几乎所有犹太人（50万人）都集中到犹太国家，这个国家仍然还有40万阿拉伯人。[①]第二，分治计划的起草者在划定这两个国家的边界时完全没有考虑到未来的防御问题。正如历史学家阿维·施莱姆（Avi Shlaim）所指出的："这两个国家版图形状怪异，就像两条蛇在打架，简直是个战略噩梦。"[②]第三，根据分治计划，土地分配很不公正：犹太人当时只占有6%的土地，却给犹太国家分配了56%的土地（5893平方英里），而在犹太国家领土内犹太人只占有10%的土地。[③]

　　虽然犹太代办处接受了分治计划，流散世界各地的犹太人也开始庆祝犹太国家的建立，但是巴勒斯坦阿拉伯人愤怒地拒绝了分治计划，对犹太人发动了攻击：分治计划通过后第一星期就有40名犹太人在阿拉伯人制造的骚乱中丧生。这一次英国人不再继续制止暴力冲突：英国人不愿意继续留在巴勒斯坦实施分治计划，而是准备在1948年5月委任统治结束后撤离巴勒斯坦。

　　接下来发生的冲突由两次相互独立的战争组成。第一次战争在大约1.5万犹太军和数千名阿拉伯非正规军之间展开。犹太军主要是哈加纳，伊尔贡组织有两三千人，莱希组织（争取以色列自由战士组织）有三五百人，这两个犹太组织持不同政见。[④]阿拉伯方面唯一有组织的抵抗组织是阿拉伯解放军，规模约4000人，但是阿拉伯解放军直到1948年5月才全面投入战斗。阿拉伯军队中大部分人是在当

---

①　Morris, *Righteous Victims*, p. 184。阿拉伯国家有80万人口，却几乎没有犹太人。

②　Avi Shlaim, *The Iron Wall: Israel and the Arab World* (New York: Norton, 2000), p. 25.

③　Sami Hadawi, *Bitter Harvest: A Modern History of Palestine*, Rev. ed. (New York: Olive Branch Press, 1990), p. 67。新阿拉伯国家分得43%的土地（4476平方英里），而耶路撒冷国际区约占1%（68平方英里）。

④　关于哈加纳的实力，见 Chaim Herzog, *The Arab-Israeli Wars: War and Peace in the Middle East* (New York: Random House, 1982), p. 20。关于阿拉伯军的实力，见 Yoav Gelber, *Palestine 1948: War, Escape and the Emergence of the Palestinian Refugee Problem* (Brighton: Sussex Academic Press, 2001), p. 12。

地作战的民兵。1948 年 4 月，这场冲突最终以犹太人取得决定性胜利而告终。4 月 2 日，哈加纳开始实施 D 计划，短暂性地突破了阿拉伯军对耶路撒冷的牢牢控制，使得多批车队将物资顺利送到被困在那里的犹太人手中。在其他地方，哈加纳占领了联合国巴勒斯坦问题特别委员会划给犹太国家境内的所有阿拉伯村庄和城镇，包括沿海的海法和加利利东部的主要城镇，如萨法德、太巴列和贝珊；另外还占领了联合国巴勒斯坦问题特别委员会划给巴勒斯坦国家境内的一些城镇，如雅法和阿卡。遭遇了这一系列失败后，巴勒斯坦武装抵抗崩溃了，巴勒斯坦阿拉伯人开始迅速外逃。

　　1948 年 5 月 14 日以色列宣布独立后，黎巴嫩、叙利亚、伊拉克、外约旦和埃及对以色列发动进攻，第二次战争拉开帷幕。这场战争分为四个阶段，其间多次停火，1949 年 1 月 7 日结束。刚开始阿拉伯正规军有 2.8 万人，再加上阿拉伯解放军残余部队，以色列军队有 3.8 万人。随着战事发展，以色列军人数优势不断扩大：7 月中旬以色列军人数为 6.5 万，阿拉伯军人数为 4 万；1949 年初以色列军 11.5 万人，阿拉伯军为 5.5 万人。[①] 刚开始，阿拉伯军占据上风，在各条战线都取得胜利，但是未能决定性地突破以色列军的防御。哈加纳（已更名为"以色列国防军"）在耶路撒冷城内和城外被阿拉伯军团打败，5 月 28 日耶路撒冷旧城犹太区失陷，但是战争进入第二阶段（7 月 8～18 日）后，以色列国防军和阿拉伯军团在中线达成停火协议。[②] 于是以色列国防军集中力量对付埃及人和叙利

185

---

① Morris, *Righteous Victims*, pp. 215 - 218.

② 事实上，关于双方如何瓜分巴勒斯坦问题，约旦国王阿卜杜拉在战争爆发前就已经与犹太复国主义运动领导人进行了断断续续的谈判。见 Avi Shlaim, *Collusion Across the Jordan: King Abdullah, the Zionist Movement, and the Partition of Palestine* (New York: Columbia University Press, 1988)。阿卜杜拉国王企图吞并与约旦相邻的巴勒斯坦领土，并且指示约旦军队尽可能多地占领约旦河西岸土地。埃及人得知这个计划后改变了战略，希望埃及也能获得约旦河西岸部分土地。见 David Tal, *War in Palestine 1948: Strategy and Diplomacy* (London: Routledge, 2004), pp. 16 - 18; Morris, *Righteous Victims*, pp. 220 - 222。

亚人。1948 年 10 月，战争进入第三阶段。12 月底至 1949 年 1 月，战争进入第四阶段，以色列国防军最终把埃及人和叙利亚人赶出了以色列。

战争结束后，以色列不仅占领了联合国巴勒斯坦问题特别委员会划给犹太国家的所有领土，而且占领了划给巴勒斯坦国的 2500 平方英里土地。外约旦则吞并了其余 2200 平方英里土地（约旦河西岸）。以色列国防军摧毁了 418 个阿拉伯人村庄，只剩下 13.3 万阿拉伯人留在以色列境内；其余 50 万~75 万阿拉伯人沦为难民。自此，关于阿拉伯人逃离的原因就一直争论不休。[1]

这场战争，尤其是以色列攻击和驱逐平民的做法造成数千名阿拉伯平民死亡，但是具体数字不详。以色列平民死亡 1162 人。[2] 以色列军至少制造了 31 起屠杀，而且无差别地大量使用大炮和迫击炮。然而，平民遭到故意攻击，而且随着战事发展情况越来越严重，但是从迫害平民角度来看，这场战争中平民伤亡不算严重。其中一个原因是阿拉伯人（尤其是在战争初期）可以比较轻易地逃离战火。许多生活富裕的城镇居民在战争爆发之后一两个月内就逃离了家园。阿拉伯人自愿逃离反映出 1947 年巴勒斯坦阿拉伯社会没有凝聚力，也反映出阿拉伯人倾向在战争开始后暂时离开家园，战争结束后再回来。[3] 当巴勒斯坦人意识到以色列不允许他们返回家园时，他们越来越不愿意离开，所以屠杀就变得更加频繁。

---

① 关于被吞并的领土，Nadav Safran, *Israel: The Embattled Ally* (Cambridge: Belknap Press, 1978), p. 60；关于被摧毁的村庄，见 Walid Khalidi, ed., *All That Remains: The Palestinian Villages Occupied and Depopulated by Israel in 1948* (Washington: Institute for Palestine Studies, 1992), p. xxxi。关于各方对巴勒斯坦难民人数的估计值，见 Martin Gilbert, *Israel: A History* (New York: William Morrow, 1998), p. 255。

② 关于阿拉伯死亡人数，见 Ilan Pappe, *The Ethnic Cleansing of Palestine* (Oxford: Oneworld Publications, 2006), p. 150；关于以色列人死亡人数，见 *The Sword and the Olive: A Critical History of the Israeli Defense Force* (New York: Public Affairs, 1998), p. 99。

③ Gelber, *Palestine 1948*, pp. 74–83.

关于领土和迁移

本节将阐述战争爆发之前犹太复国主义运动主要决策者的领土目标以及他们对把阿拉伯人赶出犹太国家的合法性和必要性的看法。虽然 1947 年犹太复国主义运动领导人接受了分治计划，但是这并不意味着他们把在巴勒斯坦部分土地上建立一个犹太国家视为犹太复国主义运动的终极目标。恰恰相反，他们认为这只是实现犹太复国主义理想道路上的一个阶段，而这个理想就是赎回全部以色列故土。所以，犹太复国主义运动领导人在战争爆发之前就对领土扩张有着浓厚的兴趣。而且，犹太复国主义运动主要人物——从犹太复国主义运动创始人西奥多·赫茨尔（Theodor Herzl）到以色列首任总理戴维·本 - 古里安——几乎一致支持把巴勒斯坦阿拉伯人从巴勒斯坦"迁移出去"的做法，说得好听是迁移，其实就是驱逐。最后，犹太复国主义思想家认为驱逐巴勒斯坦阿拉伯人非常有必要，因为大量巴勒斯坦人口会对犹太国家的生存构成安全威胁。

犹太复国主义的领土目标

1947 年联合国投票通过巴勒斯坦分治计划时，犹太领导人接受了这个决定，但是阿拉伯人拒绝接受。然而，犹太人接受分治计划并不意味着犹太人对分给他们的土地感到满足，也不意味着犹太人视其为犹太复国主义理想的实现。恰恰相反，早在联合国分治计划提出的前十年，本 - 古里安就认为在巴勒斯坦部分土地上建立一个犹太国家"不是终点，而是起点……是对我们赎回巴勒斯坦全部土地这一历史性努力的强有力推动"。本 - 古里安认为建立犹太国家是"在实现犹太复国理想道路上的一个具有决定性意义的重要阶段"，但这不是最终阶段。① 他知道，任何分治计划分给伊休夫的土地永远不足以承载可能涌入这个新国家的数百万犹太人。

所以，犹太国家建立后，第一阶段就成了为第二阶段"扩张""打基础的时期"。本 – 古里安认为，未来军事实力强大后，犹太国家就可以扩张到巴勒斯坦其余土地上，这意味着"谁也无法阻止我们到巴勒斯坦其余地区定居，要么与阿拉伯邻国签订双边协议和达成谅解，要么通过其他方式"。② 本 – 古里安对犹太复国主义组织执委会发表讲话时明确指出"其他方式"就是武力手段，他说："建国后我们要组建一支强大的军队，然后废除分治计划，扩张到巴勒斯坦全境。"③ "接受分治计划，"本 – 古里安指出，"并不意味着我们要放弃外约旦……对于目前划定的边界，我们要接受，但是犹太复国主义理想的边界是犹太民族的关切，任何外部力量都不能阻止。"④ 所以，本 – 古里安认为，在巴勒斯坦部分土地上建立一个犹太国家"是我们赎回全部土地道路上具有决定性意义的初期阶段，是逐步征服巴勒斯坦全境的无可比拟的杠杆"。⑤

187 　本 – 古里安并非这种观点的唯一倡导者。哈伊姆·魏茨曼（Chaim Weizmann）时任犹太复国主义者组织主席和犹太代办处执委会主席，摩西·夏里特（Moshe Shertok）是犹太代办处执委会委员，他们俩同样认为皮尔委员会1937年提出的分治计划是犹太国家扩张到巴勒斯坦全境道路上的一个阶段。魏茨曼甚至向英国驻巴勒斯坦高级专员亚瑟·沃科普（Arthur Wauchope）通报说："最终我们要扩张

① 引自 Shabtai Teveth, *Ben-Gurion and the Palestinian Arabs: From Peace to War* (Oxford: Oxford University Press, 1985), p. 188。
② 同上书，pp. 189 – 190, 188。
③ 引自 Simha Flapan, *The Birth of Israel: Myths and Realities* (New York: Pantheon, 1987), p. 22。
④ 引自同上书，pp. 52 – 53。
⑤ 引自 Shabtai Teveth, *Ben-Gurion: The Burning Ground, 1886 – 1948* (Boston: Houghton Mifflin, 1987), p. 613。

到整个巴勒斯坦……这只是未来 25~30 年的安排。"①

致力于在巴勒斯坦全境建立一个犹太国家的犹太复国主义运动持续到 20 世纪 40 年代。例如，1942 年比尔特摩纲领（Biltmore Program）成为犹太复国主义运动的官方政策，这个纲领明确指出要把巴勒斯坦"建成一个犹太王国"。本 - 古里安特别指出，比尔特摩纲领里的巴勒斯坦指的就是巴勒斯坦全境，"不是在巴勒斯坦建立一个犹太国家，而是把巴勒斯坦建成一个犹太国家"。②类似的，犹太复国主义者接受联合国分治计划并不代表犹太复国主义运动领土目标的实现。例如，本 - 古里安拒绝接受联合国巴勒斯坦问题特别委员会分治计划中的多项基本条款（如边界划分和建立一个阿拉伯国家）。他还指出："这些安排绝不是最终安排，'关于政权的安排不是最终安排，关于边界的安排不是最终安排，关于国际协议的安排也不是最终安排'。"③哈加纳全国总部司令官伊斯雷尔·加利利（Israel Galili）在 1948 年 4 月发表讲话时说得更加直白："犹太人同意联合国大会的决议并不代表默认分治计划……我们在以色列故土上建立一个独立国家，领土边界将取决于我们的全部实力。政治边界取决于从敌人手中夺取多少土地。"④

上述证据表明犹太复国主义者渴望在巴勒斯坦全境建立一个犹太国家，但是这些证据并不代表犹太复国主义领导人制订了通过武力手段征服整个巴勒斯坦地区的计划。恰恰相反，犹太人庆祝分治决议获得通过，并且同意配合联合国执行这项计划。这些证据只能表明，在分治计划之前，犹太复国主义者的主流目标是希望赎回巴勒斯坦全

①　引自 Masalha, *Expulsion of the Palestinians*, p. 62。皮尔计划只把不到 20% 的巴勒斯坦土地分给犹太国家。

②　引自 Flapan, *Birth of Israel*, pp. 23, 24。

③　同上书，p. 32。

④　引自 Uri Milstein, *History of Israel's War of Independence*, vol. 4, *Out of Crisis Came Decision*, trans. and ed. Alan Sacks（Lanham, MD：University Press of America, 1988），pp. 187 - 188。

境，并且把在巴勒斯坦部分地区建立一个犹太国家视为今后扩张到巴勒斯坦全境的跳板。简而言之，犹太复国主义者希望未来（通过和平手段或武力手段）吞并巴勒斯坦其余土地并定居。

犹太复国主义和阿拉伯人迁移

现在大家都已经知道，主要犹太复国主义者已经认识到在巴勒斯坦建立一个犹太国家意味着把阿拉伯人赶走的事实。[①] 早期的犹太复国主义者往往会回避甚至完全忽视一个现实问题，那就是巴勒斯坦并非真空地带，这里有阿拉伯人居住，而且阿拉伯人肯定会反对犹太人提出的领土主张。赫茨尔本人虽然没有忽视大量当地人存在这个问题，但是他认为巴勒斯坦阿拉伯人是一个没有凝聚力的政治群体，对他们占有的土地没有任何权利。他认为阿拉伯人不会反对犹太复国主义者征用他们的土地，因为大批犹太人涌入巴勒斯坦可以使阿拉伯人从中获得经济利益。赫茨尔虽然没有公开呼吁"迁移"阿拉伯人，但是很显然，他认为没有阿拉伯人的巴勒斯坦这个想法诱惑力非常大，正如 1895 年他在日记中写道："我们必须悄悄地征用土地……我们应在过境国家为这些身无分文的阿拉伯人购买就业机会，同时在我们国家不给他们提供就业机会，悄无声息地把阿拉伯人弄走……征用土地和迁移穷人时都必须谨慎小心。"[②]

然而，公开鼓吹这种政策风险很大，因为这样做不仅会招致更多阿拉伯人的反对和怀疑，而且英国当局在委任统治期间虽然断断续续地支持犹太复国主义诉求，但是从来没有承诺过要征用阿拉伯人的土地或把阿拉伯人赶出家园。所以，在迁移阿拉伯人这个问题上，犹太复国主义者在公开场合闭口不谈："从 20 世纪初到 20 世

---

① 见 Masalha, *Expulsion of the Palestinians*。
② 赫茨尔 1895 年 6 月 12 日写的日记，引自 Benny Morris, "Revisiting the Palestinian Exodus of 1948," in *War for Palestine*, p. 41。

纪 40 年代，犹太复国主义者在公开场合的回答永远都是巴勒斯坦足够大，完全容得下两个民族……没有必要把阿拉伯人迁移出去，这种想法绝不会融入犹太复国主义运动的意识形态 - 政治平台。"① 尽管如此，犹太复国主义主要人物仍然发声支持这种想法：例如，1930 年哈伊姆·魏茨曼就向英国殖民当局提出一项迁移计划。类似的，犹太民族基金会主席梅纳赫姆·尤辛斯金（Menahem Ussishkin）在 1930 年 4 月曾对记者说："我们必须持续提出要求，要求把我们的土地归还给我们……如果我们的土地上居住着其他人，那就必须把这些人迁移到其他地方去。我们必须收回我们的土地。我们的理想比保护数十万阿拉伯农夫更伟大、更崇高。"②

犹太复国主义者对 1937 年 7 月的皮尔委员会报告（这份报告建议把迁移阿拉伯人列入巴勒斯坦分治计划）存在争议，暴露了犹太复国主义运动领导人对强制性大规模迁移阿拉伯人来解决伊休夫面临的人口问题的支持力度。虽然巴勒斯坦分治的建议遭到强烈反对并且最终被伊胡德（犹太复国主义世界劳工运动主管机构）和第 20 次犹太复国主义者代表大会否决，但是在这两次大会上迁移阿拉伯人的建议仍然得到了热烈而广泛的支持。③ 问题不是迁移阿拉伯人是否道德，而是把阿拉伯人赶出犹太国家是否可行。

皮尔委员会报告建议把 22.5 万名阿拉伯人驱逐出犹太国家，对此犹太复国主义运动关键领导人表示强烈支持。皮尔委员会报告发布后没多久，本 - 古里安就在一封私人信件中强烈支持迁移阿拉伯人的想法，认为如有必要则采取武力，他说："我们必须驱逐阿拉伯人并占领他们的土地……如果必须使用武力——不是要剥夺内盖夫和外约

① Benny Morris, *The Birth of the Palestinian Refugee Problem Revisited*, 2d ed. （Cambridge：Cambridge University Press, 2004）, p. 43.

② 引自 Masalha, *Expulsion of the Palestinians*, p. 37。

③ 同上书，pp. 67 - 80。

189 旦的阿拉伯人的土地，而是要保证我们自身在这些地区定居的权利——那么我们就放心大胆地使用武力。"[1] 1938 年 6 月，犹太代办处执委会召开会议，对这个问题进行了热烈讨论，会上几乎每名代表都表态支持把阿拉伯人从犹太国家迁移出去的想法："实际上犹太代办处执委会委员们一致赞成迁移阿拉伯人；所有人都倾向于'自愿'迁移；但是大多数人也同意强制迁移，当然最好是由英国人而不是由伊休夫来实施。"[2] 本－古里安对其他人的态度做了总结，他说："我支持强制迁移。我没看出来这么做有什么不道德的。"[3]

虽然英国在伍德黑德委员会报告和 1939 年白皮书中宣布放弃巴勒斯坦分治计划，但是 20 世纪 40 年代，迁移方案仍在继续积蓄能量。例如，1940 年底犹太民族基金会土地事务部部长优素福·魏茨（Yosef Weitz）在日记中表露了以下想法：

> 必须搞清楚，巴勒斯坦没有足够空间容纳两个民族……如果阿拉伯人离开，这个国家对我们而言就很宽敞，很宽阔……唯一办法（第二次世界大战结束后）就是没有阿拉伯人的以色列故土，至少是以色列故土西部（即巴勒斯坦）。在这个问题上没有任何妥协的余地……没有其他办法，只能把阿拉伯人迁移到周边国家，把所有阿拉伯人都迁移，或许伯利恒、拿撒勒和耶路撒冷旧城除外（主要是基督教阿拉伯人）。一个村庄也不能留下，一个（贝都因人）部族也不能留下。必须把阿拉伯人迁移到伊拉克、叙利亚，甚至是迁移到外约旦。为此，我们必须筹集资金……只有把阿拉伯人迁移出去，这个国家才能容纳我们数百万的兄弟，（欧洲）犹太人

---

[1] 引自 Teveth, *Ben-Gurion and the Palestinian Arabs*, p. 189。

[2] Morris, *Birth Revisited*, p. 50。关于犹太代办处执委会就赞成迁移方案达成共识，见 Masalha, *Expulsion of the Palestinians*, pp. 106 – 119。

[3] 引自 Masalha, *Expulsion of the Palestinians*, p. 117。

问题才能彻底解决。除此之外，别无选择。①

1944 年 5 月，犹太代办处执委会再次就迁移阿拉伯人问题进行辩论，在这次辩论中，犹太代办处移民部部长埃利亚胡·多布金（Eliahu Dobkin）说："这个国家将有大量阿拉伯人，必须驱逐。"这种态度得到了其余与会者的赞同。② 统计学家罗伯托·巴希（Roberto Bachi）在 1944 年 12 月的一份研究报告中指出，巴勒斯坦阿拉伯人口自然增长率很高，所以把他们迁移出犹太国家绝对有必要：即使为了使犹太人在巴勒斯坦占多数而大规模移民（每年 20 万人），要不了多久阿拉伯人口就会赶超犹太人口，因为阿拉伯人出生率更高。③ 与会者非常清楚迁移阿拉伯人势必需要使用武力，本－古里安在 1941 年 10 月的"犹太复国主义政策纲要"备忘录中对这个问题进行了澄清，他在备忘录中写道："如果不强制，不无情，彻底迁移根本不可能。"④

通过迁移阿拉伯人解决阿拉伯人"第五纵队"这个潜在问题

迁移阿拉伯人的想法"深深根植于犹太复国主义思想中"，而且随着时间的推移逐渐被犹太复国主义运动所有主要人物接受。⑤ 原因很清楚：如果允许阿拉伯人留下来，犹太人数量很快就会被阿拉伯人超过。阿拉伯人不仅会构成永久安全威胁，也会被利用，成为分裂犹太国家的工具，这种情况与 1938 年希特勒吞并捷克斯洛伐克苏台德

190

---

① 引自 Morris, *Birth Revisited*, p. 54。
② 引自同上书，p. 55。
③ Segev, *One Palestine, Complete*, p. 407.
④ 引自 Morris, *Righteous Victims*, pp. 168 – 169。
⑤ 引文来自 Segev, *One Palestine, Complete*, p. 407。塞格夫指出，有人试图摆脱本－古里安与迁移方案的关系，但是"这种解释是无原则的：与其他犹太复国主义运动领导人一样，本－古里安在驱逐问题上的立场是毫不含糊的，而且有案可查"。

地区非常相似。① 1938 年犹太代办处执委会委员亚伯拉罕·尤辛斯金
（Avraham Ussishkin）说："我们不能建立一个半数人口是阿拉伯人的
犹太国家……这样的国家甚至都撑不过半个小时。迁移是最道德的办
法……我愿意在上帝面前进行辩护。"② 工人党领导人伯尔·卡茨内
尔森（Berl Katznelson）表示同意："如果部分国民不忠诚，军队、警
察和公务员如何履职都成问题，国家如何运转也成问题。"③

1947 年底，当战争逼近时，本-古里安对巴勒斯坦阿拉伯人构成的
安全问题进行了评估。11 月，本-古里安说，因为阿拉伯人会构成"第
五纵队"，根据联合国 1947 年的分治计划，许多人会成为巴勒斯坦阿拉伯
国家的公民，这样一来在敌对行动爆发后就可以把他们都驱逐出去，而
不仅仅是关入监狱。④ 一个月后，本-古里安对阿拉伯人问题进行了明确
阐述："在分配给犹太国家的土地上生活着最多 52 万犹太人和大约 35 万
非犹太人，非犹太人中绝大部分又是阿拉伯人……这样的人口结构并没
有为犹太国家提供一个稳定的基础。必须清醒地认识到这个问题。这样
的人口结构甚至不能绝对保证控制权掌握在多数犹太人手中。"⑤

简而言之，犹太复国主义领导人把生活在犹太国家的大量阿拉伯
人视为安全威胁，并且接受迁移阿拉伯人的方案。莫里斯说，伊休夫
领导人"完全有理由认为少数民族未来会对犹太国家构成巨大威
胁——在政治上甚至是军事上构成第五纵队。那时候伊休夫大多数领
导人认为迁移是最佳方案"。⑥ 20 世纪 20 年代和 30 年代发生的阿拉

---

① 事实上，犹太复国主义领导人非常清楚苏台德事件这个先例，并且以此作为把阿拉伯人从
犹太国家赶出去的理由。见 Masalha, *Expulsion of the Palestinians*, p. 108。

② 引自 Morris, *Birth Revisited*, p. 50。

③ 引自 Masalha, *Expulsion of the Palestinians*, p. 115。

④ Benny Morris, *The Birth of the Palestinian Refugee Problem, 1947 - 1949* (Cambridge: Cambridge
University Press, 1987), p. 28。见 Masalha, *Expulsion of the Palestinians*, pp. 175 - 176。

⑤ 引自 Flapan, *Birth of Israel*, pp. 31 - 32。

⑥ 莫里斯发表在 1989 年 5 月 9 日出版的以色列《国土报》上的文章，引自 Nur Masalha, "A
Critique of Benny Morris," *Journal of Palestine Studies* 21, no. 1 (autumn 1991): 92。

伯暴力事件凸显了这种威胁，因为暴力事件表明"愤愤不平、怀有
敌意的阿拉伯人必然会反抗犹太国家，从一开始就进行颠覆和破坏活
动"。[1] 在早期作品中，莫里斯对迁移思想和巴勒斯坦难民危机根源
之间的联系没有足够重视，但是 2001 年他也承认，犹太复国主义领
导人在 1948 年已经认识到"为了犹太国家的生存和发展，必须迁移
阿拉伯人……在 1948 年的战争中驱逐阿拉伯人已经存在了"。[2] 正如
努尔·马萨拉（Nur Masalha）指出："'强制迁移'不是什么新提法，
也不是 1948 年战争爆发之后突然冒出来的。"[3]

　　同样，这也不意味着犹太人制订了驱逐阿拉伯人和征服巴勒斯坦全
境的"总计划"。首先，犹太军刚开始处于守势，没有能力驱逐阿拉伯
人。其次，犹太军直到 1948 年初战局变得更加危险时才开始驱逐阿拉伯
人和摧毁村庄，这点我将在下文进行深入探讨。再次，没有人发现书面
证据证明伊休夫在战争爆发之前就制定了驱逐政策。不过，莫里斯在
《再论巴勒斯坦难民问题的根源》一书中写道："把阿拉伯人从巴勒斯坦
或划分给犹太国家的巴勒斯坦土地上赶走，这种想法从一开始就存在于
犹太复国主义思想中，往小了说就是存在于犹太复国主义实践中。"[4] 从
中我们可以看出莫里斯和他的批评者之间的分歧明显缩小了。

D 计划和从防守到进攻

　　尽管战争爆发之前犹太复国主义主要人物普遍认可迁移方案，但是
战争开始时伊休夫处于防守状态，并且没有制订将阿拉伯人从联合国巴

---

① Morris, *Birth Revisited*, pp. 43 – 44.
② Morris, "Revisiting the Palestinian Exodus of 1948," pp. 48 – 49。见 Morris, *Birth Revisited*, p. 60。
③ Masalha, "Critique of Benny Morris," p. 93.
④ Morris, *Birth Revisited*, p. 588。近期有文章称以色列制订了所谓的总计划，关于这个问题，见 Pappe, *Ethnic Cleansing of Palestine*。

勒斯坦问题特别委员会划定的犹太国家驱逐出去的总计划。为了避免冲突升级，从 1947 年 12 月到 1948 年 3 月，哈加纳采取的是防守战略，基本上避开了攻击阿拉伯平民。这种战略反映出犹太人认为阿拉伯人的回应是可控的，分治计划能够得到实施。犹太人定居点比较分散，这也使伊休夫极易遭到阿拉伯人的攻击。本－古里安和犹太复国主义其他领导人想方设法防止哈加纳攻击平民，从而避免激起更多阿拉伯人投入战斗。然而，到了 1948 年 3 月，这种防御战略难以为继，因为阿拉伯民兵伏击了犹太车队，伊休夫的独立地区可能会被孤立和分割。

在这种严重军事威胁下，犹太领导人采取了 D 计划，从防守转为进攻。D 计划试图清除犹太人聚居区内的阿拉伯飞地，把区域之间的阿拉伯人赶走，把这些区域连成一片。意识到危险处境之后，本－古里安和伊休夫其他领导人第一次采取了摧毁阿拉伯人村庄和驱逐村民的政策。为了把阿拉伯城镇居民和村民吓跑，哈加纳军队进行无差别炮击和空中轰炸，实施屠杀，例如阿布苏萨（位于拉姆拉东南）和坦图拉（位于海法南部），容忍并利用犹太民兵在德尔亚辛等地进行的屠杀。[①] 简而言之，D 计划标志着犹太军事战略从防守向进攻的决定性转变。之前的防守战略是为了抵挡住阿拉伯人的进攻，不扩大冲突；现在的进攻战略是为了有针对性地实施暴力，采取无差别的恐吓战术，故意对阿拉伯村庄进行扫荡，从而减少阿拉伯"第五纵队"对犹太国家的生存构成的威胁。

192 防守阶段：1947年12月～1948年3月

战争之初，哈加纳采取的是防守战略，尽量避免攻击平民，很少摧

[①] 据说 5 月 22～23 日坦图拉有 200 名阿拉伯人遭到杀害，关于这起事件，见 Ilan Pappé, "The Tantura Case in Israel: The Katz Research and Trial," *Journal of Palestine Studies* 30, no. 3 (spring 2001): 19–39; Morris, *Birth Revisited*, p. 247. 关于阿布苏萨村屠杀（5 月 13～14 日），见 *Birth Revisited*, p. 257. 哈加纳还在纳速刺丁、恩寨闺和提拉特海法进行了屠杀。Pappe, *Ethnic Cleansing of Palestine*, pp. 110–111。

毁阿拉伯村庄，基本上避免了冲突升级。前文说过，犹太领导人希望建立一个没有阿拉伯人的犹太国家，这点没有疑问。然而，虽然这个想法很有吸引力，但是犹太复国主义的梦想并没有写入伊休夫的官方政策："战争前几周，总体设想是建立一个有大量阿拉伯人的犹太国家。"①

这一设想被写入了作战计划，冲突前几周哈加纳的军事战略就是根据作战计划制订的，这些作战计划没有制订进攻目标。莫里斯说，这些计划要求"哈加纳对阿拉伯作恶者或潜在作恶者进行报复式打击，对与阿拉伯恐吓分子攻击目标相似的阿拉伯目标进行报复式打击，如公路交通"。换句话说，这项战略是要针对阿拉伯战斗人员和与阿拉伯攻击目标同类的目标进行针锋相对的报复。伊休夫领导人不敢采取更为严厉的措施，他们担心这样做会激发未参战的阿拉伯人倒向敌人阵营，从而使伊休夫的战局恶化。伊休夫的目标是"足以镇压当地骚乱，但是保持克制，不至于把那些现阶段未参战的巴勒斯坦阿拉伯人卷入战争"。本 – 古里安反对无差别地杀害平民，提倡通过摧毁财产来威慑阿拉伯人。伊斯雷尔·加利利说犹太军是一支有道德的军队，绝不能忽视道德价值："组建哈加纳不是为了侵略，哈加纳也不希望掠夺奴隶，哈加纳珍视生命，只希望打击那些有罪之人，不想点燃大火，而是希望扑灭火灾。"哈加纳某旅的一份备忘录对这项政策及其原因进行了总结："我们必须尽量避免杀害普通平民……尽最大努力只打击犯罪分子、武器携带者和实施攻击者……我们不希望扩大动乱，不希望把阿拉伯民众都团结在穆夫提及其团伙周围。任何无差别地屠杀阿拉伯平民的行为都会导致阿拉伯民众团结在煽动者周围。"② 哈加纳担心过度暴力会引发国际社会对犹太人做出不利反应，尤其是英国的干涉，这也是哈加纳保持克制的原因。

---

① *Birth Revisited*，p. 70.

② Ibid.，p. 71；Tal，*War in Palestine*，p. 57；Morris，*Birth Revisited*，pp. 71，76.

然而，到了 12 月第 2 周，犹太人伤亡人数激增，所有人都意识到这不是又一次小规模反犹冲突，而是一场真正的战争。哈加纳的战略开始变得越来越富有侵略性，但是仍然对阿拉伯平民保持一定程度的克制。例如，从哈加纳当地部队接到的命令来看，在打击阿拉伯车辆过程中造成平民伤亡已经越来越被认可。犹太军不仅对民兵部队进行报复式打击，

193 而且对民兵部队藏匿的村庄进行打击；不仅杀害战斗人员，也杀害非武装人员和炸毁家园。戴维·塔尔（David Tal）说，1948 年初局势进一步恶化后，犹太军变得越来越残暴，而且"哈加纳在报复式打击中无差别地攻击所有在场人员，之前一直严格遵守的作战和道德制约完全被抛弃"。① 伊休夫军事领导人彻底理解了他们所面临的威胁，犹太军损失增加，局势变得越来越严峻，哈加纳也变得越来越暴力。

1948 年 3 月的军事危机

战争持续 4 个月后，哈加纳的防御战略失败了。尽管人数比阿拉伯解放军和当地阿拉伯民兵多，但是哈加纳受到严重掣肘，因为犹太人定居区域比较分散。虽然 1948 年犹太人占巴勒斯坦总人口的 1/3，但是犹太人并没有集中居住在一个地区。犹太人占多数的唯一相连地带就是从特拉维夫到海法的沿海平原地带。犹太人占多数的定居区被阿拉伯人占绝对多数的区域分割开来，如耶路撒冷、雅法、海法和太巴列。而且，在这些区域中，只有雅法犹太人才占绝对多数；大多数主要乡镇和城市（特拉维夫除外）是犹太人和阿拉伯人紧挨着居住，而且大多数情况下是阿拉伯人占多数。②

---

① Tal, *War in Palestine*, p. 61。2 月 14～15 日在萨萨屠杀 60～80 名阿拉伯人表明，哈加纳攻击性越来越强。到 1 月底，共有 1500 名巴勒斯坦人被杀害。Pappe, *Ethnic Cleansing of Palestine*, pp. 77－78，72。

② 见最早出现在英美调查委员会公布的 *A Survey of Palestine*（1946）中的人口分布图，Khalidi, *All That Remains* 进行了复制。

所以，关键战斗都是围绕连接这些区域的道路展开，几乎各条道路都要穿过敌视地区或靠近阿拉伯村庄。阿拉伯人不与哈加纳进行正面冲突，而是封锁道路并攻击犹太车队，1948 年 3 月前这种战术使他们占据上风。例如，3 月最后一周，阿拉伯军伏击并清除了犹太人 3 支大型车队，杀死了 100 名哈加纳战士，哈加纳的装甲车大多数被摧毁。英军即将撤离，周边阿拉伯国家可能发动进攻，"车队"危机使犹太高层领导觉得"伊休夫面临生死存亡；阿拉伯国家入侵将给犹太人致命一击"。[①]

1948 年 3 月，这种危机感和迫在眉睫的威胁导致犹太人从以报复为主、防止冲突升级和减少对平民的影响的防御战略迅速转变为进攻战略，进攻战略明确指出要把阿拉伯人赶出犹太国家。犹太军需要清除犹太人区域内的阿拉伯人，把介于犹太人区域之间的阿拉伯飞地清除干净，从而把这些区域连成一片。[②]

这项新政策在 D 计划中有明确阐述。D 计划的简介部分对其目 194 标进行了描述："本计划的目标是取得希伯来国家区域的控制权，守卫其边界；取得位于（希伯来国家）边界之外的犹太人定居点和集中居住区域的控制权，防止正规军、半正规军和小股部队从希伯来国家内部或外部发动进攻。"[③] D 计划还要求"对我们防御系统内部或防御系统附近的敌国人口聚居区发动进攻，阻止敌方军队利用这些聚居区作为进攻基地"。进攻分为两种形式："摧毁村庄（放火、轰炸、在废墟中埋地雷），尤其是难以连续控制的人口聚居区"和"根据以下方针进行彻底搜查和控制行动：包围村庄并进行搜查。如果遇到抵

---

① Morris, *Birth Revisited*, p. 163。有人认为伊休夫不存在灭绝的危险，认为本－古里安对胜利充满信心，对于这种相反的观点，见 Pappe, *Ethnic Cleansing of Palestine*, pp. 80－85，46－47。

② Safran, *Israel*, p. 46；Chaim D. Kaufmann, "When All Else Fails: Ethnic Population Transfers and Partitions in the Twentieth Century," *International Security* 23, no. 2（fall 1998）: 144－146.

③ "Text of Plan Dalet（Plan D）, 10 March 1948: General Section," in *Journal of Palestine Studies* 18, no. 1（autumn 1988）: 24.

抗，必须把武装部队消灭，把平民驱逐出国家边界……如果没有遇到抵抗，守备部队进入村庄，占据有利地点实施全面战术控制"。[1]

很显然，1948 年 3 月伊休夫面临的安全形势促使了这项新计划的出台。莫里斯说：

> 要想打败入侵的阿拉伯军，首先要打败民兵和外国非正规军。要想打赢道路争夺战，哈加纳必须清除村庄和城镇：清除意味着村民投降或赶走村民和破坏村庄。这项计划的核心是把敌对力量赶出犹太国家的腹地，把主要犹太人聚居区的土地连接成片，在阿拉伯人入侵之前确保未来国家的边界安全。[2]

鉴于"哈加纳认为几乎所有村庄都积极从事敌对活动或未来可能从事敌对活动"，所以 D 计划要求大规模驱逐犹太国家境内或边界附近的阿拉伯人。必须把村庄摧毁，而不能只是撤离村民，因为如果房屋还在，阿拉伯村民就可能回来并构成新的威胁。[3]

D 计划的实施

既成事实和文献记录表明，哈加纳和犹太民兵从 4 月初开始强制驱逐阿拉伯人和摧毁村庄，为了制造恐慌，吓跑阿拉伯平民，他们直

---

[1] "Text of Plan Dalet (Plan D), 10 March 1948: General Section," in *Journal of Palestine Studies* 18, no. 1 (autumn 1988): 29.

[2] Morris, *Birth Revisited*, pp. 163 – 164.

[3] 虽然莫里斯认为"D 计划不是驱逐巴勒斯坦阿拉伯人的政治蓝图"，但是这个结论与他的其他说法相矛盾，例如"鉴于战争的本质和人口混居情况，在实践中要想确保犹太国的腹地和边界安全意味着要摧毁民兵武装和非正规军藏匿的村庄并把村民赶走"。见同上书，p. 164。有些学者把 D 计划解释为把联合国分治计划划分给犹太人的土地上的多余人口清除的总计划。见 Norman G. Finkelstein, *Image and Reality of the Israel-Palestine Conflict* (London: Verso, 2001), p. 64; Shlaim, *Iron Wall*, p. 31。还有学者认为 D 计划"不是巴勒斯坦人大规模加速逃离的主要原因"，他们强调德尔亚辛屠杀这类未经批准的屠杀所引发的担忧和巴勒斯坦阿拉伯社会的普遍脆弱性。见 Gelber, *Palestine 1948*, pp. 98, 99 – 116。

接屠杀村民和进行无差别轰炸。莫里斯写道：

4月4~9日，耶路撒冷形势严峻，米什马尔哈尔默克 195
（Mishmar Ha'emek）基布兹（基布兹是以色列的一种集体社区）
又遭到阿拉伯解放军进攻，而且定居点和当地指挥官不断施加压
力，在此情况下，本-古里安和哈加纳总参谋部决定按照 D 计
划的总方针，清除并摧毁关键轴线沿线的村庄……清除横跨在关
键线路上或附近以及边界周边的阿拉伯居民区的政策启动了。哈
加纳总参谋部命令有关部队在必要情况下驱逐特拉维夫至海法轴
线、杰宁至海法公路（米什马尔哈尔默克基布兹附近）和耶路
撒冷至特拉维夫公路沿线的阿拉伯居民区。

在4~6月这段关键时期内，"遭到攻击的居民区大多数都撤离
了，如果没有及时撤离，居民往往被驱逐。已经逃离的阿拉伯人禁止
返回家园"。各旅指挥官接到了具体命令：每个旅都"收到了一张村
庄和居民区名单，这些村庄和居民区必须占领、摧毁，居民必须驱
逐，名单上还载明了完成时限"。①

传统攻击手段少不了对阿拉伯城镇和村民进行无差别炮击，目的
是恐吓居民，使其投降或逃离。例如，4月21日和22日，哈加纳使
用迫击炮炮击集市广场，最终导致坚守海法的阿拉伯人逃离。在雅
法，伊尔贡组织连续三天用迫击炮进行炮击，投下了20吨炮击炮弹，
（按照伊尔贡组织作战负责人的说法）炮击"是为了阻止城中的军事
交通，打垮敌军的斗志，在平民中制造混乱，从而让平民大规模逃离
雅法"。在进攻太巴列、萨法德、贝珊以及多个村庄时，犹太军使用

---

① Morris, *Birth Revisited*, pp. 166 - 167, 171; Pappe, *Ethnic Cleansing of Palestine*, p. 82.

迫击炮进行无差别炮击也引发了大恐慌。①

1948 年 4 月和 5 月，随着 D 计划的展开，驱逐阿拉伯人和摧毁其家园的命令越来越普遍。4 月初进攻米什马尔哈尔默克基布兹（位于海法和杰宁之间，已被围困）时，本－古里安才首次下令驱逐所有村民，但是这段时期的作战命令中经常可以看出清除阿拉伯人的意思。例如，在特拉维夫和耶路撒冷公路沿线的"拿顺行动"中，哈加纳参战部队接到了要求他们"清除"、"消灭"和"摧毁"村庄的命令。"闪电行动"的目标是"制造民众大恐慌和打垮民众斗气……使敌人没有后盾。其目的是迫使阿拉伯居民'离开'"。吉瓦提步兵旅进攻萨奎亚村和加比亚村，作战命令要求"把敌人赶出村庄……把前线清除干净……为了占领村庄，把村民全部赶走（妇女和儿童也必须驱逐），把部分人关入监狱……把村民房屋烧毁，能烧多少烧多少"。5 月中旬哈加纳进攻并占领贝珊镇，但是仍然有大约 1000 名阿拉伯村民不愿离开，哈加纳军官们认为这些阿拉伯村民离前线太近了，构成了安全威胁，所以向上级请示驱逐他们并且获得了批准："当他们觉得战局有利于阿拉伯联军时，这些阿拉伯村民可能会在后方起义，（所以数日之内）下达了把居民赶走的命令。"5 月底，用戴维·伊扎尔（David Yizhar）的话说："贝特谢安河谷有史以来第一次变成了纯粹的犹太人河谷。"② 戴维·伊扎尔曾与他人合作，为参加 1948 年巴勒斯坦战争的戈兰尼旅写传记。

随着哈加纳继续执行 D 计划，"让不抵抗的村庄保持原样的规定逐渐被摧毁战略要地范围内或关键路线沿线的村庄的决定所取代，而不论村庄是否进行抵抗"，因为如果村庄不摧毁，很快就会落入敌人手中。③ 莫里斯写道：

196

---

① Morris, *Birth Revisited*, pp. 190, 200, 213, 183, 222－224, 227, 249－251, 256, 259.

② Ibid., pp. 235, 256, 257, 227, 228.

③ Ibid., p. 236.

　　如果，在战争开始时，伊休夫同意建立一个拥有大量热爱和平的阿拉伯人的犹太国家，到了 4 月份哈加纳的想法发生了巨大改变：在争夺道路战斗中犹太人伤亡惨重，阿拉伯国家入侵造成的严峻形势使伊休夫的生存空间变得异常狭小。伊休夫不可能让大批积极进行敌对活动或可能进行敌对活动的阿拉伯人留在后方……伊休夫很清楚，这是一场生死之战。必须脱下手套了，手套其实早就脱下了。①

　　为了使阿拉伯人更快地撤离，犹太军不仅使用迫击炮对平民区进行无差别炮击，而且在执行 D 计划过程中实施了暴行和屠杀。5 月中旬进攻位于拉姆拉东南的阿布苏萨村时，吉瓦提步兵旅杀害了 30～70 名村民。在为最后进攻萨法德做准备时，帕尔马契（Palmah）于 5 月 1 日占领了齐屯村，一两天后处决了数十名村民。5 月中旬占领雅法后，伊尔贡组织或哈加纳处决了 15 名阿拉伯人。②

　　在 D 计划的支持下，最著名的屠杀发生在阿拉伯村庄德尔亚辛村，村庄位于卡斯托尔东部，就在特拉维夫至耶路撒冷公路南边，村里有 750 位村民。现有证据表明进攻德尔亚辛村是为了驱逐村里的阿拉伯村民，但是，进攻遇到了意想不到的抵抗，进攻部队伤亡人数不断增加，结果进攻行动演变成了屠杀。一位研究这起屠杀事件的历史学家说："虽然屠杀平民不是进攻德尔亚辛的主要目的或最初目的，但是这些暴行并非完全由'战斗异常激烈'所致。犹太军原来就讨论过屠杀问题，屠杀发生后也没有制止，后来则变成了有组织地故意屠杀、不受惩罚的残暴行动。"③ 进攻行动得到了哈加纳的批准和配 197

---

① Morris, *Birth Revisited*, p. 236.
② Ibid., pp. 257, 222, 289, 220.
③ Matthew Hogan, "The 1948 Massacre at Deir Yassin Revisited," *The Historian* 63, no. 2（winter 2001）：330－331.

合，但是不论是犹太主流部队还是犹太代办处都没有命令民兵杀害村民。犹太代办处发表声明否认屠杀，但是没有人因为胡作非为被拘留或起诉，而且哈加纳从中受益，因为德尔亚辛村事件让阿拉伯人感到害怕。事实上，以色列情报部门认为这起屠杀是推动阿拉伯人加速逃离的"决定性因素"。[1] 在历史学家阿维·施莱姆看来，"德尔亚辛事件在打垮平民斗志和推动阿拉伯人大规模逃离巴勒斯坦方面的作用比任何其他事件都要大"。[2]

D 计划有序推进：阿拉伯人逃离海法

海法战役足以让我们看清 D 计划下犹太军作战行动的本质及其对阿拉伯人的影响。4 月 21 日哈加纳开始进攻海法，这次进攻不论是在精神上还是在具体实施过程上都与其他行动相似。战斗开始时，驻当地英军指挥官休·斯托克韦尔（Hugh Stockwell）少将担心阿拉伯军和犹太军在海法发生激烈战斗，所以他把英军撤离了两军之间的地区。注意到英军撤离后，卡梅尔旅决定发起"逾越节清洗行动"，目标是"击溃敌军"。[3] 这次行为可能是以暴力驱逐阿拉伯人，这点从部队接到的命令可以看出："杀掉你们见到的阿拉伯人；把所有能烧着的东西都烧掉，用炸药把门炸开。"[4]

犹太政治领导人没有下令对海法进行清洗，但是他们赞成阿拉伯人逃离的做法，并且事后对此进行了批准。例如，犹太民族基金会主席优素福·魏茨（Yosef Weitz）就是迁移阿拉伯人方案的热情支持

---

[1] 引自 Morris, *Birth Revisited*, p. 240。
[2] Shlaim, *Collusion Across the Jordan*, p. 164.
[3] Morris, *Birth Revisited*, p. 189。虽然阿拉伯军在人数上占优势，但是他们在训练、装备和组织上都很差。战斗首日阿拉伯军多位高级军官阵亡，例如镇长艾哈迈德·贝·哈利勒和海法驻军指挥官阿明·贝·阿扎丁，阿拉伯军的士气（还有阿拉伯民众的士气）受到挫伤。
[4] 引自 Pappe, *Ethnic Cleansing of Palestine*, p. 95。到 1948 年 4 月，海法 7 万阿拉伯居民中有 1.5 万~2 万人逃离。

者，他在哈加纳进攻海法时视察了海法。魏茨在日记中写道："我认
为（阿拉伯人想逃离）这种心态应该加以利用，（我们应该）敦促其
他居民不要投降（而是离开）。"很显然魏茨的观点得到了卡梅尔旅
司令部的大力支持："我很高兴从他（卡梅尔的副官）口中听到哈加
纳司令部采取了这种做法，那就是吓唬阿拉伯人，让他们害怕，从而
想逃离。"① 本 – 古里安声称阿拉伯人逃离海法让他感到困惑，5 月 1
日视察海法时，他说阿拉伯人逃离海法是"一道美丽的风景线"。当
看到一名军官正在劝说阿拉伯人留下时，他说道："难道他就没有其
他更重要的事情要做了吗？"②

　　在进攻海法时，为了造成民众恐慌进而逃离海法，卡梅尔旅使用
大量火力，尤其是无差别使用迫击炮。卡梅尔旅第 22 营命令所属部
队"'把遇到的阿拉伯人（成年男性）都杀掉'，使用燃烧弹'把能
烧着的东西都烧掉'"。③ 4 月 21～22 日夜，阿拉伯平民逃离了海法东
部地区，迫击炮和步兵把海法中心城区的居民赶到了港口，这是英军
仍然控制的为数不多的几个区域之一。犹太军迫击炮再次向徘徊的人
群开火，希望击垮平民斗志。据哈加纳官方记录记载，"发生了大恐
慌。人群涌向港口，推开警察，挤上船，然后逃离海法"。④ 莫里斯
认为哈加纳指挥官并不希望看到轰炸造成阿拉伯人大规模逃离，但是
他也承认轰炸确实造成了这种效果："很显然，进攻尤其是炮击造成
了民众逃离。"⑤ 对于犹太人的意图，其他人的解读则没有那么宽容：
"卡梅尔旅指挥官摩西·卡梅尔担心很多阿拉伯人仍然会坚持留下
来。所以，摩西·卡梅尔（Moshe Carmel）下令使用 3 英寸迫击炮炮

198

---

① 引自 Morris, *Birth Revisited*, p. 207。
② 引自 Finkelstein, *Image and Reality*, p. 66。关于本 – 古里安对海法居民逃离感到困惑，见
　　同上，p. 191，n. 31。
③ Morris, *Birth Revisited*, pp. 191 – 192.
④ Ibid., p. 200.
⑤ Ibid., p. 200.

击集市广场上的阿拉伯人群。人群冲向港口，把门口值勤的警察推开，挤上船，然后逃离了这个城市。虽然阿拉伯人没有进行抵抗，但是炮击仍然持续了一整天。"① 据目睹了现场的英军官兵说：

> 那天早上，犹太人继续开枪射击瓦迪尼斯纳斯和旧城的阿拉伯人。阿拉伯妇女和儿童试图走出港口东门……进入码头，犹太人使用机枪、迫击炮和狙击枪进行无差别射击。港口东门挤满了阿拉伯妇女、儿童和老人，他们情绪激动，惊恐万分，犹太人无情地朝他们开枪。②

德尔亚辛屠杀事件过去还不到两周，在这种情况下，大批阿拉伯人逃离海法完全在意料之中。仅在哈加纳进攻海法的前两天，就有1.5万名阿拉伯人逃离了海法。

为什么哈加纳如此迫切地希望阿拉伯人逃离海法？答案要从北方战场局势中找。伊休夫预测阿拉伯国家会入侵，而且阿拉伯解放军已经逼近。占领海法后，如何抵御阿拉伯军的进攻就成为当务之急。从这方面来说，如果阿拉伯人留在海法就会成为一个难题，如果海法全都是犹太人，这个问题就不复存在了："卡梅尔手下的指挥官们清醒地意识到阿拉伯人逃离海法能够解决他们的主要难题——如何利用有限的兵力抵御阿拉伯军从城外向海法发动进攻，而同时又要在城内部署大批军队防止大批阿拉伯人反叛或进攻。"正如莫里斯所说："这样做具有军事和政治意义：如果海法没有阿拉伯人，保卫起来就要容易得多，问题也要少得多。"③

───────────────

① 以色列军事历史学家尤里·米尔斯坦，引自 Finkelstein, *Image and Reality*, p. 67。这个解释得到了卡梅尔旅作战日志的支持，见 Pappe, *Ethnic Cleansing of Palestine*, p. 96。

② 引自 Morris, *Birth Revisited*, p. 191。

③ Ibid. , pp. 202, 207.

在海法，大多数记录是关于海法的阿拉伯头面人物和当地犹太人与哈加纳司令部在英国主持下进行的谈判。记录显示，4 月 22 日晚海法的犹太领导人（以及英军军官）得知阿拉伯人想要逃离海法时确实震惊了，犹太镇长沙卜泰·利维（Shabtai Levy）请求阿拉伯人留下来。然而，震惊很快就消退了，因为海法的犹太领导人意识到了阿拉伯人逃离所带来的好处：

> 刚开始当地犹太领导人确实是希望阿拉伯人留下来……然而，当他们开始思考阿拉伯人逃离所带来的历史性机遇时——把海法永远变成一个犹太城市，部分领导人的态度发生了急剧改变。一个月之后，一位犹太观察员说："风向开始转变了。没有阿拉伯人也很好，这样更容易了。一周之内一切都改变了。"

不管怎么说，海法的平民精英没有能力影响局势的发展："4 月 21～22 日的进攻后，阿拉伯居民区落入哈加纳手中，市政领导人被晾在一边，在事关如何对待阿拉伯人的问题上他们无法发挥任何作用，这种状况几乎持续了整整 14 天。"[①]

1948年下半年发生的屠杀和驱逐

执行 D 计划成功地清除了联合国巴勒斯坦问题特别委员会划分给犹太国家的大部分土地，但是 5 月 14 日以色列宣布独立后埃及、外约旦、叙利亚、伊拉克和伊朗向以色列发动了进攻。战争第一阶段，阿拉伯军在各条战线顺利推进，犹太人的生命安全受到威胁。在

---

① Morris, *Birth Revisited*, pp. 202 - 203.

接下来的三个阶段里，以色列国防军采取了进攻策略，赶走了阿拉伯入侵者，并且占领了联合国巴勒斯坦问题特别委员会划分给阿拉伯人的大片土地。就像 4 月和 5 月一样，这些军事行动的最突出特点还是摧毁阿拉伯村庄和驱逐阿拉伯居民。事实上，随着战事发展，以色列国防军对待阿拉伯平民越来越残暴。10 月份，以色列国防军在加利利进行了一系列屠杀。

本节将分析以色列国防军的两次特别行动，一次是巴勒斯坦中部的丹尼行动，另一次是巴勒斯坦北部的希拉姆行动。证据显示，以色列的政治和军事领导人都支持驱逐阿拉伯非战斗人员的政策；证据还显示，以色列国防军进行无差别空中轰炸和炮击以及直接屠杀是造成阿拉伯人逃离的最主要原因。

吕大和拉姆拉

1948 年 7 月，这场国家间战争进入第二阶段（即所谓的"十日"），为了保障特拉维夫至耶路撒冷公路安全，解救耶路撒冷，以色列国防军发动了丹尼行动。这次行动需要占领吕大和拉姆拉以及从拉特伦北部到拉姆安拉的区域。吕大和拉姆拉距离特拉维夫只有 10 英里，此时被外约旦阿拉伯军团占领。吕大和拉姆拉位于联合国分治计划划分给阿拉伯国家的领土范围内，而且有阿拉伯军团驻守，所以当地居民认为比较安全，但是实际上以色列国防军参战人数远远超过驻守在这两个城镇的阿拉伯军团。[①]

这一次，从进攻前的证据仍然看不出以色列国防军对吕大和拉姆拉的平民有什么意图。虽然 7 月初其他行动的命令明确要求清除居民，但是，不论是丹尼行动的计划，还是之前的计划都没有关于如何

---

① 以色列国防军共有 4 个旅参加了丹尼行动，而阿拉伯军只有一个连驻守在吕大/拉姆拉，另外一个连驻守在北边的拜特纳巴拉。

处置这 5 万～7 万阿拉伯居民的命令。① 但是莫里斯也说，在行动开始前，负责指挥的军官们"强烈希望看到这两个镇的居民逃离"，他还说从 7 月 9～10 日夜间进攻开始，"进攻吕大和拉姆拉就是为了引起民众恐慌，使民众逃离——作为打败敌军的一种手段"。② 7 月 10 日，丹尼行动指挥部给参加战斗的一个旅发了一份电报，这份电报进一步支持了上述观点："要为拉姆拉的妇女、老人和儿童逃离提供便利。达到服兵役年龄的男性必须关押。"③ 据说，本－古里安本人脑子里想的全是吕大和拉姆拉对耶路撒冷和特拉维夫构成的威胁。④

从进攻方式来看，以色列国防军高级将领试图把吕大和拉姆拉的居民赶走。为了吓跑居民，以色列国防军首先进行了空中轰炸，用的是以色列国防军的新式武器。7 月 10 日，丹尼行动指挥部向以色列国防军总参谋部报告称："大批平民正在逃离拉姆拉"，"继续轰炸很有必要"。⑤ 鉴于轰炸对阿拉伯人（特别是在拉姆拉的居民）的影响，丹尼行动指挥部再三给以色列国防军总参谋部发电报，请求继续轰炸——包括使用燃烧弹进行轰炸。⑥ 7 月 11 日，在摩西·达扬（Móshe Dayan）的指挥下，伊夫塔旅第 89 营使用迫击炮对吕大发动了进攻，"用机关枪扫射一切移动的物体"，这次行动共造成 200 多名阿拉伯人伤亡，其中许多人是非战斗人员。⑦

---

① Benny Morris，"Operation Dani and the Palestinian Exodus from Lydda and Ramle in 1948," *Middle East Journal* 40，no. 1（winter 1986）：84；Pappe，*Ethnic Cleansing of Palestine*，p. 158. 以色列国防军指挥官们可能想当然地认为民众会逃离，就像犹太军之前进攻的其他阿拉伯村庄或混居村庄那样。Morris，"Operation Dani," p. 85.

② Morris，"Operation Dani," p. 86；Morris，*Birth Revisited*，p. 425.

③ 引自 Morris，*Birth Revisited*，p. 425。

④ 同上书，pp. 424 – 425。

⑤ 引自同上书，p. 425。

⑥ 同上书，p. 426。

⑦ 同上书，p. 426。

201   7月11日夜，阿拉伯军团驻守拉姆拉的一个连撤出后，拉姆拉的居民同意投降。投降文件保证了居民的安全，文件规定除了达到服兵役年龄的男性之外，其余人都可以自由离开。另外，在吕大，阿拉伯军团所属部队和阿拉伯非正规军躲藏在警察站，但是以色列国防军进城之后没有遇到任何抵抗（虽然没有投降，但也没有进行停火谈判）。然而，12日早晨，几辆阿拉伯军团的装甲车驶入吕大，双方发生交火，一些携带武器的居民参加了战斗，他们可能是以为阿拉伯军团开始反攻了。以色列国防军所属部队只有三四百人，为了压制狙击手，上级命令他们"向'任何明确目标'或'大街上看见的，'"任何人开火。莫里斯描述了接下来发生的事：

> 有些居民因为宵禁待在家里无法出门，听到外面枪声后很害怕，可能以为以色列国防军正在屠杀村民。他们跑上街头，结果被以军击毙。一些战士也开了枪，并向有可能藏匿狙击手的房屋里投掷手榴弹。达海马什清真寺位于镇中心，数十名未携带武器的居民被围困其中，混乱之中，他们都被击毙了。很显然，他们当中的部分人试图冲出去，想逃跑，或许是害怕遭到屠杀。以色列国防军向清真寺里投掷了手榴弹，显然还发射了步兵反坦克火箭弹。①

这次屠杀造成250~400人死亡，许多人在遭到驱逐后死去。② 两名以色列国防军士兵死亡。

如果之前没有制定驱逐政策——从以色列国防军指挥官们在战斗之前的态度和他们在战斗过程中所选择的进攻方式来看，可能存在驱逐政策——吕大的战斗改变了这一点。这场短暂的战斗凸显了在前线

---

① Morris, *Birth Revisited*, pp. 427, 428.

② Finkelstein, *Image and Reality*, p. 55.

后方保留大量阿拉伯人是个巨大危险：

（吕大的狙击手）突如其来的开火凸显了外约旦军队实施反攻和以色列防线后方大量阿拉伯人起义的威胁，当时伊加尔·阿隆的三个旅正忙着向第二阶段目标拉特伦和拉姆安拉高地推进。这个难题迫在眉睫。从长远来看，吕大和拉姆拉的大量阿拉伯人始终会对犹太国家的心脏地带构成威胁，对特拉维夫和特拉维夫至耶路撒冷的交通要道构成威胁，正如本－古里安 6 周之前说的那样。[①]

就连一些反对驱逐阿拉伯人政策的以色列精英，例如伊扎克·本－阿哈隆（Yitzhak Ben－Aharon）（统一工人党某个分支的领袖）也认为有必要驱逐吕大和拉姆拉的居民，因为觉得他们始终会构成威胁："如果有大量阿拉伯人存在……阿拉伯人攻击犹太人这个问题就永远存在。拉姆拉和吕大的问题就得不到解决，因为战争（即阿拉伯人从这两个镇发起攻击）随时可能爆发。"[②] 制造难民流也有利于军事目的，逃难的阿拉伯平民会阻碍阿拉伯军团的反攻。

吕大和拉姆拉居民的命运由本－古里安决定了。当吕大有狙击手的消息传到丹尼行动指挥部时，伊加尔·阿隆（Yigal Allon）请示如何对付这些阿拉伯人。据说，本－古里安"用力地甩了一下手，满脸不屑地说：驱逐他们"。[③] 紧接着，丹尼行动作战部长伊扎克·拉宾（Yitzhak Rabin）签发了命令，命令从指挥部传达到了伊夫塔旅，

---

① Morris, "Operation Dani," p. 90.
② Ibid. , p. 90.
③ Morris, *Birth Revisited*, p. 429。盖尔伯对此不认同，他强调以色列国防军对巴勒斯坦平民是惩罚性态度。Gelber, *Palestine* 1948, pp. 162－163.

要求以军立即驱逐吕大的居民。① 7 月 12 ~ 13 日，阿拉伯人从这两个镇大规模逃离，以色列国防军根本没有要辩护说阿拉伯人是自愿撤离，因为以色列国防军在通信中提到了"驱逐所有居民"和"赶走/疏散居民"。② 在逃难的路上，阿拉伯人忍受着炎热，又饥又渴，死亡的人不计其数。

希拉姆行动

"十日"后大多数战斗针对埃及人，都发生在南部。③ 有一场战争例外，那就是"希拉姆行动"，其目的是消灭位于加利利中北部的阿拉伯解放军。犹太人占领的西部沿海地区与东部的加利利海北部和南部地区无法连成片。进攻于 10 月最后 4 天打响，犹太军击溃了阿拉伯解放军，占领了巴勒斯坦北部其余地区，打到了黎巴嫩利塔尼河。这里生活着 5 万 ~ 6 万人，至少有一半逃往了黎巴嫩。

近期公开的哈加纳和以色列国防军文件显示，事实上"北方阵线发布了一项把占领区内的阿拉伯人清除的重要指令"，这项指令由摩西·卡梅尔将军于 10 月 31 日上午签发。④ 指令指出："根据已经发布的命令，在你们职责范围内利用一切力量立即迅速地清除占领区内的所有敌对人员。应协助占领区内的居民离开。"⑤ 卡梅尔与本－古里安在拿撒勒举行了会谈，会谈期间或会谈结束后不久他就签发了这项指令，这表明以色列总理支持甚至起草了这份驱逐命令。十天之后卡梅尔重申了这项命令，他补充说深入黎巴嫩边界 5 公里的防疫隔

---

① Morris, *Birth Revisited*, p. 429。关于如何处置拉姆拉村民，吉尔亚提旅也收到了类似命令。
② Morris, "Operation Dani," p. 96.
③ 10 月 28 或 29 日达瓦伊马发生了大屠杀。见 Morris, *Birth Revisited*, pp. 469 – 471，"Another Deir Yassin?" *Journal of Palestine Studies* 14, no. 2 (winter 1985): 207 – 212。见 Pappe, *Ethnic Cleansing of Palestine*, pp. 195 – 197。
④ Morris, "Revisiting the Palestinian Exodus of 1948," p. 51.
⑤ 引自 Morris, *Birth Revisited*, p. 464；见 Morris, "Revisiting the Palestinian Exodus of 1948," p. 52。

离地带也要清除。莫里斯说："毫无疑问，在这种情况下，卡梅尔旅和区域指挥官把卡梅尔 10 月 31 日签发的第一项命令（可能还有 11 月 10 日的后续命令）理解为驱逐阿拉伯人的总指令。"[1]

与两周前内盖夫的约阿夫行动一样，以色列国防军首先使用 B - 17 轰炸机和 C - 47 运输机对多个村庄进行空中轰炸，从而拉开了希拉姆行动的序幕。[2] 以色列国防军一般认为基督徒的村庄比穆斯林的村庄威胁小。而且，穆斯林定居点通常会反抗，而基督徒、德鲁兹人、切尔克斯人往往选择投降，避免与阿拉伯解放军勾连。所以，穆斯林常常在激怒以色列国防军部队后逃离或被驱逐，而非穆斯林则基本上不会受到打扰。[3]

在希拉姆行动中，以军接连在萨利赫、萨夫萨夫、吉什、胡勒、萨萨、马沃斯、库鲁姆、德尔阿萨德和伊拉班制造屠杀。"这些暴行，"莫里斯写道，"绝大多数是针对穆斯林，毫无疑问导致了以色列国防军行军路线沿途的居民逃离。"[4] 这些暴行还引发了多起针对以色列国防军屠杀阿拉伯平民行为的调查。然而，本 - 古里安在希拉姆行动后视察加利利时看到阿拉伯人都跑光了很高兴，于是想方设法阻挠调查，后来还窃取了调查的主导权，结果不出所料，没有人受到起诉。以色列国防军接到了关于如何处置阿拉伯平民的新命令，但是这时战争已经基本上结束，这些命令几乎没有发挥实际作用。

希拉姆行动后，阿拉伯人并没有全部逃离，这并不能证明驱逐政策不存在，反而证明了以军在进攻后期执行了驱逐政策，只是执行得

203

---

① Morris, "Revisiting the Palestinian Exodus of 1948," p. 52.

② Tal, *War in Palestine*, pp. 423 - 424.

③ 有一个例外情况，那就是马龙派村庄艾拉班，村庄投降后戈兰旅还杀了 12～15 人。见 Morris, *Birth Revisited*, pp. 479 - 480。

④ 同上书，p. 482。关于这些屠杀，见同上书，pp. 477 - 481，500 - 501; Ari Shavit, "Survival of the Fittest (An Interview with Historian Benny Morris)," *Haaretz*, Magazine Section, January 9, 2004。

不彻底。而且，出于种种原因，加利利中部许多村民不愿意离开家园。以色列国防军进军速度快、阿拉伯解放军禁止村民逃离和黎巴嫩拒绝难民入境都起到了一定作用；这时候许多阿拉伯人可能已经意识到逃离就意味着永远流亡在外。[①] 关于这次行动，以色列国防军一份秘密报告总结道："尽管我军试图把他们赶走，常常采用非法和暴力手段，但是加利利的阿拉伯人似乎不愿离开。"[②] 这些手段包括屠杀阿拉伯村民。没有证据证明伊休夫的政治领导层向作战部队下达了屠杀命令。但是，莫里斯说："有两点表明至少部分军官把卡梅尔的命令理解为准许他们采取谋杀行动把阿拉伯人吓跑：一是以军采取了屠杀行动，而且屠杀事件比较多；二是施暴者没有受到任何惩罚。"[③]

其他解释

在这节中我将简要分析以色列的政权形式、以色列对巴勒斯坦阿拉伯人身份的看法、以色列军队内部的组织动力学和迫切渴望对1948 年发生的民族清洗行动的影响。

204

政权形式

首先请允许我澄清一下以色列政权形式的分类问题。1948 年 5 月 14 日以色列宣布独立，这时以色列刚刚经历了内战，正在为周边五个阿拉伯国家的入侵做准备。我从以色列宣布建国开始就把以色列划分为民主国家，这是为数不多的几个民主国家发动领土扩张战争的案例之一。政体 4 数据库给 1948 年的色列打了最高的民主得分。然而，迈克尔·多伊尔从 1949 年算起才把以色列划分为自由民主国家，

---

① Tal, *War in Palestine*, pp. 424 – 425；Gelber, *Palestine* 1948, p. 227.

② 引自 Morris, "Revisiting the Palestinian Exodus of 1948," p. 52。

③ 同上，p. 54。

可能是因为这个新成立的国家直到 1949 年 1 月 25 日才举行了首次选举。那么我为什么要把以色列划分为民主国家呢？

观察员们一致认为，虽然已经有其他代议制度（例如国民大会），但是 20 世纪 30 年代在英国委任统治下的犹太代办处已经可以称为"准政府"或"国中之国"。1944 年，一位英国观察员指出，犹太代办处"在某些方面享有独立的犹太政府的权力和地位"。[①] 莫里斯指出，犹太群体不仅拥有自己的军队（哈加纳），而且还拥有"原政府（犹太代办处）、内阁（犹太代办处执委会）、外交部（政治部）、财政部，以及大多数其他政府部委"，包括教育系统、税收机关以及安置新移民、购买和开发土地的各类机构。[②] 犹太代办处理事会（立法机构）经由选举产生，一半由世界犹太复国主义者组织中推选产生，另一半（非犹太主义者）以"一种最适合于当地情况的办法"从众多国家中推选产生。[③] 理事会反过来选举产生执委会，执委会主席行使类似总理的职权。总统更像是一个无实权的职位，就像今天的以色列总统一样。在委任统治后期，这两个职位分别由戴维·本－古里安和哈伊姆·魏茨曼担任。一位以色列历史学家把这种体制称为英国委任统治下的民主自治国家，"政体 4 数据库"则认为，从以色列建国开始就把以色列划分为民主国家是合适的，不必等到 1949 年选举之后。[④]

---

① Howard M. Sachar, *A History of Israel：From the Rise of Zionism to Our Time*, 2d ed. （New York：Alfred A. Knopf, 1996）, p. 191；Ilan Pappe, *A History of Modern Palestine：One Land，Two Peoples*（Cambridge：Cambridge University Press, 2004）, p. 90；General Sir Henry Maitland Wilson, 引自 Sachar, *History of Israel*, p. 246。世界犹太复国主义者组织最初是根据英国委任统治规定召集起来的机构，负责配合英国建立一个犹太民族家园。直到 1929 年这个职能才由犹太代办处接管。

② Morris, *Righteous Victims*, p. 193.

③ Anglo-American Committee of Inquiry, *A Survey of Palestine*, vol. 2（1946）, p. 910。然而，随着时间的推移，巴勒斯坦的犹太复国主义群体逐渐主导了这个理事会和执委会。

④ Ilan Pappé, *The Making of the Arab-Israeli Conflict, 1947－1951*（London：I. B. Tauris, 1992）, p. 48.

从犹太代办处向以色列政府过渡非常顺利平稳，这表明这两种结构非常相似。随着独立日期的临近，由犹太代办处执委会和国民大会组成的多党派委员会任命一个人民委员会，人民委员会由 37 人组成，委员们是"根据各个犹太政党在伊休夫中的政治实力"推选出来的。以色列宣布独立后，人民委员会成为临时政府的立法机构，各个部、署和局则并入新政府各部。"从 1948 年 5 月 14 日到 1949 年 3 月 10 日第一届立宪政府正式就职，临时政府唤起了最广泛的国家忠诚。没有人质疑政府的道德和法律权威。"①

这样就很容易理解为什么政体 4 数据库要把 1948 年的以色列划分为民主国家了。这个立法机构虽然不是直接选举出来的，但是由选举产生的代表任命的，而且广泛代表了伊休夫的各个政党。这届政府拥有基本的议会体系、军队（很快就把其他犹太武装力量置于统辖之下），设立了最高法院，得到了民众高度认可。实际上，本 – 古里安作为临时政府总理享有极大的个人权威，但是这并不足以说明以色列不同于其他民主国家，因为其他民主国家的领导人通常也享有极大权力。

以色列政府的民主本质是否对迫害平民造成了影响？由于统一工人党加入了执政联盟，以色列对阿拉伯平民的政策变得略微温和，这似乎就是民主政治的主要影响。统一工人党是一个社会主义政党，倡导建立一个无阶级社会，建立一个双民族国家，让阿拉伯人享有平等权利。有时候，来自统一工人党的部长们认为以色列政府采取了驱逐政策，所以他们会提出质疑甚至予以反对。例如，1948 年 5 月，以色列警察和少数民族事务部部长贝霍尔·希特里特（Bechor Shitrit）提出应该允许因为战争而无家可归的阿拉伯人返回家园。类似的，希特里特和来自统一工人党的同事们在内阁中反对

---

① Sachar, *History of Israel*, pp. 354, 355.

摧毁阿拉伯人的村庄，反对迁移阿拉伯居民。来自统一工人党的部长们还要求对以色列国防军在希拉姆行动中涉嫌犯下的暴行进行调查。①

总的来说，统一工人党的干预对政策没有产生多大影响；只不过使本－古里安和以色列政府在反阿拉伯行动中变得更加谨慎了。统一工人党出面求情确实挽救了一些村庄，但是绝大多数遭到袭击的村庄被摧毁了，村民也被赶走了。然而，统一工人党的地位因为部分党员的行为和态度受到了削弱。莫里斯指出，虽然一些官员和基布兹社员公开反对摧毁村庄，"但是，绝大多数定居点和官员支持摧毁村庄"。从希拉姆行动中发生的暴行可以看出统一工人党面临的困境："统一工人党面临一个普遍问题：从意识形态上讲，统一工人党要发出反对声音；在实际中，统一工人党又必须谨慎小心，因为来自统一工人党的萨德赫将军和卡梅尔将军就参与其中。"有些事情统一工人党从意识形态上要反对，但是又不得不参与，再加上要对新生国家忠诚，所以统一工人党受到了制约。例如，在 11 月 17 日举行的内阁会议上，农业部长阿哈隆·西斯林（Aharon Cisling）指责希拉姆行动中发生的屠杀行为，"犹太人也像纳粹分子一样屠杀平民，"但是他接着又说，"为了维护国家的良好声誉和形象，以色列对外要坚决否认。"政府和以色列国防军拖延对暴行的调查，唯一结果就是 12 月中旬（这时战争已经基本上结束）政府向以色列国防军下达新命令，要求尊重平民生命。所以，虽然统一工人党在执政联盟中有时候是"花园里的荨麻"，但是统一工人党的反对被本－古里安和劳动党轻易规避掉了，结果就是以色列国防军仍旧驱逐阿拉伯人、摧毁村庄和阻止难民返回家园，基本上没有受到阻碍。②

206

---

① Morris, *Birth Revisited*, pp. 169 – 170, 320, 347 – 356, 486 – 490.

② Ibid. , pp. 356, 487, 488, 320.

身份

犹太领导人认为犹太民族优于阿拉伯民族，如果说这种观念有什么影响的话，那就是其影响与野蛮身份假设的预测正好相反。例如，在阿拉伯起义期间，本－古里安说阿拉伯人试图激怒犹太人，使犹太人降低到阿拉伯人一样的层次，"用鲜血把这个国家染红"。本－古里安认为伊休夫应该采取克制政策："我们不是阿拉伯人，其他人会用不同的标准来衡量我们，这种标准不容许有丝毫偏离……我们的战争手段与阿拉伯人不同，只有我们自己的手段才能保证我们取得胜利。"本－古里安希望驱逐巴勒斯坦阿拉伯人不是因为个人情感，而是出于政治需要，是因为要建立一个稳定的犹太国家，而不是因为他认为阿拉伯人是"野蛮人"。1936 年，他在日记中写道："我从来没有恨过阿拉伯人，他们的胡闹从来没有引起我报复的欲望。但是我乐意看到雅法被摧毁，港口和城市都被摧毁。顺其自然吧，这样最好。"他可能会认为阿拉伯人"野蛮和虚伪"，但是这种情感并不是他制定驱逐阿拉伯人政策的根源。[1]

然而，很显然，巴勒斯坦阿拉伯人的身份影响到了以色列对待他们的态度。犹太人认为巴勒斯坦阿拉伯人是第五纵队，因为他们与周边阿拉伯国家具有相同的阿拉伯身份，而且在 1948 年 5 月这些阿拉伯国家最终入侵了以色列。然而，这个观点不是身份假设所要探讨的观点：其他群体的平民遭到攻击是因为这个群体被视为"野蛮人"。毫无疑问，很多犹太复国主义领导人蔑视巴勒斯坦阿拉伯人，但是数十年来在犹太复国主义领导高层进行讨论时，他们没有发表太多关于支持阿拉伯人受到迫害是因为犹太人把他们视为"野蛮人"这个观点的言论。

---

[1] 本－古里安，引自 Teveth, *Ben-Gurion and the Palestinian Arabs*, pp. 174, 174－175；Morris, *Birth Revisited*, p. 486。

组织决定论

狭隘的组织利益决定论可以略过，因为哈加纳（后来更名为以色列国防军）是初生的以色列国拥有的唯一武装力量。[①] 然而，组织文化决定论确实值得研究，因为战争早期哈加纳领导人遵守了可以视为后来"武器纯洁性"前身的条令。1947 年 12 月～1948 年 3 月，哈加纳总参谋部"试图保持其部队作战行动尽可能'干净'……一次次向哈加纳各部队发布命令，要求避免杀害妇女、儿童和老人。在每次作战的具体命令中，哈加纳几乎总是附加不得伤害非战斗人员的指示"。[②] 至少从这些命令来看，哈加纳在对待平民问题上形成了克制文化，1947 年冲突爆发时哈加纳确实也遵守这些理念。

然而，随着哈加纳报复行动迅速升级，这种文化的重要性开始下降。战争前几个月哈加纳对阿拉伯平民保持克制，其实是为了阻止冲突扩散，这个解释似乎更合理。"如果发生骚乱，"哈加纳总参谋长加利利写道，"我们希望冲突不会随时间推移而升级，也不会扩散到更多地区。从这点来看，最重要的防御措施就是我们在哪里遭到攻击，我们就在哪里进行报复。"[③] 然而，如前文所述，随着阿拉伯人的攻击越来越普遍，犹太人的战局越来越危险，任何克制文化都开始靠边站。D 计划要求摧毁村庄和故意攻击平民，等到 D 计划开始实施时，不论哈加纳拥有什么克制文化，这些文化基本上消失了。犹太武装力量非常乐意执行使用暴力驱逐巴勒斯坦阿拉伯人的全国性政策。

[①] 有人说右翼民兵武装（伊尔贡组织和莱希组织）相互竞争，但是这种说法不正确。第二次停火期间，本－古里安迫使他们服从并收编到以色列国防军。在此之前，这些民兵武装不受犹太代办处或临时政府节制，各为其主，所以相互竞争根本没有意义，因为相互竞争对于组织的影响力或预算没有什么区别。

[②] Morris, *Birth Revisited*, p. 81.

[③] 同上书，p. 71；见 Tal, *War in Palestine*, p. 57。

威慑和渴望

现在我们清楚地看到，除了犹太复国主义希望扩张领土之外，威慑和渴望也对造成 1948 年的结果发挥了关键作用。1947 年 12 月敌对行动爆发时，犹太领导人保持克制，因为他们不希望冲突升级，不希望激起更多阿拉伯人加入战斗。尽管在人数上有优势，但是犹太复国主义者面临的战局很危险，因为巴勒斯坦境内的犹太人定居点比较分散。这种不利局面使得犹太复国主义运动领导人不敢激烈地攻击阿拉伯人，因为他们担心这会招致毁灭性反击。然而，随着时间的推移，当犹太人面临的局势恶化、死亡人数上升时，犹太领导人意识到，要想取得胜利就必须占领阿拉伯土地和驱逐阿拉伯平民。事实上，这两者就是一回事。打赢战争必须对阿拉伯社会发动全面进攻，而不仅仅是对阿拉伯战斗人员进行报复。只有清除伊休夫中的阿拉伯人构成的潜在威胁，巴勒斯坦的犹太人才能获得安宁。就这样，战争爆发之前在巴勒斯坦建立一个没有阿拉伯人的犹太国家的强烈欲望与当时的军事需要促成了驱逐阿拉伯人政策的出台。

208   本章已经证明，当交战双方企图征服和吞并他们视为威胁或怀有敌意的人群居住的土地时会发生迫害平民（以清洗的形式）。在 1947 ～ 1948 年的巴勒斯坦，伊休夫对巴勒斯坦阿拉伯人采取了暴力和驱逐政策，因为犹太领导人认为阿拉伯村民是真实或潜在的"第五纵队"，他们对犹太国家的生存构成了威胁。

有三点需要强调一下。第一点，本－古里安和其他人并不认为巴勒斯坦分治是犹太复国主义理想的实现，这只是最终赎回巴勒斯坦全境并建立一个犹太国家征途上的某个阶段。他们想扩张领土，当军事实力有可能助其实现时，这种欲望就越来越明显。

第二点，犹太领导人并非直到 1948 年才突然想到把阿拉伯人从巴勒斯坦迁移出去（也就是驱逐）。恰恰相反，迁移这个想法从赫茨尔开始就是犹太复国主义的重要组成部分，几乎得到了犹太复国主义者的一致支持。如果说从 1948 年发生的事件中看不出迁移思想的悠久历史，那么这种说法是不准确的，也是违背历史事实的。实际上，阿拉伯村庄构成安全威胁的唯一原因就是"犹太复国主义运动的意识形态前提和政治议程，也就是建立一个排外主义国家"。[①] 建立犹太国家的前提条件是犹太人永远占多数，犹太人所占比例越高越好。[②] 国内怀有敌意的阿拉伯人更加危险。

第三点，1948 年 3 月底，为了应对伊休夫面临的军事困境，尤其是在道路争夺战中遭受了严重损失，犹太人对其军事战略进行了决定性调整。很显然，这些挫折使犹太领导人相信如果继续采取防守策略他们必输无疑。原计划是等英军完全撤离巴勒斯坦后再执行 D 计划，现在提前到了 4 月初，目的是把犹太定居点连成一片，并且征服这些地区内和地区之间的阿拉伯人。这意味着要征服和占领阿拉伯城镇和村庄，如果村庄在敏感交通线沿线，或者村民进行抵抗，则把这些村庄摧毁，并把村民赶走。如果 D 计划不是瓦利德·哈立迪（Walid Khalidi）或伊兰·帕佩（Ilan Pappe）所宣称的驱逐巴勒斯坦阿拉伯人的"总计划"，那么 D 计划肯定设想犹太军队会大规模强制驱逐阿拉伯人，采取屠杀和空中轰炸等恐吓战术为驱逐阿拉伯人提供了便利。

担心阿拉伯"第五纵队"也对战后阻止阿拉伯难民返回家园的决定产生了决定性影响。例如，以色列国防军情报部部长就说："村民返回家园后肯定会在我们后方修建防御工事，如果战事再起，就算 209

---

① Masalha, "Critique of Benny Morris," p. 96。见 Finkelstein, *Image and Reality*, p. 85。

② 事实上，最近默里斯指责本-古里安在 1948 年没有把所有阿拉伯人都驱逐出去。见 Shavit, "Survival of the Fittest."

他们不会积极进行敌对活动，他们至少会构成潜在的第五纵队。"①
以色列领导人非常清楚阿拉伯人撤离带来了历史性机遇：建立一个
（几乎）完全由犹太人组成的犹太国家的机遇就掌握在他们手中。

前面说过，伊休夫认为阿拉伯穆斯林比基督徒和德鲁兹人威胁更
大。以色列国防军很少驱逐德鲁兹人，甚至有一次德鲁兹人进行了抵
抗，以色列国防军也没有驱逐他们。以色列国防军把穆斯林或基督徒
村民赶走，却允许德鲁兹人留下来。② 以色列国防军给予德鲁兹人
（以及一些阿拉伯基督徒）优待，这证明了一点：在战争中，比如
1948 年犹太人和阿拉伯人的战争中，某个群体是否会遭到攻击取决
于攻击者认为这个群体是否构成威胁以及占领这个地区的潜在成本。
种族或民族身份通常就代表着威胁。犹太复国主义者认为他们的主要
威胁来自巴勒斯坦的阿拉伯穆斯林，认为阿拉伯基督徒和德鲁兹人的
威胁较小。因此，并非所有领土扩张的战争都必定伴随着暴力和驱
逐，这取决于侵略者如何看待新归附人群的可靠性。

---

① 引自 Morris, *Birth Revisited*, p. 317。见 Flapan, *Birth of Israel*, p. 105。
② Laila Parsons, "The Druze and the Birth of Israel," in *War for Palestine*, pp. 60 – 78.

第七章
反面案例：没有出现
迫害平民的原因

前面 4 章里，我举出了许多例证来支撑我的观点：迫切渴望打赢 210
战争和挽救本方战士生命与吞并领土的意图会导致迫害平民。这些案
例研究表明，在上述情况上，无论是对于民主国家还是对于非民主国
家，平民都会成为目标。此外，文化背景相同或是迥异的国家都曾对对
方的非战斗人群发起攻击，这也表明一国的野蛮程度并非关键因素。最
后，各种军事组织，无论其有无"惩罚"文化，各个寻求建制独立的军
种，以及那些已经取得独立的武装机构，在面对绝境时表现都是相似的。

上文中的分析重点放在发生了迫害平民的情况上，并试图解释发
生这些情况的原因。然而，研究那些没有发生迫害平民的情况并分析
其原因同样重要。是因为处境不够艰难，抑或是因为无意于征服领土
吗？如果我的理论是正确的，那么在较短时间内、以较小的伤亡为代
价赢得战争便不会造成迫害平民，除非胜利一方试图征服战败一方的
土地，并视当地民众为威胁。

本章对 1991 年海湾战争中的各种反例进行回顾，而后形成案例 211
研究供美国决策使用。该案例的细节反映出布什总统和他的核心军事

顾问们希望在美方伤亡非常有限的情况下快速取得战争胜利。在这次战争中没有针对平民目标，这符合美国的价值观，而且军事行动付出的代价也较小，因此没有让态势升级。

然而，本案例其他方面的因素让人感到担心。首先，尽管本案例在技术上算不上是迫害平民，但是美国打击伊拉克电力系统造成水源污染引发的疾病在事实上导致战后平民死亡。虽然造成这些死亡并非有意的，但是鉴于美国的意图是迫使平民反对萨达姆·侯赛因，所以也不能完全算作附带伤害。此事凸显了给非战斗人员制造麻烦和杀伤他们之间的清晰界限，并告诉我们遵守战争规则并不总会减少平民伤亡的数量。

其次，美国采取经济制裁手段，尽管此举主要是在战前或者战后实施，但这的确是一种针对伊拉克平民的做法。美国领导人渴望避免为战争付出高昂代价，对伊拉克实施了封锁，在战争前后对其实施了粮食禁运（战后稍有改善）。美国这种禁运粮食的做法给伊拉克民众带来了直接影响，这表明民主国家虽然越来越注意保护平民免遭直接攻击，但是出于保护己方战士生命的目的，还是可以接受这种伤害相对不那么明显却会造成敌方平民死亡的做法。

本章最后简要评述了 2003 年伊拉克战争和伊拉克叛乱，强调称虽然反叛乱战争旷日持久，但是，包括美军历来的低死亡率、美国维护稳定的总体目标和及时撤离而不是被叛军击败，以及军队组织文化在内的几个因素的确避免了迫害平民。

反面案例：概述

我们在过去提到了这其中一些反面案例。例如，1940 年德国在西欧的一系列战役带来了快速、决定性的胜利，大家也通常认为这些战役没有造成太大的平民伤亡。只有到了不列颠战役时，德军因受到英国皇家空军的顽强抵抗，才开始针对平民发起攻击，企图通过轰炸让英国人放弃抵抗。然而，德军 1939 年进攻波兰似乎就反驳了这一论断，因为在这场持续时间不到一个月的战争中发生了迫害平民的情况。通过更仔细的分析，我们看到除了受战争持续时间的影响之外，一场战争中是否出现迫害平民还受到其他因素的影响。德军一度只有很少量的部队在西面拖住法国，当时波兰在华沙的顽强抵抗使得德军有可能会陷入长期的围城战。当时希特勒就授权空军和炮兵打击华沙，希望借此削弱守军士气，并让其早早投降。另外，当波兰已经注定并入德国版图时，希特勒迅速将波兰民事领导人、知识分子以及一些犹太人锁定为目标，进而铲除潜在的抵抗。① 212

殖民战争

英国的殖民战争则提供了另外一类反面案例。英军由于具备火力优势和纪律严明，在殖民战争的正面交锋中往往占尽优势，并能在面对对手时轻易取得胜利。这其中最著名的对抗也许就是 1898 年的乌姆杜尔曼战役。当时基奇纳勋爵仅以己方阵亡 49 人的代价，便歼灭了近 1.1 万名敌人。② 19 世纪 40 年代英国在对锡克教徒的战争中，结果也是相似的。另一个很好的例子就是 1879 年的祖鲁战争。英军最初在伊山得瓦纳战役中遭遇失败后，迅速并且决定性地击败了祖鲁王国，后者则将失败归咎于不断地与具有强大火力的英军正面交锋。一项评估显示，祖鲁王国战败的原因在于，"英军的军事技术优势，以及在当时能够投入战场的兵力优势"。③ 祖鲁战争中，总体上没有

---

① Alexander B. Rossino, *Hitler Strikes Poland: Blitzkrieg, Ideology, and Atrocity* (Lawrence: University Press of Kansas, 2003)。这项战略的大多数受害者都不是犹太人。同上书，p. 234。

② Micheal Clodfelter, *Warfare and Armed Conflicts: A Statistical Reference to Casualty and Other Figures, 1500 - 2000*, 2d ed. (Jefferson, NC: McFarland, 2002), p. 228.

③ Elaine Unterhalter, " Confronting Imperialism: The People of Nquthu and the Invasion of Zululand," in *The Anglo-Zulu War: New Perspectives*, ed. Andrew Duminy and Charles Ballard (Pietermaritzburg: University of Natal Press, 1981), p. 105.

出现迫害平民的情况，因为祖鲁军队的作战方式正中英军下怀，英军能够通过战斗迅速获胜，所以无须迫害平民。

如第五章所述，游击队活动经常会导致迫害平民，但是这也不是绝对的。例如，英国人在马来亚便成功镇压了马来亚人民解放军的叛乱，因为这支武装的主要力量是华人，其获得支持的主要渠道也是来自马来半岛上占少数的华人群体。马来亚人民解放军在当地并不受欢迎，所以其战斗人员从未超几千人，而且这支武装没有重型武器。马来亚人民解放军在 1948 ~ 1960 年共计只造成安全部队 1865 人死亡，这也恰恰证明了该武装力量不是英国控制马来半岛面临的主要威胁。① 此外，马来亚人民解放军的后勤保障基础薄弱，封锁行动对其影响极大，同时英国人还实施了恶化马来亚人民解放军与当地民众关系的战略。首先，大部分华人族群被迁移至"新村落"，这样他们便能得到保护进而免受叛乱分子侵扰，他们也能自行组织抵御攻击。其次，英军通过占领叛乱分子在城镇的大米供应源以及他们的丛林菜园，重点打击其食物供给。本身就群众基础薄弱，再加上其供给来源被切断，这支叛乱队伍变得越来越弱小，最终退出了历史舞台。既然马来半岛上的华人不再支持叛乱，英国人的任务便是保护他们免受叛乱者的侵扰。在这一案例中，将平民作为打击目标既没有必要，也没有效果，因为这么做只会使平民为了生存而投入叛军的怀抱。

国家间战争

二战后的几场国家间战争表明，在能够以较低代价迅速赢得战争

---

① John Coates, *Suppressing Insurgency: An Analysis of the Malayan Emergency, 1948 - 1954* (Boulder: Westview Press, 1992), p. 202。关于马来亚危机，见 Benjamin A. Valentino, *Final Solutions: Mass Killing and Genocide in the Twentieth Century* (Ithaca: Cornell University Press, 2004), pp. 229 - 230。

的情况下，那些国家往往不愿意将平民锁定为攻击对象。例如，中国在朝鲜战争之后打了三场有限战争，包括 1962 年对印战争、1979 年和 1987 年的对越战争。中国在这三场战争中都没有攻击平民。1962年中印爆发边境冲突，中国军队击败了备战极差的印军，却单方面宣布停火并撤退，这就使得平民伤亡非常有限。[①] 1979 年，中国对越南北部发动了为期 3 周的惩罚性远征，这场战争的破坏性比中印边境冲突要大得多，造成了大量战斗伤亡，但这一次中国仍然没有将非战斗人员作为攻击目标。[②] 1982 年英国与阿根廷爆发马岛战争，该战争在范围、持续时间和强度上都是有限的，1999 年的印巴卡吉尔战争也是这个情况。

上述几次冲突没有针对平民的因素之一，就是它们有一个共同点——爆发地点偏远，这就使得战斗对民众影响比较有限。例如，马岛战争以空战和海战为主，其作战地点是在马岛周边水域。而英军登陆后，地面作战则是在不足 2000 人的地点进行的。[③] 战争中共有 3 名平民被英军炮弹误杀。[④] 同样，卡吉尔战争（1999 年春，巴基斯坦部队越过克什米尔控制线引起）是在海拔 1.5 万英尺以上的喜马拉雅山脉进行的。那儿人烟稀少，巴基斯坦炮兵轰炸了卡吉尔镇，摧毁了附近的一处印度弹药库。[⑤] 据印方统计，没有平民伤亡，在附近的居民居住区域没有爆发战事。

限制迫害平民的另外一个因素就是交战双方都无法伤害对手的民众，即便在旷日持久的消耗战中也是如此。例如，1998～2000 年埃

① Neville Maxwell, *India's China War* (London: Jonathan Cape, 1970).
② King C. Chen, *China's War with Vietnam*, 1979: *Issues, Decisions, and Implications* (Stanford, CA: Hoover Institution Press, 1987); Hemen Ray, *China's Vietnam War* (New Delhi: Radiant, 1983).
③ D. George Boyce, *The Falklands War* (Houndmills: Palgrave Macmillan, 2005), p. 10.
④ Michael Parsons, *The Falklands War* (Phoenix Mill: Sutton, 2000), p. 80.
⑤ Ashok Krishna, "The Kargil War," in *Kargil: The Tables Turned*, ed. Ashok Krishna and P. R. Chari (New Delhi: Manohar, 2001), p. 104.

塞俄比亚与厄立特里亚爆发战争，导致死亡人数高达 10 万。① 这次冲突被很多人拿来与一战相联系，因为战争中大量使用了堑壕战和人海战术。尽管战争导致伤亡惨重，但是双方都没有对非战斗人员发起攻击。原因在于，如果任何一方发动空袭或是虐待敌方民众，都会遭到另一方的报复。鉴于这种情况，两国能够一致同意禁止对对方平民发动空袭和屠杀对方国民。另外，两国力量都很弱小，这也就使得他们更容易接受大国，尤其是美国的斡旋和调停。

214

埃塞俄比亚 - 厄立特里亚战争从以下三个方面影响到平民，但是没有任何一个方面上升到迫害平民的程度。

第一，战争导致两国边境数十万民众逃离战斗区域。有一项研究报告表明，截至 1999 年 3 月，冲突造成 80 万民众流离失所。考虑到这场战争前线长达 1000 千米，这一点便也不足为奇了。② 尽管如此，目前没有证据显示交战双方中任一方蓄意攻击非战斗人员。

第二，埃塞俄比亚政府驱逐了超过 6.7 万名生活在该国的厄立特里亚人，这其中许多人是埃塞俄比亚公民。埃政府宣称这些人是间谍，对埃塞俄比亚的国家安全构成了威胁。③ 虽然此举无疑是非法行为，且严重侵犯了人权（因为多数被驱逐者都不得对其被驱逐一事提出质疑，也不能带走自己的财物），但是埃塞俄比亚在驱逐这些人的时候没有进行杀戮，或是采取一种可能导致大量人员死亡的方式。同样，有多达 4 万埃塞俄比亚人离开了厄立特里亚，而多数离开该国的人似乎是出于自愿而非被迫。大赦国际 1999 年总结称："埃塞俄比亚残忍、非人道地大规模驱逐了厄立特里亚人。厄立特里亚安全部队

① 关于死亡人数估计，见 Tekeste Negash and Kjetil Tronvoll, *Brothers at War: Making Sense of the Eritrean-Ethiopian War* (Oxford: James Currey, 2000), pp. 90, 99。

② Patrick Gilkes and Martin Plaut, *War in the Horn: The Conflict between Eritrea and Ethiopia* (London: Royal Institute of International Affairs, 1999), p. 52.

③ Negash and Tronvoll, *Brothers at War*, p. 47.

虐待了一些埃塞俄比亚人，但是目前没有证据显示厄立特里亚有蓄意、大范围虐待埃塞俄比亚人的系统性政策。"[1]

第三，双方都对城市区域发起了一些空袭，尤其是在战争初期。例如，1998 年 6 月 5 日，埃塞俄比亚的米格喷气式战机轰炸和扫射了阿斯马拉机场，造成 1 人死亡，5 人受伤。[2] 该机场显然是一个军事目标。作为报复，厄立特里亚飞机轰炸了位于蒂格雷地区首府默克莱的几处目标。然而，厄立特里亚袭击了一所学校，造成 47 人死亡，153 人受伤。[3] 11 日，厄立特里亚打击了阿迪格雷特；次日，埃塞俄比亚战机再次袭击了阿斯马拉机场。针对战争态势升级，美国总统比尔·克林顿（Bill Clinton）进行了干预，并帮助交战双方协商达成了"空中停火"。在 1998 ~ 1999 年 2 月，双方都在进口飞机。埃塞俄比亚动用战机支援地面部队，轰炸了一些军事目标，但没有进一步针对平民发起攻击。[4]

我们认为，这种有限度地对待非战斗人员的行为主要是双方实力不济造成的。厄立特里亚和埃塞俄比亚只有少量战机，不仅飞行员素质参差不齐，而且没有轰炸机。所以它们对非战斗人员所能造成的迫害比较有限。双方在飞机数量较少又无国际援助的情况下，持续轰炸平民造成的代价又会十分巨大，因此这么做既难以实现，性价比又极低。考虑到轰炸平民所能带来的军事优势十分有限，第三方在此情况下出面斡旋，促成双方达成停火，将空中行动的目标重新调整转向直接战斗领域或军事目标就相对容易一些。

迅速结束且流血相对较少的战争往往不会伤及非战斗人员；即使

---

① 引自 Gilkes and Plaut, *War in the Horn*, p. 56。

② 同上书，p. 28。

③ 同上书，pp. 28 - 29；Karl Vick, "Civilian Attack Stuns Ethiopians," *Washington Post Foreign Service*, June 7, 1998, in *Dispatches from the Electronic Front: Internet Responses to the Ethio-Eritrean Conflict* (Addis Ababa: Walta Information Center, 1999), p. 156。

④ Gilkes and Plaut, *War in the Horn*, pp. 33, 34 - 35.

冲突旷日持久,只要交战双方无力对敌方平民造成重大打击,或是认为冒着招致对手报复的风险去采取这种做法性价比太低,便也可能避免迫害平民。下文我将对一个案例——1991 年美国发动的海湾战争进行详细分析。在这个案例中,攻击方预期能够取得快速、决定性的胜利,并且没有把平民锁定为攻击目标。战争中,美军的战略由原先 1 个军的正面攻击转变成 2 个军侧翼机动,这一点让美国领导人更加乐观地认为,美军会以极少伤亡的代价,迅速将伊拉克人赶出科威特。

海湾战争

我认为,美国领导的多国部队在海湾战争中非常克制地没有直接攻击平民是因为美国的政治军事领导人预期这场战争的代价会相对较小,事实也正如此。[①] 多国部队在 6 周时间里仅损失 38 架飞机,地面作战只持续了 100 小时,便将伊拉克陆军击败。整个战争期间,美军共阵亡 147 人,其中只有 63 人死于敌方地面部队火力。[②] 布什总统随后叫停了进攻行动,转而寻求萨达姆·侯赛因下台,而不是冒险让部队承受更大伤亡以及多国部队瓦解。

地面计划

最开始,1990 年秋为保卫沙特阿拉伯免受伊拉克入侵("沙漠盾牌"行动)而部署到波斯湾的美军数量不足以将萨达姆·侯赛因的

---

① 相比之下,萨达姆·侯赛因政权无差别地对沙特和以色列城市发射了飞毛腿导弹,希望瓦解由美国领导的脆弱的联盟。这属于迫害平民的边缘案例(只造成 14 名平民死亡)。见 Robert A. Pape, *Bombing to Win: Air Power and Coercion in War* (Ithaca: Cornell University Press, 1996), pp. 357 - 358。

② Stephen T. Hosmer, *Psychological Effects of U. S. Air Operations in Four Wars 1941 - 1991: Lessons for U. S. Commanders* (Santa Monica: RAND, 1996), p. 155.

部队赶出科威特。① 当时，仅凭手中的兵力，美国中央总部［诺曼·施瓦茨科普夫（Norman Schwarzkopf）上将担任司令］的作战计划制订人员能够采取的最佳措施就是正面突袭伊拉克军队的防守。诺曼·施瓦茨科普夫上将在其回忆录中写道："（8 月初）我让人谋划用我们派去参加'沙漠盾牌'行动的部队开展进攻。他们研究了当时的情况后，得出结论说：'办不到。'"② 10 月 10~11 日，中央总部在华盛顿五角大楼和白宫汇报了正面攻击的战略，并评估表示美军共计将有 1 万人伤亡（其中阵亡的将达 1500 人）。③ 中央总部的计划在华盛顿广受诟病，而施瓦茨科普夫上将也被大家比作南北战争时期一丝不苟但拖拖拉拉的乔治·麦克莱伦（George McClellan）将军。④

216

国防部长迪克·切尼（Dick Cheney）和参联会主席科林·鲍威尔（Colin Powell）上将对中央总部的工作不满，各自开始了规划工作。一方面，切尼的计划是，让美军地面部队占领伊拉克西部地区，这样便能威胁巴格达，阻止伊拉克用飞毛腿导弹威胁以色列，并用这些土地作为与萨达姆讨价还价的筹码，逼迫其从科威特撤军。⑤ 另一方面，鲍威尔则更愿意动用决定性力量攻击伊军暴露的西面侧翼部队。鲍威尔 10 月底在利雅得会晤施瓦茨科普夫上将时力推他的构想，而这一构想需要美军另外再部署一个军的陆军。当月底鲍威尔回到华

---

① 到 1990 年 11 月 15 日，部署到海湾的美军部队达 235215 人，飞机 1000 架，坦克 857 辆。关于军队人数和坦克数量，见 Gulf War Air Power Survey（以下简称 GWAPS），*A Statistical Compendium and Chronology of the Gulf War*（Washington：GPO，1993），vol. 5，part 2，pp. 105 - 106。关于飞机数量，见 Department of Defense，*Conduct of the Persian Gulf War：Final Report to Congress*（Washington：GPO，1992），pp. 77 - 78。

② H. Norman Schwarzkopf, with Peter Petre, *It Doesn't Take a Hero*（New York：Linda Grey/Bantam，1992），p. 315.

③ Michael R. Gordon and Bernard E. Trainor, *The Generals' War：The Inside Story of the Conflict in the Gulf*（Boston：Little，Brown，1995），pp. 132 - 133.

④ 同上书，141；Colin L. Powell with Joseph E. Persico, *My American Journey*（New York：Random House，1995），p. 485。

⑤ Gordon and Trainor, *Generals' War*，pp. 142 - 145.

盛顿后，发现总统已经准备好部队。布什总统 11 月 8 日宣布向海湾
地区增兵，并最终使得战区内美军数量在空袭开始前达 45.4 万，地
面行动开始前这一数量则增至超过 54.1 万。[①] 美国的盟友提供了约
20 万人的部队，进而使得多国部队总兵力达到 75 万人。[②] 仅仅美军
的地面部队就拥有近 2200 辆坦克，其中 80% ~ 90% 为 M1A1 型主战
坦克，多国部队其他成员提供了约 1200 辆坦克。[③]

最终，地面行动计划由两部分组成：第一，部署在波斯湾沿岸的
美海军陆战队 2 个师兵力朝着科威特方向的伊拉克防线直接发起攻
击。这支力量，在海上的陆战队两栖登陆部队的配合下，意图将伊军
"钉"在其防守阵位上，同时吸引其机动后备力量，包括伊军精锐共
和国卫队。第二，在空袭行动开展的同时，美陆军第 7、第 8 军秘密
调往西部，计划横扫沙漠，从侧翼攻击伊军，并切断他们从幼发拉底
河撤退的路线。

空中计划

海湾战争期间的空袭行动分为两个部分：针对位于巴格达的萨达
姆政权的战略斩首行动，以及针对部署在科威特战区伊拉克地面部队
开展的近距离空中支援行动。然而，最初关于使用空中力量的构想几
乎完全省略了第二部分，仅仅将重点放在通过打击伊拉克装备、摧毁
指挥控制系统或是单纯对萨达姆本人进行斩首行动，来使伊拉克政权
瘫痪上。旨在实现拒止的近距离空中支援行动是在后期才实施的，当
217 时诸如鲍威尔和施瓦茨科普夫等陆军军官通过自身影响力，对空袭计

---

① GWAPS, *Statistical Compendium and Chronology*, vol. 5, part 1, p. 51.

② Anthony H. Cordesman and Abraham R. Wagner, *The Lessons of Modern War*, vol. 4, *The Gulf War* (Boulder: Westview Press, 1996), p. 94.

③ 同上书，pp. 140 – 141，94。刚开始空军投入空战的战机超过 1300 架。DoD, *Conduct of the Persian Gulf War*, p. 164。空战开始时，美国投入战场的固定翼飞机总共 1847 架。GWAPS, *Statistical Compendium and Chronology*, vol. 5, part 2, p. 154。

划进行了扩展。

空袭计划的战略部分最初由负责作战概念计划的副主任约翰·沃登（John A. Warden）三世上校制定，该计划也体现了其"以现代战场为标靶"的构想。[①] 这种标靶构筑了一个模型，在这个模型中，他将敌方的重心设计成 5 个环的标靶，以靶心为原点，层层外扩，越是外围重要性越弱。这 5 个环则将"迅雷计划"阐述为 12 类目标。[②] 第一环是最重要的重心——敌领导层及其使用的指挥、控制和通信系统。攻击这一环会导致敌政权瘫痪，战事结束。靶心的目标种类包括：电信/指挥、控制、通信系统，以及国家领导设施，如萨达姆的总统官邸。

标靶上第二环包括敌方与战争有关的生产和电子基础设施。目标种类包括：电力系统、石油精炼与储存设施，大规模杀伤性武器，以及军事研究、生产与存储设施。第三环就是交通运输网，对其进行摧毁能使敌军运输和补给线瘫痪。目标种类包括：伊拉克的铁路和重要桥梁。第四环是平民及其给养，而第五环则是敌方军队。萨达姆的短程弹道导弹（"飞毛腿"导弹）不在最外围两环目标范围内；美军也没有直接将平民锁定为目标。自"迅雷计划"开始到战争结束，根据以上目标种类延伸出来的具体目标成数量级增长——从 1990 年 8 月的 84 个增加到次年 2 月底的 772 个。[③]

沃登构想的核心思想是，如同战略轰炸一样，直捣敌方社会核

[①] Gordon and Trainor, *Generals' War*, p. 78.

[②] 关于这 5 个环，见 John A. Warden Ⅲ, "Employing Air Power in the Twenty-first Century," in *The Future of Air Power in the Aftermath of the Gulf War*, ed. Richard H. Shultz Jr., and Robert L. Pfaltzgraff Jr. (Maxwell Air Force Base, AL: Air University Press, 1992), pp. 57 – 82; Mark Clodfelter, "Of Demons, Storms, and Thunder: A Preliminary Look at Vietnam's Impact on the Persian Gulf Air Campaign," *Airpower Journal* 5, no. 4 (winter 1991): 23; GWAPS, *Planning and Command and Control*, vol. 1, part 1 (Washington: GPO, 1993), pp. 115 – 122.

[③] GWAPS, *Operations and Effects and Effectiveness*, vol. 2, part 2 (Washington: GPO, 1993), p. 87.

心，摧毁要害目标，从而导致敌方垮台。然而，沃登计划新颖之处在于强调锁定敌领导层为目标，而正是精确制导弹药的发展使其成为可能。事实上，美国空袭计划制订者希望杀死萨达姆·侯赛因，并在整个战争期间积极寻求实现这一目标，尽管战后他们对此遮遮掩掩。[1]精确制导弹药的出现使得空军能够在对周边平民不造成重大破坏的同时摧毁重要的城市目标。精确制导弹药与 F - 117 隐形战斗机相结合使美军能够让二战前美空军设想的 AWPD - 1 计划成为现实。美空军原参谋长麦克·杜根（Michael Dugan）表示："'沙漠风暴'行动实现了过去精确轰炸的设想……技术终于赶上了理论的步伐。"[2]

218

沃登上校在书中阐述过其理念，所以当中央总部在 8 月初让他设计将伊拉克从科威特赶走的空袭计划时，他和他的同事们迅速整理了一份计划，并在 8 月 10 ~ 11 日向施瓦茨科普夫和鲍威尔汇报。简单来说，沃登建议打击最内层三环：领导层、经济基础设施和交通运输线。迈克尔·戈登（Michael Gordon）和伯纳德·特雷纳（Bernard Trainor）评论称："空袭行动的潜在目标是让萨达姆·侯赛因仍旧能够掌舵伊拉克，但是要通过战争的代价在伊拉克领导层和伊拉克人民之间钉进一个楔子。军事目标则是摧毁那些对于战争至关重要的国家基础设施。"[3]佩普则说得更直接："'迅雷计划'就是要消灭、推翻或孤立萨达姆·侯赛因及其政权，或是用这些做法迫使萨达姆撤出科

---

[1] 中央司令部空军司令的副官迈克尔·里维上校风趣地说："不是说我们要暗杀萨达姆，而是说我们要杀死他。"引自 Gordon and Trainor, *Generals' War*, p. 314。因为暗杀的政治敏感性，1990 年 9 月空军参谋长迈克尔·杜根因为承认空军希望杀死萨达姆被切尼解职。但是，众所周知，空军作战计划制订者计划攻击萨达姆可能藏身的所有地方，布什总统对这项战略也没有提出异议。1991 年 1 月 31 日，布什总统在日记中写道："这是战争，如果他（萨达姆）在指挥部被炸弹击中，那就太糟糕了。"见 George Bush and Brent Scowcroft, *A World Transformed* (New York: Alfred A. Knopf, 1998), p. 464; Lawrence Freedman and Efraim Karsh, *The Gulf Conflict, 1990 – 1991: Diplomacy and War in the New World Order* (Princeton: Princeton University Press, 1993), p. 323。

[2] 杜根，引自 Clodfelter, "Of Demons, Storms, and Thunder," p. 26。

[3] Gordon and Trainor, *Generals' War*, p. 80。

威特。"① 沃登最初的计划没有涉及打击伊拉克地面部队，因为他认为没有必要这么做。

沃登认为仅凭空中力量就能让萨达姆从科威特撤军，但鲍威尔不这么认为，他坚信地面行动十分必要，并希望给萨达姆的陆军以最大限度的打击。1990 年 8 月，鲍威尔告诉沃登，"看不到萨达姆的坦克被摧毁我是不会开心的。我希望到巴格达的一路上到处都是冒着烟的伊军坦克"。② 施瓦茨科普夫也不认为单靠战略攻击就能让伊拉克就范。他希望在科威特战区重创伊拉克陆军，尤其是重创萨达姆的精锐部队，进而为多国部队地面攻击扫清障碍。"我们要摧毁，而不是攻击、破坏或包围，我要你摧毁共和国卫队！"③ 为此，美国的计划制订者们修改了空袭计划，把伊拉克地面部队也纳入了空袭目标。

尽管"迅雷计划"主要是针对萨达姆·侯赛因及其指挥控制系统进而实现效果，但是空中轰炸也致力于影响伊拉克平民的士气。通过让他们知道美空军能够在任何时间攻击任何目标，伊拉克政府无法保护其民众，"迅雷计划"的设计者们希望给普通伊拉克人造成一种"萨达姆政权非常无能且已经破产"的印象。④ 此外，通过破坏该国经济基础设施，能"让伊拉克民众觉得萨达姆·侯赛因政权下台能让国家有一个更加光明的经济和政治未来"。⑤ 事实上，空袭计划制订者坚信"迅雷计划"会鼓励伊拉克人驱逐萨达姆。丹尼尔·基尔（Daniel Kuehl）强调称："计划制订者希望展现萨达姆·侯赛因没有能力阻止多国部队飞机随时让巴格达'熄灯'，切断城市电力这一现

---

① Pape, *Bombing to Win*, p. 221.

② 引自 Gordon and Trainor, *Generals' War*, p. 84。

③ 引自 Pape, *Bombing to Win*, p. 224。

④ John A. Warden Ⅲ, "Instant Thunder: A Strategic Air Campaign Proposal for Cincent," August 17, 1990, 引自 Pape, *Bombing to Win*, p. 222。

⑤ 引自同上书, p. 223。

219　代社会文明的象征会引发伊拉克国内动荡，进而削弱政权稳定。"①

　　海湾战争结束后，一些空军军官认为"迅雷计划"的目标之一就是在短期内削弱平民士气，在长期内取得对伊筹码。例如，海湾战争时期美中央空军司令部司令查尔斯·霍纳（Charles Horner）上将表示，空袭行动带来的一个附带好处就是"让伊拉克平民'熄灯'会给他们造成心理影响"。有一位空袭计划制订者表示希望轰炸会引起政变或民变："从大方向来看，我们希望让民众知道'摆脱萨达姆，我们就会很乐意援助伊拉克重建。我们不会容忍萨达姆·侯赛因及其政权。解决这个问题，我们就恢复你们的电力'。"最后，沃登强调，切断电力给多国部队赢得了筹码：如果萨达姆想从战争中全身而退，就要用伊拉克的让步来换取恢复电力。②

　　然而必须承认的是，虽然美军计划制订者打算通过空袭影响平民士气，但是他们从未将平民作为攻击目标。

越来越乐观

　　尽管中央情报局长和许多评论人士预测认为海湾战争会使美军遭受重大伤亡，但是军方和布什当局都越来越乐观地认为美国会以较小代价快速取得胜利。③ 例如，鲍威尔在回忆录中记录了平安夜他与布什、切尼在戴维营的一段对话：

----

① Daniel T. Kuehl, "Airpower vs. Electricity: Electric Power as a Target for Strategic Air Operations," in Airpower: Theory and Practice, ed. John Gooch (London: Frank Cass, 1995), p. 252.

② 引自 Barton Gellman, "Allied Air War Struck Broadly in Iraq; Offi cials Acknowledge Strategy Went Beyond Purely Military Targets," Washington Post, June 23 1991, A1。

③ 美军死亡人数最高估计值为5万,关于这些估计的概况,见 Jacob Weisberg, "Gulfballs: How the Experts Blew It, Big-Time," New Republic, March 25, 1991, pp. 17, 19; Freedman and Karsh, Gulf Conflict, pp. 286, 468, n. 8; Bush and Scowcroft, A World Transformed, pp. 389, 425。中央情报局局长威廉·韦伯斯特不认同五角大楼对轰炸损失的评估,关于他的观点,见 Gordon and Trainor, Generals' War, p. 335。

我完全反对有关最高伤亡人数的预测。他们是根据美苏在欧洲对抗的过时的推演得出这一数据的。那不是我们的战略。首先，我们计划动用前所未见的高强度空袭打击伊拉克地面部队，空袭之后我们的地面行动也绝不是一战时的步兵冲锋模式，而是更灵活机动、装甲更加厚重的部队从伊军防御薄弱的西侧向其发起攻击。我反对向总统提供一切这种不靠谱的伤亡预测，我认为真实的数量甚至比施瓦茨科普夫预计的伤亡加失踪 3000 人还要低。[1]

"迅雷计划"开始之初，计算机模型预测在为期 6 周的地面行动里美军大致伤亡（阵亡和受伤之和）人数为 5000。[2] 然而，随着多国部队空中力量在科威特战区痛击伊军，劳伦斯·佛里德曼（Lawrence Freedman）和埃夫拉伊姆·卡什（Efraim Karsh）称："如果伊拉克共和卫队顽强抵抗，地面行动预计能持续一周，要不然时间会更短。"[3] 鲍勃·伍德沃德（Bob Woodward）报道称，"联合参谋部一些高层军官乐观地预计美军阵亡人数大约会是 1000"[4]，虽然他也强调这类预测本身存在不确定性。

布什总统也坚信美军伤亡不会太大。他早在感恩节前往伊拉克时就认为美国会以最小的阵亡代价快速击败伊拉克。布什听完施瓦茨科普夫汇报战斗计划后表示："听过汇报，并结合我在华盛顿听到的反馈，我感到军队似乎自信一切战争都不会持续太久……通过此行，我

220

---

① Powell, *My American Journey*, pp. 498 – 499.

② Tom Mathews, "The Secret History of the War," *Newsweek*, March 18, 1991; Freedman and Karsh, *Gulf Conflict*, p. 391.

③ Freedman and Karsh, *Gulf Conflict*, p. 391.

④ Bob Woodward, *The Commanders* (New York: Simon and Schuster, 1991), p. 376。一位政治学家也预测战争很快就会结束，美军伤亡不会超过 1000 人。见 John J. Mearsheimer, "Will Iraq Fight or Fold Its Tent? Liberation in Less Than a Week," *New York Times*, February 8, 1991, A31。

相信我们能够很快击败伊拉克；当然他（施瓦茨科普夫）是这么认为的。"① 随后，在空袭行动期间，总统重申了他自信的看法："我不相信伊拉克军队像萨达姆那样具有破坏力，或是如同我们的评论者认为的那么强。一遍遍听取简报后，我坚信我们能够快速结束战斗，多国部队的伤亡也会被控制在最小限度……我不怕做出开战的决定。我有信心。我明白双方都会有大量人员伤亡，但是我相信我们的机动速度很快，能够打伊拉克人一个措手不及，并能在不到一周的时间里完成任务。"② 空袭开始后，萨达姆并没有做出重大让步，这时布什总统急切地希望开始地面战争，这一点也进一步证实了总统的这种态度。③

乐观的原因

大家对前景感到乐观的一个重要原因是，美国计划制订者想出了一个非常聪明的战略，这个战略如果执行得当能够让整个科威特战区的伊军土崩瓦解。原本投入 1 个军的"高危计划"变成投入 2 个军从西部侧翼攻击伊军后，也增加了快速取得决定性胜利的可能性。伊拉克陆军将大部分兵力部署在前沿、静态的阵地上，也加大了多国部队攻击的胜算。多国部队的地面部队指挥官们利用重兵直捣西部，极大增加了切断伊军撤退路线、包围并摧毁他们的可能性。此外，侧翼攻击确保了多国部队能够在进攻发起点集中绝对优势兵力。当然，该计划的实施并不是那么成功。因为陆战队用于牵制的兵力快速突破了伊军防守，在两天内就抵达了科威特城，而没有按计划将伊军牵制在原地并吸引其后备力量前来增援，从而在日程上比左侧进攻部队早了两天，致使一些敌军部队逃走。即便是这样，地面计划也很好地保障

---

① Bush and Scowcroft, *A World Transformed*, p. 412.

② Ibid., p. 462, 469.

③ Ibid., p. 462; Gordon and Trainor, *Generals' War*, p. 337.

了多国部队地面部队以较小损失决定性地击败伊拉克陆军。

另外有两个因素使得多国部队占有更大优势。第一，美军不断增加，而伊军则在多国部队空袭打击下不断削弱，使得双方在纸面上数量相当，但美军事实上则远远强于伊军。[1] 最初对于空袭的设想是重点攻击事关伊拉克力量的核心目标，但是在计划实施过程中空袭对部署在野外的伊军进行了大量攻击。《海湾战争空中力量调查》指出，"空袭行动的一项具体目标就是降低伊拉克陆军50%的战斗效能"。这是1月26日以后美国航空兵最迫切想要实现的目标。总的来说，多国部队共计55%的空袭是针对科威特战区内伊拉克地面部队开展的。[2]

各方对轰炸造成的破坏程度存在争议，但是我们关注的是在地面行动开始前决策者依据的评估结果。例如，中央总部评估认为，在1月中旬空袭开始时伊拉克在科威特战区部署了4280辆坦克和54万部队。截至2月23日，由于空袭带来的打击，中央总部将这一数字降低为2592辆坦克和45万部队。[3] 事实上，由于士兵出逃比例居高不下，地面战争开始前战区内伊军大约只有这个数量的一半。[4] 如上文

---

① DoD, *Conduct of the Persian Gulf War*, pp. 85 – 86.

② 总共发动了41309次攻击，其中22790次是针对伊拉克地面部队。见 GWAPS, *Statistical Compendium and Chronology*, vol. 5, part 1, p. 418。

③ Pape, *Bombing to Win*, pp. 242, 250.

④ 《海湾战争空中力量调查》估计科威特战区的伊拉克部队逃兵率为25% ~30%，逃兵总共约10万人。见 GWAPS, *Operations and Effects and Effectiveness*, vol. 2, part 2, p. 220。另外，3万~6万人被炸死或炸伤，多国部队展开地面攻击时伊拉克部队只剩下20万~22.2万人。见 Pape, *Bombing to Win*, p. 247; GWAPS, *Operations and Effects and Effectiveness*, vol. 2, part 2, p. 220。战争爆发后不久美国陆军的一份情报报告显示，在前线，伊拉克许多正规师都出现了大量逃兵，有些部队减员超过50%。见 Gordon and Trainor, *Generals' War*, pp. 351 –352。空袭期间许多人没有逃跑，但是地面进攻开始后他们马上就投降了：多国部队俘虏了将近8.7万名伊拉克俘虏。见 DoD, *Conduct of the Persian Gulf War*, p. 577。空袭还使伊拉克约三分之一的装甲车和大炮被摧毁或瘫痪。见 Pape, *Bombing to Win*, p. 249（基于战后研究）。地面进攻展开的前一天，中央司令部评估认为其空军部队已经摧毁了科威特战区的伊拉克陆军39%的坦克、32%的装甲运兵车和47%的大炮。见 GWAPS, *Operations and Effects and Effectiveness*, vol. 2, part 2, p. 211。

所述，多国部队总兵力大约为 75 万人和 3400 辆坦克，这大大超过了中央总部估计的伊军兵力。在科威特战区的多国部队数量实际上是伊拉克陆军的 2 ~ 3 倍。①

第二，多国部队质量优势十分明显。例如，美军标配的坦克是 M1A1 型主战坦克，其火炮威力和射程都超过伊军最先进的 T - 72 型坦克。② 大多数伊军的陆军师甚至没有装备 T - 72，因为它主要被配备给了共和国卫队的 3 个师。伊军唯一达到多国部队质量的部队就是共和国卫队的几个师，即便如此他们的训练水平和专业化程度也不如多国部队。③ 更有甚者，伊拉克常规陆军师的质量要差得多。一项研究结果表明，构成伊军主力的伊陆军常规部队的重型师（共有 34 个重型师部署在科威特）要差于共和国卫队，更差于英军和美军部队。而且，这些部队主要来自伊拉克的库尔德和什叶派人群，这些人通常反对萨达姆的复兴党。④ 因此，多国部队无论是部队质量还是装备质量都要优于伊军。

战争对平民造成的冲击

海湾战争中，对伊拉克平民造成冲击最大的就是战略空袭（迅雷计划）。1991 年 1 月 17 日凌晨，美军使用 F - 117 战机和巡航导弹打击巴格达的目标标志着空袭开始。在接下来的 43 天里，多国部队

---

① Stephen Biddle, *Military Power: Explaining Victory and Defeat in Modern Battle* (Princeton: Princeton University Press, 2004), p. 136.

② 详情见 Daryl G. Press, "The Myth of Air Power in the Persian Gulf War and the Future of Warfare," *International Security* 26, no. 2 (fall 2001): 13, n. 24。美军坦克配备了热成像仪，使坦克可以在夜间作战；还配备了一种特殊稳定系统，使坦克可以在行进中射击。

③ 战斗打响后技能缺乏问题就暴露出来了。就连伊拉克精锐部队也犯了大错，例如在装甲车四周堆积沙土（这样做不仅没有提供任何保护，反而暴露了阵地），而不是挖战壕，这样伊拉克部队就很容易遭到突袭，因为美军部队逼近时伊拉克的预警部队未能发出警报。见 Biddle, *Military Power*, pp. 137 - 139。

④ Press, "Myth of Air Power," p. 14。有人估计，伊拉克前线部队中什叶派占 70%，库尔德人占 20%。同上，p. 14, n. 25。

针对伊拉克和科威特战区内目标投送了 88500 吨炸弹，并发起超过 41000 次攻击。[①] 这其中超过一半针对位于科威特战区内伊军地面部队，15% 针对 8 类战略目标。[②] 伊拉克领导层和指挥、控制与通信目标遭到 1700 次攻击，发电设施遭到 345 次攻击，石油储存和精炼设施遭到 539 次攻击。虽然多国部队如此大动干戈，但真正攻击巴格达的炸弹相对较少。威廉·阿尔肯（William Arkin）指出，在整场战争期间，287 吨炸弹中只有 330 枚落在了伊拉克首都。[③]

空袭期间，美军没有蓄意攻击平民，地面战争也是在远离居民区的沙漠进行的。但这并不意味着美国的炸弹没有杀死伊拉克平民。战争中美国有些炸弹误炸了伊拉克的市场或居民区，导致数十名非战斗人员丧生。[④] 美军有时也会误炸或者扫射民用车辆。[⑤] 令人影响最深的，也是死伤最为惨重的一次就是 2 月 13 日凌晨，2 架 F - 117 战机误击伊拉克天堂地堡，造成 200 ~ 300 名平民死亡。该设施最初建于两伊战争期间，是一处防空洞，1985 年翻修后成为伊拉克军官的应急总部。这里有一些电子通信设备，但是没有什么尖端设备。美国掌握的情报认为该地堡已被启用作为伊拉克指挥控制中心，中央总部却不知道事实上天堂地堡里躲着数百名平民。在地堡被炸后，美军短暂地没有继续空袭巴格达，并下令袭击巴格达目标必须得到华盛顿批准。这不仅体现了人道主义考虑，还反映了"如果再多出几次像误击天堂地堡的情况，多国部队就会面临瓦解"的政治实际。[⑥] 海湾战

① Ward Thomas, *The Ethics of Destruction : Norms and Force in International Relations* (Ithaca : Cornell University Press, 2001), p. 159 ; GWAPS, *Statistical Compendium*, vol. 5, part 1, p. 418.
② GWAPS, *Operations and Effects and Effectiveness*, vol. 2. part 2, p. 270.
③ William M. Arkin, "Baghdad : The Urban Sanctuary in Desert Storm?" *Airpower Journal* 11, no. 1 (spring 1997) : 5 - 7. 约占整个战争期间精密制导武器发射总量的 3%。
④ Middle East Watch, *Needless Deaths in the Gulf War : Civilian Casualties during the Air Campaign and Violations of the Laws of War* (New York : Human Rights Watch, 1991), pp. 96 - 110.
⑤ Ibid., pp. 201 - 224.
⑥ Gordon and Trainor, *Generals' War*, pp. 326 - 327.

争期间，被多国部队炸弹直接炸死的伊拉克平民总计约 3000 人。[1]

总之，美国在海湾战争期间极力避免迫害平民，原因在于美国领导人希望取得快速、决定性胜利。空袭针对的是军事目标，美军飞机和地面部队只遭受了极少损失，领导人没有理由改变原定计划。

223

其他解释

政权类型。基于政权类型的解释在这个案例上给出了相反的预测。一方面，美国领导人饱受生命神圣性的自由主义思想熏陶，本身对于轰炸平民就是抵触的。例如，《海湾战争空中力量调查》这部权威统计著作指出：

> 国家力量五大组成部分中，只有伊拉克民众没有被直接作为轰炸目标。从布什总统往下，各方在计划制订过程中都一致认为直接攻击伊拉克人民或者他们的粮食供应既不符合美国的各项目标，又在道德上不为美国人民所接受。而根据越战经验，美国人民的支持对于战事至关重要。所以，多国部队打击伊拉克民众意志的做法仅局限于心理战行动，以及轰炸其他核心目标造成的间接影响。[2]

相反，民意调查结果更趋向于显示美国人民不甚关心伊拉克平民的生命。在空袭期间进行的一次民调显示，美国人并不认为因为可能误杀伊拉克平民，美国就应避免攻击一些目标，并且 2/3 的美国人认为美国"在避免轰炸伊拉克居民区一事上做了足够努力"。[3] 另外，

---

① Thomas, *Ethics of Destruction*, p. 159。伊拉克政府官方数字是 2278 人死亡。

② GWAPS, *Operations and Effects and Effectiveness*, vol. 2, part 2, pp. 268 – 269.

③ John Mueller, *Policy and Opinion in the Gulf War* (Chicago: University of Chicago Press, 1994), p. 317.

超过 80% 的美国人感到在法理上天堂地堡就是一处军事目标，2/3 的美国人认为萨达姆·侯赛因需要为那起误击事件中死亡的伊拉克人负责。① 这个插曲遭到国际社会强烈反对，并使布什当局担心多国部队的稳定，但是在美国国内没有激起风浪。约翰·穆勒（John Mueller）在其对民意和海湾战争的研究中写道："民众对伊拉克平民死亡的看法，及其对海湾战争期间美军轰炸巴格达防空洞之后波澜不惊的反应显示，美国人民对伊拉克平民伤亡十分不感冒，即便他们似乎对伊拉克人民并没有什么恶意。"② 因此布什政府不大可能因为杀死了伊拉克平民失去选票。事实上，布什对于如果美国不能赢得战争对他总统生涯的未来的影响表达了深深的忧虑："我要么获胜，要么就会被弹劾。"③ 正是因为必须获胜，针对战争出现了一种无情的说法：如果为了确保胜利需要有平民去死，那就让他们去死吧。即便如此，美国也没有对伊拉克发动全面战争。事实上，除了将伊拉克地面部队赶出科威特之外，美国的政策制定者还反对扩大战争，也反对进攻巴格达，推翻萨达姆·侯赛因。

身份。这个案例削弱了身份决定论，因为美国和伊拉克的文化差异并没有导致迫害平民。布什总统反复将萨达姆·侯赛因妖魔化成另一个阿道夫·希特勒，称他是一个残暴的独裁者，必须把他推翻，不然就无法停止其侵略行径。布什将萨达姆描述成另一个希特勒，以及将伊拉克占领科威特比作另一个慕尼黑的做法使美国民众支持他将部队部署至沙特阿拉伯，但是布什似乎真的相信这一点。④ 然而，如果萨达姆是希特勒，那么伊拉克人民是什么？尽管布什的演讲具有煽动性，但是多数美国人并没有要求更严厉地对待伊拉克，美国也没有制定迫害平民的政策。

① John Mueller, *Policy and Opinion in the Gulf War* (Chicago: University of Chicago Press, 1994), p.318.
② Ibid., p.123.
③ 引自 Powell, *My American Journey*, p.499。
④ Bush and Scowcroft, *A World Transformed*, p.375.

组织决定论。在本案例中，组织文化决定论认为，没有出现迫害平民是因为美空军有精确战略轰炸的文化。这一说法在实际中很难站住脚。"迅雷计划"的最初也是最主要的制订者，约翰·沃登上校领受命令只是因为他的上级（此人是动用空中力量打击敌军地面部队的拥趸）在伊拉克入侵科威特时正在休假。沃登本人对战略轰炸具有狂热的激情，他的观点并不代表空军的主流，但他恰巧在正确的时间出现在了正确的位置。① 据说，中央总部的空军司令查尔斯·霍纳（Charles Horner）在1990年8月中旬第一次看到沃登的汇报材料草案时，将其扔在墙上（不是一次，而是两次）。霍纳如此愤怒的原因部分是华盛顿那些脱离实际的战略家掺和此事让他十分不满，但事实上他就是不同意沃登关于通过轰炸巴格达目标能让伊军撤出科威特的观点。霍纳更关心的是如何阻止伊拉克入侵沙特阿拉伯，而不是如何对伊拉克政权进行斩首的深奥理论。事实上，最终实施的空中计划（动用一半以上的攻击架次打击科威特战区内的伊拉克部队）与沃登上校最初的设想已经大相径庭。关键在于，空军内部对于什么才是正确的空袭伊拉克的方法几乎难以达成一致。沃登是一个边缘人物，让
225 他这个部门（而不是战术空中司令部）去制订这个计划纯属巧合。简而言之，虽然沃登的斩首行动模式被空军用作主要战略轰炸战略之一，但是在海湾战争之前情况不是这样的。

空军内部倡导战略轰炸的人强调，单凭轰炸巴格达就能赢得战争，他们认为没有必要开展地面战。这就是狭隘的组织利益观点。虽然战略轰炸没能迫使萨达姆做出重大让步，即便如此战事也没有升级到为了空军的组织利益而迫害平民，反而是在误击天堂地堡之后，几乎没有炸弹再次袭击巴格达。可见，我们不能说组织利益对轰炸政策造成了多大的影响。

---

① Gordon and Trainor, *Generals' War*, p. 77.

轰炸规则。最后一种需要探讨的解释就是有人认为美国之所以在海湾战争中不针对平民攻击是因为全球广泛传播的人权规则，尤其是关于反对轰炸非战斗人员规则的恢复和扩散。例如有一项重要调查研究表明："自二战结束以来，轰炸规则正得到缓慢恢复。"虽然并不是那么绝对，但是近几十年来各方再次重视规则（既严格限制各国攻击平民，又施加压力尽可能减少误伤事故）也使非战斗人员伤亡成为一件非常敏感的事。[①] 另一个有关空中力量的分析认为："如今那些先进的大国不太可能粗放地摧毁城镇，无论其目的是打击敌方士气还是在攻击其他诸如铁路、码头或工厂等目标时造成误伤。"[②]

禁止轰炸平民这种规则的确越来越严格，并被广泛接受。除了各方普遍反感"二战"的残酷之外，先进技术也对推进这种规则发挥了至关重要的作用。沃德·托马斯（Ward Thomas）指出："换句话说，技术的发展除了让'从良从善'变得更简单之外，也使人再也难以找到作恶的借口。"[③] 当然，美国空军在过去也一直希望精确轰炸，只是难以做到罢了。这一点表明人们的偏好并没有太大变化，事实上变化了的是人们的能力。轰炸规则论还误解了多数轰炸行动的发展过程。在遭受重大损失或是无法遏制敌军，从而导致态势升级到针对平民发起攻击之前，轰炸行动通常在最开始时是打击有可能对部队构成威胁的目标。因此，当能够以极小的代价快速、决定性地赢得一场战争时，轰炸根本就没时间也没理由升级。海湾战争中，多国部队能够顺利摧毁目标，飞机损失十分有限，而且战争仅持续了几周时间。在这种情况下，很难找到理由把攻击对象从军事目标转向平民。

---

① Thomas，*Ethics of Destruction*，p. 148。托马斯承认 1945 年之后发生的战争大多数没有威胁到大国的核心利益，但是他仍然认为"对恰当战争行为的态度已经发生了变化"。同上书，p. 170。

② Eliot A. Cohen，"The Meaning and Future of Air Power，"*Orbis* 39，no. 2（spring 1995）：200.

③ Thomas，*Ethics of Destruction*，p. 172.

226   轰炸和制裁对平民的间接影响

尽管海湾战争中没有造成迫害平民，或是直接造成大量平民丧生，但是美国在此期间的战略仍旧造成许多非战斗人员死亡。两个因素造成了这一结果：美军在执行"迅雷计划"时轰炸了伊拉克的基础设施（尤其是电力设施）；1990 年 8 月起联合国对伊拉克实施经济制裁，而且这一制裁一直持续到 2003 年萨达姆·侯赛因被推翻。这两个战略均对伊拉克民众健康造成了不利影响，导致该国平民死亡率上升。这些间接危害平民（又说不清是谁的责任）的政策可能对于未来的民主国家而言也算是迫害平民。

轰炸基础设施。1991 年 2 月底，当海湾战争的战火停止的时候，战争给平民带来的不幸却没有停止。尽管在战略空袭行动中，炸弹只造成几千伊拉克人死亡，但是美国对伊拉克电力系统的空袭造成的间接后果给伊拉克人民带来了更大的伤亡。空袭行动计划制订者们坚信，通过摧毁伊拉克的电网，给伊拉克人"熄灯"将会"打击伊拉克人民的士气，进而削弱萨达姆·侯赛因对该国的政治掌控力"。[①] 有 25 座大型发电设施和超过 140 座变电站维持着这个国家的电力供应。多数针对这类系统的打击通常发生在空袭开始之初。战争开始后的头两天，11 座发电厂和 7 座变电站遭到打击。最后，共有 18 座发电厂和 9 座变电站遭到轰炸。多国部队共对伊拉克电力目标发动了 345 次袭击，造成该国 88% 的电力系统遭到损毁。[②] 战后一次针对 21 个场所开展的调查表明，这些目标多数不止

---

① GWAPS, *Operations and Effects and Effectiveness*, vol. 2, part 2, pp. 291 – 292。20 世纪 30 年代以来攻击电力设施就一直是美国战略轰炸思想和实践的重心。Kuehl, "Airpower vs. Electricity," pp. 237 – 250。

② GWAPS, *Operations and Effects and Effectiveness*, vol. 2, part 2, pp. 300 – 302；Kuehl, "Airpower vs. Electricity," pp. 253 – 255.

一次遭到袭击，导致许多电力设施被严重破坏或是完全被摧毁。[1]

这些针对电力系统的打击旨在以一种不流血的方式对伊拉克人民造成心理影响，但是战后有几项研究显示这么做造成了大量伊拉克平民死亡，尤其是老人和小孩。死亡人数高达 11.1 万。[2] 伊拉克所有淡水净化设施和污水处理设施都依靠电力；海湾战争的空袭行动造成伊拉克电力中断后，淡水和污水系统使用的电力泵就无法运转，导致其无法净化淡水，也无法将淡水供应给平民。[3] 污水处理系统的瘫痪使问题更加严峻，因为未经处理的污水直接排到河流中，而河水又是伊拉克人洗澡和饮用水。里克·阿特金森（Rick Atkinson）表示："断电后，巴格达的两座污水处理厂停止了运转，数百万加仑的污水直接排进了底格里斯河。尽管河水污秽不堪，人们也没有燃料将水烧开，但是他们饮用和洗澡还是离不开这些水。"[4]

227

电力不足造成伊拉克淡水遭到污染，这又导致疾病率进一步上

[1] International Study Team (IST), *Health and Welfare in Iraq after the Gulf Crisis* (International Study Team: 1991), chap. 3, "Electrical Facilities Survey." 见 GWAPS, *Operations and Effects and Effectiveness*, vol. 2, part 2, p. 306, for a summary of this damage。

[2] 例如，1991 年 8 月底至 9 月初国际研究小组进行了一项调查，他们在伊拉克的 18 个省对 9034 户家庭进行了抽样调查。研究发现 5 岁以下儿童死亡人数比 1990 年增加了 3.8 倍。见 IST, *Health and Welfare in Iraq*, p. 1。后来作者们根据这项研究写了一篇文章，作者们估计 1991 年 1～8 月，5 岁以下儿童非正常死亡约 4.7 万人。见 Alberto Ascherio et al., "Effect of the Gulf War on Infant and Child Mortality in Iraq," *New England Journal of Medicine* 327, no. 13 (September 1992): 933。另外一项研究对 1991 年全部人口的非正常死亡人数进行了估计，研究发现战争引发的健康问题造成 11.1 万人死亡，其中 7 万人是 15 岁以下的儿童或 65 岁以上的老人。Beth Osborne Daponte, "A Case Study in Estimating Casualties from War and Its Aftermath: The 1991 Persian Gulf War," *Physicians for Social Responsibility Quarterly* 3 (1993): 57 - 66。

[3] 这些设施中拥有备用柴油发电机的占 75%～80%，但是由于燃料和零部件缺乏，许多设施也不可靠。

[4] Rick Atkinson, *Crusade: The Untold Story of the Persian Gulf War* (Boston: Houghton Mifflin, 1993), p. 282。见 Richard G. Davis, "Strategic Bombardment in the Gulf War," in *Case Studies in Strategic Bombardment*, ed. R. Cargill Hall (Air Force History and Museums Program, 1998), p. 565; IST, *Health and Welfare in Iraq*, "Water and Wastewater Systems Survey," p. 6; Middle East Watch, *Needless Deaths in the Gulf War*, p. 182。

升。老人和小孩受到这些水生疾病的影响最大。一组分析人员报告称："我们的数据显示，1991 年爆发的事件（战争、平民暴动和经济制裁）导致后期死亡率上升。"战争初期对电力供应造成的破坏（以及因此对依靠电力的淡水和污水处理系统造成的破坏）可能要为后期胃肠疾病和其他感染病盛行负责。① 美国国防情报局 1991 年 3 月的一份文件指出，肆虐伊拉克的卫生问题是"常见预防性药物短缺，垃圾废物成堆，淡水净化和输送系统、电力系统和交通运输系统遭到破坏"造成的。文件还认为"传染病在巴格达的传播比往年同期更为严峻，这与战争造成的卫生状况糟糕（淡水供应遭到污染，污水随意排放）有关"。② 显然，这些系统的崩溃和恶劣的卫生状况都是美军轰炸造成的。

但是，根据我的定义，这些死亡不构成迫害平民，因为切断电力的影响显然无法预见，但是这个情况凸显了通过间接攻击基础设施来施压平民会带来极大风险。③ 自越战以来，这种不杀死平民，但是通过轰炸让平民深陷水深火热的惩罚性战略十分常见。④ 这种政策的争论在于，让平民受苦与造成其重伤或是死亡之间的界限十分模糊。正如威廉·阿尔肯（William Arkin）所说："你无法将轰炸与战后导致

① Ascherio et al. ，"Effect of the Gulf War on Infant and Child Mortality in Iraq," p. 935。见 Harvard Study Team, *Harvard Study Team Report*：*Public Health in Iraq after the Gulf War*（May 1991），pp. 12 – 13。

② 这个文件也引用了联合国儿童基金会的报告，联合国儿童基金会报告估计巴格达的饮用水"不足原来供应量的 5%"。DIA, "Medical Problems in Iraq," March 15, 1991, http://www. gulfl ink. osd. mil/declassdocs/dia/19951016/951016_ 0me018_ 91. html。关于类似结论，见 Armed Forces Medical Intelligence Center, Epidemiology Branch, "Health Conditions in Iraq and Prospects for the Future," http: //www. gulfl ink. osd. mil/declassdocs/dia/19950825/950825_ 0131pgv_ 91d. html。

③ Kuehl, "Airpower vs. Electricity," pp. 254, 265, n. 57；GWAPS, *Operations and Effects and Effectiveness*, vol. 2, part 2, p. 307。美军本应该预见到电力中断对平民的影响，关于这种相反观点，见 Middle East Watch, *Needless Deaths in the Gulf War*, pp. 179 – 180。

④ Ward Thomas, "Victory by Duress：Civilian Infrastructure as a Target in Air Campaigns," *Security Studies* 15, no. 1（January-March 2006）：7.

平民死亡撇清关系。人们只是以不同的方式死去，但是从根源上都是攻击造成的影响。"① 这种努力遵守战争法，但是打击平民士气的做法从总量上来看并不一定能够降低死亡率。

制裁导致重大破坏？ 美军在"迅雷行动"中轰炸伊拉克基础设施的做法与联合国安理会 1990 年 8 月在伊拉克入侵科威特后对伊拉克实施的制裁有着异曲同工的效果。从技术层面上看，对伊拉克的制裁原本不在本书的探讨范围内，因为制裁是由那些没有参与伊拉克战争的国家发起的，并且制裁被视为武力迫使萨达姆撤出科威特的备选方案。制裁在海湾战争结束后还持续了十多年，尽管其目标从原先的迫使伊军撤出科威特变成了迫使伊拉克政府遵守各种其他要求，主要包括要求 228 伊拉克销毁大规模杀伤性武器、承认科威特主权以及同意战争赔款。尽管如此，制裁对伊拉克平民健康状况造成的重大影响仍值得我们探讨。

制裁就像胁迫一样，是一种以低廉成本实现一国目标的做法。当伊军入侵科威特边境后，美国及其盟友在该地区的兵力较少，没有办法迫使萨达姆退兵。事实上，1990 年夏季和秋初美国的政策制定者们主要的顾虑是防御方面：预防伊拉克入侵沙特阿拉伯。直到后来布什总统才决定动用武力将萨达姆的军队驱逐出科威特。美国转而使用制裁作为一种廉价的备选方案，因为制裁会提高伊拉克占领科威特的代价，并可能迫使萨达姆退兵。

联合国这次对伊拉克实施的制裁是有史以来范围最广的一次，也是联合国自 20 世纪 60 年代制裁津巴布韦以来，首次对一个国家实施强制性制裁。制裁禁止所有人与伊拉克进行贸易；禁止出售原油（这是伊拉克唯一的大宗出口商品）；实施海军封锁，并设置禁飞区；冻结伊拉克在海外的金融资产；禁止向萨达姆·侯赛因政权出售任何武器装备。联合国第 661 号决议允许伊拉克进口医疗物品，并"出于

---

① 引自 GWAPS, *Operations and Effects and Effectiveness*, vol. 2, part 2, p. 307, n. 87。

人道主义需要，进口粮食"。① 尽管从官方看封锁不针对粮食，但事实上伊拉克的食品进口也很快被禁止了。美国官方评论称，他们打算切断包括粮食在内的一切进出口。② 就对伊拉克贸易的冲击而言，封锁十分有效：中央情报局局长威廉·韦伯斯特（William Webster）1990年12月向国会报告称，伊拉克90%的进口和97%的出口被停止。③

制裁也切断了伊拉克获取淡水处理系统所需零部件和化学制品的能力，尽管众所周知这样可能导致严重的卫生问题。战前，伊拉克依靠这些进口（特别是氯）来净化水，伊拉克的水通常盐分很高。根据国防情报局1991年1月的一份报告，"伊拉克的河流中含有生物物质、污染物和大量细菌。除非用氯来净化水，否则便可能爆发霍乱、肝炎和伤寒"。该报告得出结论称："若不能确保这些物品供应，将导致大量民众饮用水短缺。即便不一定会导致流行病大爆发，这种情况也会导致发病率增加。"④

此外，如何才算是"人道主义需要的情况"很快成为联合国安理会制裁委员会的一个讨论项目。有些国家坚持认为当首次出现大面积粮食短缺的迹象时，这种情况就出现了。然而其他人（美国人和英国人）则认为在伊拉克爆发饥荒前不能让其获得粮食。⑤ 从实际层面来看，禁止伊拉克出口原油使这个粮食供应75%依靠进口的国家没有了收入来源。冻结伊拉克海外资产则进一步阻断了伊拉克的外汇来源。即便"人道主义需要的情况"出现，伊拉克很快也将失去购买粮食的能力。

海湾战争开始前禁运实施的几个月时间里，伊拉克的诸如肉类、

---

① UN Security Council Resolution 661, August 6, 1990, Article 3 (c).

② Geoff Simons, *The Scourging of Iraq: Sanctions, Law and Natural Justice*, 2d ed. (Houndmills: Macmillan, 1998), pp. 38–39.

③ Freedman and Karsh, *Gulf Conflict*, p. 196.

④ Defense Intelligence Agency, "Iraq Water Treatment Vulnerabilities," January 18, 1991, http://www.gulfl ink.osd.mil/declassdocs/dia/19950901/950901_ 511rept_ 91.html.

⑤ Joy Gordon, "Accountability and Global Governance: The Case of Iraq," *Ethics and International Affairs* 20, no. 1 (April 2006): 83.

面粉、糖、食用油等商品的短缺，导致物价飞涨，但是没有引发饥荒。① 事实上，1990 年伊拉克小麦获得大丰收（收成是前一年的 4 倍）是中央情报局认为制裁在短期到中期内不会使伊拉克做出重大让步的因素之一。但是，制裁政策还是让人担忧，因为既要在实施制裁过程中表现得十分人道，又要通过拿平民开刀来遏制萨达姆。一位联合国外交官介绍了这种两难局面："制裁武器用到粮食上就成了一把双刃剑。我们希望伊拉克伤筋动骨，但是却不能让饥荒摧毁这个国家。"②

伊军从科威特撤离后，联合国的制裁还是没有停止。安理会就解除制裁又提出了一系列新的条件，包括赔款、承认与科威特的边界、销毁大规模杀伤性武器以及同意调查组调查和销毁伊拉克的大规模杀伤性武器项目。然而，布什和克林顿政府则非常清晰地表明萨达姆不下台，制裁就不会解除，这样就使得萨达姆的合作意愿不强。③ 例如，当时的中央情报局局长提名人罗伯特·盖茨评论称："他（萨达姆）在位时伊拉克人将付出代价。他不走，所有制裁都将继续。一切减轻制裁的做法都将在新政府成立后开始。"④ 联合国第 687 号决议（1991 年 4 月）继续对伊拉克实施贸易禁运，但是决议的第 20 条内容结束了粮食封锁。决议还允许伊拉克进口"民生所急需的材料与物资"。⑤ 鉴于伊拉克还是不得出售原油，这些变化基本没用，因为伊拉克没有进口这些物品所需的资金。

在伊拉克出现人道主义灾难报道后，美国面临着又一个两难局

---

① 然而，需要指出的是，1990 年后 5 个月婴儿和 5 岁以下儿童死亡人数比实施制裁前的 12 个月略微增加了。Richard Garfield, "Morbidity and Mortality among Iraqi Children from 1990 through 1998: Assessing the Impact of the Gulf War and Economic Sanctions," Unpublished MS, Columbia University, March 1999, p. 9。

② 引自 Freedman and Karsh, *Gulf Conflict*, p. 191。

③ John Mueller and Karl Mueller, "The Methodology of Mass Destruction: Assessing Threats in the New World Order," *Journal of Strategic Studies* 23, no. 1 (March 2000): 172.

④ 引自 Freedman and Karsh, *Gulf Conflict*, p. 426。

⑤ UN Security Council Resolution 687, April 3, 1991, Article 20.

面：如何既对伊拉克保持压力，又不会导致伊拉克平民挨饿而招致谴责。答案是"石油换食品计划"：让伊拉克出售有限数量的原油用于支付其人道主义需求。联合国安理会第 706 号和 712 号决议（1991年 8 月和 9 月）允许伊拉克每 6 个月出售价值约 16 亿美元的原油，用于购买平民所需物资。然而，这些决议使得是否对伊拉克开展人道主义援助变得扑朔迷离。联合国有关伊拉克人道主义状况的报告指出，要想伊拉克的基础设施恢复战前水平，该国需要 220 亿美元。报告还建议允许伊拉克每 4 个月出售价值 26.5 亿美元的原油。然而联合国安理会的决议却规定每 6 个月只能出售价值 16 亿美元的原油，而且这些钱并非都能用于人道主义援助。在扣除了赔款和联合国调查组的费用后，剩下可用于购买粮食和药品的钱只剩下 9.3 亿美元。这些经费将被放在一个由联合国控制的账户下，而非伊拉克政府账户下。伊拉克人认为这一安排是不可接受的、侵犯其主权的做法，并对决议提出了反对意见。① 直到 1996 年萨达姆政府才接受了一份联合国安理会第 986 号决议提出的修改版石油换食品计划，该计划允许伊拉克每 6 个月出售价值 20 亿美元的原油用于购买人道主义商品（扣除相关费用后，可用于采购的经费约为 13 亿美元）。

美国政府官员普遍称萨达姆应当为针对伊拉克人民的制裁造成的一切后果负责，因为他拒绝接受 1991 年第 706 号和 721 号决议中最初的石油换食品计划。一些证据显示这一观点有些失实。第一，用于救援伊拉克人的经费分配不足。第二，据称，联合国官员认为："美国希望给萨达姆提供一系列他不感兴趣的解决方案，这样伊拉克就会反对，从而导致伊拉克平民遭罪的责任落在伊拉克政府身上。"布什当局一名官员告诉《纽约时报》，第 706 号决议"有助于维护多数制

---

① Sarah Graham-Brown, *Sanctioning Saddam*：*The Politics of Intervention in Iraq*（London：Tauris, 1999），pp. 70 – 78.

裁内容，并且在情感上不会招致各方的反对"。美国领导人似乎关心的是：一是对不惜一切代价维持制裁很感兴趣，二是避免因伊拉克"平民遭受的苦难而难堪"。①

第三，在石油换食品计划开始前后，几乎每一次伊拉克申请进口修复其损毁的地面基础设施所需的商品时，美国就会投反对票，并称这些商品都是"军民两用的"。战后，伊拉克最重要的问题不是食品短缺引起的慢性营养不良（尤其是儿童），而是国家发电设施及其淡水和污水处理厂老化。为了恢复这些服务，伊拉克人需要进口设备和化学品，美国却持"所有基础设施都是军民两用的观点"，进而阻挠伊拉克进口这些重要物品。截至 2002 年年中，美国共阻止伊拉克价值 50 亿美元的商品进口，"相当于整个石油换食品计划实施期间提供给伊拉克的人道主义物品总量的四分之一"。②

自 1991 年以来，在伊拉克爆发了人道主义灾难是"显而易见且不可否认的"。然而，各方针对灾难的范围以及谁该对此负责存在很大争议。制裁的批评者列出数据称 20 世纪 90 年代中期，死亡人数超过 50 万，并断言这一数字随后增长到 200 万。③ 科学评估则相对保守，但是数据依然惊人。例如，联合国儿童基金会 1999 年得出结论称："如果伊拉克 20 世纪 80 年代儿童死亡率的下降趋势持续到 90 年代，那么 1991~1998 年这 8 年间该国 5 岁以下儿童死亡人数将减少

231

---

① Sarah Graham-Brown, *Sanctioning Saddam*: *The Politics of Intervention in Iraq* (London: Tauris, 1999), p. 75; Simons, *Scourging of Iraq*, p. 100; Graham-Brown, *Sanctioning Saddam*, p. 90.

② Gordon, "Accountability and Global Governance," p. 85.

③ 最初数字（确切地说 56.7 万伊拉克儿童死亡）是根据 1995 年《柳叶刀》发表的一份调查报告得出来的。然而，最初调查报告的其中一位作者进行了后续调查，但是他未能重复结果，反而发现死亡人数要低得多。见 Sarah Zaidi and Mary C. Smith-Fawzi, "Health of Baghdad's Children," *The Lancet* 346, no. 8988 (December 1995): 1485; Sarah Zaidi, "Child Mortality in Iraq," *The Lancet* 350, no. 9084 (October 1997): 1105。关于更高的估计值，见 Simons, *Scourging of Iraq*, xiii; and Anthony Arnove, ed., *Iraq Under Siege*: *The Deadly Impact of Sanctions and War* (Cambridge: South End Press, 2000), pp. 181, 185。

50 万。"① 公共卫生学者理查德·加菲尔德（Richard Garfield）估计，1991 年 8 月～1998 年 3 月，伊拉克儿童额外死亡人数至少为 10 万，这个数字更可能为 22.7 万，其中 3/4 与制裁有关。② 加菲尔德关于 22.7 万人死亡的评估显示，平均每月死亡 1850 名儿童，每天 60 名。③

在责任的界定问题上分歧很严重，有些人指责美国犯下了种族屠杀的罪行，其他人则将责任完全归咎于萨达姆·侯赛因，认为他没有抓住机会为伊拉克人获得食品。这两种极端的观点都经不起推敲。萨达姆显然要承担很大责任。他在最开始几年里抵制最初的石油换食品计划（尽管该计划问题很多），因为他认为该计划侵犯了伊拉克主权完整，但事实上伊拉克的主权被联合国的调查活动削弱了很多。另外，联合国经常需要推动伊拉克购买更多的粮食和大量如高蛋白饼干等食品，以供哺乳期的母亲和幼童食用。最后，萨达姆操纵了国内食品分发：伊拉克南部地区和什叶派聚居省份的健康、水和卫生条件比巴格达和其他逊尼派聚居区更差。④

然而，萨达姆操作食品分发的事实也不能让美国及其盟友摆脱干系。尽管第 661 号决议允许将粮食进口作为例外，但是 1990 年 8 月开始实施的禁运就是通过阻止粮食进口的方式来针对伊拉克平民。1991

---

① "Iraq Surveys Show 'Humanitarian Emergency,'" UNICEF News Release, August 12, 1999, http://fas.org/news/iraq/1999/08/99pr29.htm。如果从 20 世纪 80 年代开始死亡率保持平稳而不是继续下降，那么 5 岁以下儿童非正常死亡人数大约为 42 万。Matt Welch, "The Politics of Dead Children: Have Sanctions against Iraq Murdered Millions?" *reasononline*, March 2002, http://www.reason.com/0203/fe.mw.the.shtml。关于联合国儿童基金会报告，见 UNICEF and Ministry of Health (Iraq), *Child and Maternal Mortality Survey 1999: Preliminary Report* (Iraq: July 1999), http://www.fas.org/news/iraq/1999/08/990812-unicef.htm。

② Garfield, "Morbidity and Mortality among Iraqi Children," p.1。加菲尔德后来把死亡数字更新为 35 万。David Cortright, "A Hard Look at Iraq Sanctions," *The Nation*, December 3, 2001, p.21。

③ Amatzia Baram, "The Effect of Iraqi Sanctions: Statistical Pitfalls and Responsibility," *Middle East Journal* 54, no.2 (spring 2000): 204。

④ 关于种种批评，见同上，pp.205–219。

年海湾战争以后，当得知伊拉克已经没有可以购买食品的收入来源后，联合国安理会解除了粮食封锁。同年晚些时候，美国官方帮助起草了一份石油换食品计划，至少从部分意义上来说不是出于人道主义目的，而是出于公共关系的考虑。因为该计划附加了许多萨达姆预计会抵制的条件，从而将伊拉克平民受苦的责任又推给了萨达姆。美国在制裁委员会的代表们在军民两用物品上采取了强硬立场，禁止伊拉克进口那些有助于解决电力、淡水和污水问题的无害物品，使该国无力恢复战争带来的破坏。尽管如此，石油换食品计划显然还是改善了伊拉克的局面，增加了伊拉克人膳食中的热量水平，并降低了死亡率。尽管如此，也难以否认约翰·穆勒和卡尔·穆勒的评估："虽然在制裁对伊拉克人民造成的冲击问题上萨达姆具有不可逃避的责任，但是这些冲击是可以预见的，并且也是制裁政策注定会产生的不可避免的影响。如果没有实施制裁，伊拉克很可能就会相对恢复到1991年海湾战争之前的繁荣水平，死亡率极大降低，人民的苦难会极大减少。"[1]

　　是什么使经济制裁给伊拉克人民造成苦难？1990年8月，与动武相比，制裁是一种代价低廉且更加容易实施的备选方案。美国领导人似乎没觉得禁运粮食有什么不妥，尽管布什总统反复强调称美国与伊拉克普通民众没有什么矛盾。战争期间，尽管美国事先明确表示希望萨达姆下台，但是美国不愿意单独去做此事，因为担心这么做会造成大量伤亡，并导致多国部队瓦解。另外，萨达姆一旦真的被推翻，下一步该怎么做也是一个问题。因为不愿承担武力推翻萨达姆的代价，美国选择了施压伊拉克人民的间接举措。直到2001年9月11日之后，布什当局因认为萨达姆的大规模杀伤性武器计划及其与恐怖分子的联系而将其视为美国国家安全不可容忍的威胁，进而愿意为了推翻他而牺牲美军生命。

　　所以结论与本书的观点总体是一致的。战争中，当传统的"军队对

① Mueller, "Methodology of Mass Destruction," p. 173.

军队战略"无法实施，或者作战成本过于高昂时，各国往往会选择迫害平民。经济制裁为各国避免因交战带来的高昂代价提供了潜在途径，至少可以说推迟了付出代价的时间，直至其被降低到一个较低水平。鉴于美国领导人认为美国民众非常反对本国人员伤亡，同时考虑到美国强大的经济实力，政策制定者们可能会将制裁视作战争的替代方案。①

2003年以后美国在伊拉克采取的举措

美国在海湾战争以来的数次战争总体上都是速战速决且损失极小的。1995 年科索沃战争最终走向了谈判桌，并成功说服米洛舍维奇停止针对科索沃的阿尔巴尼亚人；2001 年旨在推翻塔利班的阿富汗战争中，以下两个原因使得美国快速取得胜利，且几乎没有伤亡：一是美国拥有压倒性的军事优势，二是美军让塔利班腹背受敌，并将多数损失和风险转嫁给了当地同盟的地面部队，而美军只提供了有限的空中支援。② 这些因素

233

---

① 制裁是否取得了巨大成功，这是另外一个问题。例如，佩普认为关于经济制裁的领先研究得出 34% 的成功率是错误的；制裁成功率只有 5%。见 Gary Clyde Hufbauer, Jeffrey J. Schott, and Kimberly Ann Elliott, *Economic Sanctions Reconsidered*, 2d ed. (Washington：Institute for International Economics, 1990)；Robert A. Pape, "Why Economic Sanctions Do Not Work," *International Security* 22, no. 2 (fall 1997)：90 – 137。还有人认为制裁成功率比佩普认为的高得多，因为许多潜在制裁目标在制裁尚未真正实施的威胁阶段就妥协了。Daniel Drezner, "The Hidden Hand of Economic Coercion," *International Organization* 57, no. 3 (summer 2003)：643 – 659。

② 关于铁锤和铁砧模式，见 Robert A. Pape, "The True Worth of Air Power," *Foreign Affairs* 83, no. 2 (March/April 2004)：116 – 130。关于波黑战争的最后阶段，见 Richard Holbrooke, *To End a War* (New York：Random House, 1998), pp. 79 – 227。关于科索沃战争，见 Wesley K. Clark, *Waging Modern War：Bosnia, Kosovo, and the Future of Combat* (New York：Public Affairs, 2001)；Andrew J. Bacevich and Eliot A. Cohen, ed., *War over Kosovo：Politics and Strategy in a Global Age* (New York：Columbia University Press, 2001)。关于阿富汗战争，见 Michael E. O' Hanlon, "A Flawed Masterpiece," *Foreign Affairs* 81, no. 3 (May/June 2002)：47 – 63；Stephen Biddle, "Afghanistan and the Future of Warfare," *Foreign Affairs* 82, no. 2 (March/April 2003)：31 – 45；Richard B. Andres, Craig Wills, and Thomas Griffith Jr., "Winning with Allies：The Strategic Value of the Afghan Model," *International Security* 30, no. 3 (winter 2005/6)：124 – 160；Stephen D. Biddle, "Allies, Airpower, and Modern Warfare：The Afghan Model in Afghanistan and Iraq," *International Security* 30, no. 3 (winter 2005/06)：161 – 176。

使得美国得以极小的代价速战速决，这样平民便不太可能成为攻击对象。①

伊拉克：常规战争

"伊拉克自由行动"的常规阶段（2003 年 3 月中旬战斗开始到小布什总统 5 月 1 日宣布主要战斗结束）是美军面对实力悬殊敌人取得的又一次快速且决定性胜利。尽管美国时任国防部长拉姆斯菲尔德和一些美军军官在执行此次任务所需部队数量上存在分歧，但是一支数量相对较少的美国和英国部队（与海湾战争相比）从科威特开拔，几乎没有遇到什么障碍就击败了伊拉克组织松散的常规部队。② 相反，伊拉克方面主要的抵抗来自意料之外的方面：所谓的"萨达姆敢死队"，也就是采取非常规方式作战的萨达姆政府的死忠。尽管如此，美军还是在不到三周时间里兵临巴格达附近地区，并由美军装甲部队突袭占领了伊拉克首都。美军地面部队指挥官大卫·麦基尔南（David Mckiernan）上将 4 月 12 日抵达巴格达时，萨达姆已经逃跑，其政府也已垮台。

美军在征服伊拉克的行动中没有攻击平民，事实上他们为了避免伤及非战斗人员而选择了长途跋涉。尽管如此，在常规战争阶段死亡的平民数量至少与第一次海湾战争持平（这一数量甚至是海湾

---

① 南斯拉夫面临战争升级的压力：前几日米洛舍维奇并没有像预期那样投降，这导致目标范围逐渐扩大，平民生命安全风险增大。见 Clark, *Waging Modern War*, p. 430。事实上，塞尔维亚领导人，包括米洛舍维奇和奈博伊沙·帕弗科维奇将军在内，在战争结束后说他们担心北约会加强轰炸，会把塞尔维亚的城市摧毁。见 Stephen Biddle, "The New Way of War? Debating the Kosovo Model," *Foreign Affairs* 81, no. 3（May/June 2002）：141。

② 在伊拉克自由行动中美军共投入地面部队 307747 人，但是进攻开始时大约只有 14 万人。分别见 U. S. Central Air Forces Assessment and Analysis Division, *Operation IRAQI FREEDOM —By the Numbers*, April 30, 2003, http：// www. globalsecurity. org/military/library/report/2003/uscentaf_ oif_ report_ 30apr2003. pdf; Michael R. Gordon and General Bernard E. Trainor, *Cobra Ⅱ：The Inside Story of the Invasion and Occupation of Iraq*（New York：Pantheon Books, 2006）, p. 168。

战争的两倍）。2003 年 5 月和 6 月对作战区域的伊拉克医院进行的不完全调查预计，平民死亡人数为 1700～3240。① 几个月之后的一份更为详细的报告将这一数量略微升高（3750）。而伊拉克方面的统计认为，因美国入侵造成的平民死亡人数为 6882～7400。②

分析家们对导致平民死亡人数上升的原因进行了推测。部分原因当然就是伊拉克人许多非法的做法使伊拉克平民处于风险之中，包括将非战斗人员作为"人肉盾牌"，在学校、医院和清真寺外行动，在人口稠密地区部署军事车辆和补给品，伊军身着平民服装而非军装。③ 但是其他因素也是很重要的。例如，卡尔·科内塔（Carl Conetta）表示 2003 年更加雄心勃勃的战争目的（即驱逐萨达姆·侯赛因）必须负有责任，因为政权更迭不能受外力胁迫，必须通过武力来实现。为实现这一目的需要大规模地面部队占领该国，并且需要在城市与隐藏在那儿的伊军激烈交火，进而导致平民伤亡。④ 人权观察同意科内塔关于 2003 年地面部队人数增加与平民死亡人数增加之

234

---

① 一份对巴格达地区 27 家医院进行的调查发现，从 3 月 19 日到 4 月 24 日共有 1700 人死亡，8000 人受伤，另有多达 1000 人死亡没有统计上。见 Laura King, "Baghdad's Death Toll Assessed," *Los Angeles Times*, May 18, 2003, p. 1。另一份调查发现，从 3 月 19 日到 4 月 9 日，共有 1101 名平民死亡，另有 1255 名死亡人员可能是平民，6800 人受伤。见 Matthew Schofield, Nancy A. Youssef, and Juan O. Tamayo, "Civilian Deaths in Baghdad Total at Least 1, 101," *Knight-Ridder News Service*, May 4, 2003。最全面的媒体调查是美联社的调查，调查估计至少有 3000 名平民死亡。见 Niko Price, "AP Tallies 3, 240 Civilian Deaths in Iraq," *Associated Press*, June 11, 2003。这份调查包括伊拉克境内的 60 家医院，而且还有可能低估了，因为这份调查不仅剔除了那些没有区分军人和平民死亡的数字，而且剔除了那些没有每日记录死亡人数、只有死亡总数的医院的数字。

② Carl Conetta, *The Wages of War: Iraqi Combatant and Noncombatant Fatalities in the* 2003 *Conflict*, Research Monograph #8 (Cambridge, MA: Project on Defense Alternatives, October 20, 2003), 3, http://www.comw.org/pda/0310rm8.html; Iraq Body Count, *A Dossier of Civilian Casualties* 2003 – 2005, http://reports.iraqbodycount.org/a_ dossier_ of_ civilian_ casualties_ 2003 – 2005. pdf; and Iraq Body Count, "Year Four: Simply the Worst," Press Release 15, March 18, 2007, http://www.iraqbodycount.org/press/pr15.php.

③ Human Rights Watch (HRW), *Off Target: The Conduct of the War and Civilian Casualties in Iraq* (New York: Human Rights Watch, 2003), pp. 66 – 79.

④ Conetta, *Wages of War*, pp. 40 – 42.

间有关的评估，但是该组织进一步指责了多国部队过度使用集束炸弹
的行为："虽然这些攻击针对的是军事目标，但是多国部队使用的这
种武器精确度差，杀伤范围大，子弹药多，导致数百名平民丧生。"[①]
人权观察称赞了军方为尽量减少火炮对平民影响而采取的法律程序，
但是指出集束炸弹本身就是面杀伤武器，因为通常军队都会用这种炸
弹对某一大面积区域进行地毯式轰炸，而且其中许多炸弹都没有立即
爆炸。人权观察总结称："多数这类伤亡是因为在军民混杂的人口聚
居区大量使用集束炸弹。这种针对居民区使用面杀伤武器的做法是导
致战争中平民伤亡的重要原因。"[②]　当然，由于集束炸弹是消灭敌军
部队和保护本方军人的有效利器，其对美军是十分具有吸引力的。
一名陆军军官称："假设有一支 20 辆坦克的护卫队，如果你用精确
制导弹药，一次只能摧毁一辆。如果你使用集束炸弹，一次便能将
20 辆坦克尽数摧毁。"[③]　一项针对作战行动的研究发现，当美军战事
日益激烈时，关于在城市区域使用炮火和火力的严格交战规则便会被
抛到一边。[④]

伊拉克：叛乱

虽然推翻萨达姆·侯赛因政权的常规战争在 2003 年 4 月就结束
了，但是敌对行动没有结束：萨达姆的拥趸和其他反对美国占领的逊
尼派组织加大了游击战的强度，并且很快就将开始一场全面的叛乱行
动。尽管美军在反叛乱作战过程中杀死了数千平民，但是他们并没有

---

① HRW, *Off Target*, p. 80。据中央司令部统计，美国地面部队共发射了 10782 枚集束炸弹，
　这些炸弹共有 170 万 ~ 200 万颗子母弹。

② 同上书，p. 85。

③ 引自同上书，p. 83。

④ Gordon and Trainor, *Cobra II*, pp. 246，257。虽然不是平民受伤的主要原因，但是空军对领
　导目标发动的 50 次毫无成果的袭击确实造成多起非战斗人员死亡事件。HRW, *Off Target*,
　p. 24。

造成本书定义的迫害平民。

在伊拉克究竟有多少平民丧生？这次冲突的第二阶段造成了更多
伊拉克平民丧生，尽管详细数字还存在较大争议。各项研究使用了两
种广为接受的计算平民伤亡的方法，即计数和整群抽样，得出的数据
有本质上的区别。例如，伊拉克罹难人数统计组织使用计数的方法进
行了一次最为彻底的评估，他们指出，截至 2007 年 11 月，罹难平民
数量为 7.75 万 ~ 8.45 万。[1] 该组织的研究人员将多个暴力事件的新
闻报道进行了整理，得出了一个确定死亡人数的数据。人们可以靠这
种方法得出一个可靠的、关于平民伤亡的最小数量评估。然而，考虑
到暴力行为一般会被少报、瞒报，实际死亡人数肯定会更高，那么没
有被统计到的数据就很难估算了。

一群约翰霍普金斯大学的公共卫生学者在英国期刊《柳叶刀》
上发表了他们的研究（用的是调查法），他们评估指出从美国入侵伊
拉克到 2006 年 7 月共有 6.55 万人额外死亡。这些研究人员通过对伊
拉克 47 个随机挑选地区的 1849 户家庭进行关于 2002 年以来家庭成
员死亡的采访，得出了冲突爆发以来每 1000 人每年死亡 13.3 人的死
亡率。这一死亡率比战前更高，研究认为战前死亡率为每 1000 人每
年死亡 5.5 人。研究人员根据这两个死亡率之差乘以从冲突开始到
2006 年 7 月这 40 个月里的伊拉克人口数量，便得出了战争导致 6.55
万人额外死亡的结果。[2]

《柳叶刀》上发表的这项研究使用了该领域里的一种标准方法。
虽然这次研究的样本较小，有批评称一旦有一到两起重大暴力事件就

235

---

[1] 见 the figures compiled at http：//www. iraqbodycount. net。

[2] Gilbert Burnham et al. ,"Mortality after the 2003 Invasion of Iraq: A Cross-Sectional Cluster Survey Sample," *Lancet* 368, no. 9545 (October 2006): 1421 - 1428。另一项调查使用了与伊拉克相同的方法，调查发现，从入侵开始到 2004 年 9 月，可能多达 10 万人非正常死亡。关于这项调查，见 Les Roberts et al. ,"Mortality before and after the 2003 Invasion of Iraq: Cluster Sample Survey," *Lancet* 364, no. 9448 (November 2004): 1857 - 1864。

可能让预计死亡率上升，但是这种研究法并不存在系统性的误差来源。[①] 尽管如此，虽然伊拉克罹难人数统计组织的统计数据几乎肯定是低了，但也不太可能会有成数量级的误差。那么哪些因素会导致结果出现差别呢？其中有一个明显的区别就是伊拉克罹难人数统计组织只试图统计非战斗人员死亡，而约翰·霍普金斯大学的研究（主要因为课题的敏感性）无法区分死亡的人哪些是叛乱分子或游击队员。因此，《柳叶刀》的统计中有一部分死亡的人会是战斗人员。[②]

过高估计战时死亡率的另一个因素就是受访家庭情况。采访者随机选择一家人作为起点，然后沿着街一直采访 40 户。如果采访的街道正巧发生过战斗、自杀式袭击或其他暴力事件，那么采访者肯定会发现几乎每家每户都有人员伤亡。如果选择的受访街道正巧没有发生上述事件，那么死亡人数便可能很少。[③]

伊拉克罹难人数统计组织和约翰·霍普金斯大学的团队针对多国部队造成的死亡人数也没有达成一致。据受访者告诉调查人员，《柳叶刀》的研究认为自美国入侵伊拉克以来，31% 的人员丧生是由多国部队造成的，死亡人数为 1.86 万。相反，伊拉克罹难人数统计组

---

① 有人可能会说这项研究所使用的战前死亡率（每年每千人死亡 5.5 人）太低了。还有人批评说正确数字比这项研究所使用的战前死亡率的两倍还多。见 Jim Lacey, "A Damned Statistic," *National Review*, November 6, 2006, p. 26。然而，美国人口普查局提供的死亡率只是略高一些：每年每千人死亡 6.02 人。即使我们使用研究给定的战前死亡率（7.1）95% 置信区间的上界和战时死亡率 95% 置信区间的下界来计算非正常死亡人数，死亡人数仍然相当高：330756。虽然这个数字只有《柳叶刀》作者宣称的一半，但是这个数字仍然是同期伊拉克罹难人数统计组织估计数字的 5 倍。

② 事实上，在这项研究中，15～44 周岁的男性占战后暴力死亡总人数的 59%；15～59 周岁的男性占暴力死亡总人数的 78%。Burnham et al., "Mortality after the 2003 Invasion of Iraq," pp. 1425, 1423。

③ 然而，这种选择方法不会产生 "主要街道偏差，" 这种观点认为主要街道上暴力更常见，因为人流量更高,这就会增加汽车炸弹或袭击车队的可能性。见 Sarah Boseley, "UK Scientists Attack Lancet Study over Death Toll," *The Guardian*, October 24, 2006, p. 17。研究人员特意不选择主要街道，而是选择远离主干道的居住区街道。见 Burnham et al., "Mortality after the 2003 Invasion of Iraq," p. 1422。

织则表示以美国为首的多国部队杀死了 12829 名伊拉克非战斗人员，其中 7400 名死于常规战争，5429 名死于 2003 年 5 月～2006 年底的叛乱冲突。[①] 鉴于伊拉克罹难人数统计组织统计认为截至 2006 年底，以上数据占伊拉克平民死亡总人数 24%，而只占叛乱阶段死亡人数的 10%。

由于对伊拉克不同派系间仇杀是有所了解的，所以我们认为《柳叶刀》的研究数据看上去过于浮夸了。叛乱时期伊拉克多数平民死亡是由伊拉克人造成的。逊尼派叛乱分子，尤其是那些与伊拉克基地组织关系密切的人针对什叶派平民发动了多起汽车炸弹袭击和自杀式炸弹袭击，试图制造混乱，并迫使美国撤出伊拉克。[②] 随着时间的推移，战争越来越呈现出宗派主义色彩，尤其是在 2006 年 2 月伊拉克基地组织炸弹袭击了什叶派圣地阿斯卡里清真寺之后。逊尼派叛乱分子和什叶派民兵组织互相针对对方平民发起攻击，导致派系分裂。[③]

美国的战略：并不聪明，但也没有迫害平民。因为小布什政府希望快速撤出伊拉克，不愿意承认美国面临越来越多的抵抗是因为叛乱

---

① 为了把美军在检查站和车队行进过程中造成的人员死亡计算在内，科林·卡尔把 4399 这个数字进行了上调，他称伊拉克罹难人数统计组织少报了死亡人数。见 Colin H. Kahl, "In the Crossfire or the Crosshairs? Norms, Civilian Casualties, and U.S. Conduct in Iraq," *International Security* 32, no. 1 (summer 2007): 11 - 12。

② 一项研究称从 2003 年 3 月到 2006 年 8 月伊拉克共发生过 514 起自杀式袭击。见 Mohammed M. Hafez, *Suicide Bombers in Iraq: The Strategy and Ideology of Martyrdom* (Washington: United States Institute of Peace Press, 2007), p. 89。

③ Department of Defense, "Measuring Stability and Security in Iraq," Report to Congress, November 2006, 17 - 24, http://www. defenselink. mil/home/features/Iraq_ Reports/ Index. html; Chaim Kaufmann, "Separating Iraqis, Saving Lives," *Foreign Affairs* 85, no. 4 (July/August 2006): 156 - 160; Chaim Kaufmann, "America's Final Mission in Iraq," *Boston Globe*, February 11, 2007, E9.关于部分相关新闻报道，见 Sudarsan Raghavan and Nancy Trejos, "Sunni Arabs Flee Homes in Baghdad," *Washington Post*, December 10, 2006, A24; Solomon Moore, "The Conflict in Iraq: 'Sectarian Cleansing' in Baghdad," *Los Angeles Times*, January 12, 2007, 1; Larry Kaplow, "Uprooted by Iraq War, They Wander," *Atlanta Journal-Constitution*, February 4, 2007, 1A。

而非少数不法亡命之徒，所以美国在伊拉克的战略最开始就存在缺陷。政府官员希望依靠伊拉克军队保障伊拉克的安全，但是伊军在常规战争中已经很大程度上土崩瓦解，随后被多国部队驻伊拉克临时管理当局负负责人保罗·布雷默（Paul Bremer）正式解散。没有一支伊拉克当地部队接管防务就意味着美军得留下来。小布什将部队数量基本保持不变，这就意味着美国无法控制整个国家。因此，叛乱势力得以增强，而且变得越来越致命，即便新的伊拉克军队接管了当地防务后也是如此。

美国在伊拉克没有采用迫害平民的战略。例如，美国没有执行杀死已知或疑似叛乱分子支持者的政策，或是针对叛乱分子活跃的城镇展开报复性屠杀。美国也没有（像当年美国在菲律宾，英国在南非以及意大利在昔兰尼加那样）让逊尼派住进集中营。空袭行动多数都是采用精确制导技术打击游击队可能藏匿的场所，诸如 2006 年 6 月杀死伊拉克基地组织领导人扎卡维。最后，美军没有试图禁止粮食进入伊拉克的逊尼派地区，或是使用化学药品摧毁粮食种植。因此，美军在伊拉克没有采取过去任何一种反叛乱行动中常见的迫害平民战略。

然而，故事并非像看上去那样简单。虽然美军没有成体系地杀害叛乱的平民支持者，但是他们拘留和关押了数以千计的平民，这其中常常是证据不足或者根本没有犯罪证据。就像在阿布格莱比监狱发生的事件一样，一些被羁押人员受到了折磨。小布什政府试图将伊拉克虐囚事件描述成少数"害群之马"的行为，但这样做毫无说服力，因为正是小布什的高级顾问们声称《日内瓦公约》不适用于非战斗人员，正是他们授权进行严刑逼供。① 同时，精确制导武器只有在情

① 有关这个问题的文件，见 Mark Danner, *Torture and Truth*: *America*, *Abu Ghraib*, *and the War on Terror*（New York: New York Review Books, 2004）; Karen J. Greenberg and Joshua L. Dratel, *The Torture Papers*: *The Road to Abu Ghraib*（Cambridge: Cambridge University Press, 2005）。

报准确时才管用，而美军的情报有时也会出错：有时美军空袭的目标事后被发现是平民聚居区。在城市区域展开空袭（无论多精确）在摧毁目标的同时会伤及无辜。[1]

此外，虽然美军行动受到详细和严格的交战规则的指导，但是当美军士兵面临的代价和风险越来越大时，他们似乎就不会过多顾忌交战规则。2004 年 3 月，当 4 名军事承包商在费卢杰（位于巴格达以西的叛乱分子重镇）被杀之后，美海军陆战队奉命攻击该城市。媒体报道称，在随后发生的激烈巷战中，平民死亡人数达 600，其中半数是妇女和儿童。[2] 海军陆战队指挥官们不同意这个伤亡人数，但是关于此事的新闻报道在伊拉克人中引起了广泛愤怒，并造成该国其他地区的武装暴动。美国很快就暂停了在费卢杰的攻击行动，并将城市控制权移交给了一支由原伊军将领指挥的伊拉克部队。当这支部队被击败后，费卢杰的控制权又重新落入了叛乱分子手中。这时，美军又发起了一次军事行动，旨在占领该城市。而这次美军则鼓励平民逃跑，从而让美军得以使用更强的火力，但又减少了平民伤亡。当然这么做也使多数叛乱分子乘机逃走。第二次进攻费卢杰的行动显示，美军已经认识到针对城市开展的大规模突袭战（及其造成的间接破坏）是会在伊拉克产生反作用的。一名美军军官在第一次攻占费卢杰失败后评论道："通过摧毁一座城市来拯救它，这种做法不可取。"[3] 战斗

---

[1] 例如，见 Ellen Knickmeyer and Salih Saif Aldin，"U. S. Raid Kills Family North of Baghdad," *Washington Post*，January 4，2006，A12；Ellen Knickmeyer，"U. S. Airstrikes Take Toll on Civilians," *Washington Post*，December 24，2005，A1；Dan Murphy，"Fallujah Strike Under Scrutiny," *Christian Science Monitor*，June 21，2004。伊拉克罹难人数统计组织的数据库中也有许多美军突袭造成平民死亡的事件，http://www.iraqbodycount.org/database。

[2] Christina Asquith，"Refugees Tell of Rising Anger in Fallujah," *Christian Science Monitor*，April 14，2004。见 Iraq Body Count，"No Longer Unknowable: Falluja's April Civilian Toll is 600," Press Release 9，October 26，2004，http://www.iraqbodycount.org/analysis/reference/press-releases/9。

[3] Scott Peterson，"US Tests Way out of Fallujah," *Christian Science Monitor*，April 30，2004.

述显示了美军愿意为了避免平民伤亡而牺牲作战效力。

解释美国在伊拉克的举动。有人强调美国在伊拉克这种相对克制的做法表明，当作战风险加大或是胜算降低时，一国就会针对平民发起攻击这种论点站不住脚了。[①] 然而，支撑这一说法的证据还远远不够。截至 2007 年 11 月，美军在 55 个月的叛乱行动中死亡 3740 人，平均每天 2.2 人。而越南战争中，美军每天死亡 19 人，比前者多 8 倍。一战、二战和朝鲜战争每天死亡 108 人、305 人和 48 人。[②] 此外，有美军死亡的案例中，每次死亡的人数很少超过 2 人。这日益成为一场遥控炸弹和简易爆炸装置的战争，而非传统意义的战斗。美国在伊拉克因为战斗造成的死亡率较低，这也就使美国会针对平民发起攻击的观点站不住脚。

那么，在不顾一切为了赢得战争的情况下不是容易出现迫害平民吗？本书第二章的统计数据显示，旷日持久的战争往往会造成迫害平民，并造成大量平民伤亡。从历史上看，连续 4 年与游击队叛乱分子作战的国家很有可能针对非战斗人员发起攻击。在这个案例中，这种情况也不是很明显。美国在伊拉克的目标是通过军事手段平定叛乱，还是牵制住叛乱分子，从而让伊拉克新政府得以成立，伊拉克部队得到训练和装备，进而在美军撤离后接管防务？美军在伊拉克投入部队数量较少这一事实与胜利的目标不相匹配。自从萨达姆·侯赛因倒台后，这一数量围绕 12 万 ~ 16 万波动，并在 2007 年 1 月稳定在 13.2 万。小布什总统当月宣布到夏天美军要"激增"至 16.8 万，但这只

238

---

① Kahl, "In the Crossfire or the Crosshairs?" 36。关于更详细的论述，见 Colin H. Kahl, "Annihilation, Restraint, and U.S. Military Conduct in Iraq," paper presented at the annual meeting of the International Studies Association, Chicago, IL, March 2007。

② Jeffrey Record and W. Andrew Terrill, *Iraq and Vietnam: Differences, Similarities, and Insights* (Carlisle, PA: U.S. Army War College, 2004), pp. 11 - 12。作者计算驻伊美军死亡人数所使用数字来自 http://icasualties.org/oif。大约每天有两名美军士兵死亡，这个数字与杰弗里·雷科德和安德鲁·特里尔援引的数字相似。

是临时增兵，旨在稳定巴格达的安全局势和鼓励政治和解，而不是击败叛乱的军事战略。到 2007 年 9 月，此举带来了明显的安全成果，如叛乱攻击减少，伊拉克平民伤亡减少，但政治进展仍然不明显。[①]

伊拉克其他方面的政治局势对美军作战造成了制约。只要美军导致伊拉克平民伤亡，巴格达就会爆发强烈的政治抗议。例如，2006年 6 月，新闻报道称美第一陆战团 3 营士兵可能制造了一起屠杀之后，伊拉克新任总理马利基（Maliki）公开指责称美军针对伊拉克无辜民众的暴力行为"经常发生"，"完全不可接受"。[②] 如前文提到的，美军第一次进攻费卢杰时也爆发过类似事件。因此，避免平民伤亡已经成为维护与伊拉克政府关系的必要条件。

然而，事情不完全是这样的。过去三四十年里，民主国家日益不愿意针对平民或者因附带伤害导致平民伤亡。20 世纪 70 年代以来，民主国家就很少采取迫害平民的做法（尽管在此期间被民主国家所杀的平民人数没有比早年更少）。其中一个可能的解释便是民主国家的规则和惯例已经发生变化，尤其是在国家核心利益没有受到威胁的战争中。也许如今美国民众（或是任何民主国家的民众）将无法忍

---

① "President's Address to the Nation," January 10, 2007, http: //www. whitehouse. gov/ news/ releases/2007/01/20070110 – 7. html。关于伊拉克局势进展的种种观点，见 General David H. Petraeus, "Report to Congress on the Situation in Iraq," September 10 – 11, 2007, http: // www. foreignaffairs. house. gov/110/pet091007. pdf; Michael E. O'Hanlon and Jason H. Campbell, "Iraq Index: Tracking Variables of Reconstruction and Security in Post-Saddam Iraq," Brookings Institution, September 10, 2007, http: //www. brookings. edu/iraq index; United States Government Accountability Office, "Securing, Stabilizing, and Rebuilding Iraq: Iraqi Government Has Not Met Most Legislative, Security, and Economic Benchmarks," September 2007, http: //www. gao. gov/new. items/d071195. pdf; Michael R. Gordon, "Hints of Progress, and Questions, in Iraq Data," *New York Times*, September 8, 2007。关于没有取得政治进展这个问题，见 James Glanz, "Compromise on Oil Law in Iraq Seems to Be Collapsing," *New York Times*, September 13, 2007; and Thomas E. Ricks, "Iraqis Wasting an Opportunity, U. S. Officers Say," *Washington Post*, November 15, 2007, A1。

② Richard A. Oppel Jr., "Iraqi Assails U. S. for Strikes on Civilians," *New York Times*, June 2, 2006.

受公然和直接迫害平民的政策。这与华盛顿以及美军宣称的美国绝不 　239
会针对平民，并将极力避免平民死亡的做法是一致的。

关于美国在伊拉克十分克制的另一个解释就是军队的组织文化已
经接受这样一种武装冲突法则，即针对平民的战略（或者导致大量
平民伤亡的战略）是不可取的。① 例如，美国陆军各部队都配备了军
法检察官，后者负责在现场判断军官拟打击目标的致命性。军队会使
用附带伤害评估办法对空袭和炮击的计划目标进行审查，并由法律顾
问进行仔细分析。随后会对攻击角度、使用武器种类和打击时机选择
进行相应调整，旨在将平民伤亡降至最低。超过一定附带伤害门槛的
目标需要经国防部长审批。驻伊地面部队需遵守严格的交战规则。总
之，根据这一观点，避免非战斗人员伤亡是当前美军文化的一部分，
并且能够有效阻止美军造成平民伤亡。②

然而，美军的文化中还有不那么善良的另一面。卡尔称之为
"灭绝亚文化"，"指的是有必要为了胜利去运用直接和压倒性力量摧
毁敌方"。这两种亚文化的共存解释了美军为什么在伊拉克既能严格
遵守武装冲突法，又会过度依赖火力和攻击行动来杀伤叛乱分子
（这种行动则造成了大量不必要的平民死亡）。③

这种文化论似乎站得住脚，但也不全是如此。首先，如前文所
述，美军在伊拉克的死亡率极低，并且美军的政治目标是遏制而非击
败叛乱。其次，美军各部队在伊拉克的所作所为不尽相同，这就对美

---

① Kahl, "In the Crossfire or the Crosshairs?"; and Colin H. Kahl, "How We Fight," *Foreign Affairs* 85, no. 6 (November/December 2006): 83 – 101.卡尔强调美莱村屠杀和越战在刺激军方重视战争法方面所起到的重要作用。确切地说，国防部的战争法项目不仅极大地增强了军法官的作用，完善了对战争法的培训，而且在武器采购时倾向于采购精确制导武器。
② 陆军研发了一款用于招募新兵的视频游戏，这款游戏要求玩家必须遵守武装冲突法，如果玩家伤害非战斗人员就会受到惩罚。Colin H. Kahl, "Compliance with the Norm of Noncombatant Immunity: The Case of Iraq," paper presented at the annual meeting of the American Political Science Association, Washington, D. C., September 2005, pp. 1 – 2.
③ Kahl, "In the Crossfire or the Crosshairs?" pp. 38, 42 – 45.

军（或者说是美军地面部队）拥有单一的军种文化这种说法提出了质疑。正如托马斯·里克斯（Thomas Ricks）指出的："观察人员普遍认为，2003～2004年美军在伊拉克的军事行动期间，每个师的作战区域让人感觉都像在进行一场不同的战争。"有些部队，如第4步兵师在其最初的部署行动中，侵略性很强，扣押了大量人员，动用火力也十分随意。其他各个师，如第101空降师的做法则温柔得多。[①]如果说军队具有单一文化，就很难解释这种差异。

240　　　最后，有些证据显示，美军军官和士兵同样不具有克制对待伊拉克平民的文化。一项针对哈迪塞屠杀事件［2006年由埃尔顿·巴格韦尔（Eldon A. Bargewell）少将主导］的调查报告称：

> 各级都认为平民伤亡（甚至是重大伤亡）是日常的、自然的，也是叛乱分子战术的必然结果……各级指挥官在这次调查中的讲话总体认为，伊拉克平民的生命不如美国人的生命那么宝贵，他们的死如同做生意时付出的成本，陆战队员们为了完成任务可以不惜一切代价。

在事件发生后，第2陆战队师各级军官不是去做调查，而是将其归咎于叛乱分子的宣传，或是简单地宣称"陆战队员不是牺牲品"。[②]此外，2006年陆军精神健康顾问小组针对美在伊拉克的陆军士兵和陆战队员的调查发现有些结果让人不安。只有38%的陆战队员和47%的陆军士兵对问题做出了正面反应，即"所有非战斗人员都应

---

① 引文来自 Thomas E. Ricks, *Fiasco*: *The American Military Adventure in Iraq* (New York: Penguin, 2006), p. 227；关于作战行动的描述，同上书，pp. 228 – 234。

② 引文来自 Josh White, "Report on Haditha Condemns Marines," *Washington Post*, April 21, 2007, A1。据说，2005年11月19日美国海军陆战队车队遭到路边炸弹袭击，1名士兵死亡，随后美国海军陆战队在哈迪赛屠杀了24名伊拉克平民。Tim McGirk, "One Morning in Haditha," *Time*, March 27, 2006, pp. 34 – 36。

当得到尊严和尊重"。更让人不安的是，只有40%的陆战队员和55%的陆军士兵表示他们会向部队报告战友"打伤或者打死无辜非战斗人员"的行为。① 这种对平民不够尊重，不愿报告战友杀死平民，拒绝就平民伤亡的报告展开调查等一系列事实似乎与卡尔所描述的文化不符。

从这些解释中我们也无法裁定美国在伊拉克的所作所为。美国人的伤亡不算高，美国是否致力于以击败敌人作为赢得胜利的方式也不得而知。即便上面几点都是事实，美军在保护伊拉克平民生命方面也做得很好了。美军的标准作业程序如今在关于避免平民伤亡方面有严格的规定，政治领导人也不太愿意公开屠杀非战斗人员（即便这些领导人事实上愿意批准进行严刑逼供）。简单点说，美国迫切希望离开伊拉克，而不是在伊拉克获胜，政治领导人的道德取向和军队的克制文化使美国没有在伊拉克迫害平民。

在本章中我对没有发生迫害平民的几场战争进行了分析。这其中多数都是在短时间内以较小代价就取得了胜利的战争。其中一个例外就是共计阵亡10万士兵的埃塞尔比亚－厄立特里亚战争。在这一案例中，交战双方中的任一方都没有足够的能力去攻击敌方平民，进而使双方比较容易达成协议不去攻击非战斗人员。美国规划和实施海湾战争反映出当一个国家无法取得快速和决定性胜利的时候，是如何从头再来的。1990年10月当中央总部提出计划时，似乎美军要因为这 ²⁴¹场战争遭受重大人员伤亡。当时美国选择向该地区派出双倍兵力，从西部沙漠侧翼攻击伊军。在地面攻击开始前，美军对在科威特的伊军展开了数周空袭，为后续陆军和陆战队的行动扫清了障碍。最终结果就是战争仅持续了100小时，战果也是有史以来最为一边倒的。

---

① Mental Health Advisory Team（MHAT）IV Operation Iraqi Freedom 05 - 07, *Final Report*, November 17, 2006, 35, 37, http：//www. armymedicine. army. mil.

然而，海湾战争也告诉我们战略轰炸基础设施会如何大范围殃及平民，以及民主国家为了避免在战争中遭受损失会如何锁定平民作为攻击对象。轰炸基础设施应该会对民众产生重大心理冲击，让他们难受，并证明当局的无能。但是，实施这类行动造成了海湾战争后大量平民死亡，这也显示出此举是具有欺骗性的。在像伊拉克这样民众依靠电力来净化淡水和处理废水的国家，"拔掉电插头"会对公共卫生造成灾难性影响，并且会使民众受到本可预防的疾病的侵害。

在伊拉克占领科威特之后，对伊拉克实施的经济制裁（在美国及其盟友展开一切敌对行动之前）事实上摧毁了该国的贸易，并试图阻止平民获得粮食。美国只有在认为制裁无法将伊拉克人赶出科威特时，才会决定动用武力。随后，多国部队为避免在驱逐萨达姆时付出沉重代价，就继续对伊拉克实施制裁，进而让伊拉克平民承受了经济制裁带来的苦果。各种制裁就是现代版的围城战，同样具有致命性。尽管如此，制裁这种做法极具吸引力，因为这么做不会让实施制裁一方出现人员伤亡。如果一国能够通过某种政策实现目的，又不用承受本方人员伤亡，只需要杀死敌方平民，那么该国通常会选择这种战略。

最后，低伤亡率和迫切离开伊拉克的意图（而非赢得战争）使得美国的政治和军事领导人得以在伊拉克恪守其价值观，并避免迫害平民。

结　论

本书开篇时我提出了一个简单问题：为什么战争中交战国要攻击
和杀害非战斗人员。我认为大多数情况下迫害平民都是由两个原因造
成的。第一，在旷日持久的消耗战中迫切渴望打赢战争和减少伤亡造
成迫害平民。交战国都希望以一种经济的方式迅速打赢战争。交战国
基本上不会在战争之前就制定攻击平民的战略：交战国通常认为敌国
军队才是重心，因为打击平民或平民士气的胁迫战略通常不能迅速打
赢战争。而且，在战争初期交战国有时候不敢攻击非战斗人员，一是
忌惮敌人有能力进行报复，二是担心得罪强大的第三方国家。所以，
在持续时间较短、激烈程度较低的战争中，迫害平民比较少见；但是
如果武装冲突发展成旷日持久的消耗战，作为一种降低成本和避免失
败的手段，非战斗人员受到迫害的概率就会增加。

第二，如果征服者把他国领土上的平民视为威胁，那么征服和吞
并他国领土的欲望就会导致攻击平民。交战国往往把这些"敌国"
平民视为"第五纵队"，他们随时都有可能在后方发动叛乱，造成两
线作战局面。在这种情况下，进攻者通常不会置之不理，而是会迅速
采取行动消除这些威胁，避免其今后制造麻烦。

为了研究这个问题，我采用了两种方法，这两种方法相辅相

成。在统计分析时，我整理了关于 1816～2003 年的国家间战争参战国的变量的数据。我把这个因变量（迫害平民）定义为在战争期间攻击非战斗人员或拒绝区别战斗人员和平民的军事政策或战略。我还搜集了关于每个国家杀害平民人数的数据。统计分析的结果强有力地支持了我的假设。不论是消耗战（以静态战、阵地战、包围战和反叛乱为特征的冲突）还是交战一方企图征服和吞并邻国土地的战争，都使迫害平民的可能性和平民伤亡人数显著增加。有时候威慑力能够使冲突升级向后推迟，但是通常无法彻底阻止冲突升级。相比之下，关于迫害平民的其他解释，数字性证据更加复杂。例如，保持其他要素不变，交战方之间文化差异较大（认为敌人"野蛮"，从而导致迫害平民的可能性增加）并没有使交战方伤害敌方平民的概率系统性地增加。关于政权形式，我发现民主国家迫害平民的可能性比非民主国家大。这个差异是由民主国家在消耗战中的行为造成的，在消耗战中，民主国家攻击非战斗人员的可能性比非民主国家大。我还发现有些证据支持下面这个观点：越战之后，虽然造成的平民伤亡人数没有减少，但是民主国家攻击平民的可能性确实变小了。

本书案例分析部分进一步支持了迫切渴望和吞并领土欲望导致迫害平民的观点。第三章和第四章分别对民主国家和独裁国家之间的成本高昂的消耗战进行了分析，追踪了避免高昂成本和打赢战争的欲望是如何导致迫害平民的过程。例如，在第三章中，我向读者展示了第一次世界大战中英国面临战争成本不断上升和政策制定者意识到西线战场陷入消耗战是如何造成英国收紧对德国的海上封锁从而阻止德国平民获得食物的。类似的，1941 年秋"施里芬计划"的失败给德国造成了巨大压力，促使德国使用齐柏林飞艇（zeppelins）轰炸英国并发动了无限制潜艇战。由于担心美国站在协约国一边参战，德国领导人一再推迟无限制使用 U 型潜艇封锁英国，直到 1916 年轴心国在战场上连连失利使他们产生了绝望感，德国才觉得有必要采取一切手段打赢战争。

在第四章中，入侵日本本土需要付出高昂成本促使美国开始迫害平民；德军轰炸军事目标遭遇失败导致德国开始迫害平民。太平洋战场陷入消耗战，而且美军得知日本城市极易着火，这导致美国对使用燃烧弹轰炸日本城市产生了兴趣并开始策划轰炸。将这些计划付诸实施的导火索是美军轰炸机的精确轰炸无法造成巨大破坏。美国领导人希望使用燃烧弹轰炸以便迅速结束太平洋战争，从而避免美军伤亡，否则美军需要为征服日本付出惨重代价。除了遇到障碍（如 1939 年进攻华沙和 1940 年进攻鹿特丹受阻）导致决定推迟或进攻必然造成惨重损失之外，德国空军基本上是支援德国陆军作战，专门对付英国空军。在不列颠战役中，希特勒试图摧毁英国皇家空军，为入侵英国扫清障碍，但是当行动失败后，他绝望地命令德军轰炸机轰炸英国城市目标，希望空袭伦敦能够迫使英国投降。

第五章结合另外一种战争形式（游击战）对迫切渴望观点进行了阐述。直到布尔突击队拒绝投降并发动游击战，驻南非英军才开始对布尔平民采取镇压措施。结果，数万名布尔人和非洲人在集中营里死去，死于可以预防的疾病。

在第六章中，我开始阐述吞并领土的欲望会造成迫害平民从而清除敌人"第五纵队"这个观点。1948 年以前，犹太复国主义运动领导人梦想在巴勒斯坦全境建立一个犹太国家。冲突爆发前，不论有没有制订驱逐巴勒斯坦人的总计划，犹太复国主义运动领导人都一致认为"迁移"巴勒斯坦阿拉伯人是建立犹太国家的最佳办法，也是唯一办法。原因在于，如果犹太国家内部有大量怀有敌意的少数民族，那么这个国家将永远无法获得安宁，要么被国内势力从内部攻破，要么国内势力配合周边阿拉伯国家发动进攻。在 1948 年的战争中，以色列将迁移计划付诸实施。1948 年 3 月底，犹太复国主义军队变得

245

越来越绝望，而且意识到在道路争夺战中可能被打败，于是他们开始实施 D 计划，这个计划要求征服和占领阿拉伯人居住区。那些进行抵抗的村庄、重要交通线沿线的村庄以及那些无法长期占领的村庄都要摧毁，村民也要赶走。犹太复国主义民兵武装实施屠杀、哈加纳/以色列国防军实施无差别暴力和屠杀平民使阿拉伯人加速逃离。随着战争形势的发展，驱逐政策变得越来越明确；当阿拉伯居民变得越来越不愿离开家乡时，屠杀事件也开始增多。

第七章分析了几个反面案例（战争中没有发生迫害平民事件）以检验这些案例是否与我的观点相一致。这些案例大多数是迅速取得决定性胜利的战争，或者至少是伤亡很小的有限战争。海湾战争持续时间很短、成本很低。在海湾战争中，虽然美军"迅雷行动"造成大约 3000 名伊拉克平民死亡，但是美国并不是故意攻击伊拉克平民的。然而，海湾战争暴露出近期战争存在两个令人不安的特点。第一，"轻微惩罚"（美国空军的"熄灯"战略，旨在向伊拉克平民施压，要求他们推翻萨达姆·侯赛因）造成伊拉克的水净化系统瘫痪，产生了意想不到的后果，最终造成数万人生病和死亡。虽然美国并不是故意轰炸平民，但是这起事件表明施加心理压力与身体伤害之间的区别是多么微妙。既想不突破战争法，又想胁迫平民，这不会减少平民伤亡，只不过是换了一种方式罢了。

第二，海湾战争这个案例表明民主国家越来越不喜欢直接造成平民伤亡，但是这种敏感性并没有减少间接造成的非战斗人员伤亡。5 万～10 万名伊拉克平民死于美军轰炸基础设施的副作用，但是没有人公开抗议，为了迫使萨达姆·侯赛因从科威特撤军，1990 年 8 月美国领导人开始了经济制裁（效果相当于饥饿封锁）。因此，对于战争中减少平民伤亡而言，民主制度的传播有利有弊：民主国家越来越不喜欢直接杀害非战斗人员，但是这种人道主义冲动并不能始终阻止平民伤亡，因为它无法扩展到间接惩罚形式。

对其他迫害平民理论的影响

政权形式

在战争中民主国家会遵守那些禁止杀害无辜平民的国内规则，这个观点没有得到支持。按照民主和平理论中的规则，民主国家在与其他民主国家交往中会遵守和平解决冲突的国内规则，会尊重个体自治。规则观点也意味着当民主国家参战时，他们应避免伤害无辜平民，这不仅因为这么做会使冲突更激烈，使冲突更难以解决，而且因为自由和民主规则要求国家领导人尊重人权，禁止杀害与冲突无关的人员，也就是无辜平民。

对于民主国家不会迫害平民这个观点，历史证据并不支持。这个观点似乎只在低成本战争中才能成立。如果避免迫害平民对民主国家而言几乎没有成本，那么民主国家就会遵守他们的价值观。然而，如果坚守信念的成本增加，那么民主国家就会抛弃那些限制性规则，就会对非战斗人员发动战争。很少会有领导人直接承认他们采取了旨在杀害敌方非战斗人员的战略。这可能是因为和平时期民众会坚决反对攻击平民，领导们想当然地认为战争时期民众仍然这么想。然而，如果杀害敌方非战斗人员能够更迅速地结束战争、能够挽救本国士兵生命的话，就算是最自由的民主国家的民众也会同意杀害敌方非战斗人员。所以，战争期间自由国家的民众和领导人会变得非常狭隘。

因此，我的分析提供了更多证据证明自由或民主规则不是民主国家之间和平相处的原因。这个观点遭到越来越多人反驳，他们当中不仅有现实主义者，还有民主制度的支持者。我发现，对于解释民主国家在战争期间的行为而言，规则的重要性排在次要位置，这与其他分析员的观点相同。[①] 然而，最近有些研究认为自由价值观在民主国家

247

[①]　见 Dan Reiter and Allan C. Stam, *Democracies at War* (Princeton: Princeton University Press, 2002)。

的外交政策中变得越来越重要，尤其是在民主国家的生存没有受到威胁的小规模战争中。^① 甚至在 100 多年前的布尔战争中，自由国家的政治家们最终也能够发挥作用，减少了迫害平民（虽然没能从一开始就阻止迫害平民）。冷战后美国拥有巨大实力优势，或许这种趋势对美国的影响最深刻。然而，我仍然认为只要战争成本足够高，绝望感（甚至是在小规模战争中）或者完全避免战争成本的愿望足够强烈，民主国家就会迫害平民。

说到民主制度，这个问题更加微妙。我的理论从一开始就假设所有国家对成本的敏感度完全相同。然而，民主的制度模型表明民主国家在战争中也许对成本更加敏感，因为民选领导人更容易因为政策成本过高或政策失败而受到制裁。统计数据倾向于支持民主国家攻击平民的可能性比非民主国家大的论点，而这种趋势是成本高昂的消耗战造成的。例如，有些证据表明，民主国家的领导人担心，如果他们没有全力以赴减少本国军人伤亡，如果没能迅速打败敌军，未来他们会受到选民的惩罚。历史学家巴顿·伯恩斯坦认为在 1945 年决定使用原子弹时这种担忧很明显："杜鲁门、詹姆斯·伯恩斯和其他领导人清醒地认识到，如果不使用原子弹，如果入侵日本势在必行，那么美国国内将会出现政治反弹，这点不需要别人来提醒他们。就算是他们不希望使用原子弹（实际上他们希望使用原子弹），美国领导人也担心牺牲美军士兵的父母和恋人痛哭流涕会引发民愤，这也会迫使美国领导人把原子弹投向日本。"^② 民主国家的领导人（比如参加 1900 年和 1918 年英国"卡其选举"（"Khaki" elections）的索尔兹伯里勋爵

---

① Gil Merom, *How Democracies Lose Small Wars: State, Society, and the Failures of France in Algeria, Israel in Lebanon, and the United States in Vietnam* (Cambridge: Cambridge University Press, 2003).

② Barton J. Bernstein, "The Atomic Bombings Reconsidered," *Foreign Affairs* 74, no. 1 (January/February 1995): 149.

和戴维·劳合·乔治）也因为战争期间鼓吹和采取迫害平民政策而在选举中获得更多选票。因此，本书支持下面这个古老的观点：民主国家也许不轻易发怒，但是一旦被成本高昂和旷日持久的战争激怒，他们就会不顾一切地投入战斗。

然而，对成本更敏感并非民主国家有别于独裁国家的特征。例如，希特勒就非常担心英军炸弹落到德国平民头上，萨达姆·侯赛因在两伊战争期间也对战争成本非常敏感。[①] 而且，过程追踪发现，民主国家领导人直接表示担心没有攻击敌方平民而输掉选举，这样的案例很少。如果民主国家的领导人认为杀害非战斗人员会招致敌人报复或第三方国家参战，他们也会顶住民众压力。所以民主问责制似乎起到了促进作用，为领导人在绝望情况下攻击平民提供了更多动力。民主制度对造成迫害平民到底有什么作用，这个问题值得在案例分析中进一步研究。

然而，民主国家很少大规模、面对面地杀害平民，民主国家更偏爱通过轰炸、封锁和关入集中营等方式间接杀害平民。民主国家也没有进行过真正意义上的大屠杀（死亡人数在 100 万以上），但是杀害50 万、10 万或 5 万非战斗人员的可能性并不低于非民主国家。虽然民主国家的民众在战争期间很少反对杀害敌方非战斗人员，但是民主国家的领导人认为民众会反对杀害平民，所以他们往往不会公开宣布他们攻击了平民。正如上文所说，这是因为民主国家的领导人认为国内选民反对杀害平民的政策，而现实情况是民众往往发自内心地支持杀害平民。这样看来，民主国家的领导人在成本高昂或旷日持久的战争中无须为大规模伤害平民付出代价，即使付出代价，代价也很小。

---

① 关于萨达姆对成本非常敏感，见 Stephen C. Pelletiere and Douglas V. Johnson Ⅱ, *Lessons Learned: The Iran-Iraq War* (Carlisle, PA: U. S. Army War College, 1991), p. 9; Anthony H. Cordesman and Abraham R. Wagner, *The Lessons of Modern War*, Vol. 2, *The Iran-Iraq War* (Boulder: Westview Press, 1990), p. 109; Efraim Karsh, *The Iran-Iraq War: A Military Analysis* (London: International Institute for Strategic Studies, 1987), pp. 35 – 36。

如果民众认为战争无法取胜，那么他们反对战争的可能性要大得多，因为战争会造成大量非战斗人员死亡。[1]

我的发现也对有关战争中的民主和胜利的文献产生了影响。根据民主国家胜利的选择效应观点，民主国家在他们主动发起的战争中百战百胜，原因在于民选领导人（他们知道如果战败他们很可能会丢掉"乌纱帽"）只选择发动那些他们确信能打赢的战争。如果民主国家的领导人做出了正确选择，我们就会发现在民主国家主动发起的战争中迫害平民的情况比较少，因为民主国家主动发起的战争应该是成本低廉和容易打赢的。然而，仔细分析后发现，民主国家在他们主动发起的战争中迫害平民的可能性并没有显著小于他们被动应战的战争。这些发现间接证明了民主国家胜利的选择效应观点不成立。

身份

我的研究也对国际关系中的建构主义观点产生了影响。建构主义观点强调行为体身份的重要性。在关于迫害平民行为的研究中，一个重要假设就是，如果至少交战一方认为其敌人"野蛮"或者不在文明世界之列，那么迫害平民的可能性就会更大。文明国家的规则和惯例只适用于文明国家之间的战争，而不适用于针对野蛮国家的战争。

这个观点预测，在殖民战争/帝国主义战争（主要发生在欧洲白人和非洲人、亚洲人和印第安人之间）中迫害平民比在文明国家之间的战争中更常见。然而，我对我整理的关于国家间战争数据库中的迫害平民概率与伊万·阿诺金·托夫特整理的殖民战争（部分是内战）数据库中的野蛮事件概率进行了比较，对比结果与这个假设相冲突：国家间战争中，有能力攻击平民的参战国当中，30%的参战国

---

[1] 关于这个观点，见 Christopher Gelpi, Peter D. Feaver, and Jason Reifl er, "Success Matters: Casualty Sensitivity and the War in Iraq," *International Security* 30, no. 3 (winter 2005/06): 7 - 46。

会攻击平民；而使用野蛮手段对付非国家行为体的国家只有 20%。
而且，我对第二次布尔战争和祖鲁战争（Zulu War）进行了对比，对
比结果使我对这个观点提出了质疑：虽然布尔人没有完全开化，但是
他们至少是白人，是欧洲人的后裔；而祖鲁人是非洲人，是黑人，而
且英国国内普遍认为祖鲁人既残忍又野蛮。然而旷日持久、游击战式
的布尔战争中发生了迫害平民，而迅速取得决定性胜利的祖鲁战争中
却没有发生迫害平民。

　　一种与身份相关的观点认为，为了动员全国人民支持战争，精英
们必须妖魔化敌人。妖魔化种族或文化不同于本民族的群体比妖魔化
与本民族文化相似的群体要容易得多。按照这个逻辑，没有相似性的
群体之间的战争中迫害平民的可能性更大，因为两者之间差异越大，
越容易把敌人描述成劣等种族或文化。

　　刚才对关于国家间战争和殖民战争中迫害平民的概率的证据进行
了讨论，这些证据也降低了妖魔化敌人假设的可信度，因为把部落敌
人描述成劣等人或野蛮人更容易。然而，在国家间战争中，文化差异
的衡量指标（例如属于不同文明或具有不同宗教和肤色）与迫害平
民的可能性较大没有必然联系。妖魔化敌人似乎不是以不同群体之
间的"客观"差异为依据；不论敌人与本民族多么相似或不同，总
有一些差别可以把本民族与其他民族区分开来，而这些差别可以用
来诋毁敌人。这符合社会身份理论的结论，即使是极小的社会群体
也对其群体成员有强大的影响力；歧视其他外来群体不一定需要很
大差异。① 而且，不一定需要有种族仇恨或其他仇恨才会发生迫害平
民：第二次世界大战中美国人并没有特别痛恨德国人，但是美国人还

　① 例如，见 Henri Tajfel, ed., *Differentiation between Social Groups: Studies in the Social Psychology of Intergroup Relations* (London: Academic Press, 1978)。关于在国际关系中的应用，见 Jonathan Mercer, "Anarchy and Identity," *International Organization* 49, no. 2 (spring 1995): 229–252。

250 是杀害了数千名德国平民。英国人也并不认为布尔人或德国人是恶魔。最后,高度妖魔化敌人并非总是转化为系统性攻击非战斗人员:1956 年、1969～1970 年和 1973 年的战争中没有发生迫害平民事件,主要是因为威慑力和担心大国干预。

我从这个证据中得出了一个结论,那就是民众的态度不是一国政府是否采取迫害平民战略的决定因素。我从来没有看到过渴望复仇、心中充满仇恨的民众要求大屠杀而政府屈从于民众意愿的案例。然而,为了制造支持战争的舆论,或者为了把全国人民团结起来支持战争,政府确实会妖魔化敌人。鉴于妖魔化敌人确实会导致民众仇恨敌人,而且这种做法对于民主国家更有必要(因为在民主国家中民众支持战争非常关键),所以民主国家的领导人因为过度宣传而作茧自缚的概率要大得多(尽管与迫害平民没有密切关系)。

有学者认为帝国主义扩张的神话最有可能在卡特尔化的政治体系中扎根,在这种政治体系中,那些对扩张感兴趣的群体会获得国家的控制权,通过互投赞成票的方式来扩大其各项利益,并且进行自取灭亡的过度扩张。这些群体鼓吹"帝国神话",向民众推销他们的扩张主义计划,但是往往会作茧自缚,因为抛弃这个计划无异于承认他们在追求其狭隘利益的过程中一直在撒谎。有人说民主国家对这个问题具有较强免疫力,因为民主体系中政治权力比较分散,扩张主义联盟要想控制整个国家难度更大,而且民主国家拥有充满活力的思想市场,能够揭露这种自私自利的政治阴谋。① 但是,如果在民主国家中民众的支持更加重要,那么民选领导人就比非民选领导人更有动力去妖魔化敌人。

组织理论

关于迫害平民的两个假设产生于组织理论。第一,如果一国军队

---

① Jack Snyder, *Myths of Empire: Domestic Politics and International Ambition* (Ithaca: Cornell University Press, 1991), pp. 31 - 52.

的文化倾向于惩罚战略，那么这个国家就有可能攻击平民。第二，如果迫害平民能够促进其狭隘的组织利益，如成为一个独立军种，那么军事组织就有可能迫害平民。

很显然，组织文化会对军队如何为战争做准备产生影响，这种影响会贯穿整个冲突期。然而，我在本书中认为军事文化不是决定迫害平民的重要因素。大多数军队都没有形成战争期间攻击平民的文化。少数军队拥有攻击平民的文化，但是这些军队通常不会在战争一开始就迫害平民，而且政治领导人也不允许他们迫害平民。更常见的情况是，有些军队拥有只准攻击敌军的文化，只有在攻击敌军的战略失败之后才会迫害平民。然而，从军官考虑或描述其行为的方式中仍然可以感受到文化的影响。例如，美国陆军航空队有一半弹药是依靠雷达进行无差别轰炸的，但是美国陆军航空队仍然认为他们是在对德国进行精确轰炸。

在某些案例中（如轰炸日本），狭隘的组织利益似乎发挥了一定作用，但是这并非迫害平民的必要条件，而且通用性也有限。第二次世界大战期间，美国空军人员渴望从美国陆军中独立出来，所以使用燃烧弹进行轰炸，试图凭借空军自身力量打赢太平洋战争。但是渴望组织独立是不是迫害平民的必要条件？其他国家已经独立的空军也会轰炸平民。而且，美国政治领导人对燃烧弹轰炸的热情并不比空军人员低。如果说军队攻击平民是为了比其他军种获得更多资源和优势，那么这个假设便高估了迫害平民的作用，因为军种之间永远存在相互竞争。简而言之，在某些案例中狭隘的组织利益是造成迫害平民的原因之一，但是把这种原因推广到所有案例中则值得怀疑。

反叛乱中的选择性暴力

关于内战中的暴力行为，现有研究认为暴力是为了惩罚那些支持敌人的人，从而阻止其他人背叛；要想达到这样的效果，暴力必须是有差别的。换句话说，要想获得服从就必须保证服从后能够生存下来。如果服从也不能保证生命安全，不论是否忠诚都会被杀，那么他们就会加入敌方，这样做生存机会至少稍微高一些。

这类模型认为民众的忠诚是不稳定的，取决于强有力的控制：在某个地区，谁能获得武力垄断地位，谁拥有足够兵力惩罚（进而威慑）潜在背叛者，谁就能获得当地人的支持（不论是极不情愿地支持还是心甘情愿地支持）。[①] 然而，这个观点认为交战方认为每个群体成员都是可控的。但是，在现实中，这个假设并非总是成立：交战方通常认为某些群体比其他群体更难控制。如果交战方觉得他们不太可能得到某个种族或政治群体的服从，他们就不会像选择性暴力模型所描述的那样有差别地使用武力来阻止背叛和维持控制。恰恰相反，由于一个群体的身份给其成员贴上了不服从或可能反叛的标签，交战方就会无差别地使用武力对付所有成员，把这些人从他们企图占领的土地上全部清除出去。这种清洗战略摆脱了可能制造麻烦的群体，降低了战争成本，也降低了未来占领的成本。

一个群体认为另外一个群体不听话，会构成威胁，这种想法可能是多个因素造成的。例如，战争爆发之前种族、宗教或意识形态极端对立可能造成这种观点：对方怀有敌意，无法挽救，一有机会肯定会反叛。近期不同群体之间发生过冲突，或者一个群体受到另外一个群体压迫也会产生这种想法。然而，总的来说，什么时候选择无差别"清洗"暴力而不选择有差别"控制"暴力，目前对这个问题知之甚少，还有待进一步研究。[②]

② 位于左侧页边：252

---

① Stathis N. Kalyvas, *The Logic of Violence in Civil War* (Cambridge: Cambridge University Press, 2006).

② 有人试图解释这个差别，见 James Ron, *Frontiers and Ghettos: State Violence in Serbia and Israel* (Berkeley: University of California Press, 2003)。

对胁迫理论的影响

从胁迫文献中我有一个重大发现，那就是惩罚根本不起作用：为了说服交战国改变做法或在重大问题上（如割让领土）做出让步而伤害平民，这种战略基本上不会成功。① 佩普关于战略轰炸中惩罚的效率的发现（虽然不是没有争议）产生了很大影响，引发了广泛争论。② 佩普后来把他的观点延伸到了经济制裁，他发现经济制裁也无法在重大问题上取得让步。③ 最近，佩普开始研究自杀式恐怖主义，他发现（与之前作品观点相反）轻微或中度惩罚确实会使遭到自杀式袭击的国家做出让步。④ 然而，有学者对这个发现提出质疑，大多数学者认同佩普之前的观点，即惩罚不仅无效，而且会适得其反，因为惩罚会招致惩罚对象更激烈的抵抗。⑤

本书不是为了解释迫害平民是否有效的问题，而是要探究其原

---

① Robert A. Pape, *Bombing to Win: Air Power and Coercion in War* (Ithaca: Cornell University Press, 1996).

② 关于这场辩论的概况以及对佩普观点的批评，见 Karl Mueller, "Strategies of Coercion: Denial, Punishment, and the Future of Air Power," *Security Studies* 7, no. 3 (spring 1998): 182 - 228。

③ Robert A. Pape, "Why Economic Sanctions Do Not Work," *International Security* 22, no. 2 (fall 1997): 90 - 136.

④ Robert A. Pape, "The Strategic Logic of Suicide Terrorism," *American Political Science Review* 97, no. 3 (August 2003): 343 - 361; Pape, *Dying to Win: The Strategic Logic of Suicide Terrorism* (New York: Random House, 2005)。佩普认为自杀式恐怖主义比其他惩罚形式成功率高，因为自杀式袭击者希望从袭击目标获得的妥协比较小，而且因为他们会袭击民主国家，而民主国家对人员伤亡比较敏感。

⑤ 佩普认为自杀式恐怖主义是有效的，有人对此观点提出批评，见 Assaf Moghadam, "Suicide Terrorism, Occupation, and the Globalization of Martyrdom: A Critique of *Dying to Win*," *Studies in Conflict and Terrorism* 29, no. 8 (December 2006): 707 - 729; Max Abrahms, "Why Terrorism Does Not Work," *International Security* 31, no. 2 (fall 2006): 42 - 78. 关于惩罚普遍无效，见 Caleb Carr, *The Lessons of Terror: A History of Warfare Against Civilians* (New York: Random House, 2002); Ivan Arreguín-Toft, "The [F] utility of Barbarism: Assessing the Impact of the Systematic Harm of Non-Combatants in War," paper presented at the annual meeting of the American Political Science Association, Philadelphia, PA, August 2003。

因。然而，书中证据允许我们对效率问题做一些总体判断。首先，佩普说的基本上没错，在国家间旷日持久的消耗战中通过惩罚来胁迫对方屈服的成功率并不高。佩普认为原因有以下几点：一是现代民族国家有能力承担高昂成本；二是非核武器惩罚不能造成足够的痛苦，不足以迫使国家领导人放弃重大安全目标；三是国家有能力把遭到惩罚的风险降到最低；四是平民遭受的痛苦不会使他们反抗本国政府。[①] 然而，还有一个观点佩普没有提到，那就是惩罚/迫害平民（这是由迫切渴望造成的）往往发生在成本高昂的消耗战中，在这种情况下，敌人抵抗的决心最坚定，承受严厉惩罚的意愿也最强烈。

253

然而，本书至少找到了一个大规模惩罚平民最终说服了政府结束战争的案例：第一次世界大战期间，英国对德国实施饥饿封锁使德国政府觉得必须进行谈判以达成停火协议，而不是孤注一掷地组织力量保卫德国。从历史上看，包围战这种惩罚取得了成效，这也进一步支持了佩普的观点。在包围战中，饿死城中居民通常会收到效果，就像把城中所有抵抗的人杀死一样，这会使其他城市打开城门。因此，在常规消耗战中，关于惩罚式胁迫的效率的初步假设是受胁迫的地理或政治单元越大，惩罚导致让步的可能性就越低。

其次，如果胁迫能够削弱敌人的战斗力，而不是仅仅给广大民众造成痛苦，借此希望民众会推翻政府从而结束战争，那么对非战斗人员造成伤害的胁迫更容易取得成功。佩普说杀害平民的战略轰炸始终都是惩罚战略，他说得不对。例如，当美国轰炸日本时，轰炸造成大量工人伤亡就被视为一种摧毁日本战时经济的手段。而且，1945 年 8 月美国投下原子弹不是针对日本民众的士气，而是针对日军抵御美国

[①] Pape, *Bombing to Win*, pp. 21 – 27.

入侵、保卫日本本土的战略。① 因此，为了削弱敌人的抵抗能力而迫害平民比为了削弱敌人的抵抗意志而迫害平民更有效。

再次，如果侵略者能够直接接触到平民，那么这种攻击平民的胁迫（眼对眼式胁迫）比侵略者从国外发动进攻的胁迫（远程式胁迫）更有效。② 这种"眼对眼式"胁迫不仅包括反叛乱行动（杀害那些协助叛乱分子的平民能够阻止其他平民协助叛乱分子，或者干脆把平民杀掉或驱逐，使平民无法协助叛乱分子），而且包括领土扩张战争。在领土扩张战争中，侵略者会认为部分平民不可信并使用暴力驱逐他们。有时候，种族清洗会产生巨大效益：比如 1948 年以色列建国和 1912 ~ 1913 年巴尔干国家瓜分奥斯曼帝国领土而实现扩张。如果走向极端，如纳粹德国，种族清洗则会产生反作用，但是只要措施不滥用，对特定地区的小群体实施种族清洗能够适得其反？清除"第五纵队"，从而确保永久拥有已占领的领土。

最后，有些分析员关于游击战中的暴行的观点是错误的，迫害平民是否有效并非始终取决于有差别或无差别特征。前文我已经说过，甚至在游击战/内战中，这种泛化观点也并非始终成立，因为忠诚并非始终被视为不稳定的。然而，除了叛乱之外，正是因为没有差别才导致最大范围的恐慌，才使受攻击人群觉得他们必须逃离，就像在清洗行动中那样。暴力的随意性（针对某个群体，而不是针对群体中的个别人）也能解释为什么自杀式恐怖主义成功率较高。因而，对非战斗人员实施差别或无差别暴力是否有效取决于迫害平民发生的背景。如果迫害平民是为了把领土上的某个群体赶走，那么无差别暴力

254

---

① 关于这个观点，见 Sadao Asada, "The Shock of the Atomic Bomb and Japan's Decision to Surrender-A Reconsideration," *Pacifi c Historical Review* 67, no. 4 (November 1998): 477 – 512; Richard B. Frank, *Downfall: The End of the Japanese Empire* (New York: Random House, 1999), pp. 347 – 348。

② 罗伯特·佩普建议我使用这些词组，非常感激。

有效，因为这样做会杀死更多人，而且能把其他人吓跑。如果迫害平民是为了把平民留在原地并控制他们，那么对已知或疑似背叛者实施选择性暴力更有效，因为这样做能够对潜在背叛者产生威慑作用。即便这样，有些情况下无差别暴力也有效，例如受攻击人群或战场很小、能够隔离的情况。

对政策和未来战争的影响

政策

本书已经说过，从理论上讲民主有其阴暗面（民主国家对成本很敏感，这几乎决定了民主国家在旷日持久的消耗战中必然会迫害平民），相应的，传播民主也有潜在的阴暗面。鼓励民主的发展是美国外交政策的主要目标之一。人们普遍吹嘘民主是处理国内事务最公平、最公正的政治制度，而且普遍吹嘘民主国家之间不会发生战争。因此，国际社会中民主国家越多，世界就越和平。

然而，如果我们希望把国家间战争中迫害平民的可能性降至最小，那么传播民主显然不是解决办法（至少短期内是这样）。我们已经看到，在国家间战争中，民主国家迫害非战斗人员的可能性至少与成本高昂的战争中一样大，或许更大。当今世界，冲突双方的政权形式不同（即一个民主国家和一个独裁国家），迫害平民的主要制约因素是战争成本、战争持续时间和威慑力。除非世界上绝大多数国家成为民主国家（民主国家之间大概根本不会发生战争），否则民主国家数量小幅增加只会对迫害平民可能性产生轻微影响。

255　　我的研究对后"9·11"时代的美国政策产生了更直接的影响。基地组织恐怖分子撞毁纽约世贸中心双子大厦以来，美国打了两场战争。布什政府出台了预防政策，美国安全事务从此进入一个新时代。

根据预防政策，美国将发动战争以阻止恐怖分子或流氓国家获得大规模杀伤性武器，这意味着在不远的将来美国很可能再次发动战争。[①]到目前为止，就死亡人数而言，这些战争并没有让美国付出惨痛代价。然而，如果美国遇到了一个强大对手，能使美军付出严重伤亡代价，那么敌方平民将因此遭罪。

如果美国再次遭到大规模恐怖袭击，那么这将为把迫害平民列入反恐行动营造宽松环境。例如，"9·11"事件之后，绝大多数美国民众愿意忍受军事打击恐怖分子时造成大量平民死亡的现实。令人不安的是，关于这个问题的民意调查显示出民众对军事打击恐怖分子可能造成的平民死亡人数麻木不仁。2001 年 9 月底，哥伦比亚广播公司联合《纽约时报》进行了一项民意调查，调查结果显示，"即使这意味着数万名无辜平民可能死于军事行动"，68% 的美国民众仍然赞成对 "9·11" 袭击责任人采取军事行动。[②] 一个月之后，"即使军事行动会造成数千名平民死亡"，62% 的美国民众仍然支持采取军事行动。[③] 1945 年美国对日本使用原子弹得到了更广泛的支持，所以这种公众情绪愤怒应该不足为奇。然而，如果美国认定不是得到某个国家包庇的非国家行为体，而是整个民族或国家都支持对美国发动恐怖袭击，那么美国将会毫不留情地进行报复。

未来战争中的迫害平民

我认为，战争中迫害平民的可能性主要取决于打赢战争和挽救本国士兵生命的迫切渴望以及吞并领土的欲望。因此，从这个意义上

---

① George W. Bush, *The National Security Strategy of the United States of America* (Washington: The White House, 2002).

② CBS/New York Times poll, September 20 - 23, 2001, http://www.americans-world.org/digest/global_ issues/terrorism/data_ milAct. cfm.

③ Fox News poll, October 17 - 18, 2001, 来源同上。

说，我对未来战争中非战斗人员受到迫害的看法很悲观，或者至少是不可知：这完全取决于战争的成本（这是由人力无法轻易影响的诸多因素共同决定的）和交战各方的领土目标。例如，就美国而言，与大多数国家相比，美国在综合国力和技术方面拥有巨大优势，这意味着美国参与的战争会很快结束，流血很少。然而，敌人意识到美国的优势后就有动力发动游击战，从而消除这些优势。其他因素，如气候和地理环境，人力根本不可能操控。然而，如果美国的技术领先优势失败了，战争变成了消耗战，那么我认为迫害平民就有可能发生。换种说法，为了彻底避免战争成本，美国领导人可能会选择实施经济禁运，这将间接地给非战斗人员造成痛苦。

美国拥有压倒性的军事实力，武器也越来越精良，一个潜在危险就是美国领导人会被拖入越来越多的战争当中。然而，如果不能迅速打赢这些战争，美国领导人将会面临艰难抉择，要么放弃，要么升级战争手段从而打赢战争。当然，升级战争手段几乎总是离不开无差别地使用武力，这就会导致迫害平民，要么是造成大规模附带损害，要么是直接攻击平民本身。

有人可能会说，这样评估未来战争低估了国际规则和媒体曝光在制约迫害平民方面的作用。某些武器被成功地归为无差别武器，这为有关政治团体和非政府组织禁止使用这类武器（如化学武器、生物武器和反步兵地雷）提供了极大便利。① 虽然核武器没有被正式禁用，但是反对使用核武器的强大力量正在形式。② 这些行动背后的规

---

① Richard Price, *The Chemical Weapons Taboo* (Ithaca: Cornell University Press, 1997); Price, "Reversing the Gun Sights: Transnational Civil Society Targets Land Mines," *International Organization* 52, no. 3 (summer 1998): 613 – 644。规则倡导者的最新反对目标是集束炸弹装置。

② Nina Tannenwald, "The Nuclear Taboo: The United States and the Normative Basis of Nuclear Non-Use," *International Organization* 53, no. 3 (summer 1999): 433 – 468; Tannenwald, "Stigmatizing the Bomb: Origins of the Nuclear Taboo," *International Security* 29, no. 4 (spring 2005): 5 – 49.

则就是相信在战争中杀害平民是错误的，战犯法庭正在加大力度执行
这项规则（如在南斯拉夫和卢旺达），而且这项规则已经在国际刑事
法院正式制度化。这些进展表明民众越来越反对在战争中对非战斗人
员使用暴力。

在这种偏好转变的同时，媒体对全球冲突的报道、全球媒体受众
人数以及致力于公开曝光国家迫害非战斗人员行为的组织都出现爆炸
式增长。前两个因素共同作用催生了所谓的"美国有线电视新闻网
效应"（CNN Effect），通过这种效应把政府暴行实时传送到全世界数
百万观众面前，给政府造成了一种"必须做点什么"的紧迫感，这
在之前是从来没有过的事。另外，人权观察和大赦国际等组织也致力
于"点名和羞辱"那些侵犯人权的国家，还有那些袖手旁观、不采
取行动制止侵犯人权行为的国家。

毫无疑问，如今战争规则比以往更多，制约性更强，但是这种环
境也无法阻止大规模杀害非战斗人员，如果政府觉得政权受到了国内
敌对势力的威胁或者政府无法打败国内敌对势力，那么他们仍然会大
规模杀害平民。最近发生的例子包括卢旺达大屠杀、车臣战争和达尔
富尔冲突。国家间战争往往更受媒体关注，在国家间战争中，有些证
据表明规则制约和媒体效应不仅没有完全阻止迫害平民行为的发生，　257
反而使攻击非战斗人员的行动转入地下。例如，在 1991 年海湾战争
中，美军实施空袭使伊拉克电网陷入瘫痪，美军这么做是为了给伊拉
克平民施加压力，而不是要杀害他们。然而，美军空袭造成伊拉克没
有能力处理污水和净化水源，广大民众遭殃。我没有把这个案例归为
迫害平民案例，因为美军战略不是针对非战斗人员本身，美军空袭造
成的损害很显然是事先无法预料到的。美军想尽量遵守战争规则
（从而避免国际社会压力），但是轰炸行动仍然造成了大量平民死亡。
20 世纪 90 年代对伊拉克实施经济制裁又造成更多伊拉克平民死亡，
但是责任更不好认定，因为西方国家的政策制定者认为萨达姆要负主

要责任，因为他坚持抵制国际社会，把这个国家的大部分石油财富囤积起来，而不是给平民购买食物。这两起事件都表明一种新型、间接、更容易否认的胁迫手段出现了。

我结合历史环境对迫害平民进行分析后发现，反对在战争中广泛地、系统性地伤害非战斗人员的规则不堪一击。每当战争成本变得高昂时，或者有可能变得高昂时，交战国为了以合理成本打赢战争就必然会牺牲敌方无辜平民。战争，尤其是民族主义时代的战争，遵循一条不可阻挡的升级逻辑：如果没能迅速打赢战争，战争手段就会升级。政治家们不会牺牲他们的政治目标，为了实现目标，他们会采用暴力手段（包括大规模屠杀平民）。迅猛发展的民主制度和国际制度反对使用武力对付非战斗人员，但是这并没有使战争彻底结束。在我看来，在美国外交政策中最有可能减少迫害平民现象的不是美国的自由信念和民主制度，而是美国目前拥有压倒性的军事实力，这实在是令人遗憾。然而，这种优势地位也很脆弱：敌人可以发动游击战，就像在伊拉克一样；为了杀死和恐吓美国人，敌对势力可以结束自己的生命，就像基地组织一样。在消耗战中迫害平民不可避免，自由民主和国际规则可以起到缓和作用，但是无法完全阻止。

图书在版编目（CIP）数据

战争中的平民/（美）亚历山大·B. 唐斯
（Alexander B. Downes）著；李明杰译. -- 北京：社
会科学文献出版社，2017.6
（国际安全研究译丛）
书名原文：Targeting Civilians in War
ISBN 978 - 7 - 5201 - 0656 - 6

Ⅰ.①战… Ⅱ.①亚… ②李… Ⅲ.①国际关系 - 研
究 ②战争史 - 研究 - 世界 Ⅳ.①D81 ②E19

中国版本图书馆 CIP 数据核字（2017）第 076060 号

· 国际安全研究译丛 ·

战争中的平民

著　　者 / 〔美〕亚历山大·B. 唐斯（Alexander B. Downes）
译　　者 / 李明杰

出 版 人 / 谢寿光
项目统筹 / 祝得彬
责任编辑 / 刘　娟　孙连芹

出　　版 / 社会科学文献出版社·当代世界出版分社（010）59367004
　　　　　 地址：北京市北三环中路甲 29 号院华龙大厦　邮编：100029
　　　　　 网址：www. ssap. com. cn
发　　行 / 市场营销中心（010）59367081　59367018
印　　装 / 三河市尚艺印装有限公司

规　　格 / 开　本：787mm × 1092mm　1/16
　　　　　 印　张：25.25　字　数：337 千字
版　　次 / 2017 年 6 月第 1 版　2017 年 6 月第 1 次印刷
书　　号 / ISBN 978 - 7 - 5201 - 0656 - 6
著作权合同
登 记 号 / 图字 01 - 2016 - 3981 号
定　　价 / 98.00 元

图书在版编目(CIP)数据

战争中的平民/(美)亚历山大·B. 唐斯
(Alexander B. Downes)著;李明杰译. -- 北京:社
会科学文献出版社,2017.6
(国际安全研究译丛)
书名原文:Targeting Civilians in War
ISBN 978 - 7 - 5201 - 0656 - 6

Ⅰ.①战… Ⅱ.①亚…②李… Ⅲ.①国际关系 - 研
究 ②战争史 - 研究 - 世界 Ⅳ.①D81②E19

中国版本图书馆 CIP 数据核字(2017)第 076060 号

· 国际安全研究译丛 ·
战争中的平民

著 者/〔美〕亚历山大·B. 唐斯(Alexander B. Downes)
译 者/李明杰

出 版 人/谢寿光
项目统筹/祝得彬
责任编辑/刘 娟 孙连芹

出   版/社会科学文献出版社·当代世界出版分社(010)59367004
地址:北京市北三环中路甲 29 号院华龙大厦 邮编:100029
网址:www. ssap. com. cn
发   行/市场营销中心(010)59367081 59367018
印   装/三河市尚艺印装有限公司

规   格/开本:787mm × 1092mm 1/16
印 张:25.25 字 数:337 千字
版   次/2017 年 6 月第 1 版 2017 年 6 月第 1 次印刷
书   号/ISBN 978 - 7 - 5201 - 0656 - 6
著作权合同
登 记 号/图字 01 - 2016 - 3981 号
定   价/98.00 元